大象学术书坊

儒家
文艺思想史

张毅 著

中原出版传媒集团
中原传媒股份公司

大象出版社
·郑州·

图书在版编目（CIP）数据

儒家文艺思想史／张毅著.— 郑州：大象出版社，
2021. 6
ISBN 978-7-5711-1069-7

Ⅰ.①儒… Ⅱ.①张… Ⅲ.①儒家-关系-文艺思想
史-研究-中国-古代 Ⅳ.①B222. 05②I209. 2

中国版本图书馆 CIP 数据核字（2021）第 105731 号

儒家文艺思想史

RUJIA WENYI SIXIANGSHI

张毅 著

出 版 人 汪林中
策 划 人 张前进
责任编辑 李 爽
责任校对 安德华 万冬辉 牛志远
装帧设计 张 帆

出版发行 大象出版社（郑州市郑东新区祥盛街 27 号 邮政编码 450016）
　　　　　发行科 0371-63863551 总编室 0371-65597936
网 　 址 www.daxiang.cn
印 　 刷 北京汇林印务有限公司
经 　 销 各地新华书店经销
开 　 本 720 mm×1020 mm 1/16
印 　 张 33
字 　 数 451 千字
版 　 次 2021 年 6 月第 1 版 2021 年 6 月第 1 次印刷
定 　 价 138. 00 元
若发现印、装质量问题,影响阅读,请与承印厂联系调换。
印厂地址 北京市大兴区黄村镇南六环磁各庄立交桥南 200 米（中轴路东侧）
邮政编码 102600 电话 010-61264834

目 录

绪 论

儒家文艺思想是中国传统文化的重要组成部分，其形成和演变始终与儒学的兴衰紧密联系在一起。从原始儒家到现代新儒家，儒学的历史经历了早期的孔孟荀之学和政治儒学，中期强调心体与性体的伦理哲学，以及近现代的人生哲学和生命哲学等不同发展阶段。儒家文艺思想的发展也从以人文政治教化为主的各种命题，演变为以文道、理气、心性、体用等范畴为核心的文论和诗论，再进步到会通中西文化的文艺观和生命美学。无论哪一个历史阶段的儒家文艺思想都具有非常丰富的文化蕴含，都是对原始儒家思想进行创造性阐释的成果。中华文化生命精神的源远流长，即在于这种一以贯之而又兼容并蓄的思想承传中。现在面临的问题是：在中国社会日趋现代化的文化转型时期，在儒学日益脱离社会实际生活而成为"游魂"的当代，儒家文艺思想的一些理论命题是否还有存在的意义？由儒家天道观和伦理哲学的元范畴衍生出来的文论范畴，是否具有建构思想体系的价值？面对西方近现代文明和文化的冲击，应该以什么样的态度对儒家文艺思想进行推陈出新的阐释，以建设具有民族特色和东方神韵的中华审美文化？能否纵贯古今而横通中西，能否一方面虚心吸收外来的思想学说，一方面又继承弘扬本民族思想文化的真精神，这是近一百多年来困扰中国人的思想理论问题和社会现实问题。

　　本书的撰写目的：以儒学和中华思想文化的发展为背景，对从原始儒家到现代新儒家的文艺思想进行较为全面的梳理，着重探讨儒家文艺思想的文化意蕴、生命精神及现代意义，总结有关这一问题的历史经验，寻求解决的思路和方法。这需要把所涉及的文艺命题、范畴和问题放到特定的社会历史文化语境中加以理解，按照儒学在发展演变过程中自然形成的早期、中期、近期三个历史阶段，探讨儒家文艺思想与原始儒学、经学、理学、心学和现代新儒学的关系，以求纲举目张。与此同时，审视各个时期儒学代表人物的文艺思想和审美观，在个案研究的基础上进行求同存异的理论概括，说明从人文化成、天人合一、理一分殊、致良知到智的直觉，既是儒学能与时俱进而脱胎换骨的生机所在，也是贯穿儒家文艺思想发展的内在理路和思维方式。

一

早期儒学的发展有一个由民间显学到钦定官学的政治化过程，体现为从原始儒家的孔孟荀之学到汉儒经学的演变。早期儒学有关文艺的经典命题，除了出自《论语》《孟子》和《荀子》的言论，多数属于经学命题，既要纳文艺于道德，还要合道德于政治，主张尽善尽美，强调扬善惩恶，从而奠定了深受儒家影响的中国人的审美理想和文艺主题。

儒学成为官学之前的儒家为原始儒家，即先秦诸子百家争鸣中作为显学的儒家。当汉武帝采纳董仲舒的建议罢黜百家之后，儒学也就失去了原先的学派意义成为被独尊的儒术，成为附属于政治的儒家经学。以孔孟为代表的原始儒学与经学既有区别又有联系，如在"究天人之际"问题上，孔孟荀之学有人文化成的人本主义倾向，要将上古的礼乐文明落实于人文世界的仁心善性上；经学则以"三纲五常"为天经地义，把一切经验现象都纳入天人感应的框架内做引经据典的解释，宣扬天不变道亦不变。孔子以"述而不作"的方式编撰的儒学典籍，如《诗三百》《春秋》《周易》等，是经学章句训诂的元典；汉儒所阐发的代表天意的圣人的微言大义，一概以"子曰""《诗》云"为根据，其间的理论和思想承传很直接。

原始儒家是宗周礼乐文明的继承者。与殷商崇拜天神帝鬼而盛行的巫祀之风不同，周人在灭商之后产生了"天命靡常，惟德是依"

的忧患意识，尽管也还以天、帝为至尊，但更重人事的安排，开启了以礼治为纲的人文世纪。商人用歌舞娱神的乐（钟鸣）、供物奉神的礼（鼎食），在周人崇拜祖先的宗祀活动中被用来统和与别异，成为遵守宗法氏族社会尊卑秩序与维护国家群体和谐的典章制度，要纳上下于道德，不只是感天地、通鬼神而已。礼不仅是制度化的典章和教化工具，也是周人道德观念的集中体现，宗周的礼乐文化和敬礼观念，是原始儒家人文精神和道德主义的滥觞。面对春秋时代"礼崩乐坏"的社会变故，孔子以"复礼""正乐"为己任，以仁学改革了礼，修正了乐，丰富了礼乐的思想文化内容。从此，礼不再是刻板的行为标准，而是与诗乐结合的一种人文修养，做仁人志士是君子儒的人生理想，体现在据德、依仁和游艺等各个方面。如果说礼仪、礼节是人类社会生活的文饰，那么仁才是处理人际关系的思想准则。人的本质是仁，礼是人的文饰，礼与仁一文一质，文质彬彬而后君子。孔子对周礼极为欣赏，多次梦见传说中制礼作乐的周公，他精通诗章和乐舞，把"兴于诗，立于礼，成于乐"作为修身的内容，包括性情的陶冶、行为的规范和人格修养的完成。

歌诗、观乐是原始儒家人格修养的艺术方式，其中礼是核心，诗乐都要合乎礼的要求，要体现出仁的精神，要融文艺于道德修养之中。孔子重视诗乐，在于其有助于政治上施行礼乐教化，可作为培养君子人格的人文修养。他说："诗可以兴、可以观、可以群、可以怨。"（《论语·阳货第十七》）"不学诗，无以言。"（《论语·季氏第十六》）"诗三百，一言以蔽之，曰'思无邪'。"（《论语·为政第二》）孔子很重视诗的感发作用和认识作用，认为可以启迪心灵、感发善意和相互交流沟通。当时《诗三百》皆可以弦歌，诗乐不分，孔子的诗教即乐教。如"子之武城，闻弦歌之声。夫子莞尔而笑曰：'割鸡焉用牛刀？'子游对曰：'昔者偃也闻诸夫子曰："君子学道则爱人，小人学道则易使也。'"子曰：'二三子！偃之言是也。前言戏之尔。'"（《论语·阳货第十七》）诗乐与仁的会通是艺术与道德在人之性情深处的统一。

孔门仁者爱人的情怀，与弦歌诗乐有一种内在的精神联系，怡情养性的艺术修养有助于道德人格的完成，故有"兴于诗，立于礼，成于乐"之说。"子谓：'《韶》尽美矣，又尽善也。'谓：'《武》尽美矣，未尽善也。'"（《论语·八佾第三》）孔子称赞《韶》乐的尽善与尽美，揭示了善美合一的审美理想。乐之所以能成其为乐，给人以精神愉悦，还在于它是蕴含某种意味的美感形式。尽美者未必皆尽善（如《武》乐），但能够达到尽善尽美者，必是在美的形式中体现了仁爱精神，是仁与美的和谐统一，里仁为美（《论语·里仁第四》），情感因此获得满足，道德行为也由此得到支持，绝非空洞抽象的说教。儒家善美合一而化成天下的人文理想，要通过仁学来实现。仁是人性与天道融合的一种精神境界，属于内在心性的人格修养，本身不易指陈。在回答弟子问仁时，孔子说的多是为仁的功夫与方法，如"夫仁者，己欲立而立人，己欲达而达人。能近取譬，可谓仁之方也已"（《论语·雍也第六》）。直接给"仁"下明确定义的是孟子，他说："仁也者，人也。合而言之，道也。"（《孟子·尽心章句下》）"仁"的意思就是人，"仁"与"人"古音相同，可以互训。孟子认定仁是人之所以为人的本质属性，是人人都有的天赋"良能""良知"，如此说，人的本性自然是善的。

性善论的提出是孟子对中国思想文化的巨大贡献，他说："仁，人心也。"（《孟子·告子章句上》）以心善指明性善，每个人都可以在自己心里体认善的根苗，加以培养扩充而成为圣人贤者。他以不忍人之心、恻隐之心说仁，以为"尽其心者，知其性也。知其性，则知天矣。存其心，养其性，所以事天也"（《孟子·尽心章句上》）。

仁既内在于人的心性，又与天地万物为一体，仁的自觉和实现，开辟出成己、成物的道德人格世界，这成为性与天道融合的真实内容。孟子据此提出"充实之谓美"的命题，"充实"指内心充实，这有赖于"配义与道"的人格修养，以集义养气为功夫。养气是要变化气质，要在人的血气心知里体认到超越私欲的至大至刚的浩然之气，一种把个体内心的仁义扩充到与天地万物同德而问心无愧的境界。这种道德人格理想能美化心灵，提高生命的价值和人生的意义。心灵美是内心充实之美，其根源在于人性的善，因此善就是美。孟子看重人性善和心灵美，所以论诗时强调了解诗人心志的重要，主张"以意逆志"。后人将这种重在内心体验的解诗方式，与孟子尚友古人所讲的"知人论世"相结合，成为儒家文艺批评最流行的诠释方法。孟子讲"良知"的发现、仁义的扩充和尚友古人，是要充实自己内心的善良情感以培养道德人格，实现"里仁为美"的人生理想，这也是原始儒家的温情和诗意所在。

　　与孟子长于《诗》《书》而讲人性善不同，荀子看重礼乐的社会政治教化作用而崇尚礼法。他说："乐合同，礼别异，礼乐之统，管乎人心矣。"（《荀子·乐论篇第二十》）这种礼论和乐论，以去恶扬善为主旨，以有助于王道的政治教化为目的，他认为出自本能欲求的人性是恶的，需要用礼之别异来制欲息争，再用乐的"中和之纪"予以协调。荀子说："《道经》曰：'人心之危，道心之微。危微之几，惟明君子而后能知之。'"（《荀子·解蔽篇第二十一》）一方面认为人心有本能欲望，易受物欲蒙蔽，虚壹而静才能知道；另一方面说人应以知道之心消除人性的恶，所以王道的礼乐教化必不可少。在谈音乐的"中和之纪"时，荀子偏重于"以道制欲"的美善相乐，把"审一定和"视为构成音乐的方式。

　　有别于孟子尽心知性则知天的说法，荀子认定天是无道德意志的非人格的自然之天，所谓"天行有常，不为尧存，不为桀亡。应之以治则吉，应之以乱则凶"（《荀子·天论篇第十七》）。这种视天为客观实体的自然天道观，也见于《易传》《礼记》等著作，为汉儒将人格的天与自然的天合而为一的经学思维奠定了基础。如荀子认为"善言古者，必有节于今；善言天者，必有征于人"（《荀子·性恶篇第二十三》）。今文经学大师董仲舒则说："善言天者必有征于人，善言古者必有验于今。"[1] 他采纳当时流行的阴阳五行学说，将阴阳派入四时节气以言自然天道的运行；又将四时季节的循环与五行相配，以相生言自然变化，以相胜言历史上的朝代更迭。用天人感应之说把自然变化、社会政治和人伦关系都纳入阴阳五行的宇宙论模式里加以类比和推理，以此明天人之故，通古今之变，言天地之美。

这种思维凸显了汉代儒学大一统的政教功用，使经学成为具有官方意识形态性质的政治儒学。只有在这种儒学日益政教化的语境里，才能对"君子比德""修辞立其诚"和"温柔敦厚"之诗教等儒家文艺批评命题有深刻的理解。经学家对儒家经典的诠释，除名物训诂外，意在寻求字里行间蕴藏的微言大义，并以扬善惩恶为宗旨。如《春秋》是史书而非哲学讲义，只简单地记载事实而无议论，可董仲舒和汉代的公羊学经师们却能从其记事所选择的角度、叙述的详略及用词造句的表达方式等，看出许多褒善贬恶的微言大义，称之为"春秋笔法"。董仲舒讲《春秋》大义时颇多牵强附会，可他却以"《春秋》无达辞"为借口，用这种态度解《诗》，则可以说"《诗》无达诂"。[2] "无达诂"是指对具体字词的诠释，至于说诗者所持的观点则是很明确的，在诗序里即有交代。

汉儒对《诗经》的解读，从讲"诗言志"、《诗》之"六义"到

儒家文艺思想史

---

① 班固撰，颜师古注：《汉书·董仲舒传》，北京：中华书局，1962年，第2515页。
② 苏舆撰，钟哲点校：《春秋繁露义证》，北京：中华书局，1992年，第95页。

以《诗》为谏，均以扬善抑恶的"美刺"为一贯之宗旨，从而奠定了中国传统诗论的政教纲领。这也影响到对辞赋的批评，有"诗人之赋丽以则，辞人之赋丽以淫"的命题。经学以阴阳五行为框架的天人合一思想，不仅奠定了秦汉大一统社会王权政治的理论基础，亦成为中国人的世界观和方法论，其影响遍及人生信仰、伦理道德和文学艺术等各个方面，汉代的诗学和文艺批评多是与经学有关的政教命题。就政治教化的功利目的而言，文艺的根本问题是歌颂什么，暴露什么，即是"美"还是"刺"，审美判断让位于是非好坏的价值评估，而且是政治标准第一。这也决定了中国传统文艺思想的主题为扬善惩恶。

性与天道的融合是早期儒学演变发展的主导思想，或言天命之谓性，人命关天；或谓天道自然，不以人的意志为转移。作为今文经学大师，董仲舒堪称儒学"究天人之际"的集大成者，他以"天人感应"讲天命不可违，树立天的权威，又以"天人相类"的类比，将人之身体、性情和人伦关系与天地阴阳和四时相比附，说成是人副自然天数。要用无所不包的儒学一统天下人心，维护天下一家的大一统王权政治。刘泽华先生指出："在天人合一中，天王合一始终是问题的核心。"① 汉儒把人看作伦理的存在，视敬上尊长为天经地义，三纲五常是礼法，也是礼教，以"天地君亲师"为礼之三本，可以为"天王合一"提供合理性根据。这种政治伦理源于荀学，荀子说："礼有三本：天地者，生之本也；先祖者，类之本也；君师者，治之本也。无天地恶生？无先祖恶出？无君师恶治？三者偏亡焉，无安人。故礼，上事天，下事地，尊先祖而隆君师，是礼之三本也。"（《荀子·礼论篇第十九》）儒家学说的政治化是从荀子开始的，秦汉时期讲纲常伦理的政治儒学实为荀学。钱穆说："天地君亲师五

---

① 刘泽华：《中国的王权主义》，上海：上海人民出版社，2000年，第385页。

字，始见荀子书中。此下两千年，五字深入人心，常挂口头。其在中国文化、中国人生中之意义价值之重大，自可想象。"① 在中国传统社会的政治文化中，以天王合一为核心的"天人合一"思想的影响是巨大的，天子的权威深入人心。

"天人合一"的整体思维方式之形成，与周秦两汉时期流行的天命观、性命观、自然观和天道观有十分紧密的联系。中国人自古信命，以为"谋事在人，成事在天"。天在上古时期可以指天空，但更多的时候被用来指至高无上的神，意味着天是有意志的造物主，是世界万物和人之命运的最高主宰。《诗经·大雅·文王》云："侯服于周，天命靡常。"流露出对天命的敬畏和恐惧。孔子在《论语》中也有"天之将丧斯文也"的感叹，以为文化兴衰和个人安危都将由天来决定。作为有人格的上帝和世界的主宰，天能够赋予统治者以权力或决定人的性命，这就是天命说。孔子五十而知天命，他说："大哉尧之为君也！巍巍乎！唯天为大，唯尧则之。"（《论语·泰伯第八》）孟子也认为舜有天下是"天与之"（《孟子·万章章句上》），天子是天之所命，但他又说人之心性本能也为天所赋，所谓"心之官则思，思则得之，不思则不得也。此天之所与我者"（《孟子·告子章句上》）。性在于心而原于天，人之心、性与天道是一贯的，故可用天命来说明人的本性是善良的，也可以讲性乃天的内在化存在。天人合一就是性与天道在本质上的同一，这是儒家的传统看法。在道家则以为"天法道，道法自然"（《老子》第二十五章）），形成重自然的天道观。《荀子》和《易传》里的天道观也具有某种自然运行的客观规律意味，或主张要"制天命而用之"，或以为"天行健，君子以自强不息"。到了董仲舒讲"天不变道亦不变"时，所谓"天"同时兼备天命与天道双重意义。就"天命"而言，天是有人格意志

① 转引自余英时：《现代儒学论》，上海：上海人民出版社，1998年，第167页。

的天、道德的天、神灵的天；若讲"天道"，天是自然的天，是由阴阳、四时、五行的气运变化为具体内容的天，二者构成了涵盖宇宙人生各个方面的天人合一思想，渗透到社会政治和文学艺术等各个领域。

二

儒学成为钦定的经学后即失去活力，成为统治者推行政治教化的工具，依经立义的经学诠释原则也起着禁锢思想的作用。儒家经学作为官方意识形态的政治地位，从汉代到清代的两千多年一直未曾动摇过，但它在社会思想文化发展中的实际影响力，有时不得不让位于魏晋玄学和隋唐佛学。唐宋古文运动的"文以载道"说为儒学复兴提供了契机，促成以性理或良知为本体的宋明新儒家（即宋明理学）的产生。新儒家学说的"新"主要体现在两个方面：一是受禅宗影响，主张道统心传之说，注重正心诚意的心性之学，以"四书"学取代传统的"五经"之学；二是充分消化吸收玄学本体论的思辨智慧和禅学明心见性的修养功夫，围绕中国思想文化的一些基本概念——道、气、性理、心性、体用等，重建有形而上学体系的儒家伦理哲学和道德理想。宋明新儒家的文艺思想和诗学观受理学和心学的支配，出自心体或性体的道德理想在文学批评和"游艺"之学中亦得到较充分的体现。

"文以明道"是唐宋古文运动的主导思想，为新儒家理学的产生创造了条件。因"道"是中国文化的核心范畴和理论原点，"道"的内涵的更新不仅决定着文的观念变化，也决定着思想文化的发展方向。韩愈《原道》篇的划时代意义在于：树立起复兴儒家"道统"和"文统"的思想旗帜，将儒家之道由"六经"所载的先王之道，转到至圣先师孔子开创的仁义之道上来，要维护师道的尊严，使儒学由政治层面的外王之学过渡到注重人格气节的内圣之学。在韩愈拟定的儒家"道统"谱系里，孟子是孔子圣人之道的承传者，由曾子、子思到孟子一系的思孟学派才是原始儒家学说的正统。除了反映孔孟思想的《论语》《孟子》，属于此名门正派的著作《大学》《中庸》也受到重视。《大学》的正心诚意之说，经韩愈在《原道》里首次引用后方见重于世。在这篇文章里，韩愈说："仁与义，为定名；道与德，为虚位。"① 已隐约意识到作为本体范畴的"道"具有形而上性质，似乎应与作为其定名的仁义有区别，但囿于儒家先王之道、仁义之道的传统说法，韩愈对道的本体性质无深入了解，见道不明，故讲得也不清楚。按照宋儒的说法，合仁与义而言之还不足以尽道，道是包括仁义在内的一切事物的所以然之理，道即理。程颢说："盖上天之载，无声无臭，其体则谓之易，其理则谓之道。"② 以理言道，谓道是贯穿天地万物的本然之理，上下、本末、内外都是一理方是道。《易传》有"一阴一阳之谓道"的说法，而程颐认为："道非阴阳也，所以一阴一阳，道也。"但又说："离了阴阳更无道，所以阴阳者是道也。阴阳，气也。气是形而下者，道是形而上者。"③ 谓道是带有普遍规律意味的所以然之理，为形而上的万物本体，阴阳之气乃形而下者，但是道不能离气而理在事中。程朱理学即讲道理之学，朱熹说："道者，天理之当然，中而已矣。"④ 用天理之当然定义道，它既是含有客观普遍性的宇宙万物的本体，也是贯穿人伦日用事物的当行之理，其本原出于天而不可易，其体备于人而不可离。朱熹又说：

① 韩愈著，马其昶校注，马茂元整理：《韩昌黎文集校注》，上海：上海古籍出版社，1987年，第13页。

② 程颐、程颢著，王孝鱼点校：《二程集》，北京：中华书局，1981年，第4页。

③ 程颐、程颢著，王孝鱼点校：《二程集》，第67页、第162页。

④ 朱熹：《四书章句集注》，北京：中华书局，1983年，第19页。

"有理，便有气流行，发育万物。"① 试图用形而上之"理"与形而下之"气"的不即不离说明世间的一切。

在中国人的观念里，"气"可以说是无处不在，作为可感知的变化状态和生命力的显现，它不只是可观察的自然现象（如云气），也是可体验的生命现象（如呼吸）。它既是形成天地万物变化的根本动力，也是世间一切生命活力之源。先秦文献中就有视气为宇宙化生的基本元素和动能的看法，谓气可沟通有无，有气即生，无气则死，通天下一气耳。"气"成为反映物质运动及生命精神的核心范畴，是可以进行各种概念组合而构成不同思想体系的元范畴。就宇宙论而言，有天地之气、阴阳之气、自然元气和理气等观念；在人性论方面，有血气、精气、志气、浩然之气、气质之性等说法；运用于文艺上则派生出文气、才气、风骨、气韵、气格、逸气、灵气、神气一类的文论概念。韩愈、柳宗元古文运动所倡导的"文气"说，将儒家变化气质的"养气"与行文的"才气"相结合，追求"气盛言宜"；又以"志"为气之帅，"神"为气之精，欲合经史著述的辞令褒贬与诗赋的导扬讽喻为一体。理直气壮是韩愈"古文"的一显著特色，"理直"本于志存远大的人格修养，须通过"集义"的功夫变化气质，养成至大至刚的浩然之气。"气壮"是养气功夫与才学相融所形成的行文气势，通过由言之短长和声之高下所构成的语调节奏表现出来。文道合一是气壮与理直的配合，要求做到文品与人品的一致；但理直者固然气壮，气壮者未必皆理直，无理亦可取闹。宋儒讥讽韩愈"倒学"，认为他不是有德然后有言，只是因文及道，于人格方面的修养功夫并不到家。朱熹说："他只是要做得言语似六经，便以为传道。至其每日功夫，只是作诗，博奕，酣饮取乐而已。观其诗便可

---

① 黎靖德编，王星贤点校：《朱子语类》，北京：中华书局，1986 年，第 1 页。

见，都衬贴那《原道》不起。"① 朱熹批评唐宋古文家大概皆以文人自立，不是先穷理尽性后才去作文，其文章多凭才气大片地滚将去，理气互不相干，故道自道，文自文。他以理在气先的性理本体论为根据，将文道观建立在理气范畴之上，强调文皆是从道中流出。

"理气"范畴的形成，是理学家合宇宙论与本体论为一体的思想基础，不仅可以用它来说明世界万物的本原，还能用它来解释人性的本质及其差异，进而对文道关系也可以有理论的分析。朱熹《答黄道夫》说："天地之间，有理有气。理也者，形而上之道也，生物之本也；气也者，形而下之器也，生物之具也。"② 形而上之道须通过形而下之器来体现，理、气虽在观念上能分开，但在实际上绝不可分，理必有气与之相应，而气当中必含有相应之理。将理气范畴由宇宙论贯彻到人性论领域，即如程颐所说"性即理"，但是"论性，不论气，不备；论气，不论性，不明"。③ 用性理与气的相即不相杂，可说明天地之性与气质之性的不同。"天地之性"是专就性理本体而言，指人性的本然状态为善；但现实中的人皆是禀气质而生，气质有清有浊，故人的"气质之性"有善有恶。每个人要存善去恶，必须有一番心性存养功夫，要敏于行而讷于言，不可放言无忌。程颐有"多言则害道"之说，以为作文害道。朱熹的解释是"怕分却心，自是于道有害"。④ 他用理气范畴分析文道关系，以为道是无形影的理，文则以可感知的气为主，就本原而言，理在气先，故道为文之根本，有德者必有言。但理在气先只是一种观念上的推论，就现实而言，只

———————

① 黎靖德编，王星贤点校：《朱子语类》，第 3260 页。
② 朱熹著，郭齐、尹波点校：《朱熹集》，成都：四川教育出版社，1996 年，第 2947 页。
③ 程颐、程颢著，王孝鱼点校：《二程集》，第 81 页。
④ 黎靖德编，王星贤点校：《朱子语类》，第 2492 页。

能说理在气中，"凡人之能言语动作，思虑营为，皆气也，而理存焉"①。朱熹一方面推崇二程的理学贡献，以为道理到二程方是畅；另一方面也承认韩愈、柳宗元、欧阳修、苏轼等古文家才是"文章正统"，以为文字自有一个天生腔子，作文必须去贴这个腔子。他主张用文道合一的方式将性理之学与文章之学绾合在一起，即用古文家的文法阐明理学家的义理，这成为后来科考士子的作文范式。

理学的"性命"范畴以"天地之性"为内容，着重于阐释生命价值和人生意义的根源。宋明新儒家言性命多以《中庸》之言为根据，即"天命之谓性，率性之谓道，修道之谓教"，这是《中庸》的纲领，也可视为新儒家理学人性论的总纲。程颢说："天降是于下，万物流形，各正性命者，是所谓性也。循其性而不失，是所谓道也。"② 人的本性为天之所命，天以生物为道，人与万物皆以天理为本体，故宇宙与人生密不可分。理学家于人生修养中所追求的性命自得，乃仁者浑然与物同体时的生命体验，有"万物静观皆自得"之说。"静观"指在心之"未发"时的静坐观心，是新儒家出入释老而返归儒学的一种修养功夫。《中庸》云："喜怒哀乐之未发，谓之中；发而皆中节，谓之和。中也者，天下之大本也；和也者，天下之达道也。致中和，天地位焉，万物育焉。"朱熹以为这是孔门传授的"心法"，他说："大本者，天命之性，天下之理皆由此出，道之体也。达道者，循性之谓，天下古今之所共由，道之用也。此言性情之德，以明道不可离之意。……盖天地万物本吾一体，吾之心正，则天地之心亦正矣，吾之气顺，则天地之气亦顺矣。故其效验至于如此。"③ 仁者"静观"万物时的浑然与物同体，是在寻求性与天道一体之理，

绪
论

---

① 黎靖德编，王星贤点校：《朱子语类》，第65页。
② 程颐、程颢著，王孝鱼点校：《二程集》，第30页。
③ 朱熹：《四书章句集注》，第18页。

以达性命自得的悟道境界。陈白沙《夕惕斋诗集后序》说："天道不言，四时行，百物生，焉往而非诗之妙用？会而通之，一真自如。故能枢机造化，开阖万象，不离乎人伦日用而见鸢飞鱼跃之机。"① 由自然界鸢飞鱼跃的活泼生机，可见天地生命流行的生生之仁，而仁体就在自家心里。

静观万物而洞明心体，可体验到天地万物与人一体淡化的自然和谐之美，以及生趣盎然的诗意，使孔门心法与诗学在悟道与审美方面融会贯通。心性论是儒家内圣之学的内容，但经学家于此并不重视，也缺乏体会，以至在较长时期里湮没无闻，几已成为"绝学"。宋明新儒家强调儒学是"为己"之学，以反观心性本体的内心体验为功夫进路，使"心性"范畴的中心地位得以确立。心、性相提并论，意谓人性的本质可由心之内省来确定，并分为以理释性和以心释性两派，这也是理学与心学的不同所在。程朱理学持"性即理"的观点，用理气来讲明心性，以天理为性体，而以灵气言心的知觉。朱熹说："灵处只是心，不是性。性只是理。"因"所觉者，心之理也；能觉者，气之灵也。心者，气之精爽。心官至灵，藏往知来"②。程朱理学很重视"格物致知"，以为明心识性的内圣之学须由格物穷理而来。"格物"是以理言，指在事物上穷究其所以然之理；"致知"是以心言，要求此心透彻明白。朱熹将即事穷理的"格物致知"贯彻到"游艺"活动中，不仅精通诗文，对琴乐、书法和绘画亦博学之、审问之、明辨之，要明事理之广大而尽艺术之精微，由闻见之知上达德性之知。他在言心统性情时以无所偏倚定义"中"，以无所乖戾谓之"和"，不仅使重义理的"格物游艺"之学得以成立，还赋予儒家"中和"之美新的思想意蕴。

① 陈献章著，孙通海点校：《陈献章集》，北京：中华书局，1987年，第11页。
② 黎靖德编，王星贤点校：《朱子语类》，第85页。

以理气分别心性，难免有心、理二分之弊。陆九渊强调"心即理"，以发明本心为人生立足的根本，但他并没有说明何以心即是理。至王阳明拈出"良知"二字以言心体，用心之良知说明人性的至善，其良知即天理的"心即理"说乃大白于天下。阳明心学继承发扬了孟子的"尽心"之说，以良知的虚灵明觉和流行发用为特色，完全消化了佛禅专于心体上用功的悟道方法，集以心释性的儒家心性论之大成。王阳明在《重修山阴县学记》中说："呜呼！心学何由而复明乎！夫禅之学与圣人之学，皆求尽其心也，亦相去毫厘耳。圣人之求尽其心也，以天地万物为一体也。"[①] 称圣人之学为心学，并不讳言圣学与禅学在求尽心方面的相同。王阳明以虚灵不昧言心体，又赞同佛学"无所住而生其心"的无念主张，遂使其良知说带有禅的空灵，以至有"阳明禅"之称。但新儒家的内圣之学以天地万物为心而无内外，还是有别于只求个人性命解脱的禅学。

阳明心学对明代崇尚真情和个性的文艺思潮的影响，可以就心、性加以分疏：一是以良知为心体，凸显本心的地位，把心之灵明看作比性理更为本源的主体，赋予儒家心性论以强烈的师心自用性质。其以良知为真吾的主张，被受王学左派影响的李贽发展为具有自然人性论倾向的"童心"说。二是要从已发的心灵活动中去体认未发之性，故"性灵"乃良知的流行发用，这发展成为公安三袁重"性灵"的文学主张，要由性情之真复归于心体的虚灵不昧，形成以儒家性命之学兼融庄禅妙悟的诗性智慧。从"童心"说的以真心为文，到"性灵"说的抒写真性情，可看出以心之已发为本的阳明心学的生命精神所在。但公安三袁的"性灵"说前后也是有变化的，即由随心所发的求性情之真，转向寄意玄虚的山水韵趣的玩赏，以自然平淡为真

---

① 王阳明撰，吴光、钱明、董平、姚延福编校：《王阳明全集》，上海：上海古籍出版社，1992年，第257页。

性灵。所以当李贽因坚持惊世骇俗的狂禅姿态而走向出家自尽的不归路时，公安三袁却缘禅净合一的慧业在流连光景中获得解脱。

新儒学由宋至明的发展，有一个以程朱"格物致知"为主流的性理之学到以阳明心学之"良知"为宗旨的演变过程，并体现为由主张性即理的"理一分殊"到本体与功夫打成一片的"致良知"。但同属新儒家的理学与心学，虽在性体与心体问题上有区别，但思想上都以"体用一源"为原则，围绕着本体与现象、本体与功夫展开言说。宋明新儒家的"体用一源"思想出自玄学和禅学，蕴含"体用不二"的法则。王弼《老子注》云："虽贵以无为用，不能舍无以为体也。"① 在谈无用之用时，以无为本体，赋予"体用"范畴以本体论的意义，使体用、本末之辨成为玄学思辨的基本命题。这也影响到禅学，禅宗六祖慧能说："善知识! 我此法门，以定惠为本。第一勿迷言定惠别。定惠体一不二。即定是惠体，即惠是定用。"他又以灯光为喻："有灯即有光，无灯即无光。灯是光之体，光是灯之用。"② 以"体"指具实体或主体性质的本体，"用"指实体或主体固有的作用、功能和属性，有什么样的体，就有什么样的用，二者不可分割。理学家也常在这个意义上使用"体用"范畴，程颐《易传序》说："至微者理也，至著者象也。体用一源，显微无间。"③ 以为决定事物本质的内在本体是形而上的至微之理，其表现于外的显著的各种事物现象即是用，可以用"体用"说明普遍的理本体与特殊的具体事物的关系。朱熹说："体是这个道理，用是他用处。如耳听目视，自然如此，是理也；开眼看物，着耳听声，便是用。"④ 理作为宇宙万物

儒家文艺思想史

---

① 王弼注，国学整理社辑：《老子注》，《诸子集成》（三），北京：中华书局，1954年，第24页。
② 〔唐〕慧能著，郭朋校释：《坛经校释》，北京：中华书局，1983年，第26页、第30页。
③ 程颐、程颢著，王孝鱼点校：《二程集》，第582页。
④ 黎靖德编，王星贤点校：《朱子语类》，第101页。

的本体，像月印万川一样，散之则为万殊，合之则为一理，这种本体与现象的关系又可以用"理一分殊"来表示。具体到以人为主体的心性论领域，这种"体用不二"被用来指本体与功夫的关系，追求"未发"之心性本体与"已发"时的精神修养功夫的同一。如果说诚是心之本体，求复其本体的思诚便是功夫，如何在已发时用诚意功夫来正心，把握心性主体未发的本然之体，是宋明新儒家共同关注的问题。王阳明说："不可谓未发之中，常人俱有。盖体用一源，有是体即有是用，有未发之中，即有发而皆中节之和。"他认为："大抵《中庸》功夫只是诚身，诚身之极便是至诚；《大学》功夫只是诚意，诚意之极便是至善；功夫总是一般。"① 也就是说，功夫即本体，可由致良知的功夫直达良知本体。这是阳明心学有别于程朱理学讲格物致知的地方，但若从事理相即、"体用不二"的立场看，二者的思想内容并没有不同，宋明新儒家有关文道、理气、心性、中和等范畴的理论，都是建立在体用一源的思维方式之上的。

以"体用"来说明"理一分殊"，宋明新儒家的思想向客体与主体两个维度展开，有理本体和心本体之别。若以天理或性理为本体，则"体用"指的是本体与现象的关系，朱熹《答何叔京》说："'体用一源'者，自理而观，则理为体，象为用，而理中有象，是一源也。'显微无间'者，自象而观，则象为显，理为微，而象中有理，是无间也。"② 理本体与天地人物万象之间的关系，乃普遍与特殊、一般与个别的关系，所以说"合天地万物而言，只是一个理；及在人，则又各自有一个理"③。或谓一理摄万理，或云万理归于一理，总之是"理一分殊"。理是天地万物的本体，但它并不外于万物，而

---

① 王阳明撰，吴光、钱明、董平、姚延福编校：《王阳明全集》，第17页，第39页。
② 朱熹著，郭齐、尹波点校：《朱熹集》，第1889页。
③ 黎靖德编，王星贤点校：《朱子语类》，第2页。

是寓含在万物之中，所谓"如月在天，只一而已；及散在江湖，则随处而见，不可谓月已分也"①。这与禅宗讲的"一月普现一切水，一切水月一月摄"意思是一样的；又同于华严宗的"事理无碍"之说，谓一即一切，一切即一，本体与现象圆融无二，有理贯穿而事事无碍。程朱讲"性即理"，是想用理本体贯通宇宙论和心性论，彻上彻下，彻里彻外，将即事穷理与心性涵养融为一体。

程朱理学主张于事事物物上穷究其理，以求豁然贯通后心与理一，使众物之表里精粗无不到，而吾心之全体大用无不明。但实践起来难免心、理分为两截而表里不一。从心本体的维度看，"体用一源"是本体与功夫的同一，可以由心之作用而知其本体，故王阳明以人心的良知为廓然大公、寂然不动之本体，强调无心外之理，无心外之物。他说："须于心体上用功，凡明不得，行不去，须反在自心上体当，即可通。盖'四书''五经'不过说这心体，这心体即所谓道。"在王阳明看来："心虽主乎一身，而实管乎天下之理，理虽散在万事，而实不外乎一人之心。"② 他认为天地若无人的良知即失去存在意义，良知的发用流行即是用，无无体之用，也没有无用之体，所谓"即体而言用在体，即用而言体在用，是谓体用一源"③。王阳明倡导知行合一，以良知为心之本体，致知为复其本体的实践功夫，用"致良知"之学将本体功夫一齐收摄，在讲究道德自律的儒家伦理哲学中，确立了功夫即本体的主体性原则。"体用不二"的心本体论在阳明心学里得到了彻底的贯彻，并直接体现于受王学左派影响的诗歌理论和艺术评论中，以"童心"说和"性灵"说最具代表性。

---

① 黎靖德编，王星贤点校：《朱子语类》，第2409页。
② 王阳明撰，吴光、钱明、董平、姚延福编校：《王阳明全集》，第14页、第42页。
③ 王阳明撰，吴光、钱明、董平、姚延福编校：《王阳明全集》，第31页。

三

儒学的近期发展从 20 世纪初开始，属正在进行时，但却面临着前所未有的两大变化：一是随着中国传统农业社会王权体制的解体和中国人生活方式的改变，儒学脱离中国人现代生活的"人伦日用"而成为"游魂"，在社会上变得没有实际价值。如 1905 年科举制的废除就使苦读"四书""五经"没有了必要性，而革命者追求恋爱自由导致旧式大家庭的瓦解，则令"天地君亲师"的牌位无处安放。二是以工业化、城市化为标志的中国社会的现代化与西化是同步的，近百年来，在学习和接受西方的科学技术的同时，一些西方文化的价值观念和思维方式也在中国人的心里生了根，如科学精神、民主理想、唯物主义，以及重新评估一切价值的批判态度。儒家思想失去了在中国文化发展中的主导地位，变成少数学者书斋里的学问，儒学的花果飘零已是不争的事实。自"五四"之后，儒学的现代化必当以西学为参照，否则绝无新生的可能，甚至不能为今人所理解。既要坚持以中国文化为本位，又要用西学激活和改造儒学，这便是现代新儒家要解决的二律背反难题。他们有关中国哲学与艺术的看法，对中国传统文学和美学的理解，都以弘扬中华民族文化及其生命精神为宗旨；但又强调现代儒学的发展需以中西思想的会通为基础，要吸收借鉴西方哲学的思维方式来完成中国文化的推陈出新，解决价值重建和意义重建的问题。这样或许能开拓出以文化更新为内容的有中国特色的文艺思想发展新途径。

文化问题是中国近代以来由东西方的文明冲突所引发的社会问题，即在面临西方列强威胁而生死攸关的民族存亡之际，中国文化要向何处去？能否像凤凰涅槃那样浴火重生？现代新儒家由于不赞成

"打倒孔家店""全盘西化"的主张，遂被视为东方文化保守主义者，甚至被认为是与鼓吹"中体西用"的张之洞之流相同的守旧人物，这是不符合实际的。以现代新儒家的开山者梁漱溟为例，他并不排斥西化，甚至认为西化才是解决中国社会问题的出路。他赞同五四新文化运动领袖人物陈独秀等人的看法，以"科学"和"民主"为西方文化的要义，认为科学的方法和人的个性伸展是中国传统文化所没有的，却又为中国现代社会所不可缺少。但是，他反对与传统文化彻底决裂的激进态度，要在新文化运动中为孔子及儒家思想讨一种新说法。他以为文化与文明是有所不同的，文明的进步多体现在器物和制度方面，有程度高低优劣之别，而文化是生活上的抽象样法，或者说只是一种人生态度，属于人类精神生活方面的追求，应当是多元并存的。他承认西方工业文明比东方农业文明先进，但又通过对中、西、印的生活样法的比较，巧妙地由社会问题转移到人生观问题上来，以为西方人那种过于实用和理智的科学态度将人生情趣斩伐净尽，需要用中国孔家着眼于生命而富于艺术精神的人生哲学做补救。他断言："现在只有踏实地奠定一种人生，才可以真吸收融取了科学和德谟克拉西（民主）两精神下的种种学术种种思潮而有个结果；否则我敢说新文化是没有结果的。"[1] 他主张如宋明人那样再创讲学之风，以孔颜的人生哲学解决人活着为什么的问题，明白生命的价值和意义。以此说明中国文化也有优于西方文化的地方，并预言世界的未来文化当是中国文化的复兴。

基于人本主义立场，现代新儒家批评科学万能主义，以为科学能解决物质问题和社会问题，但不能解决精神问题和生命问题，由此引起一场科学与人生观的文化大论战。文化是历史和思想的产物，其传承主要靠累积，人类没有无文化的历史，中国文化就体现在中国历史

---

[1]　梁漱溟：《梁漱溟全集》第一卷，济南：山东人民出版社，1989 年，第 539 页。

里，是由历代中国人创造的。钱穆说："若一民族对其已往历史无所了知，此必为无文化之民族。此民族中之分子，对其民族，必无甚深之爱，必不能为其民族真奋斗而牺牲，此民族终将无争存于并世之力量。"① 世界各地民族文化的不同，是由所处自然环境影响其生活方式，再由生活方式影响到文化精神造成的，故每一民族国家都有自己的历史文化传统为其生命精神的源泉。钱穆一生以阐明中国历史文化的生命精神为己任，他说文化即人生，人是历史文化的产物，每个人的思想性格和心灵都深受其民族文化精神的影响；但也可以讲历史文化是由人所创造的，中国文化就在中国人身上。中国人的全部人生主要还不是在"二十四史"里，而是真实生动地表现在历代的各家诗文集里，若不懂中国文学，亦将不能懂得中国文化。他以为中国史有如一首诗，其发展只是在和谐节奏中转移到新阶段，令人不可划分或割断，所以诗代表中国文化之最美的部分。他不赞成以"文学革命"的方式推倒以往的中国文学，尤其反对西化论者废除汉字的过激言论，主张每一个中国人都应当了解自己民族的历史，对本国的文学和文化心存一份温情和敬意。

现代新儒家并非抱残守缺的旧式儒者，而是具有广阔文化视野的现代知识分子，他们对中国的社会历史，对传统文化中的儒、道、释三家思想，有相当深入的了解。在出入西学而返归儒学后，他们倾向于在中西文化对比中，以一种文化阐明另一种文化，致力于儒学的现代化。梁漱溟的《东西文化及其哲学》之所以堪称现代新儒家的代表作，在于其采取生命哲学的进路，用柏格森的"直觉"说诠释孔子的人生哲学，认为"仁"是内在生命的直觉，中国生活是"理智运用直觉"的，所以中国文化具有崇尚生命和直觉的特色，形成与西方重视理智而外向求知的科学文化不同的人文传统。直觉是人文学

---

① 钱穆：《国史大纲·引论》，北京：商务印书馆，1996年，第2页。

的手段，靠内心体验把握生命精神的本体；理智（理性）是科学的工具，借助数学符号和逻辑概念对客观世界进行认识分析。以此分辨中西文化，不仅奠定了现代新儒家重视生命体验的发展方向，也突出了"直觉"在儒家人生哲学里的重要地位。不过，梁漱溟对柏格森哲学的理解还不够深入，他所讲的直觉具有明显的心理主义色彩，过于强调其意欲、情感、本能冲动等非理性的因素，但是又把它作为获取经验知识的手段，作为道德善行和艺术审美的方式，其中虽不乏敏锐的感觉和洞见，可也有含糊笼统的地方。

相较而言，曾留学美国的方东美对生命哲学的把握要地道得多，他接受柏格森以宇宙万物生命创化之流为宇宙本体的思想，以儒家的"生生之德"为宇宙流行的普遍生命本体，指点生命流行创化的至善与纯美；又像柏格森那样重视生命力的冲动，以为人主体自身的意识之流与宇宙万物的生命之流汇合成生命的绵延，可通过反观自我的人格意志来直觉宇宙的本质。他以比较文化学的视角观察中国人的生命情调，从儒、道思想的会通处把握中国文化的生命精神和艺术理想，认为"生生之德"既是道德人格的性命来源，也是天人交感圆融的艺术意境。一方面表彰中国先哲赞天地之化育的伟大人格，说明人与自然精神冥合时广大和谐的美感；一方面因自己在现代的生存体验，表达正视人生痛苦时的刚健为雄，欣赏作为生命悲剧的崇高。在这后一方面，方东美显然受到尼采诗化哲学的影响，由希腊雕塑和悲剧所反映的日神精神和酒神精神，肯定生命意志的神奇伟大，说明文艺的价值在于强化和肯定生命。艺术是生命的兴奋剂，如果说日神所象征的艺术家的白日美梦，能以销魂的光彩幻觉满足生命对和谐美妙的需求，那么希腊悲剧中由合唱表现的酒神之狂欢，则能使人于悲剧英雄的悲痛中体验到生命的快乐，面对死神领悟生命的痛快和永恒。痛苦并快乐着，一切个体生命都将死去，人一呱呱坠地，悲剧就已上演；

但作为普遍生命本体的生命意志绵延不绝，绝不是会干枯的朝露，而是永不枯竭的源头活水。美在生命，一种太人性（all-too-human）的美，人格形成小天地，宇宙吐露大生机，共显生命的活泼朗丽。

融合西方新思潮是儒学现代化的思想路线。在 20 世纪初传入中国的西方新潮思想里，柏格森、尼采所代表的是一种与科学主义对立的反理性的人文主义思潮，以为理性不能解决信仰问题，科学无法减轻精神痛苦，"上帝死了"，人只能靠自己，试图在人文价值领域找到通往形而上学的途径，建立以人为主体的本体论哲学。这不仅可以满足现代新儒家追寻意义世界的价值重建祈求，也便于据此对传统儒家思想作与时俱进的创造性阐释。

现代新儒家相信，作为价值和意义根源的超越经验的形而上学本体，虽不能用科学方法证实，却可以用直觉的方法来把握。在 20 世纪 40 年代，冯友兰曾试图用他称之为"正的方法"的逻辑分析方法来讲形而上学，这种方法源于当时很新潮的维也纳学派的逻辑实证主义。维也纳学派继承了经验科学的实证主义传统，要用语言逻辑把"形而上学"从科学中排除掉，理由是科学命题应当是经验命题或分析命题，而形而上学的命题既不能通过逻辑分析加以说明，也不能用经验来证实，属于没有什么意义的"伪命题"。对此，冯友兰不敢苟同，他在《论分析命题》中说："照我们的看法，逻辑分析法，就是辨名析理的方法。这一句话，就表示我们与维也纳学派的不同。我们以为析理必表示于辨名，而辨名必归极于析理。维也纳学派则以为只有名可辨，无理可析。"[①] 认为有关概念分析的"辨名"只是手段，目的还在于"析理"，即认识概念的内涵所指，而这所指往往是人们无法感知的实在或本体，探究实在或本体正是形而上学的任务。冯友兰的《新理学》通过对理、气、道体、大全四个核心概念的逻辑分

① 冯友兰：《贞元六书》（下），上海：华东师范大学出版社，1996 年，第 927 页。

析，接着宋明理学往下讲，试图重建新儒家形而上学的理论体系。但他用这种"正的方法"改造传统儒学的做法并不成功，不及他在《新原人》中用"负的方法"讲人生觉解及其境界那样引人入胜。按照冯友兰的说法，哲学是没有实际用途的，其形而上学的命题几乎都是逻辑分析命题或重复叙述命题，是说了等于白说的废话，所以真正形而上学的命题可以说是"一片空灵"，只能用"负的方法"来表显和把握。他认为"负的方法"主要源于中国传统哲学，其精髓是不能说它是什么，只能说它不是什么，即对不可思议者的思议，对不可言说者的言说。这实际上是直觉主义的方法，亦即诗的方法，特点是言在此而意在彼，真正的意思绝不在其所说者。故诗可比形而上学，因为诗的言说不是解释和分析世界，而是在对这个世界的直觉体验中领悟不可思议的宇宙本体和人性奥秘。冯友兰强调哲学形而上学的用处不是增加实际的知识，而是提高人的精神境界，把对宇宙人生的觉解，转化为德行而提升人格，最终达到知性、知天的天地境界，一种充满物我交融之诗意的与天地并立的精神境界。

建构体现中国文化生命精神的人生哲学，始终是现代新儒学的主题，而围绕这一主题所取资的西学，却有从流行的现代西方哲学回归到较早的黑格尔、康德哲学的转变。根据黑格尔思维与存在同一的精神现象学原理和历史与逻辑相统一的辩证法，唐君毅在其晚年著作《生命存在与心灵境界》中，试图建立一个与黑格尔精神哲学相似的、无所不包的心灵哲学体系。他以"心一分殊"的方式，探讨生命心灵由客观境到主观境、再到超主观境的不断超越的发展过程，这与黑格尔所讲的绝对精神的辩证运动没有什么不同。其围绕心境关系展开论述的"心通九境"说，把理论体系建立在黑格尔哲学正、反、合三段式辩证法之上，而且试图将中西有关科学、哲学、宗教、艺术、伦理等一切人类的精神文化成果都纳入这体系中来。其实，唐君毅自己的思想学问在其早年所写的《道德自我之建立》中即已定型。他在该书自序中说："著者思想之来源，在西方则取资于诸理想主义者，如康德、菲希特、黑格尔等为多，然根本精神则为东土先哲之教。"① 他提出道德生活的本质为自觉的自己支配自己，以及超越现实自我的人格完善，以建立"道德自我"为现代新儒家哲学的出发点。所谓"道德自我"又称"精神自我"，实即康德所讲的实践理性精神，它以内在于人心的本体存在为根源，又超越地涵盖自然与人生，在完成精神的自我超越时实现于自然与人生中而成为人文。在唐君毅看来，一切文化都是道德自我的分殊表现，求真、求美依于道德心灵，从自然美、文艺美到人格美，乃心灵不断超越的上升之路。道德自我不仅是真实的生命存在，亦是人类精神活动善与美的根源。中国文化虽缺少非人文的科学与超人文的宗教，但因关注于人本身和心体，故成就了道德和艺术。他还以康德讲的时间、空间属于主体的感性形式为根据，谈中国文艺里的时空观念，以及起源于直觉的审美观照。

现代新儒家强调中国文化是"理智运用直觉"的心文化，称"智的直觉"为有中国特色的思维方式，是一种"圆而神"的心灵智慧。直觉是主体的感受和内心体验，是一种不通过推理就直接领悟对象本质的认识方式。西方的人文主义者把它作为与工具理性、分析理性不同而可用来探索生命本体的独特方式，力图把感性经验和知觉还原为直觉，以便把握宇宙万物的生命存在意义和主体人格的自由意志，完成以人之主体为本体的形而上学。这种人本主义的人文方法为现代新儒家提供了使儒学再生的契机，他们对生命"直觉"表现出极大的兴趣和重视，以此作为对中国传统哲学进行主体诠释的思维方式。在梁漱溟那里，直觉不仅是生活样法和人生态度，也是把握生命

---

① 唐君毅：《道德自我之建立》，台北：台湾学生书局，1985年，第22页。

真实存在的唯一方法。冯友兰受西方逻辑实证主义的影响甚深，主张用逻辑的、科学的方法来研究中国哲学，力求概念范畴的清晰；可他也以"直觉"为人生觉解的方法，并认为这种"负的方法"可提高人的精神境界，丰富人生的意义。直觉的意义在方东美的生命本体论哲学里已有充分的表达，但在他极具妙悟性质而神思飞越的生命美学中，又有酣畅淋漓的演绎和发挥。用直觉思维来诠释儒家的人生哲学，不仅可说明性与天道相融合的天人合一，也可以领会仁者浑然与物同体的感受，还能理解功夫即本体的内在超越。由此而得出的结论是儒家思想具有重视生命、崇尚直觉的传统，"智的直觉"代表中国人的思维方式和中国文化的生命方向。

中国传统文化中并没有"直觉"这样的概念范畴，"智的直觉"是现代新儒家从西方哲学借用来的他山之石。在西方近现代哲学中，感性直觉与理性认识相对称，具有非理性的含义，但理性是谈论非理性的前提条件，直觉也是一种认识活动，不能脱离感性与理性相互依存的认识论。这也是牟宗三要回到康德哲学谈直觉的原因。康德为了回答科学知识何以可能而区别"现象与物自身"，把知识限定在经验现象领域，认为要把握现象背后的"物自身"需要智的直觉。他说作为有限存在的人类不可能有这种直觉，但又处处以智的直觉与感触直觉相对比而言，这是非常耐人寻味的。牟宗三说："智的直觉之所以可能，须依中国哲学的传统来建立。西方无此传统，所以虽以康德之智思犹无法觉其为可能。"① 因为主体与客体的二元对立是西方哲学的传统，用分析理性将现象与本体分开来，是进行逻辑思考的前提。经验现象可由感觉形式认识，而作为本体的"物自身"只是思想里的空观念，无实际内容的形而上学让分析理性无能为力，本体不

---

① 牟宗三：《智的直觉与中国哲学·序》，台北：台湾商务印书馆，1980年，第2~3页。

可能成为真正的认识对象。然而追求主客合一与物我一体却是中国哲学的传统，倾向于将现象与本体作为不可分离的有机整体来把握，以为人具备有内在超越潜能的无限心，可超越自我而与天地并立、与万物为一，可以转识成智而透过现象看本质，使智的直觉能够得以成立。

作为西方近代最重要的思想家，康德提出和论证的科学知识、审美判断和自由意志何以可能的问题，是西方社会迈向现代化过程中具普遍意义的哲学问题，亦是中国哲学现代化必须面对的问题。在中西思想文化的会通中，源自康德哲学的一些思想范畴，如"实践理性""内在超越"和"智的直觉"等，成为现代新儒家用来建构形而上学的道德理想及其艺术哲学的关键词，不仅是他们重建人文价值的理性根据，也提供了对中国传统道德和艺术进行本体诠释的思维方法。牟宗三强调："只有由康德的经验实在论与超越的观念论所开出的 phenomena（现象）与 noumena（物自身）之分别，才可以与中国的哲学相接头，相会通。"[①] 换言之，西方哲学与东方哲学的会通，只有通过康德这个间架才有可能。牟宗三以儒家的心性论会通康德哲学时，尤注重康德所讲的上帝才有的"理智直觉"，以为中国人凭本心或良知自作主宰的德行之知即属于这种智的直觉，可令人于平凡中见伟大，达到人心追求真美同一的存在，以及价值与由有限到无限的内在超越之统一。中国人之所以有智的直觉，关键在于"转识成智"的心性修养功夫，道家那种"以无知知"的静观，佛家缘起性空的般若观照，新儒家浑然与物同体的感而遂通，都是能体现心之无限的智的直觉。

智的直觉是一种生命智慧，在对中国文化和儒家文艺思想进行本

---

① 牟宗三著，罗义俊编：《中西哲学之会通十四讲》，上海：上海古籍出版社，1997年，第101页。

体诠释的过程中，可用它打开通往以人为本的道德形而上学的道路，建立以生命为本体的现代新儒家的人生哲学和文艺美学。智的直觉不仅是生命创造的人性根源，也是通向形而上宇宙本体的呈现原则，其对中国文化的影响主要体现在道德与文艺领域。作为"圆而神"的生命智慧和心性修养功夫，智的直觉既是人之本心仁体和道德良知的人格呈现，亦是主体虚静之心的审美观照所成就的艺术精神，这成为徐复观对儒、道两家文艺精神进行心性阐释的思想基础。徐复观对中国现代文艺美学的贡献，除了由反省儒家性善的人格修养以揭示"为人生而艺术"的人文精神，便是从生命心灵的精神活动中发掘艺术的根源，让中国纯艺术精神的虚静心体从道家的庄学中呈现出来。因此回归儒家心性诚明的初心，由虚静明的心体生发出人性真善美的理想之光，文艺或将可以成为美好心情、清明理性和自由精神的象征。

第一章

礼乐文明与原始儒家的文艺观

礼乐文明是华夏民族上古时代的一种制度文化，至西周达到成熟阶段，在"礼崩乐坏"的春秋时代，孔子用仁学充实了礼，修正了乐，使之成为中国历史上影响深远的儒家文艺思想的滥觞。若追溯原始儒家思想的历史渊源，历来周、孔并称。周指周公，相传为周代礼乐制度的制定者；孔指孔子，是春秋时代礼乐文明的改造者和原始儒家思想的奠基者。礼乐文明在西周还多停留在成俗、典章和仪式等制度层面，到了东周的春秋战国时代，有关礼乐社会价值和精神实质的理论说明和论证才多了起来。

以孔子为宗师的儒家学派，强调"礼治"和"德政"，用《诗》《书》配合礼乐施教；在复礼和正乐过程中，注重培养文质彬彬的君子人格，形成寓道德于文艺的教化思想。孔子死后，原始儒家分为不同学派，其中孟子长于《诗》《书》，大力倡导仁义之说；荀子重视礼乐，由礼教走向法制，又用乐加以调和。他们对人性的看法虽有不同，但都是孔子思想的继承者，在重视道德人格修养和人文教化方面是一致的。孟子"充实之谓美"的说法，荀子讲的"中和之纪"，以及孔门后学有关"君子比德""修辞立诚"和"温柔敦厚"之诗教的论述，都可以看成是孔子文艺思想的继承和发展。

第一节　郁郁乎文哉，吾从周

礼乐的起源可追溯到古代部族社会礼尚往来的习俗，以及钟鸣鼎食的巫祀歌舞，但它作为一种维护宗法氏族等级秩序的典章制度、一种流行于贵族上流社会的礼仪文化，是在周代才逐渐完善起来的。上古时代，"文"的基本含义是文饰，可用来指纹理或文字记录的典籍，也可以用来特指礼乐文明。孔子说的"周监于二代，郁郁乎文哉，吾从周"（《论语·八佾第三》）①，指的就是宗周政教合一的礼乐制度。礼的实施须以乐来配合，礼乐相须为用，二者在儒家文献里常合为一词。在礼乐的制度文化中，用乐有着较为严格的等级规定，乐舞和乐器的使用必须服从于礼制。当时的乐舞又与诗乐分不开，诗、歌、舞三位一体，故观乐、歌诗和欣赏舞蹈实为一回事。这种政教伦理型的乐感文化，造就了华夏民族注重文艺政教作用的精神文明传统。

一、宗周的礼文化

中国素有礼仪之邦的称谓，缘于有周礼之故，没有宗周的礼乐文明，以儒家思想为主导的中国传统文化可能就会是另一种面貌。在宗周社会里，礼不仅是用来处理和规范宗族群体里人与人之间关系的礼仪、礼节，也是身份、地位等级和教养水平的标志，事关政治秩序和道德伦理，形成一种以"礼"为核心的文化传统。

历史上有周公制礼作乐的说法。如《左传·文公十八年》云："先君周公制《周礼》曰：'则（指礼则）以观德，德以处事，事以度功，功以食民。'"②《礼记·明堂位》则说："周公践天子之位，以治天下。六年，朝诸侯于明堂，制礼作乐，颁度量，而天下大服。七年，致政于成王。"③《史记·周本纪》也说周公"既绌殷命，袭淮夷，归在丰，作《周官》，兴正礼乐，度制于是改，而民和睦，颂声兴"④。以为周公作《周官》（即《周礼》）而正礼乐，但现存《周礼》和《仪礼》的创作年代，学界一般认为在东周末年至战国时

---

① 国学整理社辑：《论语正义》，《诸子集成》（一），北京：中华书局，1954年，第56页。（以下所引《论语》皆据此书，并随文注明出处）

② 杨伯峻：《春秋左传注》，北京：中华书局，1990年，第633~634页。

③〔清〕阮元校刻：《礼记正义》，《十三经注疏》（下），北京：中华书局，1980年，第260页。

④ 司马迁：《史记》，北京：中华书局，1959年，第133页。

期，《礼记》则出自战国至秦汉间的儒者之手。① 《周礼》是周代宗法等级制国家的典章大法，《仪礼》是对各种礼尚往来的贵族生活礼仪的详细规定，《礼记》就各种礼乐规章阐发其治国安邦的微言大义，三部书都掺入了一些春秋战国和汉代的思想材料，但所记叙的礼乐制度当为宗周社会的产物，并非后人的凭空虚构。

周代的礼制乃吸收夏禹、殷商二代的礼俗发展而成，受商代巫祀之风的影响较大。孔子说："殷因于夏礼，所损益，可知也；周因于殷礼，所损益，可知也。"（《论语·为政第二》） 礼作为源于民间供物奉神的一种习俗，在殷商的巫祀仪式中表现得较为典型，殷礼就体现在商人的各类祭祀鬼神的活动中。《说文》云："禮（礼），履也，所以事神致福也，从示，从豐。"又："豐，行礼之器也。"据此，王国维在《释礼》一文中说："盛玉以奉神人之器谓之豐若豊；推之而奉神人之酒醴亦谓之醴，又推之而奉神人之事通谓之礼。"② 这有地下出土的殷虚卜辞作为证据。商人信神重鬼，敬奉神鬼的祭祀活动较为频繁，已形成了一年四季轮番进行的"周祭"。③ 西周初期的祭祀仍沿用殷人的旧制，但在周公制礼作乐之后，已开始了由"尊神"到"尊礼"的变革。《礼记正义·表记》说："殷人尊神，率民以事神，先鬼而后礼，先罚而后赏，尊而不亲，其民之敝，荡而不静，胜而无耻。周人尊礼尚施，事鬼敬神而远之，近人而忠焉，其赏罚用爵列，亲而不尊。"④ 一则尊鬼神畏天，一则近人事而敬礼，这是祭祀

① 可参阅顾颉刚：《周公制礼的传说和〈周官〉一书的出现》，《文史》第六辑；杨向奎：《周礼的内容分析及其制作时代》，《山东大学学报》1954 年第 4 期；刘起釪：《〈周礼〉真伪之争及其书写成的真实依据》，《古史续辨》，北京：中国社会科学出版社，1991 年；沈文倬：《略论礼典的实行和〈仪礼〉书本的撰作》，《文史》第十五、十六辑。

② 姚淦铭、王燕编：《王国维文集》第四卷，北京：中国文史出版社，1997 年，第 99~100 页。

③ 可参阅陈梦家：《殷墟卜辞综述》，北京：科学出版社，1956 年；常玉芝：《商代周祭制度》，北京：中国社会科学出版社，1987 年。

④ 〔清〕阮元校刻：《礼记正义·表记》，《十三经注疏》（下），第 414 页。

文化与礼制文化的不同所在，也是周因袭殷礼而有所损益的地方。

"《太甲》曰：'天作孽，犹可违；自作孽，不可活。'"（《孟子·公孙丑章句上》）① 鉴于殷商灭亡的教训，周代在政治制度上的一大变革是建立"尊尊""亲亲"与"贤贤"的宗法封建礼制，以此纲纪天下，有周一代的各种典礼也由此出。王国维《殷周制度论》说：

> 周人制度之大异于商者：一曰立子立嫡之制。由是而生宗法及丧服之制，并由是而有封建子弟之制，君天子臣诸侯之制。二曰庙数之制。三曰同姓不婚之制。此数者皆周之所以纲纪天下，其旨则在纳上下于道德，而合天子诸侯卿大夫士庶民以成一道德之团体。周公制作之本意，实在于此。②

周代的礼制主要体现在治国安邦的典章制度和贵族生活的礼仪方面，有"礼不下庶人"之说。就治国安邦而言，有"以和邦国，以统百官，以谐万民"的典礼；有"以驭其民"的礼俗，以及"以和邦国，以谐万民，以事鬼神"的礼职（《周礼·春官·冢宰第一》）；有大宗伯、小宗伯、司尊彝、司服、大司乐、乐师、大祝、小祝、司巫等各种礼官（《周礼·春官·宗伯第三》）。这些制度建设是周人尊礼在典章层面的表现，已含有重视"礼治"的思想。关于周代贵族生活中的各种礼节，据《礼仪》的记述有士冠礼、士昏礼、士相见礼、乡饮酒礼、乡射礼、燕礼、大射礼、聘礼、公食大夫礼、觐礼、士丧礼、既夕礼、士虞礼、特牲馈食礼、少牢馈食礼、有司等十六个类别，当为贵族日常生活中人际交往的行为规范。所谓"礼有大，有小，有显，有微。大者不可损，小者不可益，显者不可掩，微者不可

---

① 〔清〕阮元校刻：《孟子正义》，《诸子集成》（一），北京：中华书局，1954年，第133页。（以下所引《孟子》皆据此书，并随文注明出处）

② 姚淦铭、王燕编：《王国维文集》第四卷，第43页。

大也。故经礼三百，曲礼三千，其致一也"①。《仪礼》里记载的周礼种类很多，实在已到了繁文缛节的地步。

周礼可概括为两大类：一类是事关国事的重要祭祀礼仪，另一类是社会日常生活中人际交往的礼节。关于前者，《周礼》中有"五礼"之说，即吉礼、凶礼、军礼、宾礼、嘉礼。吉礼即祭礼，居于首位，用来祭祀天神、人鬼和地示，象征着帝王的权威，最为隆重；凶礼即丧礼，用来"哀邦国之忧"；"军礼"用于军旅之事；"宾礼"用来"亲邦国"；"嘉礼"可"亲万民"，如以"饮食之礼"亲宗族兄弟等。这"五礼"都属于王室的行为，有专职人员执掌。另外，《礼记·王制》中提到的"六礼"，则属用于人际交往的生活礼节，即冠礼、昏礼、丧礼、祭礼、乡礼、相见礼。冠礼表示成人；昏礼用于婚嫁，强调男女有别；丧礼、祭礼常见而且重要；乡礼即乡射之礼，用于迎接和招待宾客；相见礼用于士与士之间的交往，其功能与朝聘相当。由于这"六礼"为宗周贵族日常生活中的常用之礼，更能反映当时的社会生活和文化行为，也就更具有普遍意义。《礼记·昏义》云："夫礼始于冠，本于昏，重于丧祭，尊于朝聘，和于射乡。此礼之大体也。"② 在宗周社会里，礼不仅是通行于宗族群体人与人之间交往的行为规范，也是身份、地位等级和教养水平的体现，知书达礼是进入上流贵族社会的基本要求。

相对殷商用于沟通人神的祭祀礼仪而言，周礼更着重于维系社会尊卑秩序的典章制度和礼节，到了春秋时期，便逐渐形成了重视"礼治"的思潮。如隐公十一年，君子对郑庄公说："礼，经国家，定社稷，序民人，利后嗣者也。"又昭公二十五年，子大叔说："礼，上下之纪、天地之经纬也，民之所以生也，是以先王尚之。故人之能

---

① 〔清〕阮元校刻：《礼记正义·礼器》，《十三经注疏》（下），第207页。
② 〔清〕阮元校刻：《礼记正义·昏义》，《十三经注疏》（下），第453页。

自曲直以赴礼者，谓之成人。"① 礼不仅是经国之大法，也是成人必
须遵守的行为规则。成公十三年，刘康公说：

> 吾闻之：民受天地之中以生，所谓命也。是以有动作礼义威
> 仪之则，以定命也。能者养以之福，不能者败以取祸。是故君子
> 勤礼，小人尽力。勤礼莫如致敬，尽力莫如敦笃。敬在养神，笃
> 在守业。国之大事，在祀与戎。②

在《春秋左传》中，像这种关于礼治的说明还有不少。如襄公二十
一年，叔向曰："会朝，礼之经也；礼，政之舆也；政，身之守也。
怠礼，失政；失政，不立，是以乱也。"③ 对于社会政治而言，礼意
味着秩序和稳定；就个人来说，礼是立身之本，是有道德和礼貌教养
的体现。如昭公二年，叔向曰："子叔子知礼哉！吾闻之曰：'忠信，
礼之器也；卑让，礼之宗也。'辞不忘国，忠信也；先国后己，卑让
也。《诗》曰：'敬慎威仪，以近有德。'夫子近德矣。"④ 又昭公二
十六年，晏子对齐侯说："礼之可以为国也久矣，与天地并。君令、
臣共、父慈、子孝、兄爱、弟敬、夫和、妻柔、姑慈、妇听，礼也。
君令而不违，臣共而不贰；父慈而教，子孝而箴；兄爱而友，弟敬而
顺；夫和而义，妻柔而正；姑慈而从，妇听而婉：礼之善物也。"⑤
把礼制与人伦守则联系起来，使之具有伦理品格，成为宗法社会成员
必须遵守的道德规范。礼由最初不成文的风俗习惯，演变为社会生活
中各种成文的典章制度，成为做人必须遵守的行为规范，被视为安邦
治国的大纲和根本。

---

① 杨伯峻：《春秋左传注》，第76页，第1459页。
② 杨伯峻：《春秋左传注》，第860页。
③ 杨伯峻：《春秋左传注》，第1063页。
④ 杨伯峻：《春秋左传注》，第1229页。
⑤ 杨伯峻：《春秋左传注》，第1480页。

二、礼乐相须为用

礼乐虽可分开来说，但在上古时代两者是相须为用、不可分离的。如在殷商的祭祀活动中，供奉神鬼的飨礼与巫师的娱神乐舞密不可分，所谓"钟鸣鼎食"，钟鸣为祭乐，鼎食是祭礼，两者不可或缺。《礼记·郊特牲》说："殷人尚声，臭味未成，涤荡其声。乐三阕，然后出迎牲。声音之号，所以诏告于天地之间也。"① 周代的典礼与作乐也是同时进行的，尤其是隆重的宗庙祭祀典礼，不可能没有乐舞表演的场面。在《周礼》的"礼官之属"里，有专门职掌乐舞的大司乐，负责"以六律、六同、五声、八音、六舞，大合乐，以致鬼神示，以和邦国，以谐万民，以安宾客，以说远人，以作动物"②。对不同的祭祀对象，要按礼制"分乐而序之，以祭、以享、以祀"，各配以不同的乐曲和舞容。如云：

> 乃奏黄钟，歌大吕，舞《云门》，以祀天神；乃奏大蔟，歌应钟，舞《咸池》，以祭地示；乃奏姑洗，歌南吕，舞《大磬》，以祀四望；乃奏蕤宾，歌函钟，舞《大夏》，以祭山川；乃奏夷则，歌小吕，舞《大濩》，以享先妣；乃奏无射，歌夹钟，舞《大武》，以享先祖。凡六乐者，文之以五声，播之以八音。③

上古时期的"乐"具有歌舞一体的艺术特征，所以"六乐"又称"六舞"，多为从原始部落社会流传下来的著名乐舞。如《云门》相传为黄帝部族的图腾乐舞，《左传·昭公十七年》郯子曰："昔者黄帝氏以云纪，故为云师而云名。"④ 云为黄帝族的图腾，所以用来作

---

① 〔清〕阮元校刻：《礼记正义·郊特牲》，《十三经注疏》（下），第229页。
② 〔清〕阮元校刻：《周礼注疏·春官宗伯下》，《十三经注疏》（上），北京：中华书局，1980年，第150页。
③ 〔清〕阮元校刻：《周礼注疏·春官宗伯下》，《十三经注疏》（上），第150~151页。
④ 杨伯峻：《春秋左传注》，第1386页。

为其部族祀天神的乐舞名。《咸池》原为炎帝部族的图腾乐舞，因炎帝氏族以火纪，崇拜太阳，而"日出于旸谷，浴于咸池"①。传说咸池是太阳沐浴的地方，后来炎帝为黄帝所灭，《咸池》也就成了黄帝之乐了，《庄子·至乐》里有黄帝张《咸池》之乐于洞庭之野的生动描述。《大磬》，当为《大韶》，即《韶》乐。《大韶》是虞舜的部族乐舞，又称《箫韶》。《尚书·益稷》云："《箫韶》九成，凤皇来仪。夔曰：'於！予击石拊石，百兽率舞。'"② 磬以石头为材料，"击石拊石"中的"石"就是早期的磬。《大夏》是夏禹的部族乐舞，追述大禹治水功绩，具有英雄歌舞史诗性质。《大濩》是商汤的宗祀乐舞，反映商汤灭夏的历史进程，亦具英雄史诗性质。《大武》相传为周公所作，歌颂武王伐纣的英雄业绩。

上述六种乐舞，在周代制礼作乐时经过加工改造，成了宗周祭祀用的国乐国舞，称"六大乐"或"六大舞"。祭祀对象除天神、地示和山川外，还有先人祖宗，敬礼祖妣是周代立子立嫡制的结果。乐舞所用乐属于当时的宫廷雅乐，用"八音"演奏。八音是八种以制作材料命名的乐器，即金、石、土、革、丝、木、匏、竹。除匏、竹是吹奏乐外，其他都是打击乐器，像琴、瑟、筝等丝弦乐在周代也都采用击奏方式。周代雅乐最主要的打击乐器是钟、鼓、磬，重在节奏声调而非旋律，讲究中正平和，有"金奏""金石之声"和"金声玉振"等形容。杨华说："尽管雅乐中也有笙奏，也有上歌下管，但无疑它们都是在打击乐的节奏之下完成的。丝弦之声所带来的旋律美感，在宗周雅乐中并没有占主导地位，春秋战国时期人们陶醉于丝弦之乐的旋律美感之中，正是礼崩乐坏的必然表现和必然结果，是在宗

---

① 国学整理社辑：《淮南子·天文训》，《诸子集成》（七），北京：中华书局，1954年，第44页。

② 〔清〕阮元校刻：《尚书正义》，《十三经注疏》（上），北京：中华书局，1980年，第32页。

周雅乐体系崩溃之后才有的现象。雅乐的主体结构是打击乐。"① 这当是符合实际的论断。

在宗周的礼乐文化中，用乐有较为严格的等级规定，乐舞和乐器的使用要服从于"礼"制。关于舞队规模的大小，就有天子八佾、诸侯六佾、大夫四佾之类的礼数。如《左传·隐公五年》，众仲在回答《万》舞的数列时说："天子用八，诸侯用六，大夫四，士二。夫舞，所以节八音而行八风，故自八以下。"② 乐舞队列的多少，标志着用乐者的级别，越级则为非礼。乐器的配制也是如此，周代雅乐的主要乐器钟或编钟，就被用来定名分和定等级，在只限于大夫和士举行的乡饮、乡射等礼仪中，一般是没有资格使用钟乐的，也就没有所谓的"金奏"了。如王国维《释乐次》所言："凡金奏之乐用钟鼓。《周礼·钟师》：'掌金奏，以金鼓奏《九夏》。'天子、诸侯全用之，大夫、士鼓而已。"③ 王国维根据《礼记》等书的记载，制作出《天子诸侯大夫用乐表》。从表中可看出，大夫、士不仅不能用"金奏"，一般也没有资格用舞；即便是"升歌"时用的诗乐，也与天子、诸侯有区别。大夫、士用小雅，两君相见用大雅，天子则用颂。从乐舞的队列、乐器的配制，到诗乐的选用，都有严格的等级规定，标志着不同的礼仪规格。用乐本身就是礼制的体现，乐非礼不举，礼非乐不行，两者相须为用。

礼乐文化流行于周代上流社会，礼乐和《诗》《书》为当时教育贵族子弟的主要科目。《礼记·内则》云："十有三年，学乐诵《诗》，舞《勺》；成童，舞《象》，学射御；二十而冠，始学礼，可以衣裘帛，舞《大夏》，惇行孝弟，博学不教，内而不出。"④ 礼、

---

① 杨华：《先秦礼乐文化》，武汉：湖北教育出版社，1997 年，第 175 页。
② 杨伯峻：《春秋左传注》，第 46 页。
③ 王国维：《观堂集林（外二种）》，石家庄：河北教育出版社，2002 年，第 57 页。
④ 〔清〕阮元校刻：《礼记正义·内则》，《十三经注疏》（下），第 243 页。

乐之外，加上射、御（驭）、书、数，合称"六艺"。《周礼·地官》说："保氏掌谏王恶，而养国子以道。乃教之六艺：一曰五礼，二曰六乐，三曰五射，四曰五驭，五曰六书，六曰九数。"① 除以"六艺"教国子外，还有将礼、乐与《诗》《书》并举的四教说。如《左传·僖公二十七年》，赵衰在举荐郤縠时说：

> 臣亟闻其言矣，说礼、乐而敦《诗》《书》。《诗》《书》，义之府也；礼、乐，德之则也；德、义，利之本也。②

周人言教育多以礼乐为指归，如《礼记·文王世子》云："凡三王教世子，必以礼乐，乐所以修内也，礼所以修外也。礼乐交错于中，发形于外，是故其成也怿，恭敬而温文。"③ 贵族子弟温文尔雅的礼貌文明，是进行礼乐教育的结果。礼乐与《诗》《书》的内容原本是相通的，盖礼本于成法遗则，亦即《书》所记载的典章制度；而乐之歌词具于《诗》，乐之辞源即在三百篇中，故可合称"四教"。《礼记·王制》云："乐正崇四术，立四教，顺先王《诗》《书》礼乐以造士。春秋教以礼、乐，冬夏教以《诗》《书》。"④ 儒家重视以《诗》《书》配合礼、乐施教，所流传的相关文献被奉为经典，以至后来儒者所言"六艺"，指的是礼、乐、诗、书、易、春秋"六经"。

三、乐舞与《诗》乐

周代的乐舞与《诗》乐的联系十分紧密，各种舞蹈音乐演奏常以《诗》乐为主干，二者同属当时乐教的重要组成部分。在《周礼·春官》中，掌成均之法的大司乐，"以乐德教国子：中、和、祗、庸、孝、友；以乐语教国子：兴、道、讽、诵、言、语；以乐舞

① ［清］阮元校刻：《周礼注疏·地官》，《十三经注疏》（上），第93页。
② 杨伯峻：《春秋左传注》，第445页。
③ ［清］阮元校刻：《礼记正义·文王世子》，《十三经注疏》（下），第178页。
④ ［清］阮元校刻：《礼记正义·王制》，《十三经注疏》（下），第114页。

教国子：舞《云门》《大卷》《大咸》《大磬》《大夏》《大濩》《大武》"①。其乐教包括"乐德""乐语"和"乐舞"三方面的内容。所谓"乐德"，指乐教的观念内容，如体现中正、乐和、爱亲、友善的道德伦理。"乐语"大概是用诗乐及其歌词来表示情意。朱自清《诗言志辨》说："'兴''道'（导）似乎是合奏，'讽''诵'似乎是独奏，'言''语'是将歌辞应用在日常生活里。"②"乐舞"指各种具体的舞蹈，主要是周代流行的"六大乐"或"六大舞"，其中的《大咸》当为《咸池》，均属于当时的宫廷雅乐。

《诗》乐指《诗经》中风、雅、颂的音乐，其中的"颂"又被解释为"舞容"。阮元《释颂》云："《风》《雅》但弦歌笙间，宾主及歌者皆不必因此而为舞容，唯三《颂》各章皆是舞容，故称为《颂》。若元以后戏曲，歌者舞者与乐器全动作也。《风》《雅》则但若南宋人之歌词弹词而已，不必鼓舞以应铿锵之节也。"③ 王国维《说〈周颂〉》则进一步认为："《周颂》三十一篇，唯《维清》为《象舞》之诗，《昊天有成命》《武》《酌》《桓》《赉》《般》为武舞之诗，其余二十四篇为舞诗与否，均无确证。……窃谓《风》《雅》《颂》之别，当于声求之。《颂》之所以异于《风》《雅》者，虽不可得而知，今就其著者言之，则《颂》之声较《风》《雅》为缓也。"④ 之所以如此，似在于"颂"为庙堂乐舞，多用于祭祀列祖列宗的大典上，一般只用打击乐与管乐相配，属于典型的宫廷雅乐，如《商颂·那》：

<blockquote>猗与那与！置我鞉鼓。奏鼓简简，衎我烈祖。汤孙奏假，绥</blockquote>

---

① 〔清〕阮元校刻：《周礼注疏·春官宗伯下》，《十三经注疏》（上），第149页。

② 朱自清：《诗言志辨》，上海：华东师范大学出版社，1996年，第7页。

③ 〔清〕阮元著，邓经元校点：《揅经室集》（上），北京：中华书局，1993年，第19页。

④ 王国维：《观堂集林（外二种）》，第64页。

我思成。鞉鼓渊渊，嘒嘒管声。既和且平，依我磬声。于赫汤孙！穆穆厥声。庸鼓有斁，万舞有奕。我有嘉客，亦不夷怿。①

这篇祭歌反映了殷人享祀先王成汤时奏鼓击磬的乐舞之盛。再如《周颂·有瞽》：

有瞽有瞽，在周之庭。设业设虡，崇牙树羽。应田县鼓，鞉磬柷圉，既备乃奏，箫管备举。喤喤厥声，肃雍和鸣，先祖是听。我客戾止，永观厥成。②

同样是祭祀先祖，周人已不像殷人那样狂热，而显得秩序井然、温和协调，有节制得多。与《风》诗、《雅》诗分章叠句而讲究押韵不同，《颂》诗多无韵，也不分章叠句。诗之声韵可娱悦人耳，有韵者其声促，感人也深；不用韵者其声缓，但显雍容典雅之态。由此亦可知《颂》乐与《风》乐、《雅》乐的不同。

《诗经》之《周颂》里，有多首诗歌被认为是配合乐舞《大武》的。如《左传·宣公十二年》，潘党以为："臣闻克敌必示子孙，以无忘武功。"而楚子（楚庄王）的回答是：

非尔所知也。夫文，止戈为武。武王克商，作《颂》曰："载戢干戈，载橐弓矢。我求懿德，肆于时夏，允王保之。"（出自《周颂·时迈》）又作《武》，其卒章曰："耆定尔功。"（《周颂·武》之末句）其三曰："铺时绎思，我徂维求定。"（出自《周颂·赉》）其六曰："绥万邦，屡丰年。"（出自《周颂·桓》）夫武，禁暴、戢兵、保大、定功、安民、和众、丰财者也，故使子孙无忘其章。③

据这段不齐全的记载，近人加以补充考订，认为与乐舞《武》相配

① 〔清〕阮元校刻：《毛诗正义》，《十三经注疏》（上），北京：中华书局，1980年，第352页。
② 〔清〕阮元校刻：《毛诗正义》，《十三经注疏》（上），第326~327页。
③ 杨伯峻：《春秋左传注》，第744~746页。

的《诗》乐出自《诗经·周颂》，但在具体篇目上意见不相同。王国维认为乐舞《大武》之六章是《昊天有成命》《武》《酌》《桓》《赉》《般》；孙作云则以为是《酌》、《武》、《般》、《赉》、（缺第五）、《桓》；杨向奎主张为《武》《时迈》《赉》《酌》《般》《桓》；阴法鲁考订为《酌》、《武》、《赉》、《般》、（缺第五）、《桓》，① 均能自圆其说。无论何种说法，都证明《诗》乐与乐舞之间有难以分离的联系，《诗》乐也是宗周雅乐的重要组成部分。

周代乐舞的音乐演奏以《诗》乐为主，在举行各种典礼时，常需要《诗》乐组成的音乐配合。如果说《颂》乐多用于宗庙祭祀，《雅》乐和《风》乐则可用于日常的乡射礼和燕礼中。《仪礼·乡射礼》记载的用《诗》乐情况是："工（乐工）坐。相者坐授瑟，乃降。笙入，立于县中西面。乃合乐：周南《关雎》《葛覃》《卷耳》；召南《鹊巢》《采蘩》《采蘋》。"② 主要用"风"诗中的二"南"合乐，似较为简单。关于燕礼过程中笙鼓齐奏的用乐场面，在《小雅·宾之初筵》里有生动的描写：

> 籥舞笙鼓，乐既和奏。烝衎烈祖，以洽百礼。百礼既至，有壬有林。锡尔纯嘏，子孙其湛。其湛曰乐，各奏尔能。宾载手仇，室人入又。酌彼康爵，以奏尔时。③

这种招待宾客的用乐是比较复杂的，如《仪礼·燕礼》所言，首先是"升歌"——乐师和歌者升堂，"工歌《鹿鸣》《四牡》《皇皇者华》"。其次是"笙奏"——吹笙者入堂下，"笙入，立于县中，奏

---

① 参阅王国维：《周〈大武〉乐章考》，《观堂集林（外二种）》，石家庄：河北教育出版社，2002 年；孙作云：《诗经与周代社会》，北京：中华书局，1979 年；杨向奎：《宗周社会与礼乐文明》，北京：人民出版社，1992 年；阴法鲁：《诗颂中的舞蹈形象》，《舞蹈论丛》1982 年第 4 期。

② 〔清〕阮元校刻：《仪礼注疏·乡射礼》，《十三经注疏》（上），北京：中华书局，1980 年，第 51~52 页。

③ 〔清〕阮元校刻：《毛诗正义》，《十三经注疏》（上），第 217 页。

《南陔》《白华》《华黍》”。然后是“间歌”，歌与乐轮流演出，“乃间歌《鱼丽》，笙《由庚》；歌《南有嘉鱼》，笙《崇丘》；歌《南山有台》，笙《由仪》”。最后才是“合乐”，即“遂歌乡乐：周南《关雎》《葛覃》《卷耳》；召南《鹊巢》《采蘩》《采蘋》”。① 值得注意的是，由于乡射礼和燕礼多在大夫和士阶层举行，一般没有资格用舞，所以《诗》乐与乐舞的配合就谈不上了。

在宗周上流贵族社会的交际中，乐舞与《诗》乐是融为一体的，所以观乐、歌诗和欣赏舞蹈也就成了一回事。如《左传·襄公二十九年》，吴国公子季札到鲁国来，请求观赏周乐，主人让乐工为其弦歌各地的《风》，以及《小雅》《大雅》和《颂》等，他每每发出情不自禁的感叹。比如：

> 为之歌《魏》，曰：“美哉！沨沨乎！大而婉，险而易行，以德辅此，则明主也。”为之歌《唐》，曰：“思深哉！其有陶唐氏之遗民乎！不然，何其忧之远也？非令德之后，谁能若是？”为之歌《陈》，曰：“国无主，其能久乎？”自《郐》以下无讥焉。为之歌《小雅》，曰：“美哉！思而不贰，怨而不言，其周德之衰乎？犹有先王之遗民焉。”为之歌《大雅》，曰：“广哉！熙熙乎！曲而有直体，其文王之德乎？”为之歌《颂》，曰：“至矣哉！直而不倨，曲而不屈，迩而不逼，远而不携，迁而不淫，复而不厌，哀而不愁，乐而不荒，用而不匮，广而不宣，施而不费，取而不贪，处而不底，行而不流。五声和，八风平。节有度，守有序，盛德之所同也！”

> 见舞《象箾》《南籥》者，曰：“美哉！犹有憾。”见舞《大武》者，曰：“美哉！周之盛也，其若此乎！”见舞《韶濩》者，曰：“圣人之弘也，而犹有惭德，圣人之难也。”见舞《大

儒家文艺思想史

---

① 〔清〕阮元校刻：《仪礼注疏·燕礼》，《十三经注疏》（上），第77页。

夏》者，曰："美哉！勤而不德，非禹，其谁能修之？"见舞《韶箾》者，曰："德至矣哉！大矣！如天之无不帱也，如地之无不载也。虽甚盛德，其蔑以加于此矣，观止矣。若有他乐，吾不敢请已。"①

季札在听歌诗、观乐舞时，多次发出"美哉"的赞叹，而他所认为的美，均与国政和德行有关。《诗》乐与舞乐相通，观乐不仅仅是欣赏音乐舞蹈而已，还带有某种政治或道德的含义。如《左传·襄公十一年》，魏绛对晋侯说："夫乐以安德，义以处之，礼以行之，信以守之，仁以厉之，而后可以殿邦国、同福禄、来远人，所谓乐也。《书》曰：'居安思危。'思则有备，有备无患。"② 又《左传·昭公二十年》，晏子对齐侯说："先王之济五味、和五声也，以平其心，成其政也。声亦如味：一气，二体，三类，四物，五声，六律，七音，八风，九歌，以相成也；清浊、小大、短长、疾徐、哀乐、刚柔、迟速、高下、出入、周疏，以相济也。君子听之，以平其心。心平，德和。故《诗》曰：'德音不瑕。'"③ 据杜预注，"二体"指演奏时配乐的文舞、武舞；"三类"指风、雅、颂三种诗乐。关于"德音"，在《诗经》里多指具有良好的品德声誉，但春秋时代已被人们用来指中正平和的"雅颂"之声了。

综上，宗周的礼乐文明以礼为核心，通于乐舞、歌诗等艺事，乐教就包括在礼制之中。礼乐的内容是较为宽泛的，涵盖了当时的典章制度、政治意识形态、道德伦理和人文教养，渗透于社会生活的各个层面，属于政教合一的伦理型的乐感文化，由此造就了华夏民族注重政教功利的文艺观。从思想文化史的角度看，周代的礼乐文明是先秦

---

① 杨伯峻：《春秋左传注》，第 1163~1165 页。
② 杨伯峻：《春秋左传注》，第 993~994 页。
③ 杨伯峻：《春秋左传注》，第 1420 页。

原始儒家思想产生的最直接的根源，孔子的仁学就是以"克己复礼"为旨归而展开思想的。

第二节　兴于诗，立于礼，成于乐

孔子是春秋时期王官之学向私人讲学转变的代表人物，在此之前，"儒"作为一种职业或流品，或以相礼治丧为业，或以六艺施教，虽与礼乐知识的传授有关，但并没有成为一思想教派。[①]以孔子为宗师的儒家学派出现，是中国思想文化史上的大事。针对春秋时期礼崩乐坏的现实，孔子用仁学充实改造礼乐，着重阐发礼乐所蕴含的思想意义和人文价值，所谓"人而不仁，如礼何？人而不仁，如乐何？"（《论语·八佾第三》）他以仁学为核心，把《诗》和礼乐作为培养儒家君子人格的文艺教化方式，强调"兴于《诗》，立于礼，成于乐"（《论语·泰伯第八》），包括情意的感发、心智的启迪、处世立身的行为规范，以及高尚情操和优雅气质的培养等内容，这是我们了解原始儒家文艺思想的出发点。

一、不学诗，无以言

儒家早期的文艺观与君子人格的培养有密不可分的关系，通过诗书礼乐之教来培养君子儒，是儒家学派得以成立的基础。司马迁《史记·孔子世家》说："古者《诗》三千余篇，及至孔子，去其重，取可施于礼义……三百五篇孔子皆弦歌之，以求合《韶》《武》《雅》

---

① "儒"与"儒家"是两个概念，章太炎《原儒》把"儒"分为达名之儒、类名之儒和私名之儒三种，可代表从殷商到春秋时期儒者演变的不同面貌。达名之儒实即祝史或巫史类的术士，类名之儒为知晓礼、乐、射、御、书、数"六艺"的师儒，私名之儒指以孔子为宗师的儒家者流。胡适《说儒》认为这种创说"在大体上是完全可以成立的"。（《胡适文集》（五），北京：北京大学出版社，1998年，第5页。）

《颂》之音。礼乐自此可得而述，以备王道，成六艺。"又说："孔子以诗书礼乐教，弟子盖三千焉，身通六艺者七十有二人。"[①] 孔子是否真的删定或整理过《诗》，后人颇多怀疑，但《诗三百》最初皆可弦歌，都是合乐的，则没有什么疑义。

在祖述尧舜、宪章文武的立教过程中，孔子十分重视诗歌表情达意的功能和作用。因诗与乐不可分，又常用于各种礼仪活动中，故孔子把学《诗》作为通向礼乐的桥梁，以为"不学《诗》，无以言"（《论语·季氏第十六》）。这种说法的根据在于，西周和春秋时代，《诗》是一种通行于朝野的礼乐文化语言，为贵族社会进行交际时表达情意的工具，赋诗言志是上流社会极流行的一种交际方式。《春秋左传》记载的赋诗之事，始于僖公二十三年的"公子赋《河水》，公赋《六月》"。杜预注云："古者礼会，因古诗以见意，故言赋诗，断章也；其全称诗篇者，多取首章之义。"[②] 如鲁文公十三年，"郑伯与公宴于棐，子家赋《鸿雁》。季文子曰：'寡君未免于此。'文子赋《四月》。子家赋《载驰》之四章。文子赋《采薇》之四章。郑伯拜。公答拜"[③]。这种赋诗又称诵诗，即在彼此都很熟悉的《诗》中找出能传情达意的相应乐章，用歌唱的形式，委婉地表达自己的意思。子家为郑国人，他所赋的《鸿雁》诗，见于《诗·小雅》，其首章中有"爰及矜人，哀此鳏寡"之语。子家赋此诗句，是以鳏寡自比，希望得到鲁国的文子同情，出面代向晋国请和。文子先是推诿，赋《诗·小雅》中的《四月》作答，意谓自己思归祭祀，不想再到晋国去。子家又赋《诗·鄘风》中的《载驰》之四章，取义于其中的"控于大邦，谁因谁极"两句，再申前请。文子不便推脱，赋

---

① 司马迁：《史记》，第 1936~1938 页。

② 〔清〕阮元校刻：《春秋左传正义》，《十三经注疏》（下），北京：中华书局，1980 年，第 114 页。

③ 杨伯峻：《春秋左传注》，第 598~599 页。

《诗·小雅》中的《采薇》之四章的"戎车既驾，四牡业业"作答，表示同意再去一趟晋国。

孔子十分重视诗在社会生活中的实用价值，他教导弟子说："诵《诗》三百，授之以政，不达；使于四方，不能专对：虽多，亦奚以为？"（《论语·子路第十三》）在当时的人际交往中，有修养的人常通过赋诗婉转表达自己的意志。古人赋诗言志多采用"断章取义"的方式，即截取诗歌乐章里的一节，其中含有能表达自己情志的诗句。如卢蒲癸所说："赋诗断章，余取所求焉。"① 赋者和听者都可不顾诗之本义，而各有所求，或借此表达自己的情感和意志，或由此了解对方的想法和意图。在诸侯争霸的春秋时期，赋诗的好坏往往直接影响到政治外交，不可不慎。如《左传·襄公十六年》："晋侯与诸侯宴于温，使诸大夫舞，曰：'歌诗必类。'齐高厚之诗不类。荀偃怒，且曰：'诸侯有异志矣。'使诸大夫盟高厚，高厚逃归。"② 这次齐高厚的"歌诗不类"，成为晋侯与其他诸侯结盟讨伐齐国的起因。再如襄公二十七年，子展、伯有等七人随郑君接待晋国代表赵武，赵武说："请皆赋，以卒君贶，武亦以观七子之志。"伯有所赋的《鹑之贲贲》，含怨刺之意，赵武听了深感不快，说："床笫之言不逾阈，况在野乎？非使人之所得闻也。"事后文子曰："伯有将为戮矣。诗以言志，志诬其上而公怨之，以为宾荣，其能久乎？幸而后亡。"③ 这是赋诗不当的结果。

春秋时代诗、乐已开始分家，赋诗言志逐渐为引诗言志所代替。如果说"赋诗"与礼制的结合较紧密，须与诗之乐章相配合的话，那么"引诗"只是在言谈中摘引诗句以说明问题，可不受乐章的限

---

① 杨伯峻：《春秋左传注》，第 1145 页。
② 杨伯峻：《春秋左传注》，第 1026~1027 页。
③ 杨伯峻：《春秋左传注》，第 1134~1135 页。

制，属于单纯的义用范围。如昭公十三年，子产从晋国会盟而归，途中闻子皮卒，哭且曰："吾已！无为为善矣。唯夫子知我。"仲尼谓："子产于是行也，足以为国基矣。《诗》曰：'乐只君子，邦家之基。'子产，君子之求乐者也。"且曰："合诸侯，艺贡事，礼也。"① 在评价子产的行为时，孔子引《诗·小雅·南山有台》里的诗句表示赞扬，这种引诗言志属于引用成语表达己意，已非断章而是摘句。因四言诗多两句见义，故通常是摘引诗章中的两句，也有摘一句或四句的。如《诗·鲁颂·駉》的第四章有云："駉駉牡马，在坰之野。薄言駉者，有駰有騢，有驔有鱼，以车祛祛。思无邪，思马斯徂。"② 所谓"思无邪"，与前三章的"思无疆""思无期""思无斁"相类，"思"字皆为语助词，可省略。孔子拈出论诗时说："《诗》三百，一言以蔽之，曰'思无邪'。"（《论语·为政第二》）以"无邪"作为对《诗》的总评，表明自己的价值判断。

这种引诗言志的方法，重在《诗》的思想启迪作用，故强调学诗者要能举一反三，灵活运用，所谓"不愤不启，不悱不发，举一隅不以三隅反，则不复也"（《论语·述而第七》）。在孔子弟子中，子贡和子夏的"引诗"得到孔子的赞赏，就很能说明问题。

> 子贡曰："贫而无谄，富而无骄，何如？"子曰："可也。未若贫而乐，富而好礼者也。"子贡曰："《诗》云：'如切如磋，如琢如磨。'其斯之谓与？"子曰："赐也，始可与言《诗》已矣！告诸往而知来者。"（《论语·学而第一》）

在讲到对待贫富的态度时，孔子推崇贫而乐和富而好礼者，子贡引《诗·卫风·淇奥》中的"如切如磋，如琢如磨"加以形容，认为需要切磋琢磨的修养功夫，非轻易而举之事。这与原诗的本义已无关

---

① 杨伯峻：《春秋左传注》，第1360页。
② ［清］阮元校刻：《毛诗正义》，第342页。

涉，更多的是读诗者自己所受到的启发，属于告往而知来，故得到了孔子的首肯。将这种用诗方法运用于对《诗》之具体诗句的理解上，即可看出孔子所说的"兴于诗"的主旨所在，如：

> 子夏问曰："'巧笑倩兮，美目盼兮，素以为绚兮'，何谓也？"子曰："绘事后素。"曰："礼后乎？"子曰："起予者商也！始可与言《诗》已矣。"（《论语·八佾第三》）

子夏所引诗句出自《诗·卫风·硕人》，前两句描写女子的天然笑貌和神态，无难解处，关键在于如何理解"素以为绚兮"。孔子答之以"绘事后素"，"绘"指绘画，"后素"是后于素之义。一张白纸好画最新最美的图画，朴素的质地较采饰更为基本。《周礼·考工记》中有"凡画绘之事，后素功"的说法，朱熹认为："谓先以粉地为质，而后施五采，犹人有美质，然后可加文饰。"[①] 受孔子解诗的启发，子夏产生了"礼后乎"的追问，意谓礼是否也像绘画一样是后起的呢？尽管这种想法含有对繁文缛节的礼仪功能的质疑，意谓礼不是人的素质，而是在原有素质上的文饰。但孔子还是对此予以了肯定，并认为对自己也有启发。

孔子的以《诗》施教，最重举一反三的启发和诱导，所以特别强调《诗》的感发作用。他说："小子！何莫学夫诗？诗，可以兴，可以观，可以群，可以怨。迩之事父，远之事君。多识于鸟兽草木之名。"（《论语·阳货第十七》）有实感方有真知，以兴为学诗者首先当注意者。但关于诗之兴义的解说，历来颇多歧义，汉儒以比兴言诗，把兴与比看作同样的东西，认为兴也是一种比喻，两者的区别仅在"比显而兴隐"。到了宋代，朱熹说："比虽是较切，然兴却意较深远。"他认为："古人独以为'兴于《诗》'者，《诗》便有感发

---

① 朱熹：《四书章句集注》，北京：中华书局，1983年，第63页。

人的意思。"① 强调兴带有情感体验性质，含有感发心灵善意的作用，这是在诗的吟诵玩味中得出的体会。诗之兴义，实兼有感动和启发的双重作用，所谓"兴于诗"，指由感情的触发启迪心灵的智慧。读诗兴感者，所见在此，所得在彼，不可简单地以事理类推，或以义求理，因诗之兴含有情感体验的感发因素。

二、不知礼，无以立

如果说兴属于发乎情的话，那么"立于礼"则是一种见诸行为的实践，要求符合受道德伦理支配的社会行为规范。在《诗·鄘风·相鼠》中，已有"人而无礼，胡不遄死"的说法。孔子与子贡、子夏等人涉及引《诗》的谈话，也都与礼有关，要纳文艺于道德，所谓"子所雅言，《诗》《书》执礼，皆雅言也"（《论语·述而第七》）。孔子对周代礼乐文化的一个重要改造，是将建立在亲情基础上的宗法伦理作为礼的精神实质，"立于礼"是仁者事业和成人的标志。

礼治思潮是在周代才开始流行的，礼除了被推崇为治国的大纲和根本，还被视为成人的标志和做人必须遵循的行为准则，《春秋左传》和《国语》里有不少这方面的言论。如僖公十一年，内史过说："礼，国之干也；敬，礼之舆也。不敬则礼不行；礼不行则上下昏，何以长世？"② 礼的形式是礼仪，是用来分别君臣、上下、贵贱和尊卑的典章制度，目的在于息争，而教人谦让的敬是其精神主旨。孔子一生以复兴周礼为己任，是以礼治国的积极倡导者，他说："天下有道，则礼乐征伐自天子出，天下无道，则礼乐征伐自诸侯出。"（《论语·季氏第十六》）春秋时期的礼崩乐坏，在于诸侯的僭越和犯上

---

① 朱熹：《朱子语类》，北京：中华书局，1983 年，第 2069 页、第 2084 页。
② 杨伯峻：《春秋左传注》，第 338 页。

行为，破坏了安定社会的等级名分，所以孔子把"正名"作为治国的首要内容，强调"名分"的重要，以为"名不正，则言不顺；言不顺，则事不成；事不成，则礼乐不兴；礼乐不兴，则刑罚不中；刑罚不中，则民无所措手足。"（《论语·子路第十三》）所谓"正名"，实际上是要确定在等级制度中各人与其名分相符的社会地位和身份，杜绝越礼犯上的非分之想。孔子说："名以出信，信以守器，器以藏礼，礼以行义，义以生利，利以平民，政之大节也。"①又说："上好礼，则民莫敢不敬；上好义，则民莫敢不服；上好信，则民莫敢不用情。"（《论语·子路第十三》）以礼正名的一个重要作用，便是维护"君君、臣臣、父父、子子"的上下尊卑秩序，消除犯上作乱的不稳定因素。

礼是维持社会稳定的行为规范，也是节制和陶冶性情的道德伦理，尊礼成为铸造华夏民族灵魂的文化精神。在春秋时期，人们已开始将作为外在行为规范的礼仪与反映礼之精神实质的礼义相区别，开始对礼进行理论上的说明，把知书达礼作为立身之本。如昭公七年，孟僖子在病卒前说："礼，人之干也。无礼，无以立。吾闻将有达者曰孔丘，圣人之后也……我若获没，必属说与何忌于夫子，使事之而学礼焉，以定其位。"又昭公二十五年，赵简子向子大叔问揖让、周旋之礼，子大叔对曰："是仪也，非礼也。"进而说："礼，上下之纪、天地之经纬也，民之所以生也，是以先王尚之。故人之能自曲直以赴礼者，谓之成人。"②孔子在当时以好礼闻名于世，他幼时嬉戏就常陈俎豆、设礼容，后来周游列国时，又曾与弟子习礼于大树下（《史记·孔子世家》）。在施行礼教时，孔子很重视礼义在陶冶情操和塑造人格方面所起的作用，他说：

---

① 杨伯峻：《春秋左传注》，第788页。
② 杨伯峻：《春秋左传注》，第1457页、第1459页。

君子博学于文，约之以礼，亦可以弗畔矣夫。（《论语·雍也第六》）

孔子强调"不学礼，无以立"（《论语·季氏第十六》），又说"不知礼，无以立也"（《论语·尧曰第二十》）。其得意门生颜渊喟然叹曰："夫子循循然善诱人，博我以文，约我以礼，欲罢不能。"（《论语·子罕第九》）所谓"立于礼"，实即"约之以礼"，一种认同社会伦理道德的自我约束和自我规范。孔子将"克己"作为"复礼"的一个前提条件，把礼由外在的不成文习惯或制度条规，变成自觉的由自我控制的实践理性，这是他对传统礼制文化的重大改造。如《春秋左传》中有"孝，礼之始也"① 的说法，孔子则谓："今之孝者，是谓能养，至于犬马，皆能有养，不敬，何以别乎？"（《论语·为政第二》）对父母仅赡养还不够，还必须充满敬意。敬是发自内心的对长辈的尊重，不敬意味着失礼，不能谓之孝，这种说法注重于对礼之精神实质的揭示。

孔子对礼乐文明的一个重要贡献，是以"仁"的精神来充实礼教，使属于外在社会行为规范的礼与主体的道德实践互为表里。"仁"虽是春秋时代已广泛使用的尚德思想里的重要概念，但它作为儒学的核心范畴却是由孔子奠定的，他在《论语》里关于"仁"的谈话很多（109 次），超过了"礼"（75 次），而且每次谈"仁"的内容都不同，涉及了"仁"的很多方面。孔子说："夫仁者，己欲立而立人，己欲达而达人。"（《论语·雍也第六》）达到仁者境界的基本途径有二：一是约之以礼的"克己"，所谓"克己复礼为仁，一日克己复礼，天下归仁焉"（《论语·颜渊第十二》）；二是推己及人的"忠恕"之道，基本精神是"爱人"，如"樊迟问仁，子曰'爱人'"（《论语·颜渊第十二》）。孔子把"仁"作为礼乐文明的核

---

① 杨伯峻：《春秋左传注》，第 527 页。

心，注重具有仁者襟怀的君子人格的养成，从而使"立于礼"的行为规范具有道德自律的意义。

仁人志士的"克己"行为关乎礼，可以说是渊源有自。如昭公十二年，仲尼曰："古也有志：'克己复礼，仁也。'信善哉！"[1] 可知孔子的"克己"之说是引述古语，但他提出了更具体的要求，即"非礼勿视，非礼勿听，非礼勿言，非礼勿动"（《论语·颜渊第十二》）。他认为人的一切视听言行都要符合礼的精神，这是"立于礼"的本义。"爱人"则是由"亲亲"之义扩大了的"己欲立而立人"的泛爱精神，奉守"己所不欲，勿施于人"（《论语·颜渊第十二》）的行为准则，与讲究和谐的"乐"关系更直接，或者说，孔子提倡的仁爱精神更多地体现在"乐"里。

三、依于仁，游于艺

弦歌诗乐不仅是孔子施教的方式，也是其精神生活中不可或缺的内容。音乐可以陶冶情操、变化气质，养成文质彬彬的君子风度，故依于仁、游于艺的"成于乐"，乃孔子以文艺施教的目标。

孔子是一个非常爱好音乐的哲人，他会唱歌，能演奏乐器，有极高的音乐欣赏水平，《论语·述而第七》云："子与人歌而善，必使反之，而后和之。"他还善于用音乐表达心声，如："子击磬于卫，有荷蒉而过孔氏之门者，曰：'有心哉！击磬乎！'"（《论语·宪问第十四》）又："孺悲欲见孔子，孔子辞以疾。将命者出户，取瑟而歌，使之闻之。"（《论语·阳货第十七》）据说，孔子曾师从襄子学鼓琴，能从琴曲《文王操》里想象其为人，曰："丘得其为人，黯然而黑，几然而长，眼如望羊，如王四国。非文王其谁能为此也！"[2]

---

① 杨伯峻：《春秋左传注》，第 1341 页。
② 司马迁：《史记》，第 1925 页。

孔子与弟子讲学时，常弦歌不断，以致在当时颇遭非议。《墨子·非儒下》云："孔某盛容修饰以蛊世，弦歌鼓舞以聚徒，繁登降之礼以示仪，务趋翔之节以观众。"① 虽是负面的意见，亦可看出孔子对音乐的爱好，是个真正懂乐的人。

对于礼乐，孔子认为不能只注重其外在的形式，而应更重视其内容。乐曲调式与旋律的和谐，是音乐运动的形式之美，孔子虽欣赏这种美，却更注重音乐情调的内容。"子曰：'礼云礼云，玉帛云乎哉？乐云乐云，钟鼓云乎哉？'"（《论语·阳货第十七》）在具体的音乐评论中，孔子强调美的形式还须表现善的内容，提出了尽善尽美的审美理想。他对鲁国的大师乐说：

> 乐其可知也：始作，翕如也；从之，纯如也，皦如也，绎如
> 也，以成。（《论语·八佾第三》）

这是对乐曲演示的精彩描述——起调悠扬和顺；接着是协调地展开，音色纯净；到达高峰时声调响亮，演绎出主题；最后收声落调，袅袅余音，呈现出一片和谐，乐曲在隽永的意味里完成。孔子非常推崇中正平和的雅乐，尤其是对《韶》乐赞不绝口。"子在齐闻《韶》，三月不知肉味，曰：'不图为乐之至于斯也。'"（《论语·述而第七》）之所以如此，在于他认为《韶》乐已达到了美善合一的极致。"子谓：'《韶》尽美矣，又尽善也。'谓：'《武》尽美矣，未尽善也。'"（《论语·八佾第三》）《韶》和《武》同属雅乐，孔子认为它们在艺术形式方面都是美的。但《韶》据说是虞舜时的乐舞，反映了舜继尧之后以禅让得天下的文德，是文舞，可谓尽善；而《武》表现周武王用武力征服殷商的事迹，是武舞，与儒家理想的仁政和德治有一定距离，虽无伤大雅，却只能是"未尽善"了。

---

① 〔清〕阮元校刻：《墨子间诂》，《诸子集成》（四），北京：中华书局，1980年，第185页。

针对春秋时期礼崩乐坏的现实，在晚年周游列国失败后，孔子把希望寄托在"复礼"和"正乐"方面，他说："吾自卫反鲁，然后乐正，雅颂各得其所。"（《论语·子罕第九》）《雅》《颂》指雅乐和颂乐，"乐正"即正乐。孔子"正乐"的主要内容，是把古诗中可以施于礼义的加以弦歌，"以求合于《韶》《武》《雅》《颂》之音"。他十分痛恨当时诸侯间出现的非礼的乐舞行为，如按照礼制，只有天子才可以用八佾之舞，而季氏只是陪臣，却也私自用这种规格的舞乐，于是"孔子谓：'季氏八佾舞于庭，是可忍也，孰不可忍也？'"（《论语·八佾第三》）再如《诗·周颂》里的《雍》，是天子宗庙祭祀时用的乐章，但鲁国大夫孟孙氏、叔孙氏和季孙氏三家竟私自僭用，孔子斥责道："'相维辟公，天子穆穆'奚取于三家之堂？"（《论语·八佾第三》）指出诗里已讲明这是庄穆的天子祭礼，三家诸侯只是陪祭，根本没有享用的资格。为了"正乐"，孔子还极力反对当时新兴的民间俗乐郑、卫之音。他说："乐则《韶》《舞》。放郑声，远佞人。郑声淫，佞人殆。"（《论语·卫灵公第十五》）郑声是春秋时期与《韶》《舞》等古乐相对的新声，它多繁声促节的哀思激楚之音，与中正平和的雅乐形成鲜明对照。所谓"郑声淫"，指这种音乐表达的感情过度而又十分动听，能浸淫心态，使人迷惑。子曰："恶紫之夺朱也，恶郑声之乱雅乐也，恶利口之覆邦家者。"（《论语·阳货第十七》）孔子将郑声与巧言善辩而居心险恶的"佞人"相提并论，其主张合礼之乐、反对非礼之乐的态度十分坚决。

孔子的"正乐"还具有加强道德情感教育的意义，要寓教于乐，以音乐作为陶冶情操、培养君子人格的方式。在上古文献里，"乐"字有二义：一为音乐之乐，指乐舞或诗乐；二为快乐之乐，表示喜欢和爱好。这两种用法是相互关联的。如昭公二十一年，乐官州鸠说："夫音，乐之舆也；而钟，音之器也。天子省风以作乐，器以钟之，舆以行之。小者不窕，大者不摦，则和于物。物和则嘉成。故和声入于耳而藏于心，心亿则乐。"① 观风俗作乐，以中和之音为准则，可以引起听者心中的快乐愉悦，故音乐有移风易俗的教化作用。在回答子路关于"成人"的问题时，孔子说："若臧武仲之知，公绰之不欲，卞庄子之勇，冉求之艺，文之以礼乐，亦可以为成人矣。"(《论语·宪问第十四》) 他认为对人生有益的"三乐"是："乐节礼乐，乐道人之善，乐多贤友，益矣。"(《论语·季氏第十六》) 礼乐之乐指合礼之乐，但"乐节礼乐"中第一个"乐"指乐于，义近于喜好。所谓"乐而不淫，哀而不伤"(《论语·八佾第三》)，指感情的表达有节制，不能过度而太激动了。子曰："志于道，据于德，依于仁，游于艺。"(《论语·述而第七》) 依仁和游艺，是包括乐教在内的，用尽美尽善的和谐优雅之音乐，养成平和从容的性情和积极乐观的人生态度，当为"成于乐"的应有之义。

就君子品格的养成而言，所谓"孔颜乐处"指什么是理解"成于乐"的关键。孔子自谓："发愤忘食，乐以忘忧，不知老之将至云尔。"(《论语·述而第七》) 之所以能如此，在于他志于道而求仁义，忘情于富贵。子曰："饭疏食，饮水，曲肱而枕之，乐亦在其中矣。不义而富且贵，于我如浮云。"(《论语·述而第七》) 此种意义上的"乐"，已超越了一般世俗社会追求物质生活满足的层面，进入道德自我完善的精神生活领域。孔子曾给大弟子颜渊以很高的评价，他说："贤哉，回也！一箪食，一瓢饮，在陋巷。人不堪其忧，回也不改其乐。贤哉，回也！"(《论语·雍也第六》) 在清贫的生活中依然能感受到做人的乐趣，本于依仁、游艺的精神人格修养。孔子曰："不仁者不可以久处约，不可以长处乐。"(《论语·里仁第四》) 又说："知者乐水，仁者乐山；知者动，仁者静；知者乐，仁者寿。"

---

① 杨伯峻：《春秋左传注》，第 1424 页。

（《论语·雍也第六》）仁和智是君子必备的品格，仁山知（智）水，所以能安贫乐道。所谓"君子无终食之间违仁，造次必于是，颠沛必于是"（《论语·里仁第四》）。又说："君子坦荡荡，小人长戚戚。"（《论语·述而第七》）人生的快乐与心胸的宽广成正比，胸次洒落和道德人格的完善又互为表里。有一次，孔子要弟子们各言其志，曾点说："莫（暮）春者，春服既成。冠者五六人，童子六七人，浴乎沂，风乎舞雩，咏而归。"于日常生活的沐浴、乘凉和唱歌里体会人生乐趣。孔子对此大加赞赏，说："吾与点也！"（《论语·先进第十一》）仁爱之心和坦荡胸怀，使君子在平凡的生活中也能体会到精神适意和从容自得的快乐，此乃"成于乐"的形象表述。

孔子用仁丰富礼的内容，以礼解诗，又以善美论乐，要寓教于乐，目的是提高弟子们的道德品格和文艺素养，把他们培养成为君子。如何才能成为君子，是当时孔门弟子问学所关心的一个问题。孔子有不少关于"君子"的言说，如云："君子谋道不谋食。"（《论语·卫灵公第十五》）又说："君子有三畏：畏天命，畏大人，畏圣人之言。小人不知天命而不畏也，狎大人，侮圣人之言。"（《论语·季氏第十六》）"君子食无求饱，居无求安，敏于事而慎于言，就有道而正焉，可谓好学也已。"（《论语·学而第一》）孔子很注意区分君子与小人，认为"君子喻于义，小人喻于利"（《论语·里仁第四》），"君子成人之美，不成人之恶。小人反是"（《论语·颜渊第十二》），"君子和而不同，小人同而不和"（《论语·子路第十三》），君子"修己以敬"（《论语·宪问第十四》）。君子与小人代表两种不同的行为方式和人生态度，二者的差别并非只是外在的社会政治地位的高低，还在于各自内在的道德品质和文艺修养。君子博通诗书礼乐，气质高雅。孔子说："质胜文则野，文胜质则史。文质彬彬，然后君子。"（《论语·雍也第六》）所谓"文质彬彬"，又可说成"彬彬有礼",指具备优美的情操和高雅的气质,这是君子儒所必备的品质。

第三节　"充实"之美与"中和之纪"

孔子死后,儒一分为八,产生不同的儒家学派,"有子张之儒,有子思之儒,有颜氏之儒,有孟氏之儒,有漆雕氏之儒,有仲良氏之儒,有孙氏之儒,有乐正氏之儒"①(《韩非子·显学》)。战国时期,孟子和荀子为原始儒家里影响最大的两派。孟子长于《诗》《书》,大力倡导仁义之说,主张行仁政,与民同乐;而荀子则"隆礼仪而杀《诗》《书》"②(《荀子·儒效篇第八》),由礼走向法,又用乐加以调和。由于他们学问的立足点和方向不同,遂产生"性善"与"性恶"两种对立的主张。但他们均以孔子学说的继承者自命,在强调以人文教化提升人性的品质方面是一致的,孟子讲的"充实之谓美",荀子强调礼乐的"中和之纪",都可以看成是孔子文艺思想的发展。

一、充实之谓美

孟子根据孔子的仁学提出著名的"性善"论,明确说出人生的价值和意义就在人之心性中。这是孟子对儒家思想发展的一大贡献。他认为每个人都有"不忍人之心",也可以称之为"恻隐之心",所谓"君子所性,仁、义、礼、智根于心。其生色也,睟然见于面、盎于背、施于四体。四体不言而喻"(《孟子·尽心章句上》)。人是

---

① 〔清〕阮元校刻:《韩非子集解》,《诸子集成》(五),北京:中华书局,1954年,第351页。

② 〔清〕阮元校刻:《荀子集解》,《诸子集成》(二),北京:中华书局,1954年,第89页。(以下所引《荀子》皆据此书,故只随文注明出处)

有感情的，是否具有仁者爱人的同情心，乃人区别于禽兽的"几希"之处，这是中国礼乐文明发展到孔孟所得出的结论。孔子曾说过："仁远乎哉？我欲仁，斯仁至矣。"（《论语·述而第七》）又说："为仁由己。"（《论语·颜渊第十二》）但他并没有点明人生价值和意义就在于人的心性中，这个关乎中国文化发展方向的结论是由孟子说出来的。孟子指明："仁，人心也。"（《孟子·告子章句上》）以为心是人的道德主体。他说：

> 恻隐之心，人皆有之。羞恶之心，人皆有之。恭敬之心，人皆有之。是非之心，人皆有之。恻隐之心，仁也。羞恶之心，义也。恭敬之心，礼也。是非之心，智也。仁、义、礼、智，非由外铄我也，我固有之也，弗思耳矣。（《孟子·告子章句上》）

以心善指明性善，每个人都可以在自己的心中发觉善的根苗，无须向外寻求。如此则只能说人性善，不可能有别的解释。孟子的性善论，仅是就人的心性中蕴含着善的根苗而言（所谓的"四端之心"），认为仁义本于天性，是人的良知良能。但要真正达到至善的境界，需要下集义养气和尽心养性的修养功夫，才能充实显示心之主体的道德意义，完成君子人格的塑造。孟子说："五谷者，种之美者也。苟为不熟，不如荑稗。夫仁，亦在乎熟之而已矣。"（《孟子·告子章句下》）只有不断地充实和提高自己，才能展示人性的仁善与美，孟子对后世文艺批评影响很大的"知言养气"说、"以意逆志"说等，均可以从"充实之谓美"的心性修养方面加以说明。

人性的善和心灵的美，被孟子视为安身立命的根本，但要通过尽心知性的存养功夫才能显露出来。他说："尽其心者，知其性也。知其性，则知天矣。存其心，养其性，所以事天也。夭寿不贰，修身以俟之，所以立命也。"（《孟子·尽心章句上》）所谓"尽其心"，指发挥道德主体的良心之作用，亦即人之"良知良能"的扩充。孟子认为人皆有向善的心意和欲望，关键在于要加以培养和扩充。他强调说：

> 可欲之谓善。有诸己之谓信。充实之谓美。充实而有光辉之谓大。大而化之之谓圣。圣而不可知之之谓神。（《孟子·尽心章句下》）

以为善者必有可向往之处，故让人喜爱的便是善。那善实存于自身为信，心中充满善意，则美也就在其中了。若再有鲜明的表现便是"大"，进一步融化贯通是"圣"，到了不可测度的境界则叫作"神"。这种以善为美的思想与道德修养相结合，便形成了对具备浩然之气的人格美的自觉追求。孟子说："养心莫善于寡欲。其为人也寡欲，虽有不存焉者，寡矣；其为人也多欲，虽有存焉者，寡矣。"（《孟子·尽心章句下》）人心的良知本性，常被主观成见遮蔽，被私欲所歪曲，只有克己和寡欲才能显现出来。无私则大，无欲则刚，人若能培养出至大至刚的浩然之气，充塞于天地之间，则就进入了"圣"而"神"的精神境界。

孟子所说的"充实"，指道德人格的培养，首重充之以气，有配道与义的养气之说。他非常重视人心良知的主宰作用，以为"我四十不动心"（《孟子·公孙丑章句下》），意谓自己具备心有守而不为外物所动的勇气。在接着回答公孙丑"敢问夫子恶乎长？"的问题时，他说："我知言，我善养吾浩然之气。"所谓"知言"，指"诐辞知其所蔽，淫辞知其所陷，邪辞知其所离，遁辞知其所穷"，属于一种内心明辨是非的判断力。人凭良知判断是非和善恶，担当社会道义，而良知的呈现有待于治心养气，犹有待于培养浩然之气。在回答"何谓浩然之气"时，孟子说：

> 难言也。其为气也，至大至刚，以直养而无害，则塞于天地之间。其为气也，配义与道，无是，馁也。是集义所生者，非义袭而

取之也。行有不慊于心，则馁矣。（《孟子·公孙丑章句上》）

"气"代表贯穿万物的生命力，落实于人身上指"血气"，这是孟子之前较为流行的一种说法。如昭公十年，晏子对恒子说："让，德之主也。让之谓懿德。凡有血气，皆有争心，故利不可强，思义为愈。"[①] 此"血气"指人的精血与气息组成的生命力量。孔子说："君子有三戒：少之时，血气未定，戒之在色；及其壮也，血气方刚，戒之在斗；及其老也，血气既衰，戒之在得。"（《论语·季氏第十六》）以血气的盛衰指自然生命力的强弱，气属于人的生理作用的综合。配义与道的浩然之气，源于由良知意志支配的大勇，非匹夫血气方刚的勇气，但亦非完全与血气之勇无关，这是使孟子感到难言的地方。浩然之气肇自血气，但除去了血气中的私欲成分，直养成具有道义感的至大至刚之气，可充塞于天地之间。这种气之所以能"浩然"，仍在于有铁肩担道义之志，是由不断行善的集义功夫所造就的高尚品格，非激于义气而奋发的豪横行为。

孟子用不可"揠苗助长"的故事，来说明浩然之气乃"必有事"的心性存养功夫的自然结果，属水到渠成之事，不可以助长。孟子认为君子有三乐，除了父母俱存、兄弟无故和得天下英才而育之，便是"仰不愧于天，俯不怍于人"（《孟子·尽心章句上》）。这种堂堂正正的做人气派，乃是一种有浩然正气的大丈夫气象，所谓：

> 居天下之广居，立天下之正位，行天下之大道。得志，与民由之；不得志，独行其道。富贵不能淫，贫贱不能移，威武不能屈。此之谓大丈夫。（《孟子·滕文公章句上》）

由君子儒成为大丈夫，胸中和眉宇间充满蓬勃葱郁之正气。孟子相信"人无有不善"，故一则说"舜，人也；我，亦人也。……尧、舜与人同耳"（《孟子·离娄章句下》）。再则云："圣人，与我同类者。"

---

① 杨伯峻：《春秋左传注》，第 1317 页。

（《孟子·告子章句上》）话虽说得大，却有一股真挚自信的感人力量，将儒家重视人格美的理想推向要做圣人的崇高境界。孟子认定人"生于忧患而死于安乐"，圣人贤者的人格完美多从磨难中来，所谓"天将降大任于是人也，必先苦其心志，劳其筋骨，饿其体肤，空乏其身，行拂乱其所为，所以动心忍性，曾益其所不能。人恒过，然后能改；困于心，衡于虑，而后作；征于色，发于声，而后喻"（《孟子·告子章句下》）。这也是很能激励人心志的说法。由浩然之气充实的生命和人格，必然是善的和美的，因它可以使顽夫廉，懦夫有立志，使人生焕发积极向上的勇气。

孟子的"养气"说以培养圣贤人格为目的。他认为："圣人，人伦之至也。"（《孟子·离娄章句上》）又说："观于海者难为水，游于圣人之门者难为言。"（《孟子·尽心章句上》）所谓"圣人"人格，须把个体内心的仁义扩充到与天地万物同德的地步，一种大而化之的无私欲的高尚境地。这种人格美是一种"修其身而天下平"（《孟子·尽心章句下》）的道德操守，不是文艺创作所需的个性化的才气。就孟子思想而言，"养气"属尽心知性的行善活动，自应与文艺无缘。但从其对后世的影响来看又不尽然，因人身上的气含有一种生命的力量，集义的养气功夫不仅可培养道德人格，也能使生命力得到升华，成为充实身心、提高品格的浩然之气。后世受孟子"养气"说影响的古文家，常将养气与立言联系起来，以道德文章许人或自许。如韩愈在《答李翊书》中说："将蕲至于古之立言者，则无望其速成，无诱于势利，养其根而俟其实，加其膏而希其光。根之茂者其实遂，膏之沃者其光晔，仁义之人，其言蔼如也。"[1] 于文章根源之地说明养气的重要性。仁人志士的浩然之气，若转化为以天下为己

---

[1] 韩愈著，马其昶校注，马茂元整理：《韩昌黎文集校注》，上海：上海古籍出版社，1987年，第169页。

任的情怀，可在临文之际贯注于文章之中，形成言语畅达的充沛文气。

二、养气与明志

能使人的生命提升而感到充实的"浩然之气"，又可称为"志气"，志为心之所向，体现心的主宰作用。气为体之充，但须实之以"志"，人若无志气则不能浩然立于天地间。与孟子同时代的告子说："不得于言，勿求于心；不得于心，勿求于气。"孟子不同意这种说法，他认为：

> 不得于心，勿求于气，可；不得于言，勿求于心，不可。夫志，气之帅也；气，体之充也。夫志至焉，气次焉；故曰："持其志，无暴其气。"（《孟子·公孙丑章句上》）

在告子看来，人的心志常受外在环境和言论的影响，要达到"不动心"的境地，须把一切都不放在心上，而且不于气上寻求安心。孟子则认为推行仁义是有良知的人的一种内心要求，若不能得于言，则应求之于心。人心所向的仁义即为"志"，故"王子垫问曰：'士何事？'孟子曰：'尚志。'曰：'何谓尚志？'曰：'仁义而已矣。'"（《孟子·尽心章句上》）以仁义为"志"的具体内容，则人的心志或志气原本就含有道德良知的理性，与充实于人之形体的血气当有所不同，后者更多的是一种自然生理现象。所谓"持其志"就是要保持良知对气的统率作用，以除去血气之私，即"无暴其气"。这种配义与道的存养功夫之结果，便是"志""气"合一的浩然之气的产生，亦可称为士气。

孔、孟都很强调"志于道"的重要性。孔子说："三军可夺帅也，匹夫不可夺志也。"（《论语·子罕第九》）又说："志士仁人，无求生以害仁，有杀身以成仁。"（《论语·卫灵公第十五》）做志士仁人是儒者的一种人生追求，孟子说："苟不志于仁，终身忧辱，以陷于死亡。"（《孟子·离娄章句上》）"志"在人的品格修养和生活行为中起导向作用，以"志"率气，即以道义来支配气，而道义本于人心的良知。"志"于道者，在紧要关头可舍生取义。孟子说："鱼，我所欲也，熊掌亦我所欲也；二者不可得兼，舍鱼而取熊掌者也。生亦我所欲也，义亦我所欲也；二者不可得兼，舍生而取义者也。"（《孟子·告子章句上》）强调做人要有志气，宁可杀身成仁，决不苟且偷生。

明白"志"的重要性，对于孟子说《诗》时讲的"以意逆志"的深层意蕴，自当别有一番领会。在《孟子》一书里，言及《诗》《书》的地方是比较多的（《诗》43次，《书》12次），强调对于《诗》《书》解读，不能"以辞害志"，而当以己意迎取作者之志，做深入的理解。如原本《尚书·武成篇》记周武王伐纣之事，有"血之流杵"的描述，而孟子认为周武王"以至仁伐至不仁"，决不会如书中所描写的那样血流成河。他说："尽信《书》，则不如无《书》。"（《孟子·尽心章句下》）再如《诗·小雅·北山》云："溥天之下，莫非王土；率土之滨，莫非王臣。"据说《北山》诗为舜所作，孟子的学生咸丘蒙对此感到难以理解，因舜做了天子后，他的父亲瞽瞍事实上没有做他的臣子，何来"莫非王臣"之说？孟子认为这样望文生义、仅从词句的表面意义解诗是不对的。

> 故说《诗》者，不以文害辞，不以辞害志。以意逆志，是为得之。如以辞而已矣，《云汉》之诗曰："周余黎民，靡有孑遗。"信斯言也，是周无遗民也。（《孟子·万章章句上》）

在这段话中，"文"指文字，"辞"指词句。意谓在解说《诗》时，若拘泥于文字往往会误解词句；若仅停留在词句上，就不易理解作者的本意是什么，因"言近而指远者，善言也"（《孟子·尽心章句下》）。如仅据《诗·大雅·云汉》中"靡有孑遗"的词句，就会得出周代无遗民的不正确结论。

为避免因辞害义，孟子提出了以读者之意推测作者之志的阐释方法，要求透过言辞的表层，深入到作者的内心情志，以仁义为归结。如同时人高叟认为《诗·小雅·小弁》为小人之诗，理由是诗中有怨恨之词。孟子说："固哉，高叟之为《诗》也！有人于此，越人关弓而射之，则己谈笑而道之；无他，疏之也。其兄关弓而射之，则己垂涕泣而道之；无他，戚之也。《小弁》之怨，亲亲也。亲亲，仁也。固矣夫，高叟之为《诗》也！"（《孟子·告子章句下》）认为高叟解《诗》太过于拘泥于词句的意思而陋于知人心，不知《小弁》中的怨恨之词表达的是对亲人的热爱，而这种亲亲之情正是仁的表现。

"以意逆志"得以成立的前提是人同此心、心同此理。孟子所要"逆"的作者心志，是以仁义为根本的。他说："口之于味也，有同耆焉；耳之于声也，有同听焉；目之于色也，有同美焉。至于心，独无所同然乎？心之所同然者何也？谓理也、义也。圣人先得我心之所同然耳。故理、义之悦我心，犹刍豢之悦我口。"（《孟子·告子章句上》）但在肯定人心有同然者时，孟子也承认有先知先觉与后知后觉的差别，主张通过学习《诗》《书》而尚友古人。他对万章说：

> 一乡之善士，斯友一乡之善士。一国之善士，斯友一国之善士。天下之善士，斯友天下之善士。以友天下之善士为未足，又尚论古之人。颂其诗，读其书，不知其人可乎？是以论其世也。是尚友也。（《孟子·万章章句下》）

这段话的主旨被后人概括为"知人论世"，本义是讲"尚（同上）友"古人的方法，即要与古人为友，除了诵读其诗、书，还要了解他的为人及其所处的时代。尚友古人的目的是增进自身的道德品质，孟子说："友也者，友其德也。"（《孟子·万章章句下》）尚友古人而"知人论世",可以更好地了解人心之所同然,根据性善论,这同然者就是人人心中固有的仁义礼智。诵读《诗》《书》的学问之道,是要视古人为同志,心灵相通而复归于仁义之途。就此而言,"以意逆志"和"知人论世"实有某种内在理路的一贯性,后人将二者联系在一起,作为解读经典的一种方法,是有学理上的依据的。这种方法在后世被广泛运用于文艺批评,成为儒家流行的文学诠释方法。

孟子讲"以意逆志"和"知人论世",与他倡言"知言养气"一样,意在于尽心知性,寻求安身立命的精神家园。他主张以心性修养为本,充之以气,又实之以志,才能成为心灵善与人格美相统一的仁人志士和大丈夫。良知的发现,仁义的扩充,尚友古人,都是为了充实自己的内心世界。所谓"充实之谓美",是从孔子合道德于文艺的思想发展来的,以性善说为基本的出发点,核心是善即美。

三、礼乐与"中和之纪"

同样注重人格培养和道德教化,荀子崇尚的是礼法。他不同意孟子的性善论和礼起源于人的辞让之心的说法,认为人之性喜争夺而情好声色,"故顺情性则不辞让,辞让则悖于情性矣"(《荀子·性恶篇第二十三》)。如此说,人性本恶,善是人为的,辞让并非人的天性,而是起于人类社会息争的道德要求,礼乐不过是用来教化民众的工具。

荀子对礼有很透彻的认识,指明礼的本质是"分",是用来"别异"的。他说:"人生而有欲,欲而不得,则不能无求。求而无度量分界,则不能不争;争则乱,乱则穷。先王恶其乱也,故制礼义以分之,以养人之欲,给人之求。"(《荀子·礼论篇第十九》)荀子认为:

> 今人之性,生而有好利焉,顺是,故争夺生而辞让亡焉;生

而有疾恶焉，顺是，故残贼生而忠信亡焉；生而有耳目之欲，有好声色焉，顺是，故淫乱生而礼义文理亡焉。然则从人之性，顺人之情，必出于争夺，合于犯分乱理，而归于暴。故必将有师法之化，礼义之道，然后出于辞让，合于文理，而归于治。用此观之，人之性恶明矣，其善者伪也。（《荀子·性恶篇第二十三》）

所谓"伪"，指人为，如辞让、忠信和讲礼义等道德行为，是人后天受教育的结果，非人性之固有。显然，荀子的看法更现实冷静，少理想化的成分。他说："先王恶其乱也，故制礼义以分之，使有贫富贵贱之等，足以相兼临者，是养天下之本也。"（《荀子·王制篇第九》）礼是用来分别高下贵贱长幼的法之大分、类之纲纪，礼的本质在于维护封建社会的等级制度。

若只讲礼之"分"别，则社会只有冰冷的秩序而无和谐与温情，故荀子在强调礼的别异作用时，也很重视乐的合同作用。他说："且乐也者，和之不可变者也；礼也者，理之不可易者也。乐合同，礼别异。礼乐之统，管乎人心矣。穷本极变，乐之情也；著诚去伪，礼之经也。"（《荀子·乐论篇第二十》）荀子主张于分别之间用乐之"和"求得上下与情理的协调，他认为礼乐交互为用，才可达到"正身行，广教化，美风俗"（《荀子·王制篇第九》）的目的。

以"和"论乐起源较早，在荀子之前，大致有两种流行的看法：一是就音乐的构成而言，主张"和"而"不同"，强调音乐艺术的特征是和谐。如西周末年的史伯说："夫和实生物，同则不继。以他平他谓之和，故能丰长而物归之；若以同裨同，尽乃弃矣。故先王以土与金木水火杂，以成百物。是以和五味以调口，刚四支以卫体，和六律以聪耳，……和乐如一。夫如是，和之至也。"[1] 和与同是对立的，

① 左丘明著，上海师范大学古籍整理组点校：《国语》，上海：上海古籍出版社，1978年，第515~516页。

同物相加只能是量的重复，只有异物相和才能产生新的事物，音乐的艺术构成也是如此。因"声一无听，物一无文"，只有众声相合的"和乐如一"，才会有美妙的音乐。二是就音乐的风格及作用而言，推崇"声与政通"的中正和平之音。如伶州鸠在谈到乐律时说："夫政象乐，乐从和，和从平。声以和乐，律以平声，金石以动之，丝竹以行之，诗以道之，歌以咏之，匏以宣之，瓦以赞之，革木以节之。物得其常曰乐极，极之所集曰声，声应相保曰和，细大不逾曰平。……夫有和平之声，则有蕃殖之财。于是乎道之以中德，咏之以中音，德音不愆，以合神人，神是以宁，民是以听。"[1] 强调音乐的和平与适度。在今存《国语》的最早注本里，韦昭将"中音"注为"中和之音"，盖适度为"中"，过度为"淫"，"中"而不"淫"即为"和平之声"。这种将"和"与"中"联系起来的看法，实为"中和"说的滥觞。

荀子是中国文艺思想史上最早明确提出"中和"问题的人。他认为人不能无乐，乐必发于声音，形于动静，音乐入人也深，化人也速，尤其是和平中正之乐，能使民和而不流，齐而不乱，"故乐者，天下之大齐也，中和之纪也，人情之所必不免也"（《荀子·乐论篇第二十》）。荀子把"中和"作为音乐应具备的主要特征加以强调，他说：

> 礼之敬文也，乐之中和也，诗书之博也，春秋之微也，在天地之间者毕矣。（《荀子·劝学篇第一》）

荀子认为除敬礼之外，先王还立乐以感动人之善心，"故乐在宗庙之中，君臣上下同听之，则莫不和敬；闺门之内，父子兄弟同听之，则莫不和亲；乡里族长之中，长少同听之，则莫不和顺。故乐者，审一以定和者也，比物以饰节者也，合奏以成文者也"（《荀

---

[1] 左丘明著，上海师范大学古籍整理组点校：《国语》，第 128~130 页。

子·乐论篇第二十》)。此段文字又见于《礼记·乐记》（字句略有不同），其"审一以定和"可视为对"中和之纪"的说明。一者，谓中声之所止也。清人孙希旦《礼记集解》云："盖五声下不逾宫，高不过羽，若下逾于宫，高过于羽，皆非所谓和也。故审中声者，所以定其和也。然五声皆为中声，而宫声乃中声之始，其四声者皆由此而生，而为宫声之用焉，则审中声以定和者，亦审乎宫声而已，此所以谓之一也。"[①] 据此，所谓"审一定和"，指的是选择一个"中声"为主音，然后以它为准组织众音，形成和谐的音乐旋律，这是就乐曲的构成而言的。所谓"和敬""和亲""和顺"，则是指这种音乐的社会教化作用和效果。

尽管荀子把"审一定和"作为音乐构成的艺术特征，认为"乐言是其和也"（《荀子·儒效篇第八》），但他标举"中和之纪"时，似更注重"美善相乐"的"以道制欲"。他虽主张"性恶"，却并不鼓励放纵情欲，相反，是要用礼乐对人的本能欲望加以约束或引导，要强调的不是音乐的娱乐性，而是其教化作用。他把合于礼义的"中平""肃庄"之乐称为礼乐，亦即中和之乐，明确提出"贵礼乐而贱邪音"（《荀子·乐论篇第二十》）的主张。他十分重视音乐的教化功用，认为只有具备一定的文化道德教养，使"道志"与"乐心"相结合，才能有真正的乐感。所谓：

> 君子以钟鼓道志，以琴瑟乐心；动以干戚，饰以羽旄，从以磬管。故其清明象天，其广大象地，其俯仰周旋有似于四时。故乐行而志清，礼修而行成，耳目聪明，血气和平，移风易俗，天下皆宁，美善相乐。（《荀子·乐论篇第二十》）

这可以看成是对乐之"中和"作用的描述，即既能以音乐表达向善的志向，又能在欣赏其美的过程中乐心，为道德修养与审美愉悦相统

① 〔清〕孙希旦：《礼记集解》（下），北京：中华书局，1989 年，第 1033 页。

一的美善相乐。"故曰：乐者，乐也。君子乐得其道，小人乐得其欲。以道制欲，则乐而不乱；以欲忘道，则惑而不乐。故乐者，所以道乐也，金石丝竹，所以道德也。乐行而民乡方矣。故乐者，治人之盛者也，而墨子非之。"（《荀子·乐论篇第二十》）在荀子所讲的美善相乐的乐之"中和"里，并非美善并重，而是善高于美，和服从于中，如此才能以道制欲，使人血气和平，安分守己而不及于乱。他说："乐者，圣人之所乐也，而可以善民心，其感人深，其移风易俗，故先王导之以礼乐而民和睦。夫民有好恶之情而无喜怒之应则乱。先王恶其乱也，故修其行，正其乐，而天下顺焉。"（《荀子·乐论篇第二十》）以为可以用乐来改善世道人心。

与孟子主张寡欲不同，荀子不否定人之性情欲望的天然合理性，他认为"夫乐者，乐也，人情之所必不免也。故人不能无乐，乐则必发于声音，形于动静；而人之道，声音、动静，性术之变尽是矣"（《荀子·乐论篇第二十》）。所谓"性术之变"，指人心性的种种变化，包括感情和物欲在内。荀子说：

> 故人不能不乐，乐则不能无形，形而不为道，则不能无乱。先王恶其乱也，故制雅、颂之声以道之，使其声足以乐而不流，使其文足以辨而不諰，使其曲直、繁省、廉肉、节奏，足以感动人之善心，使夫邪污之气无由得接焉，是先王立乐之方也。

（《荀子·乐论篇第二十》）

他认为声色之好出于人之本能，不待后天的学习就已具备，"若夫目好色、耳好声、口好味、心好利、骨体肤理好愉佚，是皆生于人之情性者也，感而自然，不待事而后生者也"（《荀子·性恶篇第二十三》）。人的五官感受能力也是天生的，所谓"目辨白黑美恶，耳辨音声清浊，口辨酸咸甘苦，鼻辨芬芳腥臊，骨体肤理辨寒暑疾养，是又人之所常生而有也"（《荀子·荣辱篇第四》）。由此而言，人之天性中实有很强的物欲享受愿望，若不以礼乐疏导，则会流于淫乱。荀子说："凡奸声感人而逆气应之，逆气成象而乱生焉……唱和有应，善恶相象，故君子慎其所去就也。"（《荀子·乐论篇第二十》）相对于被称为"淫声"和"奸声"的郑卫之音而言，他认为礼乐出于正声，本质为"中和"之乐的雅颂之声，亦可称为"正声"。

荀子乐论"中和"说的思想基础是儒家的中庸之道。热爱和平、崇尚中道，是华夏民族的思想传统，《论语·尧曰第二十》里就有"允执其中"的说法。"中"即正，含有正确的意思。孔子说："中庸之为德也，其至矣乎！民鲜久矣。"（《论语·雍也第六》）"庸"谓用，"中庸"即"用中"，最基本的含义为无过与不及，是一种判断人之行为正确与否的准绳，故乐之中和亦可作为分别声之善恶的标准。荀子说："故公平者，职之衡也；中和者，听之绳也。"（《荀子·王制篇第九》）以公平衡量轻重，而以"中和"辨别曲直，扬"中声"而禁"淫声"，不让邪音乱雅乐，这就是"中和之纪"的作用。与礼法规范人的行为不同，音乐主要是作用于人心的，既可以淫声荡人心魂，也可用陶冶性情的方式变化气质。荀子说：

> 姚冶之容，郑卫之音，使人之心淫；绅端章甫，舞《韶》歌《武》，使人之心庄。故君子耳不听淫声，目不视女色，口不出恶言，此三者，君子慎之。（《荀子·乐论篇第二十》）

这种看法与孔子"恶郑声之乱雅乐"的态度是完全一致的。除"非礼勿视，非礼勿听"之外，用《韶》《舞》一类的礼乐修身，也有助于治气养心。荀子说："治气养心之术：血气刚强，则柔之以调和；知虑渐深，则一之以易良；勇胆猛戾，则辅之以道顺……愚款端悫，则合之以礼乐，通之以思索。"（《荀子·修身篇第二》）支持这种看法的基础是人性恶。荀子认为："今人之性，生而离其朴，离其资，必失而丧之。用此观之，然则人之性恶明矣。所谓性善者，不离其朴而美之，不离其资而利之也。使夫资朴之于美，心意之于善，若夫可以见之明不离目，可以听之聪不离耳，故曰：目明而耳聪也。"(《荀子·性恶篇第二十三》) 要去掉人性中的恶，须推行王道教化，使人以朴实为美而心存善意，要做到这一点，在音乐情感教育方面提倡善美结合的中和之纪，不失为一种明智之举。

在有关礼乐文化的理论说明方面，荀子的《礼论》和《乐论》带有集成性质，其"中和之纪"说的提出，是重教化的儒家音乐思想臻于成熟的标志。如果说孟子的"充实之谓美"主要是从人格修养的角度立论的话，那么荀子的"中和之纪"说，则是就音乐艺术作品提出的要求和标准。这种合道德于艺术的善美相乐的标准，是以去恶从善为主旨的，要求通过音乐的中和之声启发人之善心，充分发挥礼乐的社会教化作用。

第四节　孔门的文艺修养

以孔子为宗师的原始儒家是春秋战国时代的"显学"，影响极广而且深远，由此产生的一个值得注意的文化现象，便是"子曰"流传的普泛性，可与"诗云"相媲美。除孔子弟子及再传弟子编纂的《论语》里有大量的"子曰"外，先秦诸子的著作如《孟子》《荀子》《庄子》《韩非子》，以及《周易》的《易传》和《礼记》等典籍里，也都有不少"子曰""孔子曰"或"仲尼曰"之类的语录。这些著述里的"子曰"未必都出自孔子之口，其中有不少出自孔门后学之手是可以肯定的。出自孔门后学的"子曰"里的一些有关文艺修养的命题，诸如"君子比德""修辞立其诚""温柔敦厚"的诗教等，是对中国文艺思想有深远影响的重要理论命题，在古代相当长的一段时间里，这些命题被当作是孔子本人提出的主张。

一、君子比德

具有高尚道德情操的君子人格的培养，一直是儒家人文教化的核心内容，除了反映出对人自身的存在价值和意义的认识，还在一定程度上影响到中国人对自然物的审美观照。在崇尚德行的儒者看来，自然山水及客观外物亦可视为人之品性的象征，于是就有了"君子比德"的说法，用外物的自然属性来比拟道德人格。孔子说："岁寒，然后知松柏之后凋也。"（《论语·子罕第九》）不畏严寒的松柏，成了高洁人品的象征。朱熹在为《论语》"知者乐水，仁者乐山"做注时说："乐，喜好也。知者达于事理而周流无滞，有似于水，故乐水；仁者安于义理而厚重不迁，有似于山，故乐山。"① 所谓"有似于"，指的是一种比喻或比拟，故"仁山智水"实为一种以自然山水比德的象征方式，为原始儒家自然审美观的反映。

比德的象征起源是比较早的，可追溯到《周易》的"观物取象"。《易经·系辞下》说："古者包牺氏之王天下也，仰则观象于天，俯则观法于地，观鸟兽之文，与地之宜。近取诸身，远取诸物，于是始作八卦，以通神明之德，以类万物之情。"② 认为包牺（即伏羲）制作八卦时，仰观俯察天地万物，以自然界中的具体事物作为"神明之德"的象征。八卦的 ☰（乾）、☷（坤）、☳（震）、☴（巽）、☵（坎）、☲（离）、☶（艮）、☱（兑）等卦形，可分别看作天、地、雷、风、水、火、山、泽的象征。八卦的两两相重，便构成了《周易》的主干六十四卦，而解说这些卦形的爻辞，也具有某种象征意味。如《乾卦》初九的爻辞："潜龙，勿用。"其《文

---

① 朱熹：《四书章句集注》，第90页。
② 〔清〕阮元校刻：《周易正义》，《十三经注疏》（上），北京：中华书局，1980年，第74页。

言》里的"子曰"为："龙德而隐者也，不易乎世，不成乎名，遁世无闷，不见是而无闷，乐则行之，忧则违之，确乎其不可拔，潜龙也。"① 把潜龙作为未即位的有德君主的象征。这种道德化的解说，重在说明事理，但因采用观物取象的方式，也就具有托物寓意的象征性质，可视为"比德"说的滥觞。

尽管"君子比德"古已有之，但是到了《荀子》才有明确的记载，而且把这种说法归于孔子。据说子贡问孔子："君子之所以贵玉而贱珉者何也？为夫玉之少而珉之多邪？"对这种以多少分别贵贱高下的看法，孔子很不以为然，于是"子曰"：

> 恶！赐！是何言也！夫君子岂多而贱之，少而贵之哉！夫玉者，君子比德焉：温润而泽，仁也；栗而理，知也；坚刚而不屈，义也；廉而不刿，行也；折而不挠，勇也；瑕适并见，情也；扣之，其声清扬而远闻，其止辍然，辞也；故虽有珉之雕雕，不若玉之章章。《诗》曰："言念君子，温其如玉。"此之谓也。（《荀子·法行篇第三十》）

如此说，玉之所以贵重，在于可用它来比拟或象征君子的仁、知（智）、义、行、勇、情等品行。这些品行里，孔子强调的是仁、知、勇，他说："君子道者三，我无能焉：仁者不忧，知者不惑，勇者不惧。"子贡曰："夫子自道也。"（《论语·宪问第十四》）关于勇，孔子说："见义不为，无勇也。"（《论语·为政第二》）这是从反面说，正面的意思是见义勇为才是真勇。所谓"知"，指资质聪明而且具备广博的学识，即"博学于文"（《论语·颜渊第十二》）。最重要的是"仁"，唯仁者的大智和大勇，方能无敌于天下。子曰："有德者必有言，有言者不必有德。仁者必有勇，勇者不必有仁。"（《论语·宪问第十四》）所谓"仁"，最基本的是要有仁爱之心，能给人

---

① 〔清〕阮元校刻：《周易正义》，《十三经注疏》（上），第3页。

以温暖，散发出高尚人格的光辉，有如玉的"温润而泽"一样。《诗》云："温温恭人，惟德之基。"玉的温和品质与光辉，可象征仁者泽被天下的德行，这才是其可贵的地方。

用某种具体事物的自然属性比拟人的品格，将君子人格的内美加以形象化，是"君子比德"的表现方式。这种象喻的表现方式，建立在以自然物象折射主体人格精神的审美观照之上，如"子在川上，曰：'逝者如斯夫！不舍昼夜。'"（《论语·子罕第九》）一代哲人站立河边，望水兴叹，年华如水流逝去，万物生生不已。孔子从日夜不停的流水中看到了什么？孟子说："源泉混混，不舍昼夜，盈科而后进，放乎四海。有本者如是，是之取尔。"（《孟子·离娄章句下》）他以为孔子看到了活水的源头，水有本源，才能滔滔不绝。据荀子所言，孔子逢大水必观，在观东流之水时，"子曰"：

> 夫水，大遍与诸生而无为也，似德；其流也埤下，裾拘必循其理，似义；其洸洸乎不淈尽，似道；若有决行之，其应佚若声响，其赴百仞之谷不惧，似勇；主量必平，似法；盈不求概，似正；淖约微达，似察；以出以入，以就鲜洁，似善化；其万折也必东，似志。是故君子见大水必观焉。（《荀子·宥坐篇第二十八》）

如此说，孔子看中的是水流遍地的生生之德，可用水来比拟人的德、义、道、勇、法、正、察、善化、志等品性。或者说，孔子从水流中看到的是类于人的种种德性。董仲舒在《春秋繁露·山川颂》中也持近似的观点，他以为孔子观水的意思是："水则源泉混混沄沄，昼夜不竭，既似力者；盈科后行，既似持平者；循微赴下，不遗小间，既似察者；循溪谷不迷，或奏万里而必至，既似知者；障防山而能清净，既似知命者；不清而入，洁清而出，既似善化者；赴千仞之壑，入而不疑，既似勇者；物皆困于火，而水独胜之，既似武者；咸得之而生，失之而死，既似有德者。"① 这种观物方式是建立在"君子比德"基础上的托物寓志，其人格化的比拟象喻方式，成为后来中国文学艺术常用的象征手法。如在中国画里，梅、兰、竹、菊被称为"四君子"，松、柏、竹是"岁寒三友"，莲花因出于污泥而不染，有"花之君子"之称。在诗歌创作中，用象征手法将主体的人格精神贯注于所观照的自然物中，香草美人，非寄托不出，也应属于"君子比德"的手法。

二、修辞立其诚

如果说"君子比德"较注重观照对象的象征意味的话，那么"修辞立其诚"之说则更强调君子自身的诚信品质，以立诚为作文的根本。写作修辞必须以立诚为前提条件。

诚的本义是言行一致而真实无欺，《说文》云："诚，信也。"在儒家思孟学派的道德修养中，诚被赋予了心性本体乃至万物本体的意义，以为不诚无物。孟子说："人有恒言，皆曰'天下国家'。天下之本在国，国之本在家，家之本在身。"（《孟子·离娄章句上》）这是说修身为齐家治国之本，而诚又为修身之要。他认为："诚身有道，不明乎善，不诚其身矣。是故诚者，天之道也；思诚者，人之道也。至诚而不动者，未之有也；不诚，未有能动者也。"（《孟子·离娄章句下》）诚贯通天道和人道，对人道的把握在于明乎人性之善，这是完成自己人格的诚身之道；而人道本于天道，人的本性是天所赋予的，能体现天道之至诚。如此说，诚为天道自然运行的规律，而追求诚是人道的基本准则，没有诚心就不能感动人，精诚所至，金石为开。孟子说："万物皆备于我矣，反身而诚，乐莫大焉。强恕而行，求仁莫近焉。"（《孟子·尽心章句上》）诚被认为是宇宙万物的本

---

① 苏舆撰，钟哲点校：《春秋繁露义证》，第424~425页。

体，也被认为是仁义道德的主体，二者是合一的，诚体即仁体。"反身而诚"所表达的是主体精神归回本体后实现的物我同一、天人合一之境。"诚"的观念为子思、孟子一派儒家的人生至道，诚明境界亦被当作合天人之道的人生理想。

当诚被理解为贯穿天道、人道和万物始终的本体存在后，诚实的生命与道德信誉便因此具有了绝对的价值。相传为子思所作的《中庸》说："诚者，物之终始，不诚无物。是故君子诚之为贵。诚者，非自成己而已也，所以成物也。成己，仁也；成物，知也，性之德也，合外内之道也。"① 也就是说，人在完成自身的道德价值时，也就实现了至诚的天道本质。《中庸》说：

> 唯天下至诚为能尽其性，能尽其性，则能尽人之性；能尽人之性，则能尽物之性。能尽物之性，则可以赞天地之化育；可以赞天地之化育，则可以与天地参矣。②

立诚是君子人格修养的最高境界，在人的道德修养中具有很关键的意义。天、地、人和万物，皆可归于天人合一的至诚境界，这是绝对的真实、善美境界。《中庸》云："知、仁、勇三者，天下之达德也，所以行之者一也。"朱熹的注解是："谓之达德者，天下古今所同得之理也。一则诚而已矣。"③ 把诚作为人的内在本质，而知、仁、勇只是其表现，是人在进德方面的实践。要达到至诚之境，离不开进德修业。《周易·乾卦》九三的爻辞说："君子终日乾乾，夕惕若，厉无咎。"君子要时刻警惕自己，不断加强道德修养，行为方能无过错。对此，易传《文言》里的"子曰"是这样解释的：

> 君子进德修业，忠信，所以进德也；修辞立其诚，所以居业

---

① 〔清〕阮元校刻：《礼记正义》，《十三经注疏》（下），第 405 页。
② 〔清〕阮元校刻：《礼记正义》，《十三经注疏》（下），第 404 页
③ 朱熹：《四书章句集注》，第 29 页。

也。知至至之，可与几也；知终终之，可与存义也。是故居上位
而不骄，在下位而不忧，故乾乾因其时而惕，虽危无咎矣。①

所谓"进德"指品德修养，人若能做到忠实、诚信，就可以增进自
己的品德。关于"修业"，包含"修辞"与"居业"，孔颖达的解释
为："辞，谓文教；诚，谓诚实也。外则修理文教，内则立其诚实，
内外相成，则有功业可居。"② 据此，"辞"指文教辞令（即政府公
文），所谓"修辞"，主要是讲君子起草文教辞令时的修饰润色工作，
需要一种非常认真诚实的态度，一丝不苟，方能言辞得当而成就功
业。如子曰："为命，裨谌草创之，世叔讨论之，行人子羽修饰之，
东里子产润色之。"（《论语·宪问第十四》）这是讲子产等人为郑国
起草外交辞令的过程，"命"是辞令的一种，由裨谌先把大致的意思
写出来，与世叔对其命意进行斟酌讨论，定下文章的总体结构，然后
再由子羽和子产进一步做文字上的修饰和润色。一篇文教辞令由四个
人竭心尽力地完成。就《论语》的记载来看，子羽在当时是郑国的
外交官（即"行人"），在他的名字前加上官衔，是一种必要的修
饰。接下来在子产的名字前加上他居住的地名"东里"，于文意实属
可有可无，加上只是为了配合前一句，使句式整齐、语气顺达，这就
属于润色了。任何文章的修辞都应持这种审慎的态度。

对于修辞还可以有一般的理解，泛指文章写作的语言艺术，因文
教辞令只是文章的一种，而且属于较特殊的文体。"辞"的基本意义
是言辞，"修辞"乃指语言文字的运用技巧。孔子说："辞达而已
矣。"（《论语·卫灵公第十五》）此语为戒浮辞丽藻而发，意谓言辞
足以达意就可以了，不必有过多的文饰。但孔子也有"言之无文，
行而不远"的主张，如《左传·襄公二十五年》，仲尼曰："《志》

---

① 〔清〕阮元校刻：《周易正义》，《十三经注疏》（上），第3~4页。
② 〔清〕阮元校刻：《周易正义》，《十三经注疏》（上），第3~4页。

有之：'言以足志，文以足言。'不言，谁知其志？言之无文，行而不远。晋为伯，郑入陈，非文辞不为功。慎辞也!"① 孔子并不反对言者尚其辞。在《周易》一书的"子曰"里，明确谈到言辞的地方有多处，如《系辞上》的子曰："《易》有圣人之道四焉：以言者尚其辞，以动者尚其变，以制器者尚其象，以卜筮者尚其占。" 又："子曰：'书不尽言，言不尽意。'然则圣人之意，其不可见乎？子曰：'圣人立象以尽意，设卦以尽情伪，系辞焉以尽其言，变而通之以尽利，鼓之舞之以尽神。'"② 果如此说，则孔子也很重视语言修辞的作用，他了解尽意和尽言的不容易，所以主张以辞尽其言，具体手法如易传《系辞下》所说："其称名也小，其取类也大。其旨远，其辞文，其言曲而中，其事肆而隐。"③ 这涉及修辞时的象征手法和寓意方式，显然是就广义的言辞使用技巧而言的。

"立诚"在修辞过程中起什么作用？这是后人在接受"修辞立其诚"这个命题时很重视的问题。刘勰《文心雕龙·祝盟》说："凡群言发华，而降神务实，修辞立诚，在于无愧。祈祷之式，必诚以敬；祭奠之楷，宜恭且哀：此其大较也。"④ 意谓"立诚"才能使作者问心无愧，感动天地鬼神，这虽是就"祝""盟"一类的特定文体而言的，但也具有普遍意义。王应麟《困学纪闻》云："修辞立其诚。修其内则为诚，修其外则为巧言。《易》以辞为重。《上系》终于'默而成之'，养其诚也；《下系》终于六辞，验其诚不诚也。辞非止言语，今之文，古所谓辞也。"⑤ 以为修辞同于文饰，讲究的是外在的

① 杨伯峻：《春秋左传注》，第 1106 页。
② 〔清〕阮元校刻：《周易正义》，《十三经注疏》（上），第 69~70 页。
③ 〔清〕阮元校刻：《周易正义》，《十三经注疏》（上），第 77 页。
④ 刘勰著，范文澜注：《文心雕龙注》，北京：人民文学出版社，1958 年，第 177 页。
⑤ 〔宋〕王应麟撰，孙通海校点：《困学纪闻》，沈阳：辽宁教育出版社，1998 年，第 1 页。

语言形式美，诚是作文者内在的心性修养，为文无诚心而搬弄辞藻，只是巧言而已。花言巧语，为儒者所不取。如子曰："巧言乱德。"（《论语·卫灵公第十五》）子曰："巧言令色，鲜矣仁。"（《论语·阳货第十七》）有德者必有言，但此言必非巧言。章学诚《文史通义·言公中》说："《易》曰：'修辞立其诚。'诚不必于圣人至诚之极致，始足当于修辞之立也。学者有事于文辞，毋论辞之如何，其持之必有其故，而初非徒为文具者，皆诚也。有其故，而修辞以副焉，是其求工于是者，所以求达其诚也。"① 主张作文以立诚为本，持之有故即为诚，修辞只是为了更好地表达文章的思想内容。近代严复创立"信、达、雅"三项翻译准则时，以修辞立诚为"信"的标准，其《天演论·译例言》说："《易》曰：'修辞立诚。'子曰：'辞达而已。'又曰：'言之无文，行之不远。'三曰（当为'者'）乃文章正轨，亦即为译事楷模。"② 立诚与修辞应当并重，合则双美，离即两伤。

三、温柔敦厚的诗教

注重文艺社会作用的儒家人文教化思想有一个不断发展的过程，从春秋时期的以礼乐、《诗》、《书》为教，到战国秦汉的以"六经"——《诗》《书》《礼》《乐》《春秋》和《易》为教，逐渐形成了征圣、宗经的传统。荀子说："圣人也者，道之管也，天下之道管是矣。百王之道一是矣，故《诗》《书》《礼》《乐》之归是矣。《诗》言是其志也，《书》言是其事也，《礼》言是其行也，《乐》言是其和也，《春秋》言是其微也。"（《荀子·儒效篇第八》）这是最

---

① 〔清〕章学诚撰，叶瑛校注：《文史通义校注》（上），北京：中华书局，1985 年，第 185 页。

② 王栻主编：《严复集》（第五册），北京：中华书局，1986 年，第 1322 页。

早的征圣、宗经说，但只言及"五经"，尚未涉及《易》。庄子说："孔子谓老聃曰：'丘治《诗》《书》《礼》《乐》《易》《春秋》六经，自以为久矣，孰知其故矣。'"（《庄子·天运篇》）以"六经"为儒家学派的"经典"，并认为都经过孔子的整理，是他用来施教的教材。

关于儒家"六经"的教化作用及其长短，《礼记·经解》是这样解说的：

> 孔子曰：入其国，其教可知也。其为人也，温柔敦厚，《诗》教也；疏通知远，《书》教也；广博易良，《乐》教也；洁静精微，《易》教也；恭俭庄敬，《礼》教也；属辞比事，《春秋》教也。故《诗》之失愚，《书》之失诬，《乐》之失奢，《易》之失贼，《礼》之失烦，《春秋》之失乱。其为人也，温柔敦厚而不愚，则深于《诗》者也。①

这段话是否真是孔子的言论，难遽下断语，但以记述先王之迹的"六经"为政教纲领，无疑是出自原始儒家的一种共识。"六经"又称"六艺"，或曰"六学"，掌于官谓之艺，传于师则谓之学。司马迁《史记·滑稽列传》云："孔子曰：六艺于治一也。《礼》以节人，《乐》以发和，《书》以道事，《诗》以达意，《易》以神化，《春秋》以义。"② 强调"六经"的政治教化作用，即用"六艺"教人去恶从善。董仲舒《春秋繁露·玉杯》说："君子知在位者之不能以恶服人也，是故简六艺以赡养之。《诗》《书》序其志，《礼》《乐》纯其美，《易》《春秋》明其知。六学皆大，而各有所长。《诗》道志，故长于质。《礼》制节，故长于文。《乐》咏德，故长于风。《书》著功，故长于事。《易》本天地，故长于数。《春秋》正是非，故长

---

① 〔清〕阮元校刻：《礼记正义·经解》，《十三经注疏》（下），第 381 页。
② 司马迁：《史记》，第 3197 页。

于治人。"① 以为学习"六艺"可以全面提高人的素质和教养，而关于诗教秉承了言志说，不如《礼记》讲的"温柔敦厚"贴切。

何谓"温柔敦厚"？温柔是一种善良的感情，出自仁爱之心，体现为柔情似水的情性之美。孔子讲《关雎》"乐而不淫，哀而不伤"（《论语·八佾第三》），就含有对柔情的赞美。孔颖达《礼记正义》云："温谓颜色温润，柔谓情性和柔。诗依违讽谏，不指切事情，故云温柔敦厚是诗教也。……诗主敦厚，若不节之则失在于愚。"②"敦厚"是老实，"愚"指过分老实，直言而有失礼处。温柔敦厚而不愚，就是要发乎情而止乎礼义，无过与不及。孔颖达说："此一经以诗化民，虽用敦厚，能以义节之，欲使民虽敦厚不至于愚，则是在上深达于诗之义理，能以诗教民也，故云深于《诗》者也。"③ 在上者以诗化民的目的，是要使在下者性情温顺，不仅老实忠厚，且懂礼义而安分守己。虞集《郑氏毛诗序》说："圣贤之于诗，将以变化其气质，涵养其德性，优游厌饫，咏叹淫佚，使有得焉，则所谓温柔敦厚之教，习与性成，庶几学诗之道也。"④ 明言温柔敦厚之教即学诗之道，把学诗作为涵养德行的途径。

诗教在"六艺"中处于首要的地位，对中国古代诗学以及中国人的性格和审美情趣有莫大的影响。就诗歌创作而言，温柔敦厚与主文谲谏是分不开的，刘勰《文心雕龙·宗经》说："《诗》主言志，诂训同《书》，摛风裁兴，藻辞谲喻，温柔在诵，故最附深衷矣。"⑤ 所谓"谲喻"，就是"谲谏"，意谓诗人表达怨讽之情不能太直接，要求微婉善讽、委曲达情。一般是借用比兴手法，委婉地隐示讽喻或

---

① 苏舆撰，钟哲点校：《春秋繁露义证》，第35~36页。
② 〔清〕阮元校刻：《礼记正义》，《十三经注疏》（下），第381页。
③ 〔清〕阮元校刻：《礼记正义》，《十三经注疏》（下），第382页。
④ 〔元〕虞集：《道园学古录》，四部丛刊本，卷三十一。
⑤ 刘勰著，范文澜注：《文心雕龙注》，第22页。

怨刺，使人在吟诵之中受到感发，体味出作者温柔的善意和深情。表现在作品风格上就是蕴藉含蓄，以文约辞微的作品，体现温柔敦厚的情致，又有曲包的余味。这种要求往往影响到后人对作家作品的评价，如宋代理学家杨时说："为文要有温柔敦厚之气，对人主语言及章疏文字，温柔敦厚尤不可无，如子瞻诗多于讥玩，殊无恻怛爱君之意。"① 把苏轼的作诗获罪说成是不够敦厚所致。他认为诗人要心存温柔，无偏激刻薄之情，其作品才能感发人之善意而有助于教化。甚至以为凡生性刻薄和吝啬之人，必作不出好诗，好诗要有字外味、声外韵、题外意，故温柔敦厚当为千古诗人的用心之法。

重要的是那善良的温柔，无论作诗还是读诗，都不可少了传达或体会人心里的温柔情意。温柔敦厚之诗教，是儒家合道德于文艺的教化思想的归结点，其得以成立的前提条件是诗能改变人的气质，使人性情柔和、心地善良，形之于外的人文素质则是言语含蓄优美，行为温文尔雅，显得很有教养。

---

① 杨时：《龟山先生语录》，四部丛刊本，卷一。

第二章

经学的思维模式及善美观念

经学是对经的解读和阐释。"经"字始见于周代青铜器，写作"坙"，本义为直的线，当它作"经纬"解时，引申出纲纪之义。由于古代的书简多用绳线连缀，故"经"又可作为书籍的代称，又特指据说被孔子整理过的儒家典籍，具有经典之义。自《庄子·天运篇》言"丘治《诗》《书》《礼》《乐》《易》《春秋》六经"之后，"六经"就成为儒家经典的统称。原始儒家以诗、书、礼、乐立教，"六经"乃后起之说，于汉代才开始流行，又因《乐》经失传，所谓"六经"实只有"五经"。汉武帝采纳董仲舒的建议独尊儒术时，所设立的只有五经博士。由朝廷直接任命的经学博士及教育机构太学的出现，是儒学在汉代由私学变为官学的标志，经也就成为统治者从儒家典籍中挑选出来的法定教科书；尊孔读经成为培养和选拔士大夫官僚的通则，代表官方意识形态的经学也随之正式成立和发展起来，并与中国古代的王权政治相始终。

经与经学既有联系又有区别，经具有原典性质，其文本固定不变；经学是对经的阐释，具体内容常随着社会政治的变化和解经者的不同而与时推移。西汉大儒董仲舒采用当时流行的阴阳五行学说诠释儒家经典，建立起了以天人合一为核心而贯通天道与人道的思想体系；并用"类比"或"类推"的方式，将自然、社会和人伦道德的一切经验现象都纳入阴阳五行的框架内作引经据典的解释，寻求其微言大义。他以天道证人道，言天人相副和天人感应，以为善言天者必有征于人，视人伦纲常和仁义忠孝为天经地义，并说成是天地之美。这种以阴阳五行为思维模式而究天人之际和通古今之变的经学，乃儒家思想与王权政治联姻后的产物，规定了汉代儒学的发展方向。汉儒对《春秋》笔法的阐释，对《诗经》美刺的种种看法，以及对辞赋以丽为美的认识，无不受这种经学思维的影响和制约，无不以宣扬大一统的王道政治教化为宗旨。

第一节　阴阳五行与天地之美

汉代流行的阴阳五行学说，两千多年来对中华思想文化有极深广的影响。中国人早期的阴阳观源于对自然现象的观察，主要是用来阐明自然界的天气变化。而五行最初是指构成大地万物的五种基本材料或元素，与阴阳彼此本不相关。将两者绾合在一起而形成的阴阳五行新观念，始于战国，流行于秦汉之际，集成于今文经学大师董仲舒。董氏总结前人之说，以阴阳支配四时节气说明天道变化，又将四时的循环与五行之气相配，以相生言自然变迁，以相胜言社会历史，把自然、社会和人伦都纳入阴阳五行的思维模式中加以阐释。以此明天人之故，通古今之变，言天地之美，从而形成一套对中国人的世界观、人生观和审美观都有巨大影响的天人合一思想。

一、一阴一阳之谓道

"阴阳"观念的起源是很早的，在甲骨文中就已出现了阴字和阳字，阴表示天气，阳用于地名。《说文》云："陰（阴），闇（暗）也。水之南，山之北也，从阜，从侌。"又："陽（阳），高明也。从阜，易声。"① 主要是从方位的背阴与向阳来说明阴与阳的本义。"阴"指阴暗处，亦即阳光照不到的地方，或指阴霾的天气；"阳"指阳面，即能见到日光的地方，亦可表示温暖和明朗。梁启超《阴阳五行说之来历》认为，《诗经》中出现的阴字、阳字，多是就其表示自然现象的本义而言的，无更深邃神秘的意味。② 早期的阴阳观念

---

① 〔汉〕许慎：《说文解字》，北京：中华书局，1963 年，第 304 页。
② 顾颉刚等编著：《古史辨》（第五册），上海：上海古籍出版社，1982 年，第 349 页。

与日光的有无关系密切，故除了方位的向背，与气候季节也不无关联。

以气候言阴阳，于春秋时期产生了"六气"说。《左传·昭公元年》，医和在谈到乐节百事时说："天有六气，降生五味，发为五色，征为五声。淫生六疾。六气曰阴、阳、风、雨、晦、明也，分为四时，序为五节，过则为灾：阴淫寒疾，阳淫热疾，风淫末疾，雨淫腹疾，晦淫惑疾，明淫心疾。"① 把阴、阳作为天有"六气"中的两种，并认为六气与四时季节相关，能影响到人体，若阴气过盛即生寒疾，阳气太多则生热疾。由表示自然气候现象的具体概念，到用来指"六气"里性质和作用都有不同的两种较为抽象的气，这是阴阳观念发展的一个重大变化。《国语》里的阴阳观念，大体与《左传》所记相同，也视阴阳为天地之气，有"因阴阳之恒，顺天地之常"② 一类的说法，阴阳气运的作用被凸显了出来。

在古人的意识里，气与天地万物的生成乃至人的生命是不可分的，以为"六气"能发为五味、五色、五声等，进而与"五行"也有了关涉。如《左传·昭公二十五年》，郑国大夫子大叔说："吉也闻诸先大夫子产曰：'夫礼，天之经也，地之义也，民之行也。'天地之经，而民实则之。则天之明，因地之性，生其六气，用其五行，气为五味，发为五色，章为五声。"所谓"用其五行"，杜预的注是："金、木、水、火、土。"③ 各种以"五"为基数的词语的产生，当是"五行"说形成前后的现象。在春秋时期，阴阳二气并未从"六气"中独立出来，其与"五行"究竟有何关系并不清楚。"阴阳"与"五行"发生联系，是在阴阳观念完全成熟的战国及秦汉之际。只有

---

① 杨伯峻：《春秋左传注》，第 1222 页。
② 上海师范学院古籍整理组校点：《国语》，上海：上海古籍出版社，1978 年，第 646 页。
③ 杨伯峻：《春秋左传注》，第 1457 页。

当阴阳之气被认作是天地化生的基本元素，可以用来解释宇宙创生和天道变化，乃至人和万物的生命活力时，方能将四时、五行也纳入天地阴阳生成万物的宇宙论中。

《周易》里的《彖》传、《象》传、《文言》、《系辞》传和《说卦》传等"易传"作品，是阴阳观念成熟时期的产物。"易传"的作者用阴阳、刚柔的观念来解释易经，不仅改变了《周易》的卜筮性质，使之成为穷理尽性的著作，还使以阴阳贯通天道与人道的易传哲学系统得以完成。《说卦》传云："昔者圣人之作《易》也，幽赞于神明而生蓍，参天两地而倚数，观变于阴阳而立卦，发挥于刚柔而生爻，和顺于道德而理于义，穷理尽性以至于命。"① 如此说，组成卦象的基本符号—和--象征阳和阴，圣人观天地的阴阳变化作八卦，重之为六十四卦，又以刚柔变动解释卦体而生爻辞。由阴阳之气、刚柔之性，不仅能穷极万物的生成变化之道，而且能把握人所禀受的性命之理，所以说：

> 昔者圣人之作《易》也，将以顺性命之理，是以立天之道，曰阴与阳；立地之道，曰柔与刚；立人之道，曰仁与义，兼三才而两之，故《易》六画而成卦。分阴分阳，迭用柔刚，故《易》六位而成章。②

这么说，阴阳为天道，柔刚为地道，天地立而人生其间，是为三才；圣人顺从天地生成万物的性命之理作《易》，设六爻以效三才之动，故六画而成卦，每卦的爻位二、四为阴，三、五为阳，并用柔刚解释阴阳二气的升降。在《易》的六十四卦里，易传作者对乾、坤、泰、否四卦都有直接用阴阳解说的例子，如《乾·初九》："潜龙勿用。"

---

① 〔清〕阮元校刻：《周易正义》，《十三经注疏》（上），第81页。
② 〔清〕阮元校刻：《周易正义》，《十三经注疏》（上），第81~82页。

《象》曰："天行健，君子以自强不息。潜龙勿用，阳在下也。"① 以为龙象征阳气。又《坤·初六》："履霜坚冰至。"《象》曰："履霜坚冰，阴始凝也。驯致其道，至坚冰也。"② 所谓"阴始凝"，指阴气凝结而为霜。再如《泰》："小往大来，吉亨。"《象》曰："则是天地交而万物通也。上下交而其志同也。内阳而外阴，内健而外顺，内君子而外小人。君子道长，小人道消也。"③ 以阳气内长和阴气外消表明小往大来，并就人事加以解释。在《象》传中，"刚柔"一词使用得最多，阴阳的观念主要是由柔刚来表示的，阳是刚，阴是柔，万物以及人的性质，可概分为阳刚与阴柔两大类。以阴阳为易道之要，则乾、坤两卦可为纲领。《系辞》传云："子曰：乾坤其《易》之门邪。乾，阳物也；坤，阴物也。阴阳合德，而刚柔有体，以体天地之撰，以通神明之德。"④ 意谓《易》所展示的宇宙万物的生化皆本于阴阳二气，阴阳合而万物成形，或刚或柔各有其体，为天地生生之德的体现。

类似"易传"这样成熟的阴阳观念，因可满足理论上解释宇宙演变和万物生成变化的要求，也多见于战国诸子中。《管子》说："春秋冬夏，阴阳之推移也；时之短长，阴阳之利用也；日夜之易，阴阳之化也。然则阴阳正矣，虽不正，有余不可损，不足不可益也，天地莫之能损益也。"⑤ 以阴阳的推移作为说明四季和时光交替的根据，并认为天地亦以阴阳为准则。"是故阴阳者，天地之大理也；四时者，阴阳之大经也；刑德者，四时之合也。刑德合于时，则生福，

---

① 〔清〕阮元校刻：《周易正义》，《十三经注疏》（上），第2～3页。
② 〔清〕阮元校刻：《周易正义》，《十三经注疏》（上），第6页。
③ 〔清〕阮元校刻：《周易正义》，《十三经注疏》（上），第16页。
④ 〔清〕阮元校刻：《周易正义》，《十三经注疏》（上），第77页。
⑤ 〔清〕戴望：《管子校正》，《诸子集成》（五），北京：中华书局，1954年，第13页。

诡则生祸。"① 把阴阳、四时与社会人生的刑德和祸福联系在一起。由此再进一步，便是邹衍以阴阳绾合五行的"五德终始"之说的产生。

邹衍在战国时期以"五行"胜克之说著名，被齐人称为"谈天衍"，《汉书·艺文志》的"阴阳家"类，著录有《邹子》四十九篇、《邹子终始》五十六篇，但他的这些著作都已失传。如今了解邹衍思想的最可靠材料，是司马迁《史记·孟子荀卿列传》中的有关记载，以为邹衍在孟子之后：

> 乃深观阴阳消息而作怪迂之变，《终始》《大圣》之篇十余万言。其语闳大不经，必先验小物，推而大之，至于无垠。先序今以上至黄帝，学者所共术，大并世盛衰，因载其禨祥度制，推而远之，至天地未生，窈冥不可考而原也……称引天地剖判以来，五德转移，治各有宜，而符应若兹。②

所谓"深观阴阳消息"，当指通过四时的冷暖变化体会阴阳二气的消长，然后用无限止类推的方式，将阴长则阳消、阳消则阴长的天道运行法则套用在五行的胜克上，与言怪迂之变的禨祥度制相结合，创"五德转移，治各有宜，而符应若兹"的五德终始学说，作为社会历史运行的潜规则。尽管邹衍的著作已失传，但这种学说的内容还保存在《吕氏春秋·应同篇》里，其言曰："凡帝王者之将兴也，天必先见祥乎下民。黄帝之时，天先见大螾大蝼，黄帝曰：'土气胜！'土气胜，故其色尚黄，其事则土。及禹之时，天先见草木秋冬不杀，禹曰：'木气胜！'木气胜，故其色尚青，其事则木。及汤之时，先天见金刃生于水，汤曰：'金气胜！'金气胜，故其色尚白，其事则金。及文王之时，天先见火，赤鸟衔丹书集于周社，文王曰：'火气胜！'

---

① 〔清〕戴望：《管子校正》，《诸子集成》（五），第238页。
② 司马迁：《史记》，第2344页。

火气胜，故其色尚赤，其事则火。代火者必将水，天且先见水气胜，水气胜，故其色尚黑，其事则水。水气至而不知，数备，将徙于土。"① 为与天之气象相配，将五行气化为五德，以为五德依次循环，各以所胜为行，并有一套尚色用事的制度。凡成帝王贵为天之子者，要以五行中的某行为所据之德而改制，以示奉天承运。

二、阴阳与四时五行之气

由经后人转述的五德终始说的具体内容不难看出，邹衍所讲的"五德"，指土气、木气、金气、火气、水气等五行之气的作用，而不是指具有自然属性的五种具体物质，这与早期的五行说有着本质上的不同。《尚书·洪范》是较早对"五行"作解释的古文献，记录了殷遗臣箕子所叙述的"洪范九畴"，其第一畴为五行：

> 一曰水，二曰火，三曰木，四曰金，五曰土。水曰润下，火曰炎上，木曰曲直，金曰从革，土爰稼穑。润下作咸，炎上作苦，曲直作酸，从革作辛，稼穑作甘。②

由水、火、木、金、土构成的"五行"，是生民在生活中所运用的五种物质资材，故又可称为"五材"。这种自然朴素的"五行"观念，在《左传》和《国语》里也有反映，如《左传·文公七年》，郤缺说："九功之德皆可歌也，谓之《九歌》。六府、三事，谓之九功，水、火、金、木、土、谷，谓之六府；正德、利用、厚生，谓之三事。"③ 将水、火、金、木、土与谷并列为"六府"，可知都是官府能收藏的重要生活资材。"六府"中去掉为土所生的谷，即可称为

---

① 高诱注：《吕氏春秋注》，《诸子集成》（六），北京：中华书局，1954年，第126~127页。
② 〔清〕阮元校刻：《尚书正义》，《十三经注疏》（上），第76页。
③ 杨伯峻：《春秋左传注》，第564页。

"五材"。《左传·襄公二十七年》有"天生五材，民并用之"的说法。① 在《国语·郑语》中，史伯说："夫和实生物，同则不继。以他平他谓之和，故能丰长而物归之；若以同裨同，尽乃弃矣。故先王以土与金、木、水、火杂，以成百物。"② 将五行视为五种基本的物质元素，或可说明万物的构成。

无论是把"五行"当作"五材"，还是将它说成是物质构成的五种元素，都无法将其纳入天地阴阳化生的宇宙架构里。只有将五行说成是五行之气，才能与阴阳互为表里，形成以四时变迁相配合的五行相生相胜论，也才会有"主运"说的产生。《史记·封禅书》说："邹衍以阴阳《主运》显于诸侯。"③ 邹衍《主运》篇的具体内容已不可考，但它以五德终始的"气运"或"运气"为主旨则无可疑。主运的根据，当为五行相胜之说，是一种循环的命定论。刘向《七略》曰："邹子有终始五德，从所不胜，木德继之，金德次之，火德次之，水德次之。"④ 所谓"从所不胜"，是说五行之德以次相胜，显示天的機祥，历史依其运转而有王者的代兴。这种学说虽阔大不经，却能为统治者当政提供天命观方面的理论根据，故为一统天下的秦始皇所采用，并以秦为水德。由秦相吕不韦组织门人编写的《吕氏春秋》，其《十二纪》篇全面总结发挥邹衍的五德终始学说，把阴阳消息分派到四时十二月里，又将五行与五帝、五神、五音、五教、五味、五色、五方等相配，"以为备天地万物古今之事"⑤。于是，从社会到自然，宇宙间一切事物的化生，似乎都可以从阴阳五行里找到

① 杨伯峻：《春秋左传注》，第 1136 页。
② 上海师范学院古籍整理组校点：《国语》，第 515 页。
③ 司马迁：《史记》，第 1369 页。
④ 左思：《魏都赋》，〔梁〕萧统编，〔唐〕李善注：《文选》（上），北京：中华书局，1977 年，第 106 页。
⑤ 司马迁：《史记》，第 2510 页。

答案了。

秦汉之际，由于适应了大一统王权政治的需要，阴阳五行学说极为流行，一代儒宗董仲舒成为这种学说的集大成者。《汉书·五行志》说："汉兴，承秦灭学之后，景、武之世，董仲舒治《公羊春秋》，始推阴阳，为儒者宗。"① 董仲舒用无所不包的天人合一哲学，统摄阴阳、五行和天、地、人。他认为："天有十端。十端而止已。天为一端，地为一端，阴为一端，阳为一端，火为一端，金为一端，木为一端，水为一端，土为一端，人为一端，凡十端而毕，天之数也。"② 董仲舒的这种哲学构造广大无极，涵盖自然、社会和人生的各个方面。如徐复观《先秦儒家思想的转折及天的哲学的完成》所说："他由此而把阴阳四时五行的气，认定是天的具体内容，伸向学术、政治、人生的每一个角落，完成了天的哲学大系统。"③ 为了建构总摄天地万物的天道观，以及神秘的"天人合一"哲学，董仲舒综合"易传"思想和邹衍的学说，以极暧昧的宇宙气流形式，将阴阳派入四时节气，又用五行与四时相配合，并以天道论人道。

根据"易传"的"一阴一阳之谓道"的观念，董仲舒认为"天地之常，一阴一阳。阳者天之德也，阴者天之刑也"④。以阴阳为天道变化创生的根据，阳为生，阴为杀，是万物生杀予夺的自然力。他说："天者万物之祖，万物非天不生。独阴不生，独阳不生，阴阳与天地参然后生。"⑤ 阴阳二气为万物生生的本源，是出入无形的对立统一的现实存在，所谓"天之常道，相反之物也，不得两起，故谓之一。一而不二者，天之行也。阴与阳，相反之物也，故或出或入，

---

① 〔汉〕班固撰，〔唐〕颜师古注：《汉书》，北京：中华书局，1962 年，第 1317 页。
② 苏舆撰，钟哲点校：《春秋繁露义证》，第 216~217 页。
③ 徐复观：《两汉思想史》卷二，台北：台湾学生书局，1985 年，第 296 页。
④ 苏舆撰，钟哲点校：《春秋繁露义证》，第 341 页。
⑤ 苏舆撰，钟哲点校：《春秋繁露义证》，第 410 页。

或右或左"①。自然界的天道变化以四时推移为人所知，阴阳盛衰的消息是由四时的交替透露出来的，因为"天道大数，相反之物也，不得俱出，阴阳是也。春出阳而入阴，秋出阴而入阳，夏右阳而左阴，冬右阴而左阳"②。相反相成的阴阳二气的出入变化与四时节气不可分。

四时运行体现天道。孔子说："天何言哉？四时行焉，百物生焉，天何言哉！"（《论语·阳货第十七》）为了与天道的四时运行相配，董仲舒将阴阳二分为四，即少阳、太阳、少阴、太阴，分属四时之气；又将四时与五行中的木、火、金、水相类配。"是故木居东方而主春气，火居南方而主夏气，金居西方而主秋气，水居北方而主冬气。"③ 他认为天道运行随四时终而复始，"天之所起其气积，天之所废其气随。故至春少阳东出就木，与之俱生；至夏太阳南出就火，与之俱暖。此非各就其类而与之相起与？……至于秋时，少阴兴而不得以秋从金，从金而伤火功，虽不得以从金，亦以秋出于东方，……至于冬而止空虚，太阳（当为太阴）乃得北就其类，而与水起寒"④。如此分类相配，不仅可以表明阴阳二气的消息和五行之气的功用，而且直接将金、木、水、火与四时连接了起来。

为了使五行中的"土"有着落，董仲舒又在四时中分出一个"季夏"来，并把五行也归于天道。他说："天有五行，木火土金水是也。木生火，火生土，土生金，金生水。水为冬，金为秋，土为季夏，火为夏，木为春。春主生，夏主长，季夏主养，秋主收，冬主藏。"⑤ 在他看来，不仅阴阳为天地之气的化分，四时、五行也都是

① 苏舆撰，钟哲点校：《春秋繁露义证》，第345页。
② 苏舆撰，钟哲点校：《春秋繁露义证》，第342页。
③ 苏舆撰，钟哲点校：《春秋繁露义证》，第322页。
④ 苏舆撰，钟哲点校：《春秋繁露义证》，第340页。
⑤ 苏舆撰，钟哲点校：《春秋繁露义证》，第315页。

气，由此形成了阴阳五行与四时四方相配的宇宙构造，天道即表现在此构造的气运中。他说：

> 天地之气，合而为一，分为阴阳，判为四时，列为五行。行者，行也，其行不同，故谓之五行。五行者，五官也，比相生而间相胜也。故为治，逆之则乱，顺之则治。[1]

与早期五行说的排列次序不同，这里所讲的与四时相配的五行的先后顺序为：木、火、土、金、水。这是五行相生的顺序，如春木生夏火，秋金生冬水，故称"比相生"。至于五行相胜的秩序则为：木胜土、土胜水、水胜火、火胜金、金胜木；与相生比较，均间隔一行，故称"间相胜"。

如果说五行"相生"主要就自然界的四时季节变化而言，那么五行的"相胜"则是假天道以言人道，系针对历史上王朝政权的兴废立说。董仲舒仿照邹衍的"五德终始"说，提出旨在维护大一统的"三统"说。他说："三统之变，近夷遐方无有，生煞者独中国。然而三代改正，必以三统天下。"[2] 他认为中国上古三代是循着"三统"的顺序循环的，根据是夏、商、周的"三代改正"，又称"三正"，有建子（以十一月为正月）、建丑（以十二月为正月）和建寅（以十三月为正月）的不同。周代是子正，色尚赤，称赤统；商代为丑正，色尚白，称白统；夏代是寅正，色尚黑，称黑统。又以子、丑、寅为天、地、人，故"三统"又称天统、地统和人统。凡得某统为王者，必按其制度改正朔，易服色，制礼作乐，昭告天下。这种五行说对中国的社会政治影响极大，涉及臣民公私生活的各个方面。如顾颉刚《五德终始说下的政治和历史》所说："五行，是中国人的

---

① 苏舆撰，钟哲点校：《春秋繁露义证》，第 362 页。
② 苏舆撰，钟哲点校：《春秋繁露义证》，第 195 页。

思想律，是中国人对于宇宙系统的信仰。"①

三、生气流行的天地之美

董仲舒赞同"善言天者必有征于人，善言古者必有验于今"② 的说法，除了综合以往阴阳五行说的思维成果，他还以儒学为本，视人伦纲常和仁义忠孝为天经地义，提出一些与前人不同而自成一家之说的理论，如阳尊阴卑、阳善阴恶、五行以土为最贵等。这些将人之品行赋予天地的看法，出自其天人合一的思想，形成了他对"天地之美"的认识。

阴阳本为体现天道变化的天地之气，《周易·说卦》的"立天之道，曰阴与阳"，把阴阳作为代表天道的两种基本属性，阴阳的地位是对等的，无崇阳贬阴之意，更无善恶之别。但董仲舒却以为："天道之大者在阴阳，阳为德，阴为刑；刑主杀而德主生。是故阳常居大夏，而以生育养长为事；阴常居大冬，而积于空虚不用之处。以此见天之任德不任刑也。"③ 出于弘扬儒家任德不任刑的王道政治及其纲常伦理的需要，董仲舒着意强调阳尊阴卑、阳善阴恶。他说："物随阳而出入，数随阳而终始，三王之正随阳而更起。以此见之，贵阳而贱阴也。"又说："恶之属尽为阴，善之属尽为阳。……故曰：阳，天之德，阴，天之刑也。阳气暖而阴气寒，阳气予而阴气夺，阳气仁而阴气戾，阳气宽而阴气急，阳气爱而阴气恶，阳气生而阴气杀。"④ 把本属于人的扬善抑恶观念归于天，以为天也有意志，能近阳而远阴，有好生之德。董仲舒说：

> 仁之美者在于天。天，仁也。天覆育万物，既化而生之，有

① 顾颉刚等编著：《古史辨》（第五册），第404页。
② 〔汉〕班固撰，〔唐〕颜师古注：《汉书》，第2515页。
③ 〔汉〕班固撰，〔唐〕颜师古注：《汉书》，第2502页。
④ 苏舆撰，钟哲点校：《春秋繁露义证》，第324页、第326～327页。

养而成之，事功无己，终而复始，凡举归之以奉人。察于天之意，无穷极之仁也。人之受命于天也，取仁于天而仁也。①

以仁为美，并说是天意如此，目的是要受命于天的人主（帝王）任德而远刑，所谓"天志仁，其道也义。为人主者，予夺生杀，各当其义，若四时；列官置吏，必以其能，若五行；好仁恶戾，任德远刑，若阴阳。此之谓能配天"②。也就是说，人主（帝王）的行为要以天为法，否则就会因过失产生灾异。"凡灾异之本，尽生于国家之失。国家之失乃始萌芽，而天出灾害以谴告之；谴告之而不知变，乃见怪异以惊骇之，惊骇之尚不知畏恐，其殃咎乃至。以此见天意之仁而不欲陷人也。"所谓"推恩者远之而大，为仁者自然而美"③。人主若知天法天而行仁政，就自然具备天之美德。

如果说天之美本于天意之仁，天意之仁的生生之德又有赖于阳气萌动，阳为天之德，表示仁爱，那么与之相对的阴也就成了恶杀暴戾之气了。按阴阳五行的模式推论，阴与阳分别代表两类属性相对的事物，如"阳"代表天、乾、刚、健、男、予、仁、爱、清等，"阴"代指地、坤、柔、顺、女、夺、戾、恶、浊等。董仲舒认为："天以四时之选十二节相和而成岁，王以四位之选与十二臣相砥砺而致极，道必极于其所至，然后能得天地之美也。"④ 以善恶别阴阳，不只是为了将仁之美归于天，使自然的天成为有道德意识的天，更是要把阳尊阴卑的等级原则作为天经，应用在人伦关系上。董仲舒说："君臣、父子、夫妇之义，皆取诸阴阳之道。君为阳，臣为阴；父为阳，子为阴；夫为阳，妻为阴。"⑤ 由阳尊阴卑可类推出君尊臣卑、父尊

---

① 苏舆撰，钟哲点校：《春秋繁露义证》，第329页。
② 苏舆撰，钟哲点校：《春秋繁露义证》，第467~468页。
③ 苏舆撰，钟哲点校：《春秋繁露义证》，第259页、第52页。
④ 苏舆撰，钟哲点校：《春秋繁露义证》，第219页。
⑤ 苏舆撰，钟哲点校：《春秋繁露义证》，第350页。

子卑、夫尊妻卑的结论。他还说："天为君而覆露之，地为臣而持载之；阳为夫而生之，阴为妇而助之；春为父而生之，夏为子而养之；……王道之三纲，可求于天。"① 其后，《礼纬·含文嘉》将这种说法进一步明确化，认为"三纲谓君为臣纲，父为子纲，夫为妻纲"②。这就是对后世影响极大的"三纲"说的由来。

用天地阴阳的上下尊卑，来论定中国传统社会三种最基本的伦常关系，以确立尊长敬上的纲常意识，这对于维护社会稳定和王权专制起了积极的作用，但其流弊也是非常大的。比如，既已认定"君为阳，臣为阴"，那么按照"恶之属尽为阴，善之属尽为阳"的说法，就会得出这样的结论："臣不名善，善皆归于君，恶皆归于臣。"③ 这就形成了中国式的"原罪"说：凡臣民只能自认卑贱有罪，君王则天生高明。如韩愈《拘幽操》所歌咏的："臣罪当诛兮，天王圣明。"④ 颂美明君圣王，成为汉以后许多文臣作家的诗文主题，不能说与董仲舒倡导的"三纲"说和阳尊阴卑之论没有关系。

在五行中突出"土"的地位，以土德说忠孝，并颂扬土德之美，也是董仲舒新创的一家之言。他认为："地出云为雨，起气为风。风雨者，地之所为。地不敢有其功名，必上之于天。命若从天气者，故曰天风天雨也，莫曰地风地雨也。勤劳在地，名一归于天，非至有义，其孰能行此？故下事上，如地事天也，可谓大忠矣。"⑤ 这是继天经的三纲之说而延伸出来的地义之论。臣事君以忠，是处理君臣关系的准则，像地一样，有功名归上方，有过失在下承担，则是忠的行

儒家文艺思想史

---

① 苏舆撰，钟哲点校：《春秋繁露义证》，第 351 页。

② 〔清〕马国翰辑：《玉函山房辑佚书》，上海：上海古籍出版社，1990 年，第 2044 页。

③ 苏舆撰，钟哲点校：《春秋繁露义证》，第 325 页。

④ 〔唐〕韩愈著，钱仲联集释：《韩昌黎诗系年集释》，上海：上海古籍出版社，1984 年，第 1158 页。

⑤ 苏舆撰，钟哲点校：《春秋繁露义证》，第 316 页。

为体现。这种地义在五行里是由土来表现的，按五行相生的天次之序：

> 土居中央，为之天润。土者，天之股肱也。其德茂美，不可名以一时之事，故五行而四时者，土兼之也。金木水火虽各职，不因土，方不立，若酸咸辛苦之不因甘肥不能成味也。甘者，五味之本也；土者，五行之主也。五行之主土气也，犹五味之有甘肥也，不得不成。是故圣人之行，莫贵于忠，土德之谓也。①

以土德为最贵，在于由它所表现的忠孝在五行中最纯厚，也最突出。五行有五，四时却只有四：春木、夏火、秋金、冬水。独土无名分，可它作为天之股肱（功臣），四季都在发挥作用，忠于职守而默默无闻，其德最美。董仲舒认为五行相生的关系是父子关系，"木生火，火生土，土生金，金生水，水生木，此其父子也。……土之事火竭其忠。故五行者，乃孝子忠臣之行也"②。在家为孝子，事君必为忠臣，忠孝都是以下事上，所需品格是一样的。故"忠臣之义，孝子之行，取之土。土者，五行最贵者也，其义不可以加矣。五声莫贵于宫，五味莫美于甘，五色莫盛于黄，此谓孝者地之义也"③。土德的贵和美，在于它忍辱负重，无私奉献，只尽臣子的义务而不享功名，是地义的充分展示。

天地之美还在于和，以阴阳谐和的天人合一为极致，这是儒家所追求的一种理想境界，亦可称为以人合天。用人道比附天道是董仲舒"明天人之故"的方法。如在《尚书·洪范》所说的"九畴"里，第一畴的"五行"与第二畴讲人之品行的"五事"本无必然联系。可在董仲舒看来，人之"敬用五事"的貌、言、视、听、思，都与

---

① 苏舆撰，钟哲点校：《春秋繁露义证》，第322~323页。
② 苏舆撰，钟哲点校：《春秋繁露义证》，第321页。
③ 苏舆撰，钟哲点校：《春秋繁露义证》，第316~317页。

天地的五行之气相关联。他以为若为王者貌不肃敬，则木不曲直而夏多暴风；言不从，则金不从革而秋多霹雳；视不明，则火不炎上而秋多电；听不聪，则水不润下而春夏多暴雨；心不能容，则稼穑不成而秋多雷。所以说："夫五事者，人之所受命于天也，而王者所修而治民也。"① 这是非常牵强附会的说法。他还在《天人三策》中说："为政而宜于民者，固当受禄于天。夫仁、谊（义）、礼、知（智）、信五常之道，王者所当修饬也；五者修饬，故受天之佑，而享鬼神之灵，德施于方外，延及群生也。"② 由五行言五事，又言五常，犹如以阴阳言仁义，都是为了以人道合天道，为国家的长治久安考虑。董仲舒说："夫王者不可以不知天。知天，诗人之所难也。天意难见也，其道难理。是故明阳阴、入出、实虚之处，所以观天之志；辨五行之本末顺逆、大小广狭，所以观天道也。"③ 作为天之子，帝王须知天意、观天志、明天道。

观天之志是为了顺天道而行，当董仲舒把自然的天说成是有意志的道德的天或神灵的天时，遂发展出"天人相副"和"天人相类"的思想。他将阴阳调和、四时寒暑和五行生胜都视为气的表现，以为宇宙万物莫精于气，天气上，地气下，人气在其间，故"天地之精所以生物者，莫贵于人。人受命乎天也，故超然有以倚。物疢疾莫能为仁义，唯人独能为仁义；物疢疾莫能偶天地，唯人独能偶天地"④。董仲舒以为，人头圆像天，足方像地，耳目像日月，呼吸像风气，于是"天地之符，阴阳之副，常设于身，身犹天也，数与之相参，故命与之相连也。天以终岁之数，成人之身，故小节三百六十六，副日数也；大节十二分，副月数也；内有五藏，副五行数也；外有四肢，

---

① 苏舆撰，钟哲点校：《春秋繁露义证》，第387~389页。
② 〔汉〕班固撰，〔唐〕颜师古注：《汉书》，第2505页。
③ 苏舆撰，钟哲点校：《春秋繁露义证》，第467页。
④ 苏舆撰，钟哲点校：《春秋繁露义证》，第354页。

副四时数也；乍视乍瞑，副昼夜也；乍刚乍柔，副冬夏也；乍哀乍乐，副阴阳也；心有计虑，副度数也；行有伦理，副天地也"①。从形体、生理到性情伦理，都说成是人副天数、天人相类。所谓"人之形体，化天数而成；人之血气，化天志而仁；人之德行，化天理而义；人之好恶，化天之暖清；人之喜怒，化天之寒暑；人之受命，化天之四时。人生有喜怒哀乐之答，春秋冬夏之类也"。董仲舒说："天亦有喜怒之气、哀乐之心，与人相副。以类合之，天人一也。"②由此可产生出言灾异祥瑞的"天人感应"理论，也形成了以阴阳谐和为美的循天养气之说。

董仲舒以为人禀天地中和之气而生，是阴阳二气调和的产物，最能体现天地之化美。他说："天地之间，有阴阳之气，常渐人者，若水常渐鱼也。所以异于水者，可见与不可见耳，其澹澹也。……是天地之间，若虚而实，人常渐是澹澹之中，而以治乱之气，与之流通相殽也。故人气调和，而天地之化美。"③人只要循天地中和之道以养气，就能得天地之美，因为：

> 和者，天之正也，阴阳之平也，其气最良，物之所生也。诚择其和者，以为大得天地之奉也。天地之道，虽有不和者，必归之于和，而所为有功；虽有不中者，必止之于中，而所为不失。……顺天之道，节者天之制也，阳者天之宽也，阴者天之急也，中者天之用也，和者天之功也。举天地之道，而美于和，是故物生，皆贵气而迎养之。④

所谓"美于和"，指天地生物时阴阳二气的交融谐和，体现了构成万物生命的气的最佳状态。所以说："成于和，生必和也；始于中，止

---

① 苏舆撰，钟哲点校：《春秋繁露义证》，第356~357页。
② 苏舆撰，钟哲点校：《春秋繁露义证》，第318页、第324页。
③ 苏舆撰，钟哲点校：《春秋繁露义证》，第467页。
④ 苏舆撰，钟哲点校：《春秋繁露义证》，第446~447页。

必中也。中者，天地之所终始也；而和者，天地之所生成也。夫德莫大于和，而道莫正于中。中者，天地之美达理也，圣人之所保守也。"但是，"中之所为，而必就于和，故曰和其要也"。① 天地之美主要是由"和"来表现的，就天道的自然变化而言，"四时不同气，气各有所宜，宜之所在，其物代美。视代美而代养之，同时美者杂食之，是皆其所宜也"。天无所言，而以物示意。"春秋杂物其和，而冬夏代服其宜，则当得天地之美，四时和矣。凡择味之大体，各因其时之所美，而违天不远矣。"② 修养生之道者，须以人合天，循天道以求心平气和。"故君子道至，气则华而上。凡气从心。心，气之君也，何为而气不随。是以天下之道者，皆言内心其本也。故仁人之所以多寿者，外无贪而内清净，心和平而不失中正，取天地之美以养其身，是其且多且治。"③ 天地之美即天地之仁，这即是贵气迎养的道理所在。

综上所述，天地之美指有生生之德的天之仁、体现忠孝品德的地之义，以及天人合一的气之"和"，这实际上是由人类推于天，带有君子比德的性质，其"美"的理念相当于善，是儒家传统的美善为一思想的体现，卑之无甚高论。但董仲舒提倡天人合一之说，把人伦关系都配入到阴阳五行中去进行类推，以证明人伦纲常原本于天地阴阳，是天经和地义，尽善而尽美。他说："道之大原出于天，天不变，道亦不变。"④ 借助天道说明人道，使儒家的道德伦理和美善理念，成为具有准宗教性质的儒教教义，要人们像敬畏天命一样信奉和遵守，并以为这才是天地间最高的永恒美德。

---

① 苏舆撰，钟哲点校：《春秋繁露义证》，第 444 页、第 446 页。
② 苏舆撰，钟哲点校：《春秋繁露义证》，第 454 页、第 455 页。
③ 苏舆撰，钟哲点校：《春秋繁露义证》，第 448～449 页。
④ 〔汉〕班固撰，〔唐〕颜师古注：《汉书》，第 2519 页。

第二节 《春秋》笔法与《诗》无达诂

《春秋》学和《诗》学是汉代经学的两大支柱，孔子修《春秋》是自古以来就非常流行的说法。那么，孔子是如何作《春秋》的，其目的和意义何在，便成为人们解读此书时所关注的焦点问题，也是汉儒所讲"《春秋》笔法"的具体内容。所谓"笔法"，不仅指与记事和修辞相关的"书写方法"，也包括寓含是非褒贬的"微言大义"，有义例可循。汉代的经学著作可分为以义解经的说经体和章句训诂的注经体两类。董仲舒所传的《公羊传》及其《春秋繁露》，均以发明经的微言大义为主旨，属于以义解经的说经体著作。为了便于解经时的引申发挥，董氏有"《春秋》无达辞"和"《诗》无达诂"之说，尽管这纯属经学命题，但对中国古代文学创作和文学鉴赏理论的影响之大，绝不在许多文学命题之下。

一、《春秋》笔法与微言

《春秋》是编年体的史记，以年为记录的单元，记事不记言；而且记事极为简约，每年仅若干条，每条少则几字，多也不过二十余字。这种提纲或标题式的书写方法，当为古史记事的原始方式，类于简单的"大事记"。但在后人看来，《春秋》曾经圣人手，记事虽简，其意蕴却未必简单。

《左传·成公十四年》，君子曰："《春秋》之称，微而显，志而晦，婉而成章，尽而不污，惩恶而劝善。非圣人谁能修之？"① 这是最早言及《春秋》笔法的一段文字，指出其书写方法的特点是用词不多而意义明显，只记载史实却蕴含深意，表达婉转而顺理成章，直

---

① 杨伯峻：《春秋左传注》，第 870 页。

书事情的真实而无污曲。并认为像这样的文章只能出于"圣人"之手，而这"圣人"，后人多以为是孔子。司马迁在《太史公自序》中说：

> 余闻董生曰："周道衰废，孔子为鲁司寇，诸侯害之，大夫壅之。孔子知言之不用，道之不行也，是非二百四十二年之中，以为天下仪表，贬天子，退诸侯，讨大夫，以达王事而已矣。"子曰："我欲载之空言，不如见之于行事之深切著明也。"夫《春秋》，上明三王之道，下辨人事之纪，别嫌疑，明是非，定犹豫，善善恶恶，贤贤贱不肖，存亡国，继绝世，补敝起废，王道之大者也。①

董生即董仲舒，他认为孔子修《春秋》有救世的目的和功效，即通过真实的历史记录，树立起对人的行为进行评判的是非原则，这种原则并非诉诸概念的空言，而是以历史人物所做的事实为依据，事实胜于雄辩。如《春秋·宣公二年》，经曰："秋九月乙丑，晋赵盾弑其君夷皋。"关于这件事，《春秋》三传的记载大体相同，而《左传》的记载较为详细："乙丑，赵穿杀灵公于桃园，宣子（即赵盾）未出山而复。大史书曰'赵盾弑其君'，以示于朝。宣子曰：'不然。'对曰：'子为正卿，亡不越竟，反不讨贼，非子而谁？'宣子曰：'呜呼！《诗》曰："我之怀矣，自诒伊戚。"其我之谓矣。'孔子曰：'董狐，古之良史也，书法不隐。赵宣子，古之良大夫也，为法受恶。惜也，越竟乃免。'"② 真正亲手杀晋灵公的是赵穿，但赵盾难逃其咎，因他逃亡而不出境，以待事变发生，返朝后又不讨贼，难免纵容赵穿弑君之嫌。史官董狐秉笔直书"赵盾弑其君"，使事实真相无所隐瞒。这是孔子称董狐为良史并赞扬其"书法"的原因。这种

---

① 司马迁：《史记》，第 3297 页。
② 杨伯峻：《春秋左传注》，第 662~663 页。

"书法"又被称为"董狐笔",其意义在洞悉事物的原委,揭橥真相而深切著明,而顺理成章,让当事者无法逃避其应负的历史责任。此乃《春秋》笔法"微而显"的典范。

不隐恶抑善是《春秋》记事的基本态度,但蕴含于具体事实的陈述之中,所以被说成是"志而晦"。作者之志随史实的叙述曲折而见,应当用"以意逆志"的方法来解读《春秋》笔法。如赵盾弑君之事载于《春秋·宣公二年》,但赵盾之名又复见于宣公六年的记载里,这是否意味着弑君者不当诛、不当罪呢?董仲舒据《公羊传》而申言:

> 《春秋》之好微与?其贵志也。《春秋》修本末之义,达变故之应,通生死之志,遂人道之极者也。是故君杀贼讨,则善而书其诛。若莫之讨,则君不书葬,而贼不复见矣。不书葬,以为无臣子也;贼不复见,以其宜灭绝也。①

强调《春秋》的书写从贤者之志以达其义,从不肖者之志以著其恶,能曲尽事情的本末和变故。"今案盾(指赵盾)事而观其心,愿而不刑,合而信之,非篡弑之邻也。按盾辞号乎天,苟内不诚,安能如是?是故训其终始无弑之志。挂恶谋者,过在不遂去,罪在不讨贼而已。臣之宜为君讨贼也,犹子之宜为父尝药也。子不尝药,故加之弑父;臣不讨贼,故加之弑君。其义一也。所以示天下废臣子之节,其恶之大若此也。故盾之不讨贼,为弑君也,与止之不尝药为弑父无以异。盾不宜诛,以此参之。"② 按《春秋》之例,凡弑君之贼即不复见,以示其当天诛地灭。赵盾复见于《春秋》,并非表示弑君者不当诛,而是他本无篡弑之心,说他弑君乃极而言之,以示为臣之节。也就是说,在追究历史人物的行为责任时,要兼顾其做事时的心态,将

---

① 苏舆撰,钟哲点校:《春秋繁露义证》,第38~39页。
② 苏舆撰,钟哲点校:《春秋繁露义证》,第41~42页。

客观效果与当事者的主观动机联系起来考察，注意史书所记述史实背后的曲折意蕴。

关于《春秋》笔法的"志而晦"，董仲舒认为《春秋》论事重志，其序道先质而后文。如《春秋·文公二年》，有"公子如齐纳币"的记载。这本只是一种事实的陈述，说鲁文公即位后与齐国行订婚的纳聘礼；可在此前三年，他有丧父的记载，故《公羊传》认为是"讥丧娶也"。但纳币只是下定亲礼，宜与迎娶有别。董仲舒对此事的看法是："《春秋》之论事，莫重于志。今取必纳币，纳币之月在丧分，故谓之丧取也。且文公以秋祫祭，以冬纳币，皆失于太蚤。《春秋》不讥其前，而顾讥其后，必以三年之丧，肌肤之情也。虽从俗而不能终，犹宜未平于心。今全无悼远之志，反思念取事，是《春秋》之所甚疾也。故讥不出三年于首而已，讥以丧取也。"① 意谓在丧服将满前纳币，可见其心志已在婚娶，故与丧娶无二。董仲舒又缘《春秋》以论礼，认为礼之所重在其志，所以说："志为质，物为文。文著于质，质不居文，文安施质？质文两备，然后其礼成。文质偏行，不得有我尔之名。俱不能备而偏行之，宁有质而无文。……然则《春秋》之序道也，先质而后文，右志而左物。"② 在有关文质关系的议论中，强调质的重要性，实际上是"贵志"的另一种说法，与《春秋》之微言大义相关。

关于《春秋》之微，素有二说。一说为"微言"，即圣人没有明确说出来的话，指《春秋》记事不记言，却能以事明理，在事实的陈述中含褒善贬恶之义。《荀子·儒效篇第八》云："《春秋》言是其微也。"杨倞注："微，谓儒之微旨，一字为褒贬，微其文，隐其义

① 苏舆撰，钟哲点校：《春秋繁露义证》，第25~26页。
② 苏舆撰，钟哲点校：《春秋繁露义证》，第27页。

之类是也。"① 《春秋》之所以令乱臣贼子惧怕，据说就是因为它能一字见褒贬，有圣人的"微言"在。董仲舒说：

> 《春秋》分十二世以为三等，有见，有闻，有传闻。有见三世，有闻四世，有传闻五世。故哀、定、昭，君子之所见也。襄、成、文、宣，君子之所闻也。僖、闵、庄、桓、隐，君子之所传闻也。所见六十一年，所闻八十五年，所传闻九十六年。于所见微其辞，于所闻痛其祸，于传闻杀其恩，与情俱也。是故逐季氏而言又雩，微其辞也。子赤杀，弗忍书日，痛其祸也。子般杀而书乙未，杀其恩也。屈伸之志，详略之文，皆应之。②

以孔子生活的时代为参照点，将《春秋》二百四十二年的历史分为"有见""有闻""有传闻"三个时段，认为孔子所见的哀、定、昭三代的记载多有微辞。如鲁定公即位的定公元年，《春秋》仅书"元年春王"，不书"正月"。《公羊传》说："定、哀多微辞，主人习其读而问其传，则未知己之有罪焉尔。"③ 没有明言者即为微辞。司马迁《史记·匈奴列传》的"太史公曰"讲得很清楚："孔氏著《春秋》，隐桓之间则章，至定、哀之际则微，为其切当世之文而罔褒，忌讳之辞也。"④ 由此可知，"微其辞"是指涉及不可书或不便书者，在行文上有忌讳，有些意思没有用语言直接表达。《公羊传·闵公元年》说："《春秋》为尊者讳，为亲者讳，为贤者讳。"⑤ 如《春秋·昭公二十五年》载："秋七月上辛，大雩；季辛，又雩。"于一月之内的旱灾祈雨，连书两次，可表示旱得很厉害，但《公羊传》以为

---

① 《荀子集解》，《诸子集成》（下），北京：中华书局，1954年，第84页。
② 苏舆撰，钟哲点校：《春秋繁露义证》，第9~11页。
③ 〔清〕阮元校刻：《春秋公羊传注疏》，《十三经注疏》（下），北京：中华书局，1980年，第140页。
④ 司马迁：《史记》，第2919页。
⑤ 〔清〕阮元校刻：《春秋公羊传注疏》，《十三经注疏》（下），第50页。

一月不当再举雩，故"又雩者，非雩也，聚众以逐季氏也"①。意谓季氏是无道诸侯，以至天怒人怨，宜起而逐之，只是限于为尊者讳，没有明说，而以"又雩"寓志。董仲舒说："《春秋》之书事时，诡其实以有避也。其书人时，易其名以有讳也。故诡晋文得志之实，以代讳避致王也。诡莒子号谓之人，避隐公也。易庆父之名谓之仲孙，变盛谓之成，讳大恶也。然则说《春秋》者，入则诡辞，随其委曲而后得之。"② 凡用诡、讳之辞处，也就是《春秋》微其辞的地方，尤其是到了须拨乱反正的哀、定、昭时代，这种"微言"亦随之多了起来。

《春秋》之"微"的另一种说法，指经圣人笔削而寓意深微，能辨别美恶于细微之处，教人防微杜渐。如为了劝忠而加罪于赵盾，将其不讨贼之过书为弑君；为了劝孝而讥文公丧娶，因其在父丧后没能做到"三年之内不图婚"。董仲舒说："孔子明得失，差贵贱，反王道之本。讥天王以致太平。刺恶讥微，不遗小大，善无细而不举，恶无细而不去，进善诛恶，绝诸本而已矣。"③ 为了说明《春秋》之文含有褒贬深意，董仲舒强调其辞能体天之微，将其义例与微渺的天志相接，并认为这是《春秋》笔法的特点，他说："《春秋》之辞，多所况，是文约而法明也。……《春秋》之用辞，已明者去之，未明者著之。"④ 董仲舒认为《春秋》行文简洁，其义多比例而见，用辞有简有复。凡事情美恶一见即明者决无赘言，当事嫌于善或邻于恶时，则必推其隐曲，使之昭然若揭。他说：

> 《春秋》记天下之得失，而见所以然之故。甚幽而明，无传而著，不可不察也。夫泰山之为大，弗察弗见，而况微渺者乎？

---

① 〔清〕阮元校刻：《春秋公羊传注疏》，《十三经注疏》（下），第 134 页。
② 苏舆撰，钟哲点校：《春秋繁露义证》，第 82~83 页。
③ 苏舆撰，钟哲点校：《春秋繁露义证》，第 109 页。
④ 苏舆撰，钟哲点校：《春秋繁露义证》，第 3~4 页。

故案《春秋》而适往事，穷其端而视其故，得志之君子，有喜
之人，不可不慎也。①

作为史书，《春秋》所记天下事本身，已蕴含有是非得失的判断。但
其所以然之故甚幽微，后人要鉴往知来，防患于未然，则不可不深
察。在《史记·孔子世家》里，司马迁也说孔子晚年"乃因史记作
《春秋》，上至隐公，下讫哀公十四年，十二公。据鲁，亲周，故殷，
运之三代。约其文辞而指博。故吴楚之君自称王，而《春秋》贬之
曰'子'，践土之会实召周天子，而《春秋》讳之曰'天王狩于河
阳'：推此类以绳当世。贬损之义，后有王者举而开之。《春秋》之
义行，则天下乱臣贼子惧焉"。又说孔子"为《春秋》，笔则笔，削
则削，子夏之徒不能赞一辞"②。把《春秋》的记事简略，说成是孔
子有意"约其文辞"，并认为其"笔削"中含有褒贬深意。

由《春秋》之微，可证明其"婉而成章"的笔法不乏惩恶劝善
之义。孟子是较早认定孔子作《春秋》并论其义者，他以为："世衰
道微，邪说暴行有作，臣弑其君者有之，子弑其父者有之。孔子惧，
作《春秋》。《春秋》，天子之事也；是故孔子曰：'知我者其唯《春
秋》乎！罪我者其唯《春秋》乎！'……昔者禹抑洪水而天下平，周
公兼夷狄，驱猛兽而百姓宁，孔子成《春秋》而乱臣贼子惧。"（《孟
子·滕文公章句下》）把孔子作《春秋》看成是使天下百姓安宁的
天子之事，而《春秋》是非二百四十二年之事，必以明辨是非的义
为标准，用它规范历史人物的行为。义法也是法，汉儒之所以称孔子
为素王，根据在于孟子说的孔子作《春秋》以行天子之事，即通过
陈述历史事件以褒善贬恶，在礼崩乐坏之际以此代替天子的赏罚。微
言大义蕴含法理，《春秋》之道即王道。董仲舒说：

---

① 苏舆撰，钟哲点校：《春秋繁露义证》，第 56 页。
② 司马迁：《史记》，第 1943~1944 页。

然则《春秋》，义之大者也。得一端而博达之，观其是非，可以得其正法。视其温辞，可以知其塞怨。是故于外，道而不显，于内，讳而不隐。于尊亦然，于贤亦然。此其别内外、差贤不肖而等尊卑也。义不讪上，智不危身。故远者以义讳，近者以智畏。畏与义兼，则世逾近而言逾谨矣。此定、哀之所以微其辞。以故用则天下平，不用则安其身，《春秋》之道也。①

认为孔子作《春秋》以求用世，虽因内外尊卑有别而有忌讳，而有微辞，但并不隐其事，并不文过饰非。董仲舒说："《春秋》之道，奉天而法古。……所闻天下无二道，故圣人异治同理也。古今通达，故先贤传其法于后世也。《春秋》之于世事也，善复古，讥易常，欲其法先王也。"② 受董仲舒的影响，司马迁《史记·十二诸侯年表》也认为："是以孔子明王道，干七十余君，莫能用，故西观周室，论史记旧闻，兴于鲁而次《春秋》，上记隐，下至哀之获麟，约其辞文，去其烦重，以制义法，王道备，人事浃。"③ 把《春秋》义法作为王道的内容。盖《春秋》之笔削，以立义为宗，读者可从中寻得端倪而加以类推，审是非于天下而法先王。

二、《春秋》笔削之大义

《春秋》的书写笔法中含有微言大义，这是汉代传习《公羊传》的儒生们较为一致的看法，他们认以《春秋》为治世之书，甚至认为孔子作《春秋》是为汉立法，总是要从《春秋》那"约其文辞"的简单记述中，发掘和推衍出王道政治的"大义"来。如《春秋》经开始于隐公元年的第一句话是：

---

① 苏舆撰，钟哲点校：《春秋繁露义证》，第12~13页。
② 苏舆撰，钟哲点校：《春秋繁露义证》，第14~15页。
③ 司马迁：《史记》，第509页。

元年春王正月。

这是很平常的简单的陈述句。《左传》的解释是："元年春，王周正月，不书即位，摄也。"① 在"王正月"中加一"周"字，表明春秋用的是周代的正朔，然后又用"摄也"说明未书鲁襄公即位的原因，均属史实的补充，无义理的发挥。《公羊传》则不然，它用讲经的问答方式，对隐藏于字里行间的含义作了生发。如云："元年者何？君子始年也。春者何？岁之始也。王者孰谓？谓文王也。曷为先言王而后言正月？王正月也。何言乎王正月？大一统也。公何以不言即位？成公意也。何成乎公之意？公将平国而反之桓。曷为反之桓？桓幼而贵，隐长而卑，其为尊卑也，国人莫知。"② 在对经的诠释中，衍生出原来文字面上没有、至少是没明言的"大一统"思想和尊卑观念。

如果说《公羊传》的诠释离原文还不算太远，那么经学大师董仲舒进一步发挥的春秋大义，则已属自作文章了。他认为"元"就是一，"唯圣人能属万物于一，而系之元也。终不及本所从来而承之，不能遂其功。是以《春秋》变一谓之元。元，犹原也，其义以随天地终始也。故人唯有终始也，而生不必应四时之变。故元者为万物之本，而人之元在焉。安在乎？乃在乎天地之前。故人虽生天气及奉天气者，不得与天元本、天元命而共违其所为也。故春正月者，承天地之所为也，继天之所为而终之也"③。仅从"元"之一字，就引申出天地之本、天元和元命等诸多说法。

董仲舒认定《春秋》中的元就是元气，为天地人之本。他说："《春秋》何贵乎元而言之？元者，始也，言本正也。道，王道也。王者，人之始也。王正则元气和顺、风雨时、景星见、黄龙下。王不

---

① 杨伯峻：《春秋左传注》，第9页。
② ［清］阮元校刻：《春秋公羊传注疏》，《十三经注疏》（下），第2~3页。
③ 苏舆撰，钟哲点校：《春秋繁露义证》，第68~69页。

正则上变天，贼气并见。"① 这样王道就与天道有了关联。他以为：

> 《春秋》之序辞也，置王于春正之间，非曰上奉天施而下正
> 人，然后可以为王也云尔。②

以"王"为天命所在，谓天道四时以春为始，是天之所施，王者上承天之所为而下正人之所为，故将"王"字安排在"春"与"正"之间。那么，"何以谓之王正月？曰：王者必受命而后王。王者必改正朔，易服色，制礼乐，一统于天下，所以明易姓，非继人，通以己受之于天也。王者受命而王，制此月以应变，故作科以奉天地，故谓之王正月也"③。正月为天之所施的春之开始，又是王者受命改正朔的结果。如此推衍，《春秋》序辞所蕴含的大义非常丰富，不仅是出自圣人孔子，而且是本于天，可由圣人之作上窥天意而代天立教。

董仲舒讲《春秋》大义，是想借公羊学的以义理解经，结合阴阳五行的天道观，为当时大一统的王权政治提供法理依据。由于是要古为今用，故不能仅限于对经书做正常的解释，而是只要沾到一点边，就凭着自己的思想发挥，以天道证人道，颇多牵强附会的类推。董仲舒说："古之人有言曰：不知来，视诸往。今《春秋》之为学也，道往而明来者也。然而其辞体天之微，故难知也。弗能察，寂若无；能察之，无物不在。是故为《春秋》者，得一端而多连之，见一空而博贯之，则天下尽矣。"④ 在董仲舒所讲的《春秋》"十指"中，五行的木生火、火为夏，以及灾异之变等，都被认为是"天之端"。他以为《春秋》所记体现了天的微意，当专从难知的"微"或"端"入手，由原文所表达的意义，推衍出原文所没有或不能表达的

儒家文艺思想史

---

① 苏舆撰，钟哲点校：《春秋繁露义证》，第100页。
② 苏舆撰，钟哲点校：《春秋繁露义证》，第62页。
③ 苏舆撰，钟哲点校：《春秋繁露义证》，第185页。
④ 苏舆撰，钟哲点校：《春秋繁露义证》，第96~97页。

"至意"，所谓"见其旨者，不任其辞。不任其辞，然后可与适道矣"①。他说：

> 《春秋》至意有二端，不本二端之所从起，亦未可与论灾异也，小大微著之分也。夫览求微细于无端之处，诚知小之将为大也，微之将为著也。……是故《春秋》之道，以元之深正天之端，以天之端正王之政，以王之政正诸侯之即位，以诸侯之即位正竟内之治，五者俱正而化大行。②

以元为气之始、天之端，王道之本贵微重始，方能正本清源而天下大化。董仲舒说："《春秋》，大义之所本耶？六者之科，六者之旨之谓也。然后援天端，布流物，而贯通其理，则事变散其辞矣。故志得失之所从生，而后差贵贱之所始矣。论罪源深浅，定法诛，然后绝属之分别矣。立义定尊卑之序，而后君臣之职明矣。"③ 以《春秋》之义分贵贱、定尊卑，也就等于立王法。所谓"《春秋》之法，以人随君，以君随天。……故屈民而伸君，屈君而伸天，《春秋》之大义也"④。在肯定君权天授的至尊地位时，亦指出君王须顺从天下民心。"且天之生民，非为王也，而天立王以为民也。故其德足以安乐民者，天予之；其恶足以贼害民者，天夺之。"⑤ 天赋王权，为民做主，这才是真正的"大义"所在。

《春秋》是史书而非哲学讲义，只记载事实而无任何议论，可董仲舒和汉代经师们却能从其书法中看出许多微言大义，并总结出一些义例来。如《春秋·隐公元年》，有"夏五月，郑伯克段于鄢"的记载，郑伯指郑庄公，段指郑伯的亲弟弟共叔段，两人曾因立太子之事

---

① 苏舆撰，钟哲点校：《春秋繁露义证》，第51页。
② 苏舆撰，钟哲点校：《春秋繁露义证》，第155页~156页。
③ 苏舆撰，钟哲点校：《春秋繁露义证》，第143页。
④ 苏舆撰，钟哲点校：《春秋繁露义证》，第31~32页。
⑤ 苏舆撰，钟哲点校：《春秋繁露义证》，第220页。

而不和，以至视若仇敌而兵戎相见。《春秋》在记此事时，除时间、人名和地名外，只用了一个"克"字。《公羊传》说："克之者何？杀之也。杀之则曷为谓之克？大郑伯之恶也。"① 认为用"克"字能彰显郑伯之恶，责备他把弟弟当作敌人，因杀敌才叫克。这是一字见义而显褒贬。又如《春秋·定公二年》，有"雉门及两观灾"的记载。《公羊传》说："其言雉门及两观灾何？两观微也。然则曷为不言雉门灾及两观，主灾者两观也。时灾者两观，则曷为后言之？不以微及大也。"② 虽是记叙雉门（宫门）两旁的观（台楼）遭遇火灾，却先记雉门而"及"两观，这就有了分别轻重的意思。《春秋·僖公十六年》春正月，有这样的记载：

> 陨石于宋五。是月，六鹢退飞，过宋都。

此一义例常被用来说明《春秋》书法之讲究。《公羊传》的解释是："曷为先言陨而后言石？陨石记闻，闻其磌然，视之则石，察之则五。……曷为先言六而后言鹢？六鹢退飞，记见也，视之则六，察之则鹢，徐而察之则退飞。五石六鹢何以书？记异也。外异不书，此何以书？为王者之后记异也。"③ 以为这是记异以戒示王者，先写什么后写什么都有讲究，叙事严谨，一丝不苟。董仲舒说："《春秋》辨物之理，以正其名。名物如其真，不失秋毫之末。故名陨石，则后其五，言退鹢，则先其六。圣人之谨于正名如此。君子于其言，无所苟而已，五石、六鹢之辞是也。"④ 把书写方法的谨严与正名之义联系起来，以为名号为圣人所示天意，不可不深察也。

《春秋》笔法乃合书写方法和义例而言，既可作为修史的凡例，又被当作文章典范。杜预在《春秋左传序》中说："夫制作之文，所

---

① 〔清〕阮元校刻：《春秋公羊传注疏》，《十三经注疏》（下），第 4 页。
② 〔清〕阮元校刻：《春秋公羊传注疏》，《十三经注疏》（下），第 141 页。
③ 〔清〕阮元校刻：《春秋公羊传注疏》，《十三经注疏》（下），第 60~61 页。
④ 苏舆撰，钟哲点校：《春秋繁露义证》，第 293 页。

以章往考来，情见乎辞。言高则旨远，辞约则义微。此理之常，非隐之也。"① 他以"辞约义微"言《春秋》笔法，又取《左传》里君子言"《春秋》之称"的那一段话加以分疏，作为修史五例：

> 一曰微而显，文见于此，而起义在彼……二曰志而晦，约言示制，推以知例……三曰婉而成章，曲从义训，以示大顺……四曰尽而不污，直书其事，具文见意……五曰惩恶而劝善，求名而亡，欲盖而章。②

此五例既可作为史家之悬鹄，又能当成文章写作的示范。刘勰《文心雕龙·征圣》云："《春秋》一字以褒贬，丧服举轻以包重，此简言以达旨也。"又说："五例微辞以婉晦，此隐义以藏用也。"③ 把《春秋》的尚简和用晦作为文章写作中处理繁简和隐显关系的准则。刘勰说：

> 虽精义曲隐，无伤其正言；微辞婉晦，不害其体要。体要与微辞偕通，正言共精义并用；圣人之文章，亦可见也。④

正言多精义，微辞通体要，可谓言简意赅，辞微而显。在《文心雕龙·宗经》里，刘勰进一步指出："《春秋》五例，义既极乎性情，辞亦匠于文理，故能开学养正，昭明有融。"又说："《春秋》辨理，一字见义，五石六鹢，以详略成文，雉门两观，以先后显旨。其婉章志晦，谅以邃矣。《尚书》则览文如诡，而寻理即畅；《春秋》则观辞立晓，而访义方隐。"可谓"辞约而旨丰，事近而喻远"⑤。从文章写作的角度揭示春秋笔法的主要特征：一是精于文理，用字准确；二是行文婉曲，含义隐蔽而深刻。

---

① 杨伯峻：《春秋左传正义》，第7页。
② 杨伯峻：《春秋左传正义》，第4~5页。
③ 刘勰著，范文澜注：《文心雕龙注》，第16页。
④ 刘勰著，范文澜注：《文心雕龙注》，第16页。
⑤ 刘勰著，范文澜注：《文心雕龙注》，第21页、第22页。

当春秋笔法由修史义例变为文章楷模后，就成为一种对中国叙事散文创作影响很大的写作范式，那就是追求行文的简浩和意蕴的丰富，寓褒贬于叙事之中，通过写什么或不写什么的选择，叙述时详略与隐显的不同，以至用词和语气的微妙差别，委婉而曲折地透露出作者的是非观和爱憎。从司马迁的《史记》，到"唐宋八大家"的古文，以至晚清的桐城派散文，都可以看到这种叙事笔法的运用。

三、《春秋》无达辞与《诗》无达诂

《春秋》的书法和义例，其实都是后人总结出来的。按照常理，《春秋》所书事同则辞同，可比类而求其例，但也有事同而辞异的例外。如《春秋·僖公十年》，有"晋里克弑其君卓子及其大夫荀息"的记载，按《春秋》书法，弑太子与弑君同罪，如此写方为"正言"。可是在此前一年则有"晋里克杀其君之子奚齐"之语。奚齐和卓子都是晋献公之子，同为骊姬所生，又先后被里克所杀，事情相同，可为什么称卓子为君而称奚齐为"君之子"呢？对于这种事同而辞异的现象，董仲舒的解释是：

> 所闻《诗》无达诂，《易》无达占，《春秋》无达辞，从变从义，而一以奉人（卢文弨校本云："疑当作奉天"）。仁人录其同姓之祸，固宜异操。晋，《春秋》之同姓也。骊姬一谋而三君死之，天下之所共痛也。本其所为为之者，蔽于所欲得位而不见其难也。《春秋》疾其所蔽，故去其正辞，徒言君之子而已。①

以为《春秋》重视权变之义，故而无达辞。虽同是记一家人所遭遇的杀身之祸，卓子纯属是被连累的无辜者，而奚齐则是欲得王位而遭不幸，故去其"正辞"以示责备。无达辞即无达例，盖辞异者各有义，不可拘泥于常例，此乃《春秋》"从变从义"之旨。在董仲舒看

---

① 苏舆撰，钟哲点校：《春秋繁露义证》，第95~96页。

来，这是因为"《春秋》之道，固有常有变，变用于变，常用于常，各止其科，非相妨也。……故说《春秋》者，无以平定之常义，疑变故之大则，义几可谕矣"①。在经典阐释中，常有作者未必然而读者何必不然的情况发生。既然作者都可以不守常例而有变化，而"未必然"，那么读者又何必以常义绳之，而"何必不然"呢？这与"《诗》无达诂"和"《易》无达占"的道理都是一样的。

"《诗》无达诂"的"诂"，本义为"训诂"，《说文·言部》云："诂，训故言也。"孔颖达在《毛诗正义》的疏中说："诂者，古也。古今异言，通之使人知也。训者，道也，道物之貌以告人也。"② 把以今言解释古语称为"诂"，侧重于语词的通训，如果仅限于此的话，那么应当说是有"达诂"的，否则古今的文字沟通就不可能。但是，由于诗歌作品多用形象化的象征手法，其用艺术方式表达的情感内容又多只能感受而不易确指，若仅限于具体语词的文字训释，是无法确切把握其含意的。对诗歌作品的解读，一旦由文字的训释进入对诗句意境的把握和含意的理解，就必然会出现见仁见智的"无达诂"现象。

董仲舒讲"《诗》无达诂"，并非基于语言艺术的考虑，而是将《诗》作为进行政治道德说教的工具，侧重于诗意的引申发挥。他继承了《春秋》赋诗断章取义和孔门以己意说诗的传统，在讲《春秋》的微言大义时，常引《诗》作为根据。如在言及《春秋》无义战时，他说：

> 不义之中有义，义之中有不义。辞不能及，皆在于指，非精心达思者，其孰能知之。《诗》云："棠棣之华，偏其反而。岂不尔思？室是远而。"孔子曰："未之思也，夫何远之有！"由是

---

① 苏舆撰，钟哲点校：《春秋繁露义证》，第53~55页。
② 〔清〕阮元校刻：《毛诗正义》，《十三经注疏》（上），第1页。

观之，见其指者，不任其辞。不任其辞，然后可与适道矣。①

这里说的"指"当"旨义"讲，所谓"辞不能及，皆在于指"，是说辞微旨远，言在此而意在彼。在董仲舒看来，由文辞所示之意，指向文辞所不能表达的意义，是《春秋》"微言"与《诗》语的共同特征，其中有政教大义存焉。在引诗言理时，他多就其引申义进行发挥，以为"圣人事明义，以照耀其所暗，故民不陷。《诗》云：'示我显德行。'此之谓也。先王显德以示民，民乐而歌之以为诗，说而化之以为俗。故不令而自行，不禁而自止，从上之意，不待使之，若自然矣"②。在谈到圣人"知天命鬼神，然后明祭之意"时，他说："其见于《诗》曰：'嗟尔君子，毋恒安息。静共（古恭字）尔位，好是正直。神之听之，介尔景福。'正直者得福也，不正者不得福，此其法也。以《诗》为天下法矣，何谓不法哉？其辞直而重，有再叹之，欲人省其意也。而人尚不省，何其忘哉！孔子曰：'书之重，辞之复。呜呼！不可不察也。其中必有美者焉。'此之谓也。"③ 强调诗有言外意，解读时需细心体察。

解经追求微言大义，是"《诗》无达诂"说得以成立的一个重要条件，所以董仲舒的一些看法往往成为纬书的理论根据，导致经学向有神学倾向的谶讳之学转变。纬是发明经义的，既然对经的解读可以没有达诂，也就很容易用流行的阴阳五行说附会经义，构成天人合一的神学目的论。其特点是把以阴阳五行为框架的天人感应的灵异之说，附会于对《诗经》的解释中，使《诗》诡为象征性的谶纬神学隐语，似含有"天"意，可预决吉凶。这也为汉儒以《诗》为谏提供了方便。把某些诗看作天或神的预言，以为能给人以种种灾异的暗

① 苏舆撰，钟哲点校：《春秋繁露义证》，第 50~51 页。
② 苏舆撰，钟哲点校：《春秋繁露义证》，第 265 页。
③ 苏舆撰，钟哲点校：《春秋繁露义证》，第 442 页。

示。如此"无达诂"地解诗，除制造迎合时尚而曲学阿世的神学谶语外，就几近于"六经"注我的随意发挥了。这是汉代特有的一种用诗方式。

"《诗》无达诂"这一命题，根源于汉儒的《春秋》"微言大义"之说，在当时有导致诗纬产生的负面效应。但此命题涉及诗歌多比喻象征手法，诗的语言具有多义性，以及在艺术鉴赏中实际存在的见仁见智等问题，故对后世的文艺批评也不乏正面的影响。何良俊在《四友斋丛说》中指出："余尝谓《诗经》与诸经不同，故读《诗》者亦当与读诸经不同。盖诗人托物引喻，其辞微，其旨远，故有言在于此而意属于彼者，不可以文句泥也。"① 以为诗歌语言多形象性的比喻，丰富的意蕴常超出所用文字本身的含义。沈德潜《唐诗别裁·凡例》云："读诗者心平气和，涵咏浸渍，则意味自出；不宜自立意见，勉强求合也。况古人之言，包含无尽，后人读之，随其性情浅深高下，各有会心，如好《晨风》而慈父感悟，讲《鹿鸣》而兄弟同食，斯为得之。董子云：'《诗》无达诂'，此物此志也，评点笺释，皆后人方隅之见。"② 这是说读者的心情也会影响到对《诗》的接受，从而产生理解上的不同。

从艺术欣赏的角度来说，"《诗》无达诂"的形成有两方面的原因：一是诗语本身的多义性，二是读诗者的各有会心。当读者要把握诗歌余味曲包的妙处时，尤其不能仅以训诂求之。叶燮《原诗》说："诗之至处，妙在含蓄无垠，思致微渺，其寄托在可言不可言之间，其指归在可解不可解之会；言在此而意在彼，泯端倪而离形象，绝议论而穷思维，引人于冥漠恍惚之境，所以为至也。"③ 言诗而至此，

---

① 〔明〕何良俊：《四友斋丛说》，北京：中华书局，1959年，第5页。
② 〔清〕沈德潜编：《唐诗别裁·凡例》，上海：上海古籍出版社，1979年，第1页。
③ 〔清〕王夫之等：《清诗话》（下），上海：上海古籍出版社，1978年，第584页。

已到了可意会而难以言传的境地，更是"无达诂"可言了。

第三节　以"美刺"为核心的《诗》学

《诗》是中国最早的诗歌总集，又是儒家经学的重要典籍。汉儒对《诗》的阐释，主要有鲁、齐、韩、毛四家，称为鲁诗、齐诗、韩诗和毛诗，前三家属于今文经学，后者是古文经学。四家诗的共同点是：视诗为有助于王道政治和礼教的工具，以政教言诗，以美刺言诗，将《诗》与道德上的彰善贬恶联系起来。由于师法和家法的不同，四家除了在一些具体诗篇的诠释上不尽相同，还有因解诗态度和方法不同而产生的分歧。或强调通经致用而以《诗》为谏，以为《诗》无达诂；或偏重于引《诗》言事而谈风雅正变，倾向于知人论世的以史证诗。汉儒的《诗》学，以"诗言志""比兴"和"风雅正变"为思想框架，并围绕着美、刺二端展开，涉及对诗歌本质、诗之艺术以及诗与史关系的认识，成为中国传统诗论中最具影响力的批评理论。

一、"诗言志"与美刺

"诗言志"是中国古代诗论的开山纲领。《尚书·舜典》中的"诗言志，歌永言"之说①反映的是早期诗乐合一的状况，春秋时期的赋诗言志也是声义并重的。《左传·襄公二十七年》，文子说的"诗以言志"②，指的是赋诗者用诗歌表达自己的情志，并不是指诗人作诗。自孔、孟以义言诗，尤其是孟子讲"以意逆志"之后，志才被普遍认为是诗人之志。《庄子·天下篇》说："《诗》以道志。"

① 〔清〕阮元校刻：《尚书正义》，《十三经注疏》（上），第19页。
② 杨伯峻：《春秋左传注》，第1135页。

《荀子·儒效篇第八》云："《诗》言是，其志也。"又《楚辞·悲回风》说："介眇志之所惑兮，窃赋诗之所明。"这些均是就诗歌本身或诗人讲言志的。类似的说法在汉代也比较流行，如司马迁《史记·乐书》说："诗，言其志也。"[①] 董仲舒《春秋繁露·玉杯》云："诗道志，故长于质。"[②] 最正式和简洁的表述，则见于许慎的《说文解字》："诗，志也。"意谓诗与志可以互训，含有"在心为志，发言为诗"之意。

既然"诗言志"的观念为人们所普遍接受，那么"志"究竟指什么？这就是解诗者要弄清楚的了。在《诗三百》里，有一些作品表明了作诗意图，颇能给人以启发。如《魏风·葛屦》："维是褊心，是以为刺。"《陈风·墓门》："夫也不良，歌以讯之。"《小雅·节南山》："家父作诵，以究王讻。"《小雅·四月》："君子作歌，维以告哀。"《大雅·崧高》："吉甫作诵，其诗孔硕。其风肆好，以赠申伯。"[③] 这些诗所讲的作诗意图，大致可分讽刺与颂美两类，故四家诗均以为诗人言志是以美刺为具体内容的。在保存得较为完好的毛诗里，每篇诗的小序多标明美刺，以此言政教善恶。如云：

> 《凯风》，美孝子也。卫之淫风流行，虽有七子之母，犹不能安其室，故美七子能尽其孝道，以慰其母心，而成其志尔。

> 《谷风》，刺夫妇失道也。卫人化其上，淫于新昏而弃其旧室，夫妇离绝，国俗伤败焉。

> 《北门》，刺仕不得志也。言卫之忠臣不得其志尔。

> 《南山》，刺襄公也。鸟兽之行，淫乎其妹。大夫遇是恶，作诗而去之。

---

① 司马迁：《史记》，第 1214 页。

② 苏舆撰，钟哲点校：《春秋繁露义证》，第 36 页。

③ 〔清〕阮元校刻：《毛诗正义》，《十三经注疏》（上），第 89 页、第 110 页、第 173 页、第 195 页、第 299 页。

《园有桃》，刺时也。大夫忧其君国小而迫而俭以啬，不能用其民，而无德教，日以侵削，故作是诗也。①

盖以为《诗》之言志不出美、刺二端，有如《春秋》之褒贬，含劝善惩恶的王道教化之义。孔颖达在为《诗大序》的"在心为志，发言为诗"做分疏时说："诗者，人志意之所之适也。虽有所适，犹未发口，蕴藏在心，谓之为志；发见于言，乃名为诗。言作诗者所以舒心志愤懑而卒成于歌咏，故《虞书》谓之'诗言志'也。包管万虑，其名曰心；感物而动，乃呼为志。志之所适，外物感焉。言悦豫之志则和乐兴而颂声作，忧愁之志则哀伤起而怨刺生。"② 把诗歌的吟咏性情说成言志，又以颂美和怨刺诠释言志，应该说是符合毛诗的原教旨义的。

　　毛诗以外，其他三家诗也都以美刺言诗。据唐晏《两汉三国学案》所言，鲁诗才是汉代诗学的正派。两汉信奉鲁诗的人最多，有近六十人，著名的有申公、孔安国、司马迁、刘向、王逸、蔡邕、王符、高诱等。齐诗在汉代也极为流行，辕固、夏侯始昌、董仲舒、翼奉、匡衡、桓宽、班伯和班固等，都属于齐诗派。但齐诗亡于魏，鲁诗亡于两晋，均未能流传下来，其遗说散见于《史记》《说苑》《列女传》《春秋繁露》和《汉书》等著作里。韩诗流传的著作有《韩诗外传》，创立者是燕人韩婴。《汉书·儒林传》说："婴推诗人之意，而作《内外传》数万言，其语颇与齐、鲁间殊，然归一也。"③ 三家诗在以美刺言诗时，许多看法是比较接近的，但与毛诗有所不同，最典型的是对《关雎》的解读。毛诗以为：

　　（《关雎》）后妃之德也。风之始也，所以风天下而正夫妇

---

　　① 〔清〕阮元校刻：《毛诗正义》，《十三经注疏》（上），第33页、第35页、第41页、第84页、第89页。
　　② 〔清〕阮元校刻：《毛诗正义》，《十三经注疏》（上），第2页。
　　③ 〔汉〕班固撰，〔唐〕颜师古注：《汉书》，中华书局，1962年，第3613页。

也，故用之乡人焉，用之邦国焉。……是以《关雎》乐得淑女
以配君子，爱在进贤，不淫其色。哀窈窕，思贤才，而无伤善之
心焉，是《关雎》之义也。①

如此说，则《关雎》是一篇颂美后妃高尚品德的作品，赞扬她心胸
开阔，替夫君能与淑女相配而高兴，有如思贤若渴一般，无丝毫嫉妒
之心，符合孔子的"《关雎》哀而不伤，乐而不淫"之旨。但是，据
王先谦《诗三家义集疏》所言，鲁、韩、齐三家诗都以为《关雎》
是刺时的作品。鲁诗曰："周道缺，诗人本之衽席，《关雎》作。"
（《史记·十二诸侯年表》）② 齐诗说："孔子论《诗》以《关雎》
为始，言太上者民之父母，后夫人之行不侔乎天地，则无以奉神灵之
统而理万物之宜。"（《汉书·匡衡传》）③ 韩诗云："诗人言雎鸠贞
洁慎匹，以声相求，隐蔽于无人之处。故人君退朝入于私宫，后妃御
见有度，应门击柝，鼓人上堂，退反宴处，体安志明。今时大人内倾
于色，贤人见其萌，故咏《关雎》，说淑女、正容仪，以刺时。"
（《后汉书·明帝纪》）④ 王先谦说："综览三家，义归一致。盖康王
时当周极盛，一朝晏起，应门之政不修而鼓柝无声，后夫人璜玉不鸣
而去留无度，固人君倾色之咎，亦后夫人淫色专宠致然。……《毛
传》匿刺扬美，盖以为陈贤圣之化，则不当有讽谏之词，得粗而遗
其精，斯巨失矣。"⑤ 认为《关雎》当为刺时之作。

《关雎》是《诗三百》的第一篇，又是风诗之首，故历来颇受关
注。关于此诗的解说，王先谦认为就三家诗的刺来说远胜于毛诗的扬
美之论。唐晏也认为三家诗所言较妥当，他说："盖必为刺诗，而孔

---

① 〔清〕阮元校刻：《毛诗正义》，《十三经注疏》（上），第1~5页。
② 司马迁：《史记》，第509页。
③ 〔汉〕班固撰，〔唐〕颜师古注：《汉书》，第3342页。
④ 〔宋〕范晔撰，〔唐〕李贤等注：《后汉书》，中华书局，1965年，第112页。
⑤ 〔清〕王先谦撰，吴格点校：《诗三家义集疏》，北京：中华书局，1987年，第7
页。

子所谓哀而不伤者，始有实际。不然《关雎》一诗，乐则有之矣，哀于何有？《毛序》不得其解，附会为哀窈窕，思贤才。夫窈窕有何可哀？思贤才更无可哀。……若如《毛序》所言，则《颂》而已，《风》于何有焉!"① 三家诗所言是否胜过毛诗，乃见仁见智之事，毛诗序多附会，三家诗的解说又何尝就是《诗》之本义。班固《汉书·艺文志》说："汉兴，鲁申公为《诗》训故，而齐辕固、燕韩生皆为之传。或取《春秋》，采杂说，咸非其本义。与不得已，鲁最为近之。三家皆列于学官。又有毛公之学，自谓子夏所传，而河间献王好之，未得立。"② 指出鲁、齐、韩三家言诗已采杂说，已经是"咸非其本义"了。

三家诗属于学官的今文经学，注重通经以致用。今文经学家究心于天人之际和古今之变，用当时通行的阴阳五行思想来解释经典，要以经义为现实政治服务，故以宣扬圣人的微言大义为主，不拘泥于经文本身的训诂考订。这种解经方法在三家诗中都有体现，而以齐诗最为突出，传齐诗的董仲舒有"《诗》无达诂"之说，学鲁诗的刘向在《说苑》中也有"《诗》无通故"之论。三家诗之所以要将《诗三百》的第一篇就说成刺时之作，似在强调《诗》之美刺的讽谏意义，以便充分发挥其政教作用。唐晏《两汉三国学案》说："夫《诗》有《颂》、有《雅》、有《风》，唯《颂》则有美无刺，若《雅》则已美刺居半矣，若夫十五国之《诗》，大抵皆刺诗也。"③ 汉代流行以三百篇为谏书的说法。据《汉书·儒林传》所记，汉昭帝驾崩之时，昌邑王因行淫乱被废，其属臣都下狱伏诛，唯龚遂以曾数次进谏免死。王式作为昌邑王的老师，也在伏诛之列，当治狱者问他何以无谏

---

① 〔清〕唐晏著，吴东民点校：《两汉三国学案》，北京：中华书局，1986 年，第 259 页。
② 〔汉〕班固撰，〔唐〕颜师古注：《汉书》，第 1708 页。
③ 〔清〕唐晏著，吴东民点校：《两汉三国学案》，第 211 页。

书时，他的回答是：

> 臣以《诗》三百五篇朝夕授王，至于忠臣孝子之篇，未尝
> 不为王反复诵之也；至于危亡失道之君，未尝不流涕为王深陈之
> 也。臣以三百五篇谏，是以亡谏书。①

这虽纯属开脱之辞，可当政者也就相信了王式的这种说法，免除了他
的死罪。这是由于《诗》在汉代确实常被作为谏言引用，许多儒臣
往往用《诗》来陈往讽今、劝诫帝王。如西汉元帝即位之初，贡禹
被征为谏大夫，他在奏章中说："方今天下饥馑，可亡大自损减以救
之，称天意乎？天生圣人，盖为万民，非独使自娱乐而已也。故
《诗》曰：'天难谌斯，不易唯王；'＇上帝临女，毋贰尔心。＇'当仁
不让'，独可以圣心参诸天地，揆之往古，不可与臣下议也。"② 这是
引《诗·大雅·大明》中的诗句劝说元帝，认为逢灾年须减损宫中
费用，救民于水火。其时匡衡以善于说《诗》著名，他在给汉元帝
的上疏中说："《诗》曰：'商邑翼翼，四方之极；寿考且宁，以保我
后生。'此成汤所以建至治，保子孙，化异俗而怀鬼方也。今长安天
子之都，亲承圣化，然其习俗无以异于远方，郡国来者无所法则，或
见侈靡而仿效之。此教化之原本，风俗之枢机，宜先正者也。"③ 引
《诗·商颂·殷武》中的诗句，劝元帝推崇礼教。再如东汉桓帝宠爱
田贵人，打算立她为后，大臣应奉以为不可，他"上书谏曰：'臣闻
周纳狄女，襄王出居于郑；汉立飞燕，成帝胤嗣泯绝。母后之重，兴
废所因。宜思《关雎》之所求，远五禁之所忌。'帝纳其言，竟立窦
皇后。"④ 这是臣子在进谏中以《关雎》为说辞，从而使帝王改变了
主意的事例。

---

① 〔汉〕班固撰，〔唐〕颜师古注：《汉书》，第 3610 页。
② 〔汉〕班固撰，〔唐〕颜师古注：《汉书》，第 3072 页。
③ 〔汉〕班固撰，〔唐〕颜师古注：《汉书》，第 3335 页。
④ 〔宋〕范晔撰，〔唐〕李贤等注：《后汉书》，第 1608 页。

由讲"诗言志",到强调以扬善贬恶为宗旨的《诗》之美刺,及以《诗》为谏的用诗方式,反映了汉代《诗》学以政教讽谏为目的的重功利倾向,走到极端则有讲天人感应的政治隐语——诗纬的产生。孔颖达在为郑玄的《诗谱序》做注疏时,曾综合汉代四家诗和纬书的各种看法,对"诗"的不同含义做出解释,他说:"名为诗者,《内则》说负子之礼云'诗负之',注云:'诗之言承也。'《春秋·说题辞》云:'在事为诗,未发为谋,恬澹为心,思虑为志,诗之为言志也。'《诗纬·含神雾》云:'诗者,持也。'然则诗有三训:承也,志也,持也。作者承君政之善恶,述己志而作诗,为诗所以持人之行,使不失队,故一名而三训也。"① 从训诂的角度,以疏不破注的方式,将汉儒对诗之名义(言志)、宗旨(承善恶)和功能(持人性情)的认识,做了简明扼要的概括。

二、美刺与比兴

美刺作为汉儒《诗》说的核心观念,与"比兴"有密切的关联,这在毛诗的序里体现得很充分。如朱自清《诗言志辩》所说:"《诗序》主要的意念是美刺,风雅各篇序中明言'美'的二十八,明言'刺'的一百二十九,两共一百五十七,占风雅诗全数百分之五十九强。其中兴诗六十七,美诗六,刺诗六十一,占兴诗全数百分之五十八弱。美刺并不限于比兴,只一般的是诗的作用。所谓'诗言志'最初的意义是讽与颂,就是后来美刺的意思。"② 换言之,美刺为诗人志之所向,贯穿风、雅、颂而与比兴相接。

美刺与比兴互为表里,虽说美刺不限于比兴,但言《诗》之美刺却离不开比兴的帮助。这是因为雅诗和颂诗中不乏讽喻、颂美之

---

① 〔清〕阮元校刻:《毛诗正义》,《十三经注疏》(上),第1页。
② 朱自清:《诗言志辩》,上海:华东师范大学出版社,1996年,第69页。

作，以美刺释之而不至于与原义相悖，而风诗里的大部分作品却看不出讽颂的意思，无法直接用美刺来解释，必须借助比兴之说作为过渡。比兴是汉儒所讲的《诗》之"六义"里的重要概念，《诗大序》云：

> 故诗有六义焉：一曰风，二曰赋，三曰比，四曰兴，五曰雅，六曰颂。上以风化下，下以风刺上，主文而谲谏，言之者无罪，闻之者足以戒，故曰风。……是以一国之事，系一人之本，谓之风。言天下之事，形四方之风，谓之雅。雅者正也，言王政之所由废兴也。政有小大，故有小雅焉，有大雅焉。颂者，美盛德之形容，以其成功，告于神明者也。①

此序只解释了"六义"中风、雅、颂的含义，而对赋、比、兴则无具体说明，故很容易让人将后者与前者分开来看待，形成三体三用说。如孔颖达说："然则风、雅、颂者，诗篇之异体（诗之分体）；赋、比、兴者，诗文之异辞耳（作诗之法）。大小不同，而得并为六义者，赋、比、兴是诗之所用（即作法），风、雅、颂是诗之成形（即诗体）。用彼三事，成此三事，是故同称为义，非别有篇卷也。"② 这是唐人的分疏，未必合于汉儒之说，所谓"非别有篇卷"，系针对"六诗"说而言的。在《周礼·春官宗伯第三》里，有大师掌六律而"教六诗：曰风、曰赋、曰比、曰兴、曰雅、曰颂"的说法，讲的似乎是以声为用的六种乐歌的名称，若如此则赋、比、兴当为三种乐歌，属于"六诗"里的三种诗体。汉儒郑玄的权威注释是：

> 风言贤圣治道之遗化也；赋之言铺，直铺陈今之政教善恶；比，见今之失，不敢斥言，取比类以言之；兴，见今之美，嫌于媚谀，取善事以喻劝之；雅，正也，言今之正者以为后世法；颂

---

① 〔清〕阮元校刻：《毛诗正义》，《十三经注疏》（上），第3~4页。
② 〔清〕阮元校刻：《毛诗正义》，《十三经注疏》（上），第3页。

之言诵也，容也，诵今之德，广以美之。郑司农（郑众）云：
"古而自有风雅颂之名……，曰比曰兴，比者比方于物也，兴者
托事于物。"①

虽分别说明"六诗"之名，但以讲政教善恶的美刺贯穿，重在释义
而非明体，分明是以义为用，故"六诗"也就可说成是"六义"了。
这其中，风、雅、颂是古已有之的说法，而赋、比、兴当为汉人用来
解诗的新观念。赋为直接陈述善恶，其意易明，比和兴都是比喻，主
文而谲谏，具有言在此而意在彼的特点，类似可加以想象和发挥的微
言大义，所以解说起来就比较复杂，容易产生分歧。

尽管郑玄已对"比兴"做了明确解释，并引郑众之说予以强调，
但取比与事喻之间的界限并不明确，或者说，"比方于物"与"托事
于物"实在很难区分。刘勰《文心雕龙·比兴》云："《诗》文弘
奥，包韫六义；毛公述传，独标兴体，岂不以风通而赋同，比显而兴
隐哉！故比者，附也；兴者，起也。附理者切类以指事，起情者依微
以拟议。起情故兴体以立，附理故比例以生。比则畜愤以斥言，兴则
环譬以托讽。盖随时之义不一，故诗人之志有二也。"② 所谓"畜愤
以斥言"和"环譬以托讽"，是就郑玄对比、兴的注释所做的发挥，
指诗人之志有二的美刺。比兴、美刺互文见义，非谓比为刺，兴为
美，兴也可以是讽刺。刘勰说清楚了"比"与"兴"作为譬喻的区
别，认为比为明喻，兴为暗喻，故一显一隐。更重要的是，兴除譬
喻，还兼有发端之义，所谓"起也"，即指发端。

毛诗里注明"兴也"的诗有一百一十六首，其中以风诗为多，
占了七十二首。毛诗的"独标'兴'体"，通常是在每首诗之首章的
第二句下，如：

---

① 〔清〕阮元校刻：《周礼注疏》，《十三经注疏》（上），第158页。
② 刘勰著，范文澜注：《文心雕龙注》，第601页。

《关雎》首章："关关雎鸠，在河之洲。"毛传："兴也。关关，和声也。雎鸠，王雎也，鸟挚而有别。水中可居者曰洲。后妃说乐君子之德，无不和谐，又不淫其色，慎固幽深，若关雎之有别焉，然后可以风化天下。"

《谷风》首章："习习谷风，以阴以雨。"毛传："兴也。习习，和舒貌。东风谓之谷风。阴阳和而谷风至，夫妇和则室家成，室家成而继嗣生。"

《南山》首章："南山崔崔，雄狐绥绥。"毛传："兴也。南山，齐南山也。崔崔，高大也。国君尊严，如南山崔崔然；雄狐相随，绥绥然，无别，失阴阳之匹。"①

以上三例都取自歌谣体的风诗，如朱熹所言，凡歌谣多是"托物兴词，初不取义"的；而毛诗的标明兴体，却是为了说明喻义，有意探求，难免穿凿附会。但即便是附会，若不知诗人之志，也会令人感到有无从说起的困难，故毛诗的以"兴"说诗，还需联系诗序所讲的美刺才能明白。倘若不知《关雎》诗序所赞美的"后妃之德"，则毛诗"兴也"之后的"若关雎之有别焉"，就成了难以理解的譬喻。《谷风》以"习习谷风"起兴，若非沿诗序所说的"刺夫妇失道"进行联想，那么"夫妇和则室家成"就纯属无中生有之辞。同样，《南山》诗若无诗序指明"刺襄公也"，那么诗传讲的"国君尊严，如南山崔崔然"的喻义，就是毫无根据的了。毛诗里多数的"传"要与"序"合看才能明白，单看则不易懂，所以美刺与比兴密不可分，如一事之两面。

"兴"兼起情和附理，故郑玄多以"兴者喻"来笺释毛传的"兴也"。"兴"其实也是一种譬喻，"比"就在兴义之中。如：

---

① 〔清〕阮元校刻：《毛诗正义》，《十三经注疏》（上），第5页、第35页、第84页。

《凯风》："凯风自南，吹彼棘心。"毛传："兴也，南风谓之凯风。乐夏之长养者。"郑笺："兴者，以凯风喻宽仁之母。棘，犹七子也。"

《北门》："出自北门，忧心殷殷。"毛传："兴也。北门，背明向阴。"郑笺："自，从也。兴者，喻已仕于暗君，犹行而出北门，心为之忧，殷殷然。"①

由于指明了"兴"所比喻的事物，郑笺远比毛诗详明得多。但仍然使人感到兴诗的引类譬喻多出常情之外，若无诗序明确美刺，很难仅凭诗句字义推寻其喻义。黄侃《文心雕龙札记·比兴》指出："若乃兴义深婉，不明诗人本所以作，而辄事探求，则穿凿之弊固将滋多于此矣。"② 譬喻本为一种最基本的文学修辞手法，在诗里用得最多，而汉儒将它与有关政教的美刺附会在一起，遂使《诗三百》都成为充满劝诫的道德说教，似乎诗人的写景言情都是在讥刺他人。如《秦风·蒹葭》之：

蒹葭苍苍，白露为霜。所谓伊人，在水一方。

本为写得极富诗情画意的诗句，可毛传云："兴也。蒹，薕；葭，芦也。苍苍，盛也。白露凝戾为霜，然后岁事成，国家待礼然后兴。"郑笺说："蒹葭在众草之中，苍苍然强盛，至白露凝戾为霜则成而黄。兴者，喻众民之不从襄公政令者，得周礼以教之则服。"③ 非要把诗之写景言情与礼教牵扯在一起，令人一头雾水。然而，毛传、郑笺的穿凿附会都是有根据的，那就是诗序说的："《蒹葭》，刺襄公也。未能用周礼，将无以固其国焉。"④ 为了附和有益政教的美刺之说，将比兴作为曲意解诗的说辞，反而以为是诗人在托物言志。如此

---

① 〔清〕阮元校刻：《毛诗正义》，《十三经注疏》（上），第33页、第41页。
② 黄侃：《文心雕龙札记》，上海：华东师范大学出版社，1996年，第220页。
③ 〔清〕阮元校刻：《毛诗正义》，《十三经注疏》（上），第104页。
④ 〔清〕阮元校刻：《毛诗正义》，《十三经注疏》（上），第104页。

解诗，不仅把诗意都穿凿坏了，也把诗味都说没了。

比喻是诗最常用的表情达意的方式，汉儒以美刺比兴言《诗》，是为了对《诗》进行系统化的道德阐释，以扬善贬恶的诗教为目的，把诗歌的比喻都说成与政教有关。其中固多穿凿附会，但也突出了《诗》之"六义"中"比兴"的作用。这对后世的以"比兴"论诗影响很大，以至使比兴成为传统诗论的核心范畴，具有道德和审美的双重含义。在《诗品序》里，钟嵘以指事造形和穷情写物的五言诗为有滋味者，以为"文已尽而意有余，兴也；因物喻志，比也；直书其事，寓言写物，赋也。宏斯三义，酌而用之，干之以风力，润之以丹采，使味之者无极，闻之者动心，是诗之至也"[①]。从如何才能体会诗味的角度，对"兴"义做了全新的解释，强调的是诗歌作品本身的审美特征。但在《与元九书》中，白居易主张以诗歌补察时政和泄导人情，于是他"自拾遗来，凡所适、所感，关于美刺兴比者，又自武德迄元和、因事立题，题为《新乐府》者，共一百五十首，谓之'讽谕诗'"[②]。尽管他的"讽谕诗"艺术上成功的不多，但把美刺比兴运用于具体诗歌创作实践的功利意图十分明显。如果说钟嵘是从诗歌审美创作的角度拓展了比兴的艺术内涵的话，那么白居易则是就汉儒言诗的本义加以发挥，把比兴作为体现作者"兼济之志"的作诗手法。

三、美刺与风雅正变

《诗》之美刺，既可作为经义从彰善抑恶的道德教化层面加以发挥，也可落实于知人论世层面的以史证诗之中，这涉及《诗》之"六义"里的又一重要问题，即风雅正变的区分和诗与史的关系问

① 钟嵘著，陈延杰注：《诗品注》，北京：人民文学出版社，1961年，第2页。
② 白居易撰，顾学颉点校：《白居易集》，北京：中华书局，1979年，第964页。

题。汉代的四家诗都以美刺言诗，但将诗与史联系起来而引《诗》证事或引事明《诗》的，在韩诗和毛诗里较为突出，以郑玄所作的《诗谱》最具系统。

汉代的四家诗与先秦儒家学说有渊源关系，尤其与荀学关系较直接，鲁诗、韩诗、毛诗的传授都可追溯到荀子。如鲁诗的传人申培公曾就学于荀子门人浮丘伯，传毛诗的毛亨据说是荀子的弟子。韩诗的创立者韩婴，在《韩诗外传》中引用《荀子》的文字超过五十处。徐复观《〈韩诗外传〉的研究》说："即《外传》表达的形式，除继承《春秋》以事明义的传统，更将所述之事与《诗》结合起来，而成为事与诗的结合，实即史与诗互相证成的特殊形式，亦由《荀子》发展而来。"① 在《韩诗外传》中，史与诗的互证还仅限于引《诗》证事，即先讲一段前言往行的故事，然后引《诗》为证，以说明一个道理。如：

> 齐桓公问于管仲曰："王者何贵？"曰："贵天。"桓公仰而视天。管仲曰："所谓天，非苍莽之天也。王者以百姓为天。百姓与之则安，辅之则强，非之则危，倍之则亡。"《诗》曰："民之无良，相怨一方。"民皆居一方，而怨其上，不亡者未之有也。②

所引诗出自《诗·小雅·角弓》，按毛诗的说法是"刺幽王"的，与韩诗所证的齐桓公的言行没有任何事实上的史的联系，而只有意义上的关联。这种事与诗的结合只是象征意义上的结合，并非严格意义的史与诗互证。《韩诗外传》属于注重经义发挥的今文经学著作，其所引述的前言往行的故事及《诗》中的诗句，都是为阐发义理服务的。

———————
① 徐复观：《两汉思想史》卷三，第 7 页。
② 韩婴撰，许维遹校释：《韩诗外传集释》，北京：中华书局，1980 年，第 148～149 页。

儒家文艺思想史

真正把《诗》与上古历史联系起来，使美刺的道德批评落到实处的是毛诗，以史证《诗》是毛诗的一个显著特色。毛诗之《诗大序》采用《乐记》"声与政通"的说法，以为"治世之音安以乐，其政和；乱世之音怨以怒，其政乖；亡国之音哀以思，其民困"。又在讲了"诗有六义"之后接着说：

> 至于王道衰，礼义废，政教失，国异政，家殊俗，而变风、变雅作矣。国史明乎得失之迹，伤人伦之废，哀刑政之苛，吟咏情性，以风其上，达于事变，而怀其旧俗者也。故变风发乎情，止乎礼义。发乎情，民之性也；止乎礼义，先王之泽也。①

变风、变雅的提出，是为了给强调诗歌美刺讽谏作用的政教说提供历史依据。作为早期的诗歌总集，《诗三百》里除有五六首标明作者，其他的作者都不详；可毛诗的诗序在谈美刺时，往往要指明所美所刺的具体人和事，具有知人论世的性质。如关于《王风·黍离》，诗序说："闵宗周也。周大夫行役至于宗周，过故宗庙宫室，尽为禾黍，闵周室之颠覆，彷徨不忍去而作是诗也。"② 再如《小雅·巧言》的诗序云："刺幽王也。大夫伤于谗，故作是诗也。"③ 诗序把风诗和雅诗的绝大多数定为"刺"诗，远超出其所说的"美"诗的四倍以上，并把这说成是王道衰落的结果。所谓"变风""变雅"，主要是指那些下以风刺上的风诗和雅诗。对于《诗三百》中具有怨刺讽谏性质的作品，毛诗从反映社会政治变化的角度予以肯定，认为是"国史明乎得失之迹"的反映事变之作，并用以史证《诗》的方式加以说明。

毛诗以史证《诗》的基本方法是把《诗》的内容与历史上的具

---

① 〔清〕阮元校刻：《毛诗正义》，《十三经注疏》（上），第3~4页。
② 〔清〕阮元校刻：《毛诗正义》，《十三经注疏》（上），第62页。
③ 〔清〕阮元校刻：《毛诗正义》，《十三经注疏》（上），第185页。

体人和事联系起来论说，以知人论世的方式解《诗》。由于《诗》的表现多具象征比喻性质，一旦坐实也难免有附会之嫌，如《王风·君子于役》言妻子思念出征在外的丈夫，毛诗序认为是"刺平王也。君子行役无期度，大夫思其危难以风焉"①。但如王先谦在《诗三家义集疏》中所指出的："据诗文鸡栖、日夕、牛羊下来，乃室家相思之情，无僚友托讽之谊，所称'君子'，妻谓其夫，《序》说误也。"② 不过，毛诗序的一些说法也确实于史有据，如《大雅》里的《烝民》《崧高》和《皇矣》等颂美之作，诗序所说与《国语》和《左传》的记载是相合的。对于以怨刺为内容的变风、变雅，毛诗序的一些解说亦非没有根据。如关于《卫风·硕人》，诗序云："闵庄姜也。庄公惑于嬖妾，使骄上僭，庄姜贤而不答，终以无子。国人闵而忧之。"③ 此事见于《左传·隐公三年》，据说"卫庄公娶于齐东宫得臣之妹，曰庄姜，美而无子，卫人所为赋《硕人》也"④。此处的"赋"为创作之义，指作诗，故可证成诗序之说。又如《郑风·清人》，诗序云："刺文公也。高克好利而不顾其君，文公恶而欲远之不能，使高克将兵而御狄于竟。陈其师旅，翱翔河上，久而不召，众散而归，高克奔陈。公子素恶高克，进之不以礼。文公退之不以道，危国亡师之本。故作是诗也。"⑤ 此说的根据，见于《左传·闵公二年》，谓"郑人恶高克，使帅师次于河上，久而弗召，师溃而归，高克奔陈。郑人为之赋《清人》"⑥。唯诗序所说较史书为详，当是有所发挥。此外，毛诗对《鄘风·载驰》和《秦风·黄鸟》的历史解读，也都可以从《左传·闵公二年》和《左传·文公六年》

---

① 〔清〕阮元校刻：《毛诗正义》，《十三经注疏》（上），第 63 页。
② 〔清〕王先谦撰，吴格点校：《诗三家义集疏》，第 318 页。
③ 〔清〕阮元校刻：《毛诗正义》，《十三经注疏》（上），第 54 页。
④ 杨伯峻：《春秋左传注》，第 30~31 页。
⑤ 〔清〕阮元校刻：《毛诗正义》，《十三经注疏》（上），第 70 页。
⑥ 杨伯峻：《春秋左传注》，第 268 页。

的相关记载中得到证明。

毛诗的以史证《诗》较为零散，泛说的多，确指的少，史与诗的全面结合和风雅正变理论系统的建立，最后是由郑玄完成的。郑玄是东汉人，早年习韩诗，至晚年又传毛诗，为毛传作笺，出入于今文经学和古文经学，为当时最博学的鸿儒。按照《诗三百》的国别和篇次，他系统地附合有关史料而编成《诗谱》，几乎给每篇诗都确定了年代。在《诗谱序》中，他认为诗起源的历史是很早的，《虞书》就有"诗言志"之说，而"有夏承之，篇章泯弃，靡有孑遗。迄及商王，不风不雅。何者？论功颂德，所以将顺其美；刺过讥失，所以匡救其恶。各于其党，则为法者彰显，为戒者著明"①。诗歌的兴盛是在周代，郑玄说：

> 文武之德，光熙前绪，以集大命于厥身，遂为天下父母，使民有政有居。其时诗：风有《周南》《召南》，雅有《鹿鸣》《文王》之属。及成王，周公致太平，制礼作乐，而有颂声兴焉，盛之至也。本之由此风雅而来，故皆录之，谓之诗之正经。后王稍更陵迟，懿王始受谮亨齐哀公，夷身失礼之后，邶不尊贤。自是而下，厉也，幽也，政教尤衰，周室大坏。《十月之交》《民劳》《板》《荡》，勃尔俱作，众国纷然，刺怨相寻。五霸之末，上无天子，下无方伯，善者谁赏，恶者谁罚，纪纲绝矣！故孔子录懿王、夷王时诗，讫于陈灵公淫乱之事，谓之变风、变雅。②

《诗三百》主要是周代的作品，反映的是这一时期的社会生活，故可以由王道的兴衰言风雅之正变，将顺其美，匡救其恶，使诗也像史一样，起到通鉴的作用。这是郑玄以史证《诗》的用心所在。"变风、变雅"之说，虽是承《诗大序》而来，但将风雅之"正经"与变风、

---

① 〔清〕阮元校刻：《毛诗正义》，《十三经注疏》（上），第 1 页。
② 〔清〕阮元校刻：《毛诗正义》，《十三经注疏》（上），第 1~2 页。

变雅对举，以此论世之盛衰，并分国别而作诗之历史谱系，则全属郑玄的创造。他在《周南召南谱》中说："其得圣人之化者谓之周南，得贤人之化者谓之召南，言二公之德教自岐而行于南国也。""乃弃其余，谓此为风之正经。"① 在风诗里，郑玄仅以《周南》《召南》为正，其他的作品全被划为变风，其根据是周代后期诸侯国政教的衰落。如《邶鄘卫谱》说，卫国"七世至顷侯，当周夷王时，卫国政衰，变风始作"。《齐谱》言齐国"后五世哀公政衰，荒淫怠慢，纪侯谮之于周懿王，使烹焉，齐人变风始作"。又《陈谱》云："五世至幽公，当厉王时，政衰，大夫淫荒，所为无度，国人伤而刺之，陈之变风作矣。"② 果如此说，诗歌创作便成为诸侯国政治好坏的晴雨表，直接反映着周代社会的历史变化。

郑玄的正变说集汉代以史证《诗》之大成，他是经学家，讲风雅正变是为了强调诗歌美刺的政教作用，与后世诗人着眼于诗体正变有所不同。他在《小大雅谱》中指出，雅诗于周代社会生活中多用于礼乐，"其用于乐，国君以小雅，天子以大雅，然而飨宾或上取，燕或下就。天子诸侯燕群臣乃及聘问之宾，皆歌《鹿鸣》合乡乐"。此为雅诗之正。而"大雅《民劳》，小雅《六月》之后，皆谓之变雅，美恶各以其时，亦显善惩过。正之次也"③。对于这段文字，孔颖达《毛诗正义》的解释是：

> 《民劳》《六月》之后，其诗皆王道衰乃作，非制礼所用，故谓之变雅也。其诗兼有美刺，皆当其时，善者美之，恶者刺之，故云美恶各以其时也。又以正诗录善事，所以垂法后代。变既美恶不纯，亦兼采之者，为善则显之，令自强不息；为恶则刺

① 〔清〕阮元校刻：《毛诗正义》，《十三经注疏》（上），第3页。
② 〔清〕阮元校刻：《毛诗正义》，《十三经注疏》（上），第28页、第80页、第107~108页。
③ 〔清〕阮元校刻：《毛诗正义》，《十三经注疏》（上），第134~135页。

之，使惩恶而不为，亦足以劝戒。是正经之次，故录之也。①
着重以诗歌的美善和刺恶阐释正变，以为两者都应兼顾。风雅之
"正经"，诚然能"为法者彰显"；正经之次的"变风、变雅"，亦可
"为戒者著明"，同样都能起到诗歌的教化作用。此乃有关风雅正变
说的正解。到了后来，昌言风雅的诗人则多从诗体正变的角度谈这个
问题，如陈子昂《与东方左史虬修竹篇序》说："仆尝暇时观齐梁间
诗，采丽竞繁，而兴寄都绝，每以永叹，窃思古人，常恐逶迤颓靡，
风雅不作，以耿耿也。"② 以风雅指有风骨的诗歌。李白在《古风》
诗中感叹"大雅久不作"，然后说："正声何微茫！哀怨起骚人。"用
正声指诗之正体。杜甫在《戏为六绝句》中有"别裁伪体亲风雅"
的说法。③ 故元好问《论诗三十首》说："汉谣魏什久纷纭，正体无
人与细论。谁是诗中疏凿手，暂教泾渭各清浑。"④ 这种仅就诗体发
展变化立论的正变说，相对于汉儒以美刺言风雅正变的原教旨，已经
是离经而不叛道了。

第四节　从以丽为美到"真美"

汉儒《诗》的经学阐释方式直接影响到对辞赋的批评。就文学
发展受时代思潮和学术文化的影响而言，汉大赋的由盛转衰，是一个
用儒家经学思维与道德意识消解辞赋文体之极丽闳侈的过程。在这种
赋体及其文风的演变过程中，鸿儒兼辞赋家扬雄起了重要的作用，他
"少而好赋"，以文似司马相如而著名，中年以后却视赋为童子篆刻，

---

① 〔清〕阮元校刻：《毛诗正义》，《十三经注疏》（上），第135页。
② 〔清〕彭定求等编：《全唐诗》，北京：中华书局，1960年，第896页。
③ 〔清〕彭定求等编：《全唐诗》，第1670页、第2453页。
④ 元好问著，姚奠中主编：《元好问全集》（上），太原：山西人民出版社，1990
年，第337页。

要弃赋究玄，为文附会经义。他提出的"诗人之赋丽以则，辞人之赋丽以淫"的主张，不仅揭示了汉赋以丽为美的时代特征，成为人们了解赋体流别的坐标，也是一种以儒教讽喻为本的尚智求实的批评理念。这种理念直接影响了班固的赋论，还反映在王充对"真美"的认识里。

一、辞人之赋丽以淫

赋是汉代最为流行和发达的一种文学样式。《汉书·艺文志》著录的"诗赋"共五种，仅"赋"就有四种：一是屈原赋之属，包括屈原、唐勒、宋玉、贾谊、枚乘、司马相如、刘向、王褒等人的作品，计三百六十一篇；二是陆贾赋之属，收录陆贾、枚皋、朱买臣、司马迁、扬雄等人的作品，共二百七十四篇；三是孙卿赋之属，录孙卿、李思、张偃等人的作品，三百一十六篇；四是杂赋，收《主客赋》《杂行出及颂德赋》和《成相杂辞》等同类作品，二百三十篇。除了第四种为赋类总集，其他三类的划分包括辞人之赋、汉大赋和诗人之赋，可作为考镜赋体流别的根据。

章学诚在《校雠通义》中说："今观《屈原赋》二十五篇以下，共二十家为一种；《陆贾赋》三篇以下，共二十一家为一种；《孙卿赋》十篇以下，共二十五家为一种；各类相同，而区种有别，当日必有其义例。"① 其当日义例，或可于《汉书·艺文志》的下列文字中领会：

> 传曰："不歌而诵谓之赋，登高能赋可以为大夫。"言感物造端，材知深美，可与图事，故可以为列大夫也。古者诸侯卿大夫交接邻国，以微言相感，当揖让之时，必称《诗》以谕其志，

---

① 〔清〕章学诚著，叶瑛校注：《文史通义校注》（下），北京：中华书局，1985年，第1064页。

盖以别贤不肖而观盛衰焉。故孔子曰"不学《诗》，无以言"也。春秋之后，周道浸坏，聘问歌咏不行于列国，学《诗》之士逸在布衣，而贤人失志之赋作矣。大儒孙卿及楚臣屈原离谗忧国，皆作赋以风，咸有恻隐古诗之义。其后宋玉、唐勒，汉兴枚乘、司马相如，下及扬子云，竟为侈丽闳衍之词，没其风谕之义。是以扬子悔之，曰："诗人之赋丽以则，辞人之赋丽以淫。如孔氏之门人用赋也，则贾谊登堂，相如入室矣，如其不用何！"①

《艺文志》所言本于刘向、刘歆父子所作的《七略》，反映的是汉人对诗赋的看法，以为赋的起源与诗歌有关。"不歌而诵谓之赋"，指的是汉赋，因春秋时代"赋《诗》言志"的"赋"做动词用，意思是歌诵。诗和骚为汉赋文学的两个源头，刘勰《文心雕龙·诠赋》说："赋也者，受命于诗人，拓宇于楚辞者也。"楚辞对赋的影响尤为直接，刘向曾编集《楚辞》一书，专收屈原、宋玉的作品和汉人的模拟之作。所谓《屈原赋》，实指辞人之赋。《史记·屈原贾生列传》说："屈原既死之后，楚有宋玉、唐勒、景差之徒者，皆好辞而以赋见称；然皆祖屈原之从容辞令，终莫敢直谏。"② 屈原是辞人之赋的不祧之宗，对汉赋发展有决定性影响的司马相如、枚乘和早年扬雄，均属于此辞赋系列的作家。辞人之赋以缘情体物为特征，融散文的铺陈描写于韵语中，最突出的是较多运用带有"楚声"腔调的"兮"字，而由"兮"字表达的强烈情感，常需要以浪漫的想象和华辞丽藻做映衬。

司马相如是由抒情性的楚辞过渡到以体物为主之汉大赋的代表作家，其侈丽闳衍的作品堪称汉代辞人之赋的典范。以丽为美是司马相

---

① 〔汉〕班固撰，〔唐〕颜师古注：《汉书》，第 1755~1756 页。
② 司马迁：《史记》，第 2491 页。

如赋的一个显著特点，反映出一种自觉的艺术追求，他在谈到辞赋创作时说："合纂组以成文，列锦绣而为质，一经一纬，一宫一商，此作赋之迹也。赋家之心，苞括宇宙，总览人物，斯乃得之于内，不可得其传也。"（《全汉文》卷二十二）[1] 司马相如在其代表作《子虚赋》《上林赋》里，采用枚乘《七发》那种以客主问答形式叙事写物的结构方式，虚构了楚臣子虚、乌有先生和亡是公三位人物的对话，讲述齐、楚诸侯与天子畋猎的情况，极写天子上林苑囿的广阔、离宫别馆的美观、畋猎的声势浩大等。如云：

> 于是乎游戏懈怠，置酒乎昊天之台，张乐乎轇輵之宇；撞千石之钟，立万石之钜；建翠华之旗，树灵鼍之鼓。奏陶唐氏之舞，听葛天氏之歌，千人唱，万人和，山陵为之震动，川谷为之荡波。巴俞宋蔡，淮南于遮，文成颠歌，族举递奏，金鼓迭起，铿枪铛磑，洞心骇耳。荆吴郑卫之声，《韶》《濩》《武》《象》之乐，阴淫案衍之音，鄢郢缤纷，《激》《楚》结风，俳优侏儒，狄鞮之倡，所以娱耳目而乐心意者，丽靡烂漫于前，靡曼美色于后。[2]

用诉诸人之感官的铺陈和渲染，展示汉大赋的夸饰风格，形成以华辞丽藻悦耳赏心的语言艺术。为了表现描写对象的"巨丽"之美和"丽靡"之美，除了穷形尽相地铺陈描写，还极力形容和夸饰，追求文辞锦绣般富丽华美。运笔过程中则骈散兼行，各种句型相间杂陈，用"于是"和"于是乎"等散文句法联结文章，以疏荡其气，更能极巨丽之壮观与曼丽之美色。这种混淆视听、夺人心目的以丽为美，突出了美的感觉鲜明性和愉悦性，成为娱耳目而乐心意的手段和

① ［清］严可均辑：《全上古三代秦汉三国六朝文》，北京：中华书局，1958 年，第246 页。

② 司马迁：《史记》，第 3038 页。

方式。

较之儒家传统的以善为美，汉大赋发扬光大了辞人之赋的以丽为美，更偏重于美的形式或外表，有迎合人的感官及本能欲望之嫌，不符合儒家提倡的克己尚俭的美德。受《诗》学的影响，赋家在竞为侈丽闳衍之词时，往往也注意曲终奏雅，加以警喻和劝告。如枚乘《七发》中有"练色娱目，流声悦耳，于是乃发激楚之结风，扬郑卫之皓乐"之类的描写，但在渲染这种"靡丽皓侈广博之乐"时，先郑重其事地告诫道："纵耳目之欲，恣支体之安者，伤血脉之和。且夫出舆入辇，命曰蹶痿之机；洞房清宫，命曰寒热之媒；皓齿娥眉，命曰伐性之斧；甘脆肥脓，命曰腐肠之药。"① 同样，司马相如《上林赋》的结尾为："于是酒中乐酣，天子茫然而思，似若有亡，曰：'嗟乎，此泰奢侈！朕以览听余闲，无事弃日，顺天道以杀伐，时休息于此，恐后世靡丽，遂往而不反，非所以为继嗣创业垂统也。'于是乃解酒罢猎，而命有司曰：'地可以垦辟，悉为农郊，以赡萌隶；隳墙填堑，使山泽之民得至焉。实陂池而勿禁，虚宫观而勿仞。发仓廪以振贫穷，补不足，恤鳏寡，存孤独。出德号，省刑罚，改制度，易服色，更正朔，与天下为始。'"② 在渲染置酒张乐的心满意足之后，主张去奢靡以减轻子民负担，认为作为天子的人主要救济贫困、任德和远刑罚，不能只沉溺于丽靡的享乐中。

尽管是"曲终奏雅"，归于正道，以弘丽见称于世的司马相如赋亦难逃"淫"的恶名，被认为是讽一劝百。之所以如此，与当时辞赋作者的特殊身份有莫大的关系。枚乘、司马相如等奠定汉大赋文体格调的作家，多以王公贵族或人主的文学侍从身份作赋，有如宋玉侍

① 费振刚、胡双宝、宗明华校注：《全汉赋》，北京：北京大学出版社，1993 年，第 16~18 页。

② 司马迁：《史记》，第 3041 页。

楚襄王游兰台和云梦而作《风赋》《高唐赋》和《神女赋》一样。《西京杂记》有梁孝王游乐而命枚乘等宾客作赋的记载，司马相如的《子虚赋》亦作于客游梁园期间。汉武帝慕梁孝王的梁园之举，收罗文士以充侍从，让他们承命作赋。枚乘之子枚皋，与司马相如一同事奉汉武帝，他们曾经跟随武帝：

> 从行至甘泉、雍、河东，东巡狩，封泰山，塞决河宣房，游观三辅离宫馆，临山泽，弋猎射驭狗马蹴鞠刻镂，上有所感，辄使赋之。为文疾，受诏辄成，故所赋者多。司马相如善为文而迟，故所作少而善于皋。皋赋辞中自言为赋不如相如，又言为赋乃俳，见视如倡，自悔类倡也。①

辞赋作家之所以会有类于倡优的感觉，在于同为人主所蓄养，必须在随主人燕幸游观时奉命作体物之赋，以满足人主好大喜功的精神愉悦需求。虽然作家可在"感物造耑"的过程中，表现出自己的"材知深美"，博取能文的声誉，但更要投人主之所好，方有希望得到重用和报酬。司马相如之所以能见重于汉武帝而为郎官，不可忽略的一个因素是他的《上林赋》颂扬了大汉天子的声威和仁德，并贬低楚、齐诸侯王，这有利于抬高天子地位，维护中央集权统治。汉武帝好神仙，司马相如借机进言，曰："上林之事未足美也，尚有靡者。臣尝为《大人赋》，未就，请具而奏之。"② 他在《大人赋》中说："吾乃今目睹西王母曜然白首。载胜而穴处兮，亦幸有三足乌为之使。必长生若此而不死兮，虽济万世不足以喜。"以西王母也满头白发和住山洞，表明神仙长生之不足恃，含有讽谏之意。未料汉武帝读后大悦，以至"飘飘有凌云之气，似游天地之间意"。③ 这成为司马相如赋欲

----

① 〔汉〕班固撰，〔唐〕颜师古注：《汉书》，第 2367 页。
② 司马迁：《史记》，第 3056 页。
③ 司马迁：《史记》，第 3060 页、第 3063 页。

谏反劝的例证。

司马相如还算是有特立独行精神的作家，曾作过《荆轲赞》，所谓“至相如属笔，始赞荆轲”①。他弃官职游梁园，以琴心挑卓文君，自著犊鼻裤涤酒器于闹市中，晚年常称疾闲居等行为，都表明他是有“傲诞”性格的人。即便这样，作为文学侍从，又是在宴游之际奉人主之命作赋，也只能采取欲擒故纵的方法，先满足帝王观赏娱乐的要求和好大喜功的心理，然后再把若干讽喻的意思加到作品里，寓谏于乐，希望人主能于快乐的满足中接受批评意见。如《上林赋》里的“务在独乐，不顾众庶，忘国家之政，而贪雉兔之获，则仁者不由也”②，当为谏说帝王之语，可在赋里却成为天子“酒中酣乐”之后的省悟之言。《大人赋》中对西王母的那种形容，也应是对企望成仙的汉武帝的批评，话已说到这个份儿上，人主执迷不悟也没有办法。

文学侍从伴君如伴虎，这里面的苦衷和曲折，亲身领受过帝王权威之厉害的司马迁最能理解。太史公曰：“《春秋》推见至隐，《易》本隐之以显，《大雅》言王公大人而德逮黎庶，《小雅》讥小己之得失，其流及上。所以言虽外殊，其合德一也。相如虽多虚辞滥说，然其要归引之节俭，此与《诗》之风谏何异。扬雄以为靡丽之赋，劝百风一，犹驰骋郑卫之声，曲终而奏雅，不已亏乎？余采其语可论者著于篇。”③ 他认为司马相如赋不只是华美的虚辞，也有讽谏的意思，有如《春秋》推见至隐的“微言”，不能像扬雄那样只以靡丽和劝百讽一概言之。

二、诗人之赋丽以则

扬雄对汉赋的批评，看似针对司马相如等人而发，实则是以自己

---

① 刘勰著，范文澜注：《文心雕龙注·颂赞》，第158页。

② 司马迁：《史记》，第3043页。

③ 司马迁：《史记》，第3073页。

的创作经验和思想转变为根据。他早年作赋模仿司马相如而依傍屈原，是从"辞人之赋"入手的。《汉书·扬雄传》说："先是时，蜀有司马相如，作赋甚弘丽温雅，雄心壮之，每作赋，常拟之以为式。又怪屈原文过相如，至不容，作《离骚》，自投江而死，悲其文，读之未尝不流涕也。以为君子得时则大行，不得时则龙蛇，遇不遇命也，何必湛身哉！乃作书，往往摭《离骚》文而反之，自岷山投诸江流以吊屈原，名曰《反离骚》。"① 他批评屈原不能明哲保身，退隐避害；又对其死深表同情，高度赞扬其文，以为"赋莫深于《离骚》"而"辞莫丽于相如"。② 但是，对儒家诗教传统的皈依，使他转而提倡"诗人之赋"，由此造成了汉赋文体及风格的变化。

模仿司马相如作以丽为美的辞赋，扬雄获得了由偏僻的蜀地走向京城文化中心的机会。此前他一直在家读书，学习写文章，其《答刘歆书》说："雄始能草文，先作《县邸铭》《王佴颂》《阶闼铭》及《成都城四隅铭》。蜀人有杨庄者为郎，诵之于成帝，成帝好之，以为似相如，雄遂以此得外见。"③ 扬雄确与司马相如有不少相似之处，如都是蜀人，都有口吃的毛病，都不汲汲于富贵，但两人的性格和人生形态却完全不同。司马相如是性情中人，风流绝代，为典型的文人气质；而扬雄神郁气凝，沉默而好深湛之思，属学者化的智识型作家。刘勰《文心雕龙·体性篇》说："长卿傲诞，故理侈而辞溢；子云沉寂，故志隐而味深。"指出司马相如性情狂放，故多夸饰之辞；扬雄因生性沉静而作品意味深厚，一则主情，一则重理。其《文心雕龙·才略篇》又说："相如好书，师范屈宋，洞入夸艳，致名辞宗；然核取精意，理不胜辞，故扬子以为'文丽用寡者长卿'，

儒家文艺思想史

① 〔汉〕班固撰，〔唐〕颜师古注：《汉书》，第 3515 页。
② 〔汉〕班固撰，〔唐〕颜师古注：《汉书》，第 3583 页。
③ 〔清〕钱绎撰集：《方言笺疏》（下），上海：上海古籍出版社，1984 年，第 827页。

诚哉是言也！……子云属意，辞人（义）最深，观其涯度幽远，搜选诡丽，而竭才以钻思，故能理赡而辞坚矣。"① 扼要指明两人因个性不同，以至作品风格或洞入夸艳，或味深而理赡。

扬雄作赋的"理赡"和"辞坚"，在他入京师后两年间呕心沥血写成的四篇大赋里均有体现，由此形成了有别于司马相如赋的两个显著特点：一是属意于讽谏的理念非常强烈，每篇赋的开头都有序，明确说出自己的创作意图，以文丽而求有用。如汉成帝因赵飞燕无子，往甘泉宫郊祀，"召雄待诏承明之庭。正月，从上甘泉，还奏《甘泉赋》以风"（《甘泉赋序》）②。再如汉成帝到汾阴祭后土，祭毕行游各地，"迹殷周之虚，眇然以思唐虞之风。雄以为临川羡鱼不如归而结网，还，上《河东赋》以劝"（《河东赋序》）③。二是作赋多凭学力，冥求苦思，结构谨严而有法度，文字紧密坚实。如《校猎赋》的内容是写汉成帝到上林苑羽猎，游观侈靡，穷极妙丽，为仿效司马相如的《上林赋》之作，但组织结构要严谨得多，没有司马相如赋里那么多想象虚构的夸饰场面。《上林赋》里有对歌伎舞女的出色描绘，文字疏朗跌宕，尤显神采飞扬之才情。而《校猎赋》却要"鞭洛水之宓妃"，对成帝的沉迷女色予以针砭，用字精审，寓意深刻。扬雄四篇大赋里的骈文成分远多于司马相如赋，穷尽搜选诡丽奇字的镂刻之巧，这表明他对"文丽"也是很讲究的。但扬雄在《长杨赋》中说："却翡翠之饰，除雕琢之巧，恶丽靡而不近，斥芬芳而不御，抑止丝竹晏衍之乐，憎闻郑卫幼眇之声。"④ 要以玄默为神，以淡泊为德，这种理智冷静的实用态度，与沉溺于丽以淫的过度兴奋和愉悦是完全不同的。

① 刘勰著，范文澜注：《文心雕龙注》，第 506 页、第 698~699 页。
② 〔汉〕班固撰，〔唐〕颜师古注：《汉书》，第 3522 页。
③ 〔汉〕班固撰，〔唐〕颜师古注：《汉书》，第 3535 页。
④ 〔汉〕班固撰，〔唐〕颜师古注：《汉书》，第 3560 页。

扬雄作赋的态度非常严肃，桓谭《新论》说："予少时见扬子云之丽文高论，不自量年少新进，而猥欲逮及。尝激一事，而作小赋，用精思太剧，而立感动发病，弥日瘳。子云亦言，成帝时，赵昭仪方大幸，每上甘泉，诏使作赋，为之卒暴，思精苦，始成，遂困倦小卧，梦其五藏出在地，以手收而内之。及觉，病喘悸，大少气。病一岁。"① 以竭才钻思的态度作赋，给人以费尽心机之感，可照样也没能起到讽谏作用。如王充《论衡》所说："孝成皇帝好广宫室，扬子云上《甘泉颂》（即《甘泉赋》），妙称神怪，若曰非人力所能为，鬼神力乃可成。皇帝不觉，为之不止。"② 尽管扬雄奉诏而作的赋都以讽谏为目的，写得严谨而有法度，没有过多的虚饰，可依然起不到讽谏的作用。扬雄坦言：

> 雄以为赋者，将以风（讽）也，必推类而言，极丽靡之辞，闳侈钜衍，竞于使人不能加也，既乃归之于正，然览者已过矣。往时武帝好神仙，相如上《大人赋》，欲以风，帝反缥缥有陵云之志。繇是言之，赋劝而不止，明矣。又颇似俳优淳于髡、优孟之徒，非法度所存，贤人君子诗赋之正也，于是辍不复为。③

经过深刻反省，得出的结论：一是赋劝而不止，已失讽谏本意；二是赋家颇似俳优，有损人格，所以他要"辍不复为"。但所谓"不复为"，是指不再模仿司马相如作丽靡闳侈的辞人之赋，即不再作那种供皇帝看了高兴却劝而不止的体物大赋。至于"贤人君子诗赋之正"一类的言志作品，扬雄还是继续在写的。这就涉及汉赋文体的另一个流别——自抒怀抱的"诗人之赋"。

关于"诗人之赋"，以往人们多注重其内容是否具有古诗的讽谏

---

① 桓谭：《新论》，上海：上海人民出版社，1977 年，第 30 页。
② 黄晖：《论衡校释》，北京：中华书局，1990 年，第 575 页。
③ 〔汉〕班固撰，〔唐〕颜师古注：《汉书》，第 3575 页。

之义，忽略了《诗经》四言诗在形式方面对汉赋的影响。《汉书·艺文志》"诗赋略"著录的荀子的《孙卿赋》十篇里，有的作品多四字一句而杂以散文句法，而这种表现形式常见于汉代的"贤人失志之赋"里。如董仲舒的《士不遇赋》："呜呼嗟乎，遒哉邈矣。时来曷迟，去之速矣。屈意从人，非吾徒矣。正身俟时，将就木矣。悠悠偕时，岂能觉矣。心之忧欤，不期禄矣。"① 行将就木之人，其言也哀。再如司马迁的《悲士不遇赋》："悲夫！士生之不辰，愧顾影而独存。……我之心矣，哲已能忖。我之言矣，哲已能选。没世无闻，古人唯耻。朝闻夕死，孰云其否。"② 一种生不逢时的悲愤，伴以不愿默默无闻的慨叹，可视为抒情赋。刘勰在《文心雕龙·才略篇》中说："仲舒专儒，子长纯史，而丽缛成文，亦诗人之告哀焉。"把董仲舒和司马迁自抒怀抱的失志之赋，称为诗人告哀的言情之作，可以用来作为"诗人之赋"的注脚。

扬雄后来的辞赋作品，如《太玄赋》《逐贫赋》《酒赋》及《解嘲》《解难》等，多为自抒怀抱的四言体小赋，虽还带有骚体赋的痕迹，但已近于他晚年所标榜的"诗人之赋"了。其《太玄赋》云："屈子慕清，葬鱼腹兮。伯姬曜名，焚厥身兮。孤竹二子，饿首山兮。断迹属娄，何足称兮。辟斯数子，智若渊兮。我异于此，执太玄兮。荡然肆志，不拘挛兮。"③ 反映出他由模仿司马相如作辞人之赋，到模仿五经之一的《周易》草《太玄》时的心志。由于是写一己之志，直抒怀抱即可，不必殚思极虑地雕琢篆刻。而且四言的句式本身就有一种趋于平实的组词方式和节奏，无"丽以淫"之虞。这种文体风格与扬雄好学深思的智识型性格相符合，促使他由当初的单纯追

---

① 费振刚、胡双宝、宗明华校注：《全汉赋》，第112页。

② 费振刚、胡双宝、宗明华校注：《全汉赋》，第142页。

③ 费振刚、胡双宝、宗明华校注：《全汉赋》，第209页。

求"文丽"，转为主张文质相称的"丽以则"。

扬雄在《太玄·文》中说："阴敛其质，阳散其文，文质班班，万物粲然。"① 所谓"文质班班"，同于孔子所讲的"文质彬彬"，为文质相副之意，以阴阳论文质则为汉儒新说。扬雄《太玄·太玄文》云："阴阳迭循，清浊相废。将来者进，成功者退。已用则贱，当时则贵。天文地质，不易厥位。"② 用文质比拟天地，其闳意眇旨未免过于艰深，当时就有人说《太玄》之文艰深难解。扬雄在《解难》中引儒家经典作为回应，其言曰："《典》《谟》之篇，《雅》《颂》之声，不温纯深润，则不足以扬鸿烈而章缉熙。盖胥靡为宰，寂寞为尸；大味必淡，大音必希；大语叫叫，大道低回。是以声之眇者不可同于众人之耳，形之美者不可混于世俗之目，辞之衍者不可齐于庸人之听。"③ 以赋言志论理，且以文质相副为宗旨，自然不屑于外表的侈丽闳衍，消解了以往体物大赋追求声形之美的那种靡丽风格。

"丽以则"标准的正式提出，是在扬雄晚年模仿孔子《论语》所作的《法言》中，所谓"则"，含有法则、准则的意思，要以孔子和"五经"为中心树立起立言或做人的准则。扬雄认为："好书而不要诸仲尼，书肆也；好说而不要诸仲尼，说铃也。君子言也无择，听也无淫。择则乱，淫则辟。"④ 他主张立言要反求于"五经"和孔子，重文亦要重质。"或曰：'有人焉，自云姓孔，而字仲尼。入其门，升其堂，伏其几，袭其裳，则可谓仲尼乎？'曰：'其文是也，其质非也。''敢问质。'曰：'羊质而虎皮，见草而说，则豵而战，忘其皮之虎矣。'"⑤ 质为内在本质，文为外在表现，两者乃表里内外的

① 扬雄撰，郑万耕校释：《太玄校释》，北京：北京师范大学出版社，1989 年，第 142 页。
② 扬雄撰，郑万耕校释：《太玄校释》，第 330 页。
③ 费振刚、胡双宝、宗明华校注：《全汉赋》，第 229 页。
④ 汪荣宝撰，陈仲夫点校：《法言义疏》，北京：中华书局，1987 年，第 74 页。
⑤ 汪荣宝撰，陈仲夫点校：《法言义疏》，第 71 页。

关系，须表里相符，无过与不及，文过则为淫。扬雄在《法言·吾子篇》里说：

> 或问："吾子少而好赋。"曰："然。童子雕虫篆刻。"俄而，曰："壮夫不为也。"或曰："赋可以讽乎？"曰："讽乎！讽则已，不已，吾恐不免于劝也。"或曰："雾縠之组丽。"曰："女工之蠹矣。"
>
> ……
>
> 或问："景差、唐勒、宋玉、枚乘之赋也，益乎？"曰："必也，淫。""淫，则奈何？"曰："诗人之赋丽以则，辞人之赋丽以淫。如孔氏之门用赋也，则贾谊升堂，相如入室矣。如其不用何？"
>
> ……
>
> 或曰："女有色，书亦有色乎？"曰："有。女恶华丹之乱窈窕也，书恶淫辞之淈法度也。"①

对自己早年拟作的丽靡辞赋，扬雄颇感后悔，认为没有什么实用价值，就像过于轻细如云雾的丝织品，只是浪费女工而已。他又以为文过其实的辞人之赋，无益于孔门政教，故司马相如等亦无缘入孔氏之室。挚虞《文章流别论》由此加以推论道："古诗之赋，以情义为主，以事类为佐。今之赋，以事形为本，以义正为助。情义为主，则言省而文有例矣；事形为本，则言富而辞无常。文之烦省，辞之险易，盖由于此。夫假象过大，则与类相远；逸辞过壮，则与事相违；辩言过理，则与义相失；丽靡过美，则与情相悖。此四过者，所以背大体而害政教。是以司马迁割相如之浮说，扬雄疾辞人之赋丽以

---

① 汪荣宝撰，陈仲夫点校：《法言义疏》，第45~57页。

淫。"① 但扬雄只是否定淫辞，并不反对文丽，犹如不喜欢女人涂脂抹粉，却并不厌恶其天生丽质。他在《方言》中释"窈窕"云："美状为窕，美色为艳，美心为窈。"② 所谓"恶华丹之乱窈窕"，是要求内美与外美结合，情理与辞采保持平衡。

扬雄自称"心好沉博绝丽之文"③。作为学者和鸿儒，他推崇儒家经典，但又始终喜欢文学。他在《法言·吾子篇》中说："或问：'君子尚辞乎？'曰：'君子事之为尚。事胜辞则伉，辞胜事则赋，事、辞称则经。足言足容，德之藻矣！'"④ 他重经义、贵事实而贱虚辞，却认为事、辞相称才堪称经典。其《法言·寡见篇》云："或曰：'良玉不雕，美言不文，何谓也？'曰：'玉不雕，玙璠不作器；言不文，典谟不作经。'"⑤ 扬雄从未轻视过作为表现形式的语言文字的重要性，他认为："言不能达其心，书不能达其言，难矣哉！……故言，心声也；书，心画也。声画形，君子小人见矣。声画者，君子小人之所以动情乎？"⑥ 这种言为"心声"、书为"心画"之说，强调表达心中思想感情的重要性，属于儒者兼文士的平实看法。

三、尚智求实的"真美"主张

由于追求平实，讲求丽以则，扬雄后期的小赋多浅近自然的言志说理之作，影响不及前期的四篇大赋，艺术成就赶不上司马相如赋。王世贞《艺苑卮言》说："丽而不俳，放而有制，其所以为长卿

---

① 〔唐〕欧阳询编，汪绍楹校：《艺文类聚》（二），上海：上海古籍出版社，1982年，第1018页。

② 扬雄：《方言》，〔清〕钱绎撰集：《方言笺疏》（上），第116页。

③ 扬雄：《答刘歆书》，〔清〕钱绎撰集：《方言笺疏》（下），第829页。

④ 汪荣宝撰，陈仲夫点校：《法言义疏》，第60页。

⑤ 汪荣宝撰，陈仲夫点校：《法言义疏》，第221页。

⑥ 汪荣宝撰，陈仲夫点校：《法言义疏》，第159~160页。

乎？……子云虽有剽模，尚少蹊径。"又说："《子虚》《上林》材极富，辞极丽；而运笔极古雅，精神极流动，意极高，所以不可及也。……子云有其笔而不得其精神流动处。"① 这种艺术反差的形成，除性格因素外，与作者尚智求实的思想方法有直接关系。扬雄《法言·问明篇》云："或问：'人何尚？'曰：'尚智。'"② 尚智是扬雄治学作文的根据，他在《法言·问道篇》中说："智也者，知也。夫智用不用，益不益，则不赘亏矣。"③ 以知其所以然为智，其功效是变不知为知，能把他人不知其用的变成有用的，原本无益的化为有益的，而且恰到好处。这有益于学问，却无助于文章。

尚智的态度和知性思维，是追求通经致用的经学家所应有的理性精神，在天人性命问题上，可以澄清讲天人感应的谶纬神学制造的迷雾，回归孔子和"五经"的实践理性。但以理智冷静的功利态度看待文艺，以道德的知性法则规范文学创作，必然会对艺术所需的想象虚构加以限定或排斥。这在扬雄的辞赋创作和批评中已有体现，又进一步被班固和王充发扬光大，以至产生出否定艺术的"真美"说。

在有关赋的创作和批评理念方面，班固受扬雄的影响比较大。他的《两都赋》"以人之所眩耀，折以今之法度"为主题，上篇《西都赋》盛赞长安形胜，重在"抒怀旧之蓄念，发思古之幽情"；下篇《东都赋》描绘东都洛阳的法度风范，尽力颂扬后汉的制度之美，通篇含有讽喻和劝导。在具体写法上，《两都赋》模仿扬雄的《蜀都赋》，多四言句式的排比而尽脱骚体，形成以平正典实和法度谨严见长的行文风格。班固在《两都赋序》中说：

> 赋者，古诗之流也。昔成康没而颂声寝，王泽竭而《诗》

---

① 丁福保辑：《历代诗话续编》（中），北京：中华书局，1983 年，第 982 页。
② 汪荣宝撰，陈仲夫点校：《法言义疏》，第 186 页。
③ 汪荣宝撰，陈仲夫点校：《法言义疏》，第 123 页。

不作。大汉初定，日不暇给。至于武、宣之世，乃崇礼官，考文章，内设金马石渠之署，外兴乐府协律之事，以兴废继绝，润色鸿业。……故言语侍从之臣，若司马相如、虞丘寿王、东方朔、枚皋、王褒、刘向之属，朝夕论思，日月献纳。而公卿大臣御史大夫倪宽、太常孔臧、太中大夫董仲舒、宗正刘德、太子太傅萧望之等，时时间作。或以抒下情而通讽谕，或以宣上德而尽忠孝，雍容揄扬，著于后嗣，抑亦雅颂之亚也。①

以扬雄的"诗人之赋"说而加以推阐，以为赋源出于古诗，并把汉赋的发展说成是雅颂的流变，完全忽略了屈原赋的巨大影响，甚至对屈原本人也缺乏基本的理解。司马迁在《史记·屈原贾生列传》中称赞屈原及其作品，以为"其文约，其辞微，其志洁，其行廉，其称文小而其指极大，举类迩而见义远。其志洁，故其称物芳。其行廉，故死而不容。自疏濯淖污泥之中，蝉蜕于浊秽，以浮游尘埃之外，不获世之滋垢，皭然泥而不滓者也。推此志也，虽与日月争光可也"②。班固的《离骚序》对这种说法颇不以为然，他以《诗经·大雅·烝民》所说的"既明且哲，以保其身"为准则，以为"今若屈原，露才扬己，竞乎危国群小之间，以离谗贼。然责数怀王，怨恶椒兰，愁神苦思，非其人，忿怼不容，沈江而死，亦贬絜狂狷景行之士。多称昆仑冥婚宓妃虚无之语，皆非法度之政，经义所载。谓之兼诗风雅而与日月争光，过矣"（《全后汉文》卷二十五）。③ 除批评屈原不能明哲保身外，还以儒家崇尚实际和功利的文学观为准则，指责屈原作品不符合政教法度，多有悖经义的虚无之语。

崇尚理智与实际功利的态度，本于实事求是的思想。"实事求

① 〔梁〕萧统编，〔唐〕李善注：《文选》（上），第21~22页。
② 司马迁：《史记》，第2482页。
③ 严可均编纂：《全上古三代秦汉三国六朝文》，北京：中华书局，1965年，第611页。

是"一语最早见于《汉书·景十三王传》，说"河间献王德以孝景前二年立，修学好古，实事求是。从民得善书，必为好写与之，留其真，加金帛赐以招之"①。由于河间献王所得书皆古文经传，故"实事求是"被说成是汉代古文经学的治学宗旨，以区别于今文经学的专讲微言大义。东汉思想家王充是一位非常讲实事求是的学者，他在《论衡·艺增篇》中指出："世俗所患，患言事增其实，著文垂辞，辞出溢其真，称美过其善，进恶没其罪。何则？俗人好奇，不奇，言不用也。故誉人不增其美，则闻者不快其意；毁人不益其恶，则听者不惬于心。"② 王充把甄别虚实真伪作为著书立说的基础，他声称：

> 是故《论衡》之造也，起众书并失实，虚妄之言胜真美也。故虚妄之语不黜，则华文不见息；华文放流，则实事不见用。故《论衡》者，所以铨轻重之言，立真伪之平，非苟调文饰辞，为奇伟之观也。其本皆起人间有非，故尽思极心，以机世俗……冀悟迷惑之心，使知虚实之分。实虚之分定，而华伪之文灭；华伪之文灭，则纯诚之化日以孳矣。③

以往儒家多讲善美，王充则要以实事求"真美"，主张消除虚妄之言，故"疾虚妄"也就成为求"真美"的同义语。他以为世间书传多"浮妄虚伪，没夺正是。心愦涌，笔手扰，安能不论？论则考之以心，效之以事，浮虚之事，辄立证验"④。王充"疾虚妄"的思想方法，是通过心的知性思考做判断，并以事实为验证。在实际运用中，由于他所讨论的问题不是都可以直接"效之以事"的，所以只能采取间接的类推方式来立真破妄。

王充在《论衡·自然篇》中说："何以［知］天之自然也？以天

---

① ［汉］班固撰，［唐］颜师古注：《汉书》，第 2410 页。
② 黄晖：《论衡校释》，第 381 页。
③ 黄晖：《论衡校释》，第 1179~1180 页。
④ 黄晖：《论衡校释》，第 1183 页。

无口目也。案有为者，口目之类也。口欲食而目欲视，有嗜欲于内，发之于外，口目求之，得以为利，欲之为也。今无口目之欲，于物无所求索，夫何为乎？何以知天无口目也？以地知之。地以土为体，土本无口目。天地，夫妇也，地体无口目，亦知天无口目也。"①　把天当作无意志的自然，以否定天人感应的灾异祥瑞之说，这种知性判断是对的，可以破除迷信。问题在于其"效之以事"的验证，是一种很不科学的类推方法，即天属自然，因天体不像人体一样有口目，何以知天无口目呢？是因为地无口目，天地属同类，故可由地无口目，类推出天无口目。这种幼稚简单的类推方法，其实与持天人感应的今文经学家的思维方法没有什么不同。

王充非常看重"实事"之真，以真为美，故以耳目直接所及的知识经验为论说根据，靠常识做判断，对前人所言之事均要订其真伪，辨其虚实。这虽有助于消除迷信和谎言，可一旦用之来衡文论艺，则不免会将稍具想象和情味的言辞，都视为不真实的"虚妄之言"。如《诗·小雅·鹤鸣》云："鹤鸣九皋，声闻于天。"这是稍具想象力和艺术感的人都能接受的诗句，但王充却认为后一句所言极不真实。他说：

> 夫鹤鸣云中，人闻声仰而视之，目见其形。耳目同力，耳闻其声，则目见其形矣。然则耳目所闻见，不过十里，使参天之鸣，人不能闻也。何则？天之去人以万数远，则目不能见，耳不能闻。今鹤鸣，从下闻之，鹤鸣近也。以从下闻其声，则谓其鸣于地，当复闻于天，失其实矣。②

以常识而论，王充所说不无道理，但以此断定《诗》语失实则毫无意义。知识上的真与道德的真和艺术的真并不是一回事，就诗歌艺术

---

① 黄晖：《论衡校释》，第 775~776 页。
② 黄晖：《论衡校释》，第 385 页。

而言，要更多地从作品的象征意义和感情上去认取真实，不能拘泥于其所描写或形容的事物本身。王充不理解这一点，所以对具象征意义和夸饰性质的文艺多半持否定态度，他在《论衡·定贤篇》中说："以敏于赋颂，为弘丽之文为贤乎？则夫司马长卿、扬子云是也。文丽而务巨，言眇而趋深，然而不能处定是非，辩然否之实。虽文如锦绣，深如河、汉，民不觉知是非之分，无益于弥为崇实之化。"① 以无助于崇实而将汉赋的文丽一笔抹杀掉。

王充强调为文的实用性，甚至以不能表现出人的实际言行为由而否定绘画。他在《论衡·通别篇》里说："人好观图画者，图上所画，故之列人也。见列人之面，孰与观其言行？置之空壁，形容具存，人不激动者，不见言行也。古贤之遗文，竹帛之所载粲然，岂徒墙壁之画哉？"② 因图画上的人物不像真人一样能说会动，而批评其不真实，这纯属完全不懂绘画艺术的偏见。

由于缺乏艺术感觉，只以纯功利的态度和知性思维看待文艺，排斥任何虚构和夸饰，王充所讲的"真美"其实是对美丽的否定。在《论衡·超奇篇》中，他把读书人分为儒生、通人、文人和鸿儒四等，以扬维、桓谭等人为鸿儒，自己则以文儒自居。但他是以一种非常实用功利的态度看待文的，以为"天文人文，文岂徒调墨弄笔，为美丽之观哉？载人之行，传人之名也。善人愿载，思勉为善；邪人恶载，力自禁裁。然则文人之笔，劝善惩恶也"③。王充对文辞华美持坚决的否定态度，其《论衡·对作篇》云：

> 世俗之性，好奇怪之语，说虚妄之文。何则？实事不能快意，而华虚惊耳动心也。是故才能之士，好谈论者，增益实事，

为美盛之语；用笔墨者，造生空文，为虚妄之传。①

将美盛之语等同于虚妄之空文，都在排斥之列。他在《论衡·自纪篇》中说"充书不能纯美"，并对"文必丽以好，言必辩以巧"不以为然。他认为："夫养实者不育华，调行者不饰辞。丰草多华英，茂林多枯枝。为文欲显白其为，安能令文而无谴毁？救火拯溺，义不得好；辩论是非，言不得巧。"② 视华美与实事为对立物，以为华实不能相兼。

王充说："文士之务，各有所从，或调辞以巧文，或辩伪以实事。必谋虑有合，文辞相袭，是则五帝不异事，三王不殊业也。美色不同面，皆佳于目；悲音不共声，皆快于耳。"③ 可实际上，他要以实事否定巧文，对"美色"更是极力诋毁。在《论衡·言毒篇》里，他把美色、美味、辩口和勇夫列为四毒，以为"妖气生美好，故美好之人多邪恶。……美色之人怀毒螫也"④。此说的证据是燥、湿之地出产的蜂虿等毒虫都怀有毒螫，有毒的蝮蛇身上多美丽文彩，故美色之人与美丽的毒蛇是同类，美人即美女蛇。这种"效之以事"的类推，已走向了实事求是的反面，不仅否定了美丽，也陷入了与事实不符的荒谬。

---

① 黄晖：《论衡校释》，第 1179 页。
② 黄晖：《论衡校释》，第 1199～1200 页。
③ 黄晖：《论衡校释》，第 1201 页。
④ 黄晖：《论衡校释》，第 958～959 页。

第三章

儒学复兴与『文以明道』

儒学在汉代与政治结合而成为独尊的经学后逐渐丧失活力，其在中国思想文化发展过程中的实际影响力，不得不让位于魏晋玄学和隋唐佛学。儒学的复兴和新儒家的产生，滥觞于唐宋古文家提倡"文以明道"的文学革新。古文家为儒学争正统而建立的"道统""文统"谱系，将道在"六经"扩充为道在经史文章，不仅使文学有更广阔的思想空间，也使儒学贴近社会现实人生而焕发活力。韩愈、柳宗元等人有关"道统"与"文统"的论说，一方面继承由宗周礼乐文化演变而成的道在"六经"的观念，强调通经致用，明确儒家学说在维护王权政治中的正统地位；另一方面回应思想文化领域佛教的挑战，大力弘扬孔孟的心性学说，并取佛、老、庄、禅之长来丰富儒家思想，开宋明新儒家理学的先河。

儒家的文道观念虽可追溯到原始儒家的征圣、宗经之说，但作为一种思想主张提出来指导文学创作实践，则是从中唐的韩愈、柳宗元开始的，并在宋代得到了欧阳修、苏轼等人的继承和发展。他们把"文以明道"思想落实于古文写作里，将诗赋的风神情韵纳于短篇应用散文中，创造出著述兼比兴的成体散文。这种"古文"文体后来发展成为中国古代散文的正宗。在创立意在明道的"古文"新文体过程中，韩、柳、欧、苏等诗文大家提出一系列具实践品格的创作观念，如"气盛言宜""不平则鸣""为文以神志为主""蓄道德而能文章"和"辞达"等。这些对中国文学发展影响极为深远的理论，以正确处理文道关系为核心，成为儒家正统文艺思想的有机组成部分。

第一节　"道统"和"文统"

中唐韩、柳等人的"文以明道"理论，建立在儒家"道统""文统"学说基础上。韩愈《原道》篇里的"道统"论，在两方面具有新意：一是明确了儒道的承传谱系，讲三代之后道统的承传由王道归于师道，由士阶层的圣人贤者来承担；二是除了继承由周、孔并称所代表的以礼乐政教为中心的政治儒学，着力表彰由孔、孟并称所代表的以仁义道德和心性修养为内容的伦理儒学。这不仅对儒学复兴有划时代意义，对奉行"文以明道"的古文创作亦有积极的推动作用。

一、王道归于师道的内圣之学

儒家之道原是一个包容面极广的概念，涵盖宇宙、社会和人生的各个方面，在不同时期，它的具体内容及性质作用是不同的，由此构成了儒学发展的阶段性。中唐的儒学复兴是宋明新儒家理学产生的前奏，为属于"外王"之道的政治儒学向着重视"内圣"功夫的心性儒学转变的过渡阶段。韩愈是这一阶段的代表人物，他以孔、孟的"仁义"为道定名，在"道统"谱系里把孟子作为孔子的传人，开启了以孔子仁学和孟子性善论为宗旨的儒学发展新阶段。

自古以来，闻道或得道就是儒者的一种人生追求，孔子有"朝闻道，夕死可矣"（《论语·里仁第四》）的教导，把"志于道"作为士人的一种行为规范，主张"君子谋道不谋食"（《论语·卫灵公第十五》）。孟子也说："得道者多助，失道者寡助。"（《孟子·公孙丑上》）道是什么呢？出现在西周早期金文和文献里的"道"字，只是指道路，《说文》云："道，所行道也。"①"道"就是路，这是"道"字的本义。道路是人类进步的标志，是走向文明的象征。在文化转型的春秋战国时代，以道路为本义的"道"字，逐渐成为具哲理蕴含的抽象概念，成为中华文化的核心范畴和理论原点。先秦诸子的道论，从不同认识角度丰富了"道"的内涵，使其具有形而上的

---

① 〔汉〕许慎：《说文解字》，第42页。

引申义。如用"道"代表宇宙的自然本体（无），支配万物变化的规律（常），或以为"道"是反映事物本质的精神、社会道德的伦理准则、人类生存或取胜的根据等。先秦诸子用各种"道理"和"道术"来说明中国的社会政治、学术文化和文学艺术，形成不同学派和学说。

就社会政治思想的层面而言，儒家鼓吹的先王之道是君统与道统合一的王道。孔子以上古三代圣王明君的人文教化为社会理想，以礼乐的兴废言王道得失，又以礼乐文明的继承者自居。他说："文王既没，文不在兹乎？"（《论语·子罕第九》）对此，朱熹的解释是："道之显者谓之文，盖礼乐制度之谓。"① 三代礼乐至周而大备，以礼教治国是王道政治的落实，人文化成的礼乐制度代表王道乐土的社会理想。经荀子和汉儒加以发挥后，礼乐教化演变为经学的三纲五常学说，成为支配中国社会政治的统治思想。由于是政教合一，先王之道即为先王之教。韩愈在《原道》篇中说：

> 夫所谓先王之教者，何也？博爱之谓仁；行而宜之之谓义；由是而之焉之谓道；足乎己，无待于外之谓德。其文《诗》《书》《易》《春秋》，其法礼乐刑政，其民士农工贾，其位君臣、父子、师友、宾主、昆弟、夫妇，其服麻丝，其居宫室，其食粟米果蔬鱼肉：其为道易明，而其为教易行也。是故以之为己，则顺而祥；以之为人，则爱而公；以之为心，则和而平；以之为天下国家，无所处而不当。②

在儒家看来，三代的尧舜是由圣而王的楷模，其一统天下的政治业绩就是道，记载先王礼乐刑政制度的文献典籍也都成了王道的展示。传说由孔子删定编纂的《诗》《书》《易》《春秋》等儒家经典，以唐

---

① 朱熹：《四书章句集注》，第110页。
② 韩愈著，马其昶校注，马茂元整理：《韩昌黎文集校注》，第18页。

虞三代礼乐刑政的先王之道为根本，蕴含明辨是非善恶的大道理，可用来齐家治国平天下。在《论语·尧曰第二十》里有这样的说法："尧曰：'咨！尔舜！天之历数在尔躬，允执其中。四海困穷，天禄永终。'舜亦以命禹。"述三代圣王的传位，含天命论思想，为政教合一的道统说的滥觞。祖述尧舜而宪章文武，表明孔子是三代先王之道及其礼教的维护者，他说的"君君，臣臣，父父，子子"（《论语·颜渊第十二》），为儒家王道政治的经典表述。刘勰《文心雕龙·原道》云："玄圣创典，素王述训：莫不原道心以敷章，研神理而设教，取象乎河洛，问数乎蓍龟，观天文以极变，察人文以成化；然后能经纬区宇，弥纶彝宪，发挥事业，彪炳辞义。故知道沿圣以垂文，圣因文而明道，旁通而无滞，日用而不匮。"① 认为"六经"皆为圣人的明道之文，是政教之本、文章之源。

儒家之道是圣人之道，道在观念上是至高无上的，圣人乃道的人格化，只有得道的圣君，才能真正做到王天下。《荀子·解蔽篇第二十一》说："圣也者，尽伦者也；王也者，尽制者也；两尽者，足以为天下极矣。故学者以圣王为师。"② 把先王之教与圣人之道相提并论，意味着王者即是圣人，可为人师。但自三代的尧舜而下，圣王已成为远古的绝响。孔子虽被尊为儒家教主，又称"素王"，可并非真正意义上的王者。一统天下的秦始皇自认为是得道的圣王，自称"大圣作治，建定法度，显著纲纪"③，可绝没有人承认他是圣人。春秋之后，道统与政统呈分离状态，能成就霸业的帝王鲜有被视为圣人者，而"志于道"的正人君子又很难成为王者。诸子百家各言其道，致使道术为天下裂。韩愈说：

① 刘勰著，范文澜注：《文心雕龙注》，第2~3页。
② 〔清〕阮元校刻：《荀子集解》，《诸子集成》（下），第271页。
③ 司马迁：《史记·秦始皇本纪》，第249页、第252页。

斯吾所谓道也，非向所谓老与佛之道也。尧以是传之舜，舜以是传之禹，禹以是传之汤，汤以是传之文、武、周公，文、武、周公传之孔子，孔子传之孟轲，轲之死，不得其传焉。荀与扬也，择焉而不精，语焉而不详。由周公而上，上而为君，故其事行；由周公而下，下而为臣，故其说长。①

这是儒家"道统"的明确表述，第一次正式提出了从尧至舜至禹至汤至文至武至周公至孔至孟的传道系统。在这个系统里，可以周公为界分为两部分：一部分是自周公而上，其道统于君，为王官之学，属王道系统；另一部分是自周公而下，其道归于臣，为诸子之学，属私人讲学的师道系统。前者乃王者的事业，因政权的交接和礼乐的兴废而转移；后者属学者的责任，以思想文化的承传和著书立说见长。韩愈在《送浮屠文畅师序》中说："民之初生，固若禽兽夷狄然；圣人者立，然后知宫居而粒食，亲亲而尊尊，生者养而死者藏。是故道莫大乎仁义，教莫正乎礼乐刑政。"② 以礼乐刑政为先王之教，而以仁义言圣人之道，这种区别虽然还有些含混，却是韩愈"道统"学说中最值得注意的地方，其中蕴含的儒道观念新变化给儒学复兴带来契机。

韩愈提倡"道统"带有判教性质，要在佛学流行的时代为儒学争正统地位，这首先涉及儒家之道的内部分判，即如何重新认识和定位孔子，是像汉儒一样讲周孔并称的王道呢，还是宣传孔孟一贯的师道。从周秦到两汉是儒学发展的经学化时期，以为周公制礼作乐，集三代典章制度之大成；孔子删《诗》《书》，修《春秋》，述而不作，传习礼乐，深得周公制作礼乐的用心。如此说，孔子只是夏、商、周三代礼乐文明的总结者，他所编辑的"六经"记录了先王的政绩，

---

① 韩愈著，马其昶校注，马茂元整理：《韩昌黎文集校注》，第18页。
② 韩愈著，马其昶校注，马茂元整理：《韩昌黎文集校注》，第252~253页。

以及建立在宗法制度上的社会礼教规范。汉儒以为道在"六经",传经即是传道,遵循儒家的天道观和王道学说,将礼教的伦理规范与孔子重名分的思想结合起来,形成维护大一统王权统治的纲常名教。经学是政治儒学,其章句训诂的烦琐教条化倾向,以及臣服于王权政治的曲学阿世品格,导致了儒学的衰微。尽管汉以后经学作为官方意识形态的独尊地位从未动摇过,但儒学在思想文化发展中所起的作用和其对人们精神生活的实际影响,受到佛教和道教的挑战。复兴儒家思想要从自家内部做起,要由王道归于师道,奉孔子为至圣先师,以维护师道尊严的方式来弘扬儒学。

孔子作为儒家开宗立派的一代先师,其突出贡献是说明礼乐文明的基础在于仁,仁学是其生命精神和做人准则的体现;经孟子发扬光大后,成为以性善论为根本、以人格修养为进路的内圣之学。孔孟之道即仁义之道,亦即成圣之道,这是韩愈所要强调的。他在《读荀》中说:

> 始吾读孟轲书,然后知孔子之道尊,圣人之道易行;王易王,霸易霸也。以为孔子之徒没,尊圣人者,孟氏而已。晚得扬雄书,益尊信孟氏。因雄书而孟氏益尊,则雄者,亦圣人之徒欤![1]

圣人指孔子,孔子之道即圣人之道。孔子说"吾道一以贯之",曾子曰:"夫子之道,忠恕而已矣!"(《论语·里仁第四》)忠恕乃仁义的行为体现。当子贡问"有一言可以终身行之者乎"时,孔子说:"其恕乎!己所不欲,勿施于人。"又说:"志士仁人,无求生以害仁,有杀身以成仁。"(《论语·卫灵公第十五》)仁是成人之道,是人之所以为人的根本,这一思想奠定了儒家所主导的中华文化的发展方向。孟子认为人之所以异于禽兽者在于性善,在于人人都具备爱亲

① 韩愈著,马其昶校注,马茂元整理:《韩昌黎文集校注》,第36页。

儒家文艺思想史

敬长的良知、良能。他说："亲亲，仁也；敬长，义也；无他，达之天下也。"（《孟子·尽心章句上》）把具有普遍意义的仁义落实于具体的身心体验，并在现实的伦常关系中指明其存在，从而使每个人都可以在日常生活中良心发现而与人为善，通过尽心养性的道德人格修养而成为圣人。孟子确信"圣人与我同类者"（《孟子·告子章句下》），以为人人皆可成为圣人，将孔子仁学所树立的内圣成德的人格追求更明确化了。

孔孟并称，意味着儒者的内圣之道自孔子的仁学始，孔子才是儒家道统的创立者，堪称万世师表。韩愈《师说》云："古之学者必有师。师者，所以传道、授业、解惑也。人非生而知之者，孰能无惑？惑而不从师，其为惑也终不解矣。生乎吾前，其闻道也固先乎吾，吾从而师之；生乎吾后，其闻道也亦先乎吾，吾从而师之：吾师道也，夫庸知其年之先后生于吾乎？是故无贵无贱、无长无少，道之所存，师之所存也。"[1] 韩愈言"道统"，尤重孔、孟之间的师承关系，目的是维护师道尊严。他在《送王秀才序》中说：

> 吾常以为孔子之道大而能博，门弟子不能遍观而尽识也，故学焉而皆得其性之所近；其后离散分处诸侯之国，又各以所能授弟子，原远而末益分。盖子夏之学，其后有田子方；子方之后，流而为庄周……孟轲师子思，子思之学盖出曾子，自孔子没，群弟子莫不有书，独孟轲氏之传得其宗，故吾少而乐观焉。……故求观圣人之道，必自孟子始。[2]

在分判孔门的道统承传时，韩愈认定从曾子至子思至孟子一系的思孟学派才是正宗，除《论语》《孟子》，对属于这一派的《大学》《中庸》也极为重视。他在《原道》篇里说："传曰：'古之欲明明德于

---

① 韩愈著，马其昶校注，马茂元整理：《韩昌黎文集校注》，第42页。
② 韩愈著，马其昶校注，马茂元整理：《韩昌黎文集校注》，第261~262页。

天下者，先治其国；欲治其国者，先齐其家；欲齐其家者，先修其身；欲修其身者，先正其心；欲正其心者，先诚其意。' 然则，古之所谓正心而诚意者，将以有为也。"① 首次引述《大学》正心诚意的明德之说，把心性修养的内圣之学作为齐家治国的保证。关于《中庸》，韩愈在《省试颜子不贰过论》中说：

> 夫圣人抱诚明之正性，根中庸之至德，苟发诸中形诸外者，不由思虑，莫匪规矩；不善之心，无自入焉；可择之行，无自加焉：故唯圣人无过。……《中庸》曰：'自诚明谓之性，自明诚谓之教。' 自诚明者，不勉而中，不思而得，从容中道，圣人也，无过者也；自诚明者，择善而固执之者也，不勉则不中，不思则不得，不贰过者也。②

相传为子思所作的《中庸》，以"诚"为中心展开。诚是贯穿天道、人道的本根，不诚无物；诚又是人性所固有的作用，是仁心的全体呈现，心诚则明。合天人内外为一体的诚明境界，乃圣人不思不勉而从容中道之由来。孟子说："诚身有道，不明乎善，不诚其身矣。是故诚者，天之道也；思诚者，人之道也。至诚而不动者，未之有也；不诚，未有能动者也。"（《孟子·离娄章句上》）诚是仁心的真实呈现，对诚实的追求，也就是仁的不断实现，在仁心的全体呈现过程中，人始能知其天命之性而合于天道。在《大学》所讲的修齐治平八条目中，诚意亦很关键，正心须落实在诚意上。韩愈《读荀》说："孟氏醇乎醇者也；荀与扬，大醇而小疵。"③ 他以为孟子才是孔子嫡系子思的正传，是思孟学派最醇正的思想家，并以孟子之后的儒道传人自居。

儒家文艺思想史

---

① 韩愈著，马其昶校注，马茂元整理：《韩昌黎文集校注》，第17页。

② 韩愈著，马其昶校注，马茂元整理：《韩昌黎文集校注》，第124~125页。

③ 韩愈著，马其昶校注，马茂元整理：《韩昌黎文集校注》，第37页。

韩愈心契于孟子，有十分自觉的传道意识，其以孔孟为谱系的"道统"说的提出，不排除有受当时佛教祖师传法方式影响的因素，但主要还是接受孟子的启发。《孟子》卒章云："由尧、舜至于汤，五百有余岁，若禹、皋陶，则见而知之；若汤，则闻而知之。由汤至于文王，五百有余岁，若伊尹、莱朱则见而知之；若文王，则闻而知之。由文王至于孔子，五百有余岁，若太公望、散宜生，则见而知之；若孔子，则闻而知之。由孔子而来至于今，百有余岁，去圣人之世，若此其未远也；近圣人之居，若此其甚也。然而无有乎尔，则亦无有乎尔！"（《孟子·尽心章句下》）历述圣王之统系而以孔子作结，又复以孔子为起始，而且有一种要传圣人之道的使命感。韩愈推尊孟子，他在《与孟尚书书》中说："凡君子行己立身自有法度，圣贤事业，具在方册，可效可师；仰不愧天，俯不愧人，内不愧心，积善积恶，殃庆自各以其类至：何有去圣人之道，舍先王之法，而从夷狄之教以求福利也？"① 又说："韩愈之贤不及孟子，孟子不能救之于未亡之前，而韩愈乃欲全之于已坏之后，呜呼，其亦不量其力且见其身之危，莫之救以死也！虽然，使其道由愈而粗传，虽灭死万万无恨！"② 向孟子看齐，士志于道的自我承当精神十分突出，可谓仁以为己任，任重而道远。

儒家思孟学派对韩愈的影响，除了有关儒道复兴的内圣学说，更在于立志做圣贤而以身践道的胸襟、气魄和品格。孟子说："圣人，百世之师也，伯夷、柳下惠是也。故闻伯夷之风者，顽夫廉，懦夫有立志，闻柳下惠之风者，薄夫敦，鄙夫宽，奋乎百世之上，百世之下，闻者莫不兴起也。非圣人而能若是乎？"（《孟子·尽心章句下》）韩愈本此而作《伯夷颂》：

---

① 韩愈著，马其昶校注，马茂元整理：《韩昌黎文集校注》，第 212 页。
② 韩愈著，马其昶校注，马茂元整理：《韩昌黎文集校注》，第 215 页。

> 士之特立独行，适于义而已，不顾人之是非，皆豪杰之士，
> 信道笃而自知明者也。一家非之，力行而不惑者，寡矣；至于一
> 国一州非之，力行而不惑者，盖天下一人而已矣；若至于举世非
> 之，力行而不惑者，则千百年乃一人而已耳。若伯夷者，穷天地
> 亘万世而不顾者也。昭乎日月不足为明，崒乎泰山不足为高，巍
> 乎天地不足为容也！①

借伯夷的清高，抒写举世非之而不顾的人生情怀。以为豪杰之士的特立独行，源于主体人格的坚定自信和内心之诚明，由孟子讲的浩然之气做支撑，有磅礴日月、壁立千仞的伟岸襟怀。读《孟子》易引起生命的感动和振发，诸如"富贵不能淫，贫贱不能移，威武不能屈"的大丈夫气概，"天将降大任于是人"的历史使命感，以及"仰不愧于天，俯不怍于人"的大义凛然。这是追求道德理想和承担道义的人格自觉，一种充满主动性和创造性的精神境界，对韩愈的为人和为文都有莫大影响。

如果说汉儒对孔子思想的理解本于对"六经"的诠释，重在经世致用或章句训诂的话，那么从中唐开始，人们对孔子思想的把握着重于对其仁学的体认，以孟子为孔子思想的正宗传人。韩愈大力宣扬孔孟的仁义之道，以士人为道的承担者，将王道归于师道，使儒学的发展突破了经学的藩篱。他由《论语》《孟子》《大学》和《中庸》来把握孔孟之道，重在领会孔子的生命精神和孟子至大至刚的浩然正气，开出以正心诚意言道德人格修养的儒学发展新途径，由偏重社会政治的外王之学开始向注重人格修养的内圣之学转变，为文与道的合一奠定了思想基础。

---

① 韩愈著，马其昶校注，马茂元整理：《韩昌黎文集校注》，第 65 页。

二、文道合一的新方式

文道合一是儒家的传统观念，也是韩愈提倡"文以明道"的指导思想。有"道统"也就有"文统"，道的内容更新，必然带来文体的变化。从三代的礼乐制度到"六经"之文，再到含诗赋风神情韵、集经史子文章精粹的短篇"古文"，深受儒学从偏重于王道政治层面的制度行为文化，向注重个人道德修养的心性文化转变的思想影响。

儒家对人文的重视由来已久。孔子说："文之以礼乐，亦可以成人矣。"（《论语·宪问第十四》）所谓"文"，最初用来指物色交错的纹理，引申为文饰，有天文、地文、人文之别。如《周易·贲卦》的《彖》传："贲，亨。柔来而文刚，故亨。分刚上而文柔，故小利有攸往，天文也；文明以止，人文也。观乎天文，以察时变；观乎人文，以化成天下。"孔颖达疏："贲，饰也，以刚柔二象交相文饰也。"① 文化指文治教化，为儒家人文精神的实质，也是中华文明的核心。礼乐文化，既是体现王道的政治制度，也是华夏文明的表征。荀子说："学恶乎始，恶乎终？曰：其数则始乎诵经，终乎读礼。其义则始乎为士，终乎为圣人。"② 用文字记载先王政规礼仪和颂美其业绩的书籍，被说成是圣人"原道心以敷章，研神理而设教"的经典。扬雄认为："惟五经为辩。说天者莫辩乎《易》，说事者莫辩乎《书》，说体者莫辩乎《礼》，说志者莫辩乎《诗》，说理者莫辩乎《春秋》。舍斯，辩亦小矣。"③ 圣人是通过经书来明道的，所以要宗经，这种思想在荀子有关"五经"的说明里已有体现，至扬雄又加以发挥，到了刘勰的《文心雕龙》则形成了系统的文学批评理论。

---

① 〔清〕阮元校刻：《周易正义》，《十三经注疏》（上），第25页。
② 〔清〕阮元校刻：《荀子集解·劝学》，《诸子集成》（二），第7页。
③ 汪荣宝撰，陈仲夫点校：《法言义疏》，第215页。

刘勰《文心雕龙》以《原道》开篇,以为"文之为德也大矣,与天地并生者何哉?夫玄黄色杂,方圆体分,日月叠璧,以垂丽天之象;山川焕绮,以铺理地之形:此盖道之文也。仰观吐曜,俯察含章,高卑定位,故两仪既生矣。唯人参之,性灵所钟,是谓三才。为五行之秀,实天地之心。心生而言立,言立而文明,自然之道也"①。天文、地文和人文,都是道之文。人有性灵,能为天地立心,创立语言文字而进入文明社会。圣人在经书里用不同的文章体式表明道理,征圣必宗经,孔子手定的经书乃"恒久之至道,不刊之鸿教也"。刘勰说:

> 故论、说、辞、序,则《易》统其首;诏、策、章、奏,则《书》发其源;赋、颂、歌、赞,则《诗》立其本;铭、诔、箴、祝,则《礼》总其端;纪、传、铭、檄,则《春秋》为根:并穷高以树表,极远以启疆,所以百家腾跃,终入环内者也。②

以为后世的各种文体都是由"五经"之文演化而成。所谓"先王圣化,布在方册;夫子风采,溢于格言。是以远称唐世,则焕乎为盛;近褒周代,则郁哉可从:此政化贵文之征也"。又说孔子"褒美子产,则云'言以足志,文以足言';泛论君子,则云'情欲信,辞欲巧':此修身贵文之征也"③。在文明社会,文的作用体现在两个方面:一方面是可用于政治教化,安定社会;另一方面是有助于人之道德情操的修养,安顿日常生活和人生。经书不仅是后世一切文章的渊源,而且各有不同的文字表现方法和体式,可作为后人写作效法的范文。"若禀经以制式,酌雅以富言,是仰山而铸铜,煮海而为盐也。故文能宗经,体有六义:一则情深而不诡,二则风清而不杂,三则事

① 刘勰著,范文澜注:《文心雕龙注·原道》,第1页。
② 刘勰著,范文澜注:《文心雕龙注·宗经》,第22~23页。
③ 刘勰著,范文澜注:《文心雕龙注·征圣》,第15页。

信而不诞，四则义直而不回，五则体约而不芜，六则文丽而不淫。"①
如此说，包括诗赋在内的一切写作活动，从表现内容、写作手法到体
式风格，都应以经书作为统一的标准，宗经是到达文道合一的途径和
方式。

韩愈自幼熟读儒家经典，深受以圣人为师的宗经思想的影响，但
在为文问题上却能别出心裁，追求文道合一的新方式。他在贞元年间
写的《上宰相书》里说："今有人生二十八年矣，名不著于农工商贾
之版。其业则读书著文歌颂尧舜之道，鸡鸣而起，孜孜焉亦不为利；
其所读皆圣人之书，杨墨释老之学无所入于其心；其所著皆约'六
经'之旨而成文，抑邪与正，辨时俗之所惑。"② 所谓"约'六经'
之旨而成文"，同于刘勰所讲的"文能宗经"；但韩愈读经重在领会
经书的意旨，而非模拟其体式和言辞。他在《答刘正夫书》中说：

> 或问：为文宜何师？必谨对曰：宜师古圣贤人。曰：古圣贤
> 人所为书具存，辞皆不同，宜何师？必谨对曰：师其意，不师其
> 辞。又问曰：文宜易宜难？必谨对曰：无难易，惟其是尔。③

本着这种师其意、求其是的看法，韩愈进一步阐述为文能自树立的重
要性，他说："夫百物朝夕所见者，人皆不注视也；及睹其异者，则
共观而言之：夫文岂异于是乎？汉朝人莫不能为文，独司马相如、太
史公、刘向、扬雄为之最。然则用功深者，其收名也远；若皆与世沉
浮，不自树立，虽不为当时所怪，亦必无后世之传也。……若圣人之
道不用文则已，用则必尚其能者；能者非他，能自树立，不因循者是
也。有文字来，谁不为文，然其存于今者，必其能者也。"④ 表彰能
自成一家之言的作家，反对因循守旧。这种文学观不仅与依经立义而

---

① 刘勰著，范文澜注：《文心雕龙注·宗经》，第 23 页。
② 韩愈著，马其昶校注，马茂元整理：《韩昌黎文集校注》，第 155 页。
③ 韩愈著，马其昶校注，马茂元整理：《韩昌黎文集校注》，第 207 页。
④ 韩愈著，马其昶校注，马茂元整理：《韩昌黎文集校注》，第 207 页。

专习章句的经学大异其趣，也有别于只强调效法五经作文的宗经之说。

韩愈把明道之文的范围，由礼乐之文和"六经"之文，扩大到子史文章。他在《上兵部李侍郎书》里说自己："性本好文学，因困厄悲愁无所告语，遂得究穷于经传史记百家之说，沉潜乎训义，反复乎句读，砻磨乎事业，而奋发乎文章。"① 遵循儒家传统说法，用"文学"来指称学术，特指儒术，而用"文章"指具有文采的著述，说文学用于经世，而文章（或文辞）则期于明道。其《争臣论》云："君子居其位，则思死其官；未得位，则思修其辞以明其道：我将以明道也，非以为直而加人也。"② 这意味着道并没有尽于"六经"，后世君子也可以用文章来明道。如章学诚说："夫道备于六经，义蕴之匿于前者，章句训诂足以发明之。事变之出于后者，六经不能言，固贵约六之旨，而随时撰述以究大道也。"③ 与"道统"相应的"文统"，不能仅限于反映三代先王之道的"六经"，而应包括后世士人的子史文章，否则道的承传就有中断的可能。

韩愈的"道统"说受《孟子》卒章的启发，他有关"文"或"文统"的看法也出自孟子思想。孟子以为：仁义礼智为人心所固有，圣人与我同类；仁义之道即立身之道，道为安身立命之资，故强调自得于心的重要。韩愈言圣人之道，亦以自强不息的身心修养为首务，他在《省试颜子不贰过论》中说："颜子自唯其若是也，于是居陋巷以致其诚，饮一瓢以求其志，不以富贵妨其道，不以隐约易其心，确乎不拔，浩然自守，知高坚之可尚，忘钻仰之为劳，任重道远，竟莫之致。"④ 做圣贤全靠自己，道就在每个人的心性之中，只

儒家文艺思想史

---

① 韩愈著，马其昶校注，马茂元整理：《韩昌黎文集校注》，第 143 页。
② 韩愈著，马其昶校注，马茂元整理：《韩昌黎文集校注》，第 112~113 页。
③ 〔清〕章学诚撰，叶瑛校注：《文史通义校注·原道下》，第 139 页。
④ 韩愈著，马其昶校注，马茂元整理：《韩昌黎文集校注》，第 125 页。

要心识道体，学养深厚，发为文章自然道理畅达。韩愈《答李翊书》说："处心有道，行己有方；用则施诸人，舍则传诸其徒，垂诸文而为后世法。"① 只有突破宗经观念的束缚，扫除经学的章句烦琐而直指人伦、人心，儒道的复兴才有可能，这也是"古文"文体能自树立的思想基础。

韩愈将单行奇句的散体文称为"古文"，以与流行的骈体时文相区别。虽名为"古文"，但没有采用古人的著述体式，而是近于辞赋"时有感激怨怼奇怪之辞"的短篇散文。对于此种前所未有的散文文体，不仅时俗多有讥嘲，就连友人亦感不解。张籍在给韩愈的信中说："自扬子云作《法言》，至今近千载，莫有言圣人之道者；言之者唯执事焉耳。习俗者闻之，多怪而不信，徒相为訾，终无裨于教也。执事聪明，文章与孟轲、扬雄相若，盍为一书以兴存圣人之道，使时之人、后之人知其去绝异学之所为乎？曷可俯仰于俗，嚣嚣为多言之徒哉？然欲举圣人之道者，其身亦宜由之也。比见执事多尚驳杂无实之说，使人陈之于前以为欢，此有以累于令德。"② 以为要捍卫和传播圣人之道，就要像扬雄模拟《论语》而作《法言》，方能自成一家之言。劝韩愈像孟子和扬雄那样著书立说，不应当满足于写些感情用事而驳杂无实的短篇散文。

这正说明韩愈提倡的古文与古代的经史子著作是不同的。经史子著作以勒为专书的著述为主，宗旨明确，体例完整；而韩愈的古文以赠序、杂论、杂说等各种短篇散文为主，不仅字句长短错落，文章体式亦变化多样，是真正意义上的"散"文和杂文。韩愈说："愈之为古文，岂独取其句读不类于今者邪？思古人而不得见，学古道则欲兼

---

① 韩愈著，马其昶校注，马茂元整理：《韩昌黎文集校注》，第 171 页。
② 韩愈著，马其昶校注，马茂元整理：《韩昌黎文集校注》，第 131 页。

通其辞；通其辞者，本志乎古道者也。"① 他认为修辞明道不一定都要模仿古人著书立说的方式，《孟子》一书就不是孟轲自著，而是后学所记之言。他在《重答张籍书》中说：

> 前书谓吾与人商论，不能下气，若好胜者然。虽诚有之，抑非好己胜也，好己之道胜也；非好己之道胜也，己之道乃夫子孟轲扬雄所传之道也。若不胜，则无以为道。吾岂敢避是名哉！②

韩愈强调自己为文的以盛气凌人是为了明道的需要，并认为"己之道"就是孟子、扬雄传下来的圣人之道，俨然以道的代言人自居而理直气壮。其《答李秀才书》云："子之言以愈所为不违孔子，不以琢雕为工，将相从于此；愈敢自爱其道而以辞让为事乎？然愈之所志于古者，不唯其辞之好，好其道焉尔。"③ 复古非好其辞，而是好其道，只要信道笃而自知明，哪怕文章的言辞与圣人不同，也自是明道之文。在他看来，"读书以为学，缵言以为文，非以夸多而斗靡也；盖学所以为道，文所以为理耳。苟行事得其宜，出言适其要，虽不吾面，吾将信其富于文学也"④。以"明道"为文章宗旨，方能使体式随文变化的短篇散文万变不离其宗，形散而神不散，类于经史子著作有一主旨贯穿全书。"文以明道"不仅是传道的需要，更是古文创作形式与内容多样统一的需要。

以"文以明道"为宗旨的古文写作，其文道合一最终落实到为文与做人的统一。韩愈在《答李翊书》中说："将蕲至于古之立言者，则无望其速成，无诱于势利，养其根而俟其实，加其膏而希其

---

① 韩愈著，马其昶校注，马茂元整理：《题哀辞后》，《韩昌黎文集校注》，第304~305页。
② 韩愈著，马其昶校注，马茂元整理：《韩昌黎文集校注》，第136页。
③ 韩愈著，马其昶校注，马茂元整理：《韩昌黎文集校注》，第176页。
④ 韩愈著，马其昶校注，马茂元整理：《送陈秀才彤序》，《韩昌黎文集校注》，第260页。

光。根之茂者其实遂，膏之沃者其光晔；仁义之人，其言蔼如也。"[①]以圣人之道为安身立命之本，重在道德人品修养，这是为文立言的根本。千枝万叶归于树干，若学有本源，根深干壮，则自然枝繁叶茂，此乃积于中而发于外，有学养品行而后能文章。修身以仁义为根本，重在平日所养和内心所蓄；为文则是人内在修养及性情的表现。同于圣人者在道，异乎圣人者文辞。文道合一，其实是作文与为人的合一，其根本在于作者的学问和性情，是什么样的人，就有什么样的文章。

第二节　"气盛言宜"与"不平则鸣"

在中国传统的诗文评里，言诗重"意境"，论文则尚"文气"。尽管"文以气为主"之说早已流行，但"文气"在散文创作中所起的决定性作用，至韩、柳等古文家出始大明于天下，尤以韩愈"气盛言宜"说具纲领意义。韩愈是名为"古文"的各种短篇成体之文的创造者，他以变化气质的道德修养言文气，追求理直气壮，用浩然气势显示文学语言的自然流利之美，将诗赋之情趣风神纳于短篇应用文之中，创造出直面社会人生作不平之鸣的散体文。其文章融叙事、议论和抒情于一体，使儒家"文以明道"的思想在人文合一的成体之文中得到充分体现，一举奠定了"古文"在中国散文发展史上的正宗地位。

一、以学养变化气质

尚"气"的思想古已有之，但气有自然"元气"与人生"血

---

① 韩愈著，马其昶校注，马茂元整理：《韩昌黎文集校注》，第169页。

气"之别，"文气"说的气与人生的血气相关。孔子曰："君子有三戒：少之时，血气未定，戒之在色；及其壮也，血气方刚，戒之在斗；及其老也，血气既衰，戒之在得。"（《论语·季氏第十六》）血气指人身上的血脉气息，血气的盛衰反映生命力的强弱，而与人之性情密切相关，以抒写性情为本质特征的文学创作的气多指血气。

曹丕《典论·论文》说："文以气为主，气之清浊有体，不可力强而致。譬诸音乐，曲度虽均，节奏同检，至于引气不齐，巧拙有素，虽在父兄，不能以移子弟。"① 以为文章的体貌风格是由反映作者个性情感的"气"所决定的，并用音乐作譬喻，说明作者气质与文体风貌的关系。刘勰《文心雕龙·体性篇》说："若夫八体屡迁，功以学成，才力居中，肇自血气；气以实志，志以定言，吐纳英华，莫非情性。"② 以作者的个性气质言文体风格，认为作者的才力、血气皆为情性的表现。令狐德棻《周书·王褒庾信传论》说："原夫文章之作，本乎情性。覃思则变化无方，形言则条流遂广。虽诗赋与奏议异轸，铭诔与书论殊途，而撮其指要，举其大柢，莫若以气为主，以文传意。"③ 以为文气本乎情性，能赋予文章生意。柳冕在《答衢州郑使君论文书》中说："夫善为文者，发而为声，鼓而为气，真则气雄，精则气生，使五彩并用，而气行于其中。"④ 把文气贯穿作为善于作文的标志。

韩愈继承前人论文尚气的思想，认为只有"气盛"方能写好文章，并进一步倡言为文养气的重要性。孟子曾有知言养气之说，以为通过"集义"功夫，做到问心无愧，就能变换气质，养成至大至刚

---

① 曹丕：《典论·论文》，郭绍虞、王文生主编：《中国历代文论选》，上海：上海古籍出版社，1979 年，第 158 页。
② 刘勰著，范文澜注：《文心雕龙注》，第 506 页。
③ 〔唐〕令狐德棻等撰：《周书·王褒庾信传论》，北京：中华书局，1971 年，第744～745 页。
④ 〔清〕董诰等人编：《全唐文》，北京：中华书局，1983 年，第 5360 页。

的浩然之气，具备判断各种言说是非得失的智慧。这种养气说对韩愈的影响极大，成为他"立言"重视学养的根据。韩愈以为学习作文要以道德人格涵养与学识积累为根本，不可急功近利，需经过一番长期的艰苦历练。韩愈《答李翊书》说：

> 始者非三代两汉之书不敢观，非圣人之志不敢存，处若忘，行若遗，俨乎其若思，茫乎其若迷。当其取于心而注于手也，唯陈言之务去，戛戛乎其难哉。其观于人，不知其非笑之为非笑也。如是者亦有年，犹不改，然后识古书之正伪，与虽正而不至焉者，昭昭然白黑分矣，而务去之，乃徐有得也。当其取于心而注于手也，汩汩然来矣。其观于人也，笑之则以为喜，誉之则以为忧，以其犹有人之说者存也。如是者亦有年，然后浩乎其沛然矣。吾又惧其杂也，迎而距之，平心而察之，其皆醇也，然后肆焉。虽然，不可以不养也。行之乎仁义之途，游之乎《诗》《书》之源，无迷其途，无绝其源，终吾身而已矣。[1]

韩愈自述学文过程中所经历的三个阶段，正是他以学养变化气质而达到才气充沛的写作状态的形象描述。所谓"戛戛乎其难哉"，指养气功夫与才学尚未充融时的状态，此时文字的表达很困难；而"汩汩然来矣"，则是学识增长之后，气与才相融和心与手相应时的写作状态；至于"浩乎其沛然矣"，是说气因长期的学与养而达到的盛大充盈状态，类于孟子所讲的可充塞天地的浩然之气。这种气由学养而充实、盛大的历程，乃是经过"游之乎《诗》《书》之源"的长期学习，由躬行儒家仁义之道所达到的精神状态，是一种品格高尚而才气横溢、学养深厚而精力充沛的理想的境界，也是一种心手相应的最佳的立言状态。

变化气质的养气功夫要在文学创作中发挥作用，须与博学相结

---

[1] 韩愈著，马其昶校注，马茂元整理：《韩昌黎文集校注》，第170页。

合，方能以运用语言文字的才气表现出来。以"气"论文与以"气"论人本无关联，前者着眼于文体的个性特征和艺术性，后者是与道义相配的品格修养。但韩愈将两者结合起来讲气盛。他在《答尉迟生书》中说："夫所谓文者，必有诸其中，是故君子慎其实，实之美恶，其发也不掩：本深而末茂，形大而声宏，行峻而言厉，心醇而气和；昭晰者无疑，优游者有余；体不备不可以为成人，辞不足不可以为成文。"① 强调文与人不可分，文品由人品所决定，故只有加强人的道德修养，方能显示文章的风格之美。

在为文过程中，气质须与才情融合方具有表现力，积学以富才是气盛的必要条件，才华横溢则文气自然充沛。韩愈在《进学解》中说：

> 先生口不绝吟于六艺之文，手不停披于百家之编；记事者必提其要，纂言者必钩其玄；贪多务得，细大不捐，焚膏油以继晷，恒兀兀以穷年：先生之业可谓勤矣。抵排异端，攘斥佛老，补苴罅漏，张皇幽眇；寻坠绪之茫茫，独旁搜而远绍，障百川而东之，回狂澜于既倒：先生之于儒，可谓有劳矣。沈浸浓郁，含英咀华，作为文章，其书满家。上规姚姒，浑浑无涯；《周诰》《殷盘》，佶屈聱牙；《春秋》谨严，《左氏》浮夸，《易》奇而法，《诗》正而葩；下逮《庄》《骚》，太史所录，子云相如，同工异曲：先生之于文，可谓闳其中而肆其外矣。②

就以学养变化气质和提高精神境界而言，文学修养与道德修养有一致的地方；但后者限于闻道或体道，而前者还要以文辞明道，立言的功夫不可少。韩愈进学的"闳其中而肆其外"，同时兼顾求道、习文两个方面。他广泛涉猎经史百家著作以及《庄》《骚》辞赋之文，一方

---

① 韩愈著，马其昶校注，马茂元整理：《韩昌黎文集校注》，第145页。
② 韩愈著，马其昶校注，马茂元整理：《韩昌黎文集校注》，第45~46页。

面是持守儒家仁义之道的人格修养；另一方面则也沉浸在各种著述文章里，含英咀华，欣赏不同文体的表达艺术，培养灵活运用语言文字的才能。如果说孟子的"养气"只是配道与义的道德修养功夫，那么韩愈讲的"气盛"则是要把学养变化气质落实在为文修辞上。如何在文章中营造气势属于语言艺术，是一种把握写作技巧的才能，需要广泛持久的学习积累和作文练习才能奏效。气由学养与才情相融而成为"才气"后，方能直接贯注于语言文字中，形成浩乎沛然的文章气势。

文气之盛否，取决于作者的气质、性情和学养，亦与其人生观相关。达则兼济天下，穷则独善其身，这是中国古代大多数士人的人生信条。韩愈则无论穷达都忘不了以天下为己任，始终执着于入世，有十分强烈的社会责任感和历史使命感。他在《与凤翔邢尚书书》里说："愈也布衣之士也。生七岁而读书，十三而能文，二十五而擢第于春官，以文名于四方。前古之兴亡未尝不经于心也，当世之得失未尝不留于意也。"[1] 元和十四年（819），韩愈因谏迎佛骨触怒宪宗而几乎被杀头，可他于次年所作的《与孟尚书书》里，依然不改排佛崇儒的初衷，明知是不自量力，仍有一种为承传圣人之道而万死不辞的勇气和热忱。他在《争臣论》中说："自古圣人贤士皆非有求于闻用也，闵其时之不平，人之不义，得其道，不敢独善其身，而必以兼济天下也，孜孜矻矻，死而后已。故禹过家门不入，孔席不暇暖，而墨突不得黔；彼二圣一贤者，岂不知自安佚之为乐哉？诚畏天命而悲人穷也。夫天授人以贤圣才能，岂使自有余而已？诚欲以补其不足者也。"[2] 圣贤的济世精神和悲天悯人情怀，成为自己人生奋斗的力量源泉，故能在社会生活中保持刚毅进取、自强不息的心态。

---

① 韩愈著，马其昶校注，马茂元整理：《韩昌黎文集校注》，第203页。
② 韩愈著，马其昶校注，马茂元整理：《韩昌黎文集校注》，第112页。

气盛不仅是韩愈追求达到的为文境界，也是一种充满济世热情和特立独行精神的人生境界。他除了在朝廷上下佞佛之风极盛之时攘斥佛教，忠犯人主之怒，还抗时为文，抗颜为师。他在《与冯宿论文书》中说："仆为文久，每自则意中以为好，则人必以为恶矣：小称意人亦小怪之，大称意即人必大怪之也。时时应事作俗下文字，下笔令人惭；及示人，则人以为好矣：小惭者亦蒙谓之小好，大惭者即必以为大好矣，不知古文直何用于今世也；然以俟知者知耳。"① 决不因世俗的毁誉而动摇心志，他常以此自励或许人，其《与于襄阳书》称于頔："抱不世之才，特立而独行，道方而事实，卷舒不随乎时，文武唯其所用。"② 刚健弘毅的道德品行，是形成文章气盛的主要因素。韩愈这样称赞于頔：

> 阁下负超卓之奇材，蓄雄刚之俊德，浑然天成，无有畔岸，……故其文章言语与事相侔，惮赫若雷霆，浩汗若河汉，正声谐《韶》《濩》，劲气沮金石，丰而不余一言，约而不失一辞，其事信，其理切。孔子之言曰："有德者必有言。"信乎其有德且有言也！扬子云曰："商书灏灏尔，周书噩噩尔。"信乎其能灏灏而且噩噩也！③

这很像是韩愈的自评。他初提倡"古文"并不为时人所看好，但仍坚持不懈。如李汉《昌黎先生集序》所言："洞视万古，愍恻当世，遂大拯颓风，教人自为。时人始而惊；中而笑且排，先生益坚；终而翕然随以定。呜呼！先生于文，摧陷廓清之功，比于武事，可谓雄伟不常者矣！"④ 这种赞誉绝非虚言。柳宗元《答韦中立论师道书》

① 韩愈著，马其昶校注，马茂元整理：《韩昌黎文集校注》，第 196 页。
② 韩愈著，马其昶校注，马茂元整理：《韩昌黎文集校注》，第 185 页。
③ 韩愈著，马其昶校注，马茂元整理：《上襄阳于相公书》，《韩昌黎文集校注》，第 148 页。
④ 韩愈著，马其昶校注，马茂元整理：《韩昌黎文集校注》，第 2 页。

说:"今之世,不闻有师,有辄哗笑之,以为狂人。独韩愈奋不顾流俗,犯笑侮,收召后学,作《师说》,因抗颜而为师。世果群怪聚骂,指目牵引,而增与为言辞。"① 韩愈因笃信道之所存乃师之所存,勇敢捍卫师道尊严,虽面临已近于"举世非之"的处境,但仍能力行之。这种胆识和勇气令柳宗元佩服不已,他在《答严厚舆秀才论为师道书》中说:"言道、讲古、穷文辞以为师,则固吾属事。仆才能勇敢不如韩退之,故又不为人师。"② 在当时,韩愈的好为人师,乃超迈流俗的特立独行,体现的是信道笃而自知明的人格力量,属气高天下的豪杰品行。

二、从"气盛"到"言宜"

言气之何以盛,涉及作者的学问和个性气质修养,属理论问题;从"气盛"到"言宜",主要是一个创作实践过程。韩愈在《答李翊书》中以水浮物为喻,说明"气盛"与"言宜"的关系,他以为:"气,水也;言,浮物也。水大而物之浮者大小毕浮。气之与言犹是也,气盛则言之短长与声之高下者皆宜。"③ 从"气盛"到"言宜",有两点很关键:一是由言之短长所构成的行文气势和节奏,二是由声之高下所组成的自然语调和文章气韵。

文气是无形而可感的,凝集着代表作者生命律动的强烈情感,以及反映作者品行的深厚学养,如贯注于字里行间,则能发挥具汉语特色的情韵节律之美。韩愈革新文体的目标之一,便是用长短不齐的奇句打破偶句的整齐划一,以散代骈,追求文气流动变化和磅礴运行所产生的美感,以气盛为美。韩愈很讲究于行文中寄寓充沛的情感气

---

① 柳宗元:《柳宗元集》,北京:中华书局,1979 年,第 871 页。
② 柳宗元:《柳宗元集》,第 878 页。
③ 韩愈著,马其昶校注,马茂元整理:《韩昌黎文集校注》,第 171 页。

势，如友人董邵南因多次应举落第，不得已前往北方燕赵之地谋生，他写了《送董邵南序》：

> 燕赵古称多感慨悲歌之士。董生举进士，连不得志于有司，怀抱利器，郁郁适兹土，吾知其必有合也。董生勉乎哉！夫以子之不遇时，苟慕义强仁者皆爱惜焉，矧燕赵之士出乎其性者哉？然吾尝闻风俗与化移易，吾恶知其今不异于古所云邪？聊以吾子之行卜之也。董生勉乎哉！吾因子有所感矣，为我吊望诸君之墓，而观于其市复有昔时屠狗者乎？为我谢曰：明天子在上，可以出而仕矣！①

这是一篇充满感慨和兴寄的短文，因骈体的固定句式难以顺应郁积情气的自由抒发，作者有意把句式写得参差不齐而富于变化，文气亦因语句多变而显著。在古代散文的写作上，骈文家讲究辞藻、骈偶和声律，尽力发挥构成汉语文字之美的因素以求有文采，形成较为固定的四六对称的骈偶句式，以至瘠义肥辞，藻饰的文句过多，使文气不畅而负声无力。为了矫正骈体文的浮靡卑弱之弊，韩愈创造了丰约适度而挺拔流动的"古文"新文体，在写作中文气问题受到了特别的重视，其焦点便是如何掌握行文的气势和节奏。

韩愈文章的气势多由长短错综的单行奇句来表现，以字句的流动变化顺应气盛状态时的情感变化，并在变化中形成生气贯注的节奏。如名篇《张中丞传后序》，记安史之乱中张巡等人死守睢阳的事迹，其中一段这样叙写张巡部将南霁云的义勇刚烈：

> 南霁云之乞救于贺兰也，贺兰嫉巡远之声威功绩出己上，不肯出师救。爱霁云之勇且壮，不听其语，强留之，具食与乐，延霁云坐。霁云慨慷语曰："云来时，睢阳之人不食月余日矣！云虽欲独食，义不忍；虽食，且不下咽。"因拔所佩刀，断一指，

---

① 韩愈著，马其昶校注，马茂元整理：《韩昌黎文集校注》，第 247~248 页。

血淋漓，以示贺兰。一座大惊，皆感激为云泣下。①

内容相同的叙述，又见于《旧唐书·张巡传》：

> 时贺兰进明以重兵守临淮，巡遣帐下之士南霁云夜缒出城，求援于进明。进明日与诸将张乐高会，无出师意。霁云泣告之曰："本州强寇凌逼，重围半年，食尽兵穷，计无从出。初围城之日，城中数万口，今妇人老幼，相食殆尽，张中丞杀爱妾以啖军人。今见存之数，不过数千，城中之人，分当饵贼。但睢阳既拔，即及临淮，皮毛相依，理须援助。霁云所以冒贼锋刃，匍匐乞师，谓大夫深念危亡，言发响应，何得宴安自处，殊无救恤之心？夫忠臣义士之所为，岂宜如此！霁云既不能达主将之意，请啮一指，留于大夫，示之以信，归报本州。"②

稍作对比即可以看出，《旧唐书》的文字受骈体的影响较深，多工整的四言句式；而韩愈文章的句式随语气变化而长短不齐，语言简练明快，笔端带有感情，气势和力度非同寻常。如"断一指，血淋漓，以示贺兰"，就远比"请啮一指，留于大夫，示之以信"更能体现人物大义凛然的血性和气概。如果说以整齐的四字句和六字句为主的骈体偶句多给人以凝重之感，可表现气之和平的话，那么韩愈古文的单行奇句则更能反映气的流动之美，于节奏紧迫的浑浩流转中呈现雄奇恣肆气势。

除了用参差错落的句式增加文章气势，韩愈古文还以单行之气运排偶之句，用骈、散相间的方式，构成变化多端而又铿锵有力的文章节奏。如有感于柳宗元身处逆境还讲朋友义气，韩愈在《柳子厚墓志铭》里写道："呜呼！士穷乃见节义。今夫平居里巷相慕悦，酒食游戏相征逐，诩诩强笑语以相取下，握手出肺肝相示，指天日涕泣，

---

① 韩愈著，马其昶校注，马茂元整理：《韩昌黎文集校注》，第76页。
② 〔后晋〕刘昫等人：《旧唐书》，北京：中华书局，1975年，第4901页。

誓生死不相背负，真若可信；一旦临小利害，仅如毛发比，反眼若不相识，落陷阱，不一引手救，反挤之又下石焉者，皆是也。"① 以感叹奇句激扬文字，理直气壮，在由"今夫"领起的句子里，杂以骈俪句法，使流走的气势得以顿蓄，然后一句赶一句，用顿数相同和相似的有规律重复形成节奏，至"皆是也"而为一完整的长句。就整个长句而言是以单行之气贯串，但全句中有排偶成分，用来协调文章节奏。

运用排偶构成意义相关而声律协调的行文节奏，是骈文写作中一种可资借鉴的艺术经验，韩愈在以散代骈、革新文体的同时，也于文章中合理运用了大量排偶。如在《论佛骨表》中，他首先指出古代帝王凡佞佛者大都享国浅而年寿短，批评唐宪宗迎佛骨是"伤风败俗，传笑四方"之举，然后极为气愤地直言道：

> 今无故取朽秽之物，亲临观之，巫祝不先，桃茢不用，群臣不言其非，御史不举其失，臣实耻之。乞以此骨付之有司，投诸水火，永绝根本，断天下之疑，绝后代之惑，使天下之人知大圣人之所作为，出于寻常万万也：岂不盛哉！岂不快哉！佛如有灵能作祸祟，凡有殃咎，宜加臣身；上天鉴临，臣不怨悔。②

在由奇句领起的组合长句中，含有类于辞赋的排偶句式，有如用单行之气的词组领起多个排偶词组，其中每个词组的意思都不完整，须一口气读完整个长句才能通晓文意，也才能停下来。曾国藩《求阙斋日记类钞》说："杜诗韩文所以能百世不朽者，彼自有知言养气功夫。唯其知言，故常有一二见道语；谈及时事，亦甚识当世要务。唯其养气，故无纤薄之响。"③ 他认为："为文全在气盛，欲气盛，全在

---

① 韩愈著，马其昶校注，马茂元整理：《韩昌黎文集校注》，第 513 页。
② 韩愈著，马其昶校注，马茂元整理：《韩昌黎文集校注》，第 616 页。
③ 〔清〕李翰章编撰，〔清〕李鸿章校勘：《曾文正公全集》，长春：吉林人民出版社，1995 年，第 4945 页。

段落清，每段分束之际，似断不断，似咽非咽，似吞非吞，似吐非吐；古人无限妙境，难于领取。"① 文气顿挫之妙，唯大声吟诵才能体会，因声以求气的诵读古文方法之所以成立，乃在古文家的艺术个性表现为文气，而文气要落实于音节声调上方易把握。

文章的气势与声情是相通的，古文特异于骈文的地方，除了用实词造句形成的言之短长，还有由虚词运用得到的声之高下。由声之高下言文气，较言之短长更能见出古文在表达情感方面的特色。所谓"声之高下"，指由语气的轻重缓急所形成的抑扬顿挫的语调，一种接近自然的语言声调。

在传情达意方面，古文的语调与骈文的声律具相同的性质，不同处在于骈文家利用文字的特点完成人为的音律，而古文家则是借自由流转的语气显自然声调之长，重视虚词在表达语气时的灵活运用。在韩愈的古文里，"之""乎""者""也""呜呼"等与情感表达关系密切的语助虚词的运用是很讲究的，能使声调在抑扬顿挫中含流动鼓荡之气，以显情感的起伏跌宕。如《杂说（其四）》：

> 世有伯乐然后有千里马。千里马常有，而伯乐不常有；故虽有名马，祇辱于奴隶人之手，骈死于槽枥之间，不以千里称也。马之千里者，一食或尽粟一石。食马者不知其能千里而食也；是马也，虽有千里之能，食不饱，力不足，才美不外见，且欲与常马等不可得，安求其能千里也！策之不以其道，食之不能尽其材，鸣之而不能通其意，执策而临之，曰："天下无马。"呜呼！其真无马邪？其真不知马也！②

痛斥当权者无知人善任之明和养士之心，文中的"也""其""邪"等虚词的妙用，表达出作者心潮起伏的语气。其语调的轻重反映出情

---

① 〔清〕李翰章编撰，〔清〕李鸿章校勘：《曾文正公全集》，第 4935 页。
② 韩愈著，马其昶校注，马茂元整理：《韩昌黎文集校注》，第 35~36 页。

感的抑扬和顿挫，又用虚词"之"腾挪，"策之""食之""鸣之""临之"，把由世无伯乐鼓荡起来的痛愤之情宕漾开去，形成强烈的感人力量。虚词在骈文里多具一般语言的语法意义，而在韩愈开创的"古文"中，其特殊的表达语气的作用得到了充分的发挥，成为文章中表达感情的声调，更能体现"气盛"的奇妙。

用虚字斡旋是一种古文写作技巧，但这种技巧的运用须与由真情实感激发的文气融合在一起，方能做到文从字顺，入于不烦绳削而自合的佳境。韩愈在《南阳樊绍述墓志铭》中称赞樊宗师的文章，说："多矣哉！古未尝有也。然而必出于己，不袭蹈前人一言一句，又何其难也！必出入仁义，其富若生蓄万物，必具海含地负、放恣横从，无所统纪，然而不烦于绳削而自合也。"又铭曰："唯古于词必已出，降而不能乃剽贼，……文从字顺各识职。有欲求之此其躇。"① 在主张"词必已出"而自树立的同时，强调"文从字顺各识职"，除了要具备地负海含的才气，还需出入仁义的涵养功夫。

"气盛"是"言宜"的基础，才由气而见，气则由声而显，这是古文家奉行的创作信条。李德裕《文章论》说："气不可以不贯，不贯则虽有英辞丽藻，如编珠缀玉，不得为全璞之宝矣。"② 宋濂《文原》谓："人能养气，则情深而文明，气盛而化神，当与天地同功也。"③ 姚鼐《答翁学士书》说："诗文皆技也，技之精者必近道，故诗文美者命意必善。文字者，犹人之言语也，有气以充之，则观其文也，虽百世而后，如立其人而与言于此。无气，则积字焉而已。意与气相御而为辞，然后有声音节奏高下抗坠之度，反复进退之态，采色之华。故声色之美，因乎意与气而时变者也。"④ 以"有气"或

① 韩愈著，马其昶校注，马茂元整理：《韩昌黎文集校注》，第540~542页。
② 〔唐〕李德裕：《李文饶外集》，四部丛刊本，卷三。
③ 〔明〕宋濂：《宋学士文集》，四部丛刊本，卷五十五。
④ 〔清〕姚鼐：《惜抱轩文集》，四部丛刊本，卷六。

"无气"作为判断文章生命力的标准，可作为韩愈"气盛言宜"说的注脚。

三、情与气偕的"不平则鸣"

倡言"气盛言宜"说的第二年，韩愈在《送孟东野序》里提出了"不平则鸣"说，强调由社会现实和外部环境感发而产生的情也是文气的根源，文章不仅有"明道"的作用，也是反映现实而鸣不平的产物。

古文创作的"气盛"，体现于文体和句式等表现形式上的诸多变化，除通常的叙事、言理之外，能将纯文学诗赋的情趣风神纳于短篇散文中，具有浓郁的抒情意味，形成不平则鸣的自然声调。由"气盛"的起伏顿挫到"不平则鸣"的声之高下，存在着相摩相荡的内在联系，那就是情与气偕，情浓则气盛，若胸中郁积不平之气，善鸣者就能够一鸣惊人。韩愈说：

> 大凡物不得其平则鸣：草木之无声，风挠之鸣；水之无声，风荡之鸣。其跃也或激之，其趋也或梗之，其沸也或炙之；金石之无声，或击之鸣。人之于言也亦然：有不得已者而后言，其歌也有思，其哭也有怀，凡出乎口而为声者，其皆有弗平者乎！①

一切声音的产生，从自然界的风声到人的语言，若追溯形成原因时，都可以归结为"不平"，如风水激荡起波声，人则情动于中而形于言。人的"不平"指内心的不平静，可追溯到《礼记·乐记》的感物说，以为"音之所由生也，其本在人心之感于物也。是故其哀心感者，其声噍以杀；其乐心感者，其声啴以缓；其喜心感者，其声发以散；其怒心感者，其声粗以厉；其敬心感者，其声直以廉；其爱心感者，其声和以柔。六者，非性也，感于物而后动。……人生而静，

---

① 韩愈著，马其昶校注，马茂元整理：《韩昌黎文集校注》，第233页。

天之性也，感于物而动，性之欲也，物至知知，然后好恶形焉"①。
这种性静情动的感物说，可用来说明心的状态，心情平静时近性，
"不得其平"则为情，情的产生是心灵被感动。韩愈《原性》说：
"性也者，与生俱生也；情也者，接于物而生也。"② 人的感情由外界
的感发而起，是心有不平的结果。

　　无论什么样的感情都可以使人失去平静，最常见的是对比鲜明而
大起大落的两极：欢心鼓舞和哀怨不满。因此可将从古至今"不平
则鸣"的文章著作，概分为"鸣国家之盛"与"自鸣其不幸"两种
类型。韩愈在《送孟东野序》中说：

　　　夏之时，五子以其歌鸣；伊尹鸣殷；周公鸣周；凡载于
《诗》《书》六艺，皆鸣之善者也。周之衰，孔子之徒鸣之，其
声大而远。《传》曰："天将以夫子为木铎。"其弗信矣乎！其末
也，庄周以其荒唐之辞鸣。楚大国也，其亡也，以屈原鸣。臧孙
辰、孟轲、荀卿以道鸣者也，杨朱、墨翟、管夷吾、晏婴、老
聃、申不害、韩非、慎到、田骈、邹衍、尸佼、孙武、张仪、苏
秦之属，皆以其术鸣。秦之兴，李斯鸣之。汉之时，司马迁、相
如、扬雄最其善鸣者也。③

在这些"不平则鸣"中，既有功成名就者的欢愉之辞，如周公以欣
喜之情颂扬周朝之盛德；也有时运不济者的穷苦之言，如屈原以哀怨
之辞感叹国之将亡时的不幸遭遇。以儒家传统的文艺观言之，则不出
颂美与怨刺二端：颂美者鸣国家之盛，以赞美教化和歌颂王道乐土为
内容；而怨刺者多自鸣其不幸，哀怨起骚人，为有道之士怀才不遇时
郁闷心情的抒发。在韩愈看来，处盛世而以颂圣述德的方式讴歌国家

　　① 〔清〕阮元校刻：《礼记正义》，《十三经注疏》（下），第299页、第301页。
　　② 韩愈著，马其昶校注，马茂元整理：《韩昌黎文集校注》，第20页。
　　③ 韩愈著，马其昶校注，马茂元整理：《韩昌黎文集校注》，第233～234页。

的盛明固然是明道，未得位的思愁之士亦可修辞以明其道，二者之间本无高下之别，究竟如何鸣，取决于国家的盛衰和个人的际遇，乃时运使然。

由于在任何时代身居高位而志得意满者始终是少数，更由于人心对于痛苦的感受远较欢愉来得深刻和丰富，故韩愈讲"不平则鸣"时，偏重于未得位的困厄之士的怨刺之言，偏重于指怨愤不满的感情抒发，继承了司马迁的"发愤著书"说，含有"文穷而后工"的思想。司马迁《太史公自序》谓："孔子厄陈、蔡，作《春秋》；屈原放逐，著《离骚》；左丘失明，厥有《国语》；……《诗》三百篇，大抵贤圣发愤之所为作也。此皆人意有所郁结，不得通其道也，故述往事，思来者。"① 韩愈说："唐之有天下，陈子昂、苏源明、元结、李白、杜甫、李观皆以其所能鸣。其存而在下者，孟郊东野始以其诗鸣；其高出魏晋，不懈而及于古，其他浸淫乎汉氏矣。从吾游者，李翱张籍其尤也，三子者之鸣信善矣，抑不知天将和其声，而使鸣国家之盛邪？抑将穷饿其身，思愁其心肠，而使自鸣其不幸邪？"② 所列举的唐代作家，都是"意有所郁结"的遭遇坎坷之人，尤以一生穷愁潦倒的孟郊为甚。

韩愈在《荆潭唱和诗序》中说：

> 夫和平之音淡薄，而愁思之声要妙；欢愉之辞难工，而穷苦之言易好也。是故文章之作，恒发于羁旅草野；至若王公贵人气满志得，非性能而好之，则不暇以为。③

按照儒家诗学的正变观，和平欢愉之辞才是雅颂正声，为治世之音，愁思穷苦之言近于变风变雅，属于哀以思的乱世之声。但韩愈从文穷

---

① 司马迁：《史记》，第3300页。
② 韩愈著，马其昶校注，马茂元整理：《韩昌黎文集校注》，第235页。
③ 韩愈著，马其昶校注，马茂元整理：《韩昌黎文集校注》，第262~263页。

而后工的事实出发，指出身处逆境之人易写出好文章，而达官贵人多无佳作，充分肯定自鸣其不幸的穷苦怨刺之作的艺术价值，以为其远胜于情味淡薄的歌功颂德之作。这是以他自己的切身体会为根据的。韩愈《答窦秀才书》云："愈少驽怯，于他艺能，自度无可努力，又不通时事，而与世多龃龉；念终无以树立，遂发愤笃专于文学。"①在《柳子厚墓志铭》里，韩愈记述了柳宗元因参加"永贞革新"而一再被贬的经过，说放逐蛮荒之地十多年而最后死于贬所的痛苦遭遇，成就了柳宗元光耀千古的山水游记和怨刺小品。他认为倘若柳宗元在遭排斥打击时有人保举，必不至于仕途如此坎坷，"然子厚斥不久，穷不极，虽有出于人，其文学辞章，必不能自力以致必传于后如今，无疑也。虽使子厚得所愿，为将相于一时，以彼易此，孰得孰失，必有能辨之者"②。意谓文章憎达命，若柳宗元仕途顺达，就未必能有优秀的诗文作品传世。这也就是后来欧阳修在《梅圣俞诗集序》里说的："凡士之蕴其所有而不得施于世者，多喜自放于山巅水涯外，见虫鱼草木风云鸟兽之状类，往往探其奇怪。内有忧思感愤之郁积，其兴于怨刺，以道羁臣寡妇之所叹，而写人情之难言。盖愈穷则愈工，然则非诗之能穷人，殆穷者而后工也。"③仕途坎坷的"穷者"，多自鸣其不幸的感人作品。

　　同样是抒写心中不平之气，也有善鸣与不善鸣的区别。韩愈说："维天之于时也亦然，择其善鸣者而假之鸣；是故以鸟鸣春，以雷鸣夏，以虫鸣秋，以风鸣冬，四时之相推夺，其必有不得其平者乎！其于人也亦然：人声之精者为言，文辞之于言，又其精也，尤择其善鸣者而假之鸣。"④善鸣者乃道、技两进者。韩愈在《送高闲上人序》

　　① 韩愈著，马其昶校注，马茂元整理：《韩昌黎文集校注》，第138~139页。
　　② 韩愈著，马其昶校注，马茂元整理：《韩昌黎文集校注》，第513页。
　　③ 欧阳修：《欧阳修全集》，北京：中国书店，1986年，第295页。
　　④ 韩愈著，马其昶校注，马茂元整理：《韩昌黎文集校注》，第233页。

中说：

> 往时张旭善草书，不治他伎，喜怒窘穷，忧悲愉佚，怨恨思慕，酣醉无聊不平，有动于心，必于草书焉发之。观于物，见山水崖谷，鸟兽虫鱼，草木之花实，日有列星，风雨水火，雷霆霹雳，歌舞战斗，天地事物之变，可喜可愕，一寓于书：故旭之书，变动犹鬼神，不可端倪。以此终其身，而名后世。①

张旭草书技艺的高超，乃中得心源和外师造化的结果，其"有动于心"的不平，既有怒悲怨恨之情，也有喜愉思慕之意，关键在于能得之于心而应之于手。所谓"苟可以寓其巧智，使机应于心，不挫于气，则神完而守固，虽外物至，不胶于心"②。在人的文艺修养中含有知识技艺的因素，但必须融入性情中，成为体现人格气质的成分，才能技而进乎道，心应万物而不为物所累，笼天地于形内，挫万物于笔端。盖天地间一切道理和一切技艺皆由人心生，心明而道彰，心动而情显，心手相应则技艺进乎道。情积于中而气发于外，才能做到情深而文明——可喜可愕寓于书，气盛而化神——变化不测而不可端倪。韩愈古文里的杂著、记序、碑志、祭文等作品，多是为同道和自己鸣不平的作品，含有非常强烈的感情色彩。

中国古代的散体文本来就有一种以文气寄寓感情的倾向，即便是单纯的议论文，只要有文气贯穿，亦不失为第一流的文字。韩愈在把秦汉散体文的著述体裁变为类于诗赋之篇什体裁的短篇散文时，将"文以气为主"的特点发扬光大，以气盛体现学养和情感，让生命节奏和感情旋律展现于有限篇幅中，出入有度而神气自流。也就是说，他将诗赋缘情写怀的方式融入短篇散文里，使叙事、论理的"古文"兼备了文学的抒情笔法，具有取材广泛、长短自如、表现形式多样的

---

① 韩愈著，马其昶校注，马茂元整理：《韩昌黎文集校注》，第270页。
② 韩愈著，马其昶校注，马茂元整理：《韩昌黎文集校注》，第269页。

特点，既不同于讲究辞藻、声律和对偶的骈体文，也与叙事性和论理性占优势的秦汉著述散文有区别。这种熔说理、叙事和抒情为一炉的成体之文，既可以用来明道，宜于实用，又具有抒情品格，能充分体现作者的学识、气度和内心感情，带有很强的文学性。"古文"这种短篇散文的文体独立，使文以明道的创作追求与明心写意相结合，以表达感情强烈的不平之鸣，体现作者刚健弘毅的特立独行人格。

第三节　凡为文以神志为主

中唐的儒学复兴与古文运动相表里，对确定中国思想文化发展方向具有关键意义，其中韩愈是当之无愧的旗手，而柳宗元则是不可或缺的主将。柳宗元讲"文以明道"虽在韩愈之后，但在"统合儒释"的儒学的发展、文气的辨析和纯文学散文文体的创造等方面，都能百尺竿头更进一步。他说的"凡为文以神志为主"，就较韩愈的"气盛言宜"说更进了一层，因神为气之精，志为气之帅，对二者在著述兼比兴的"古文"新体的创作中所起的作用，柳宗元有更为精辟的论说。他融诗赋之情趣风神于散文写作的山水游记，以及运用比喻和寓言所写的大量书愤明志的杂文，也较韩文更具文学风采和诗意。

一、明道与言志并重

在儒家道统的承传方面，韩愈力排释老而独尊孔孟之说，这是儒学复兴初期所必需的；柳宗元则在不背离儒家宗旨的前提下，吸收佛老和其他学派的思想成果，为儒学的发展开拓了道路。尽管柳宗元的"统合儒释"与韩愈的辟佛存在着思想方法上的分歧，但却能形成一种"合力"，推动着儒道内涵的更新，从而使"文以明道"观念不断得到深化，最突出的是以言志充实明道，强调作者的志向和志气在文章写作中所起的决定性作用。

柳宗元一生以"志于道"自命，他在《送薛判官量移序》中说："君子学以植其志，信以笃其道，有异于恒者，充而大之。苟推是以往，虽欲辞显难矣。"① 人贵有志，立大志才能信道笃，这可以说是一种儒家传统的人生信仰。孔子讲"志于道"，以为"三军可夺帅也，匹夫不可夺志也"（《论语·子罕第九》）。孟子在回答"士何事"时说："尚志。"人问："何谓尚志？"曰："仁义而已矣。"（《孟子·尽心章句上》） 行仁义不能空言明道，必须有以天下为己任的志向和社会责任感。柳宗元《寄许京兆孟容书》云：

> 宗元早岁，与负罪者亲善，始奇其能，谓可以共立仁义，裨教化。过不自料，勤勤勉励，唯以中正信义为志，以兴尧、舜、孔子之道，利安元元为务，不知愚陋，不可力强，其素意如此也。②

尚志而讲仁义，以求有裨教化和济世安民。柳宗元在《答吴武陵论非国语书》里说："仆之为文久矣，然心少之，不务也，以为是特博弈之雄耳。故在长安时，不以是取名誉，意欲施之事实，以辅时及物为道。"③ 仁人志士要有辅助时政和惠及生物的远大志向，能实现此志向即是行道，故言志与明道是相同的。在《送表弟吕让将仕进序》中，柳宗元说："志存焉，学不至焉，不可也；学存焉，辞不至焉，不可也；辞存焉，时不至焉，不可也。今以子之志，且学而文之，又当主上兴太平，贤士大夫为宰相卿士，吾子以其道从容以行，由于下，达于上，旁施其事业，若健者之升梯，举足愈多，身愈高，人愈仰之耳。道不误矣，勤而不忘，斯可也；怠而忘，斯不可也。"④ 学

---

① 柳宗元：《柳宗元集》，第 618 页。
② 柳宗元：《柳宗元集》，第 780 页。
③ 柳宗元：《柳宗元集》，第 824 页。
④ 柳宗元：《柳宗元集》，第 639 页。

而优则仕是士人佐世致用的行道途径，所谓"穷则独善其身，达则兼善天下"（《孟子·尽心章句上》）。达则行道，穷不失志，即使穷居守约也应不改初衷，保持做人的操守。

柳宗元认为士人得位固然要行道，未能居位则要以文明道。他在《报崔黯秀才论为文书》中说："然圣人之言，期以明道，学者务求诸道而遗其辞。辞之传于世者，必由于书。道假辞而明，辞假书而传，要之，之道而已耳。道之及，及乎物而已耳，斯取道之内者也。"① 文学是柳宗元将"辅时及物"之志立言以垂后的事业，即使在遭谪贬后也是如此。他说："自为罪人，舍恐惧则闲无事，故聊复为之。然而辅时及物之道，不可陈于今，则宜垂于后。言而不文则泥，然则文者固不可少耶！"② 为文要能明道见志，以显文之用，但文章除了发挥辅时及物的社会政治功用，还是为文者主观情志的表现，故应当是"理备"与"意美"的结合。柳宗元《杨评事文集后序》说：

> 文之用，辞令褒贬，导扬讽谕而已。虽其言鄙野，足以备于用。然而阙其文采，固不足以竦动时听，夸示后学。立言而朽，君子不由也。故作者抱其根源，而必由是假道焉。作于圣，故曰经；述于才，故曰文。文有二道：辞令褒贬，本乎著述者也；导扬讽谕，本乎比兴者也。著述者流，盖出于《书》之谟、训，《易》之象、系，《春秋》之笔削，其要在于高壮广厚，词正而理备，谓宜藏于简册也。比兴者流，盖出于虞、夏之咏歌，殷、周之风雅，其要在于丽则清越，言畅而意美，谓宜流于谣诵也。兹二者，考其旨义，乖离不合。故秉笔之士，恒偏胜独得，而罕有兼者焉。厥有能而专美，命之曰艺成。虽古文雅之盛世，不能

① 柳宗元：《柳宗元集》，第886页。
② 柳宗元：《答吴武陵论非国语书》，《柳宗元集》，第824页。

儒家文艺思想史

并肩而生。①

这里讲的"文之用"含义广泛，既指经史文章的是非褒贬，也含诗赋一类的比兴讽谕。明辨是非要以仁义为标准，诗人兴寄之可贵也在体现仁义，就主导思想及其作用而言，二者都符合文道合一的追求，没有什么不同。但在文体风格和表现方式上，本乎著述的经史文章重在即事明理，直接指陈得失，褒善贬恶，表现为义正词严理备；本乎比兴的诗赋重在言志抒情，用物象寄托美刺讽谕，强调韵调流转的言畅意美。由于为文的宗旨各有不同，所以别为二体，历来能兼备二体之长者不多。柳宗元以为唐兴以来陈子昂、张说、张九龄等人为文，已是著述与比兴皆擅长了；不过，真正将诗赋言志体物的方式和兴寄讽喻融入文章中而能自成一体者，当自韩愈始。

韩愈的《毛颖传》，通过对毛笔的拟人化的形象描写，用类于诗的比兴方式，寄寓士人始终不被信用的感慨。这种蓄愤讽喻的言志之作，在当时竟遭到很多人的讥笑，以为是于世无补的游戏笔墨。柳宗元《读韩愈所著〈毛颖传〉后题》说："且世人笑之也，不以其俳乎？而俳又非圣人之所弃者。《诗》曰：'善戏谑兮，不为虐兮。'太史公书有《滑稽列传》，皆取乎有益于世者也。……韩子穷古书，好斯文，嘉颖之能尽其意，故奋而为之传，以发其郁积，而学者得以励，其有益于世欤！"② 在他看来，能辅时及物且明辨是非的作品固然是明道，含有兴寄讽喻的言志述怀之作，也同样有益于世道人心。

依柳宗元之意，要恢复古代的散体文，不一定专门模仿古人的经史著作，而可兼采诗赋那种本乎比兴的篇什之体。韩愈就已遍悟文体，纳诗赋之情趣风神于短篇散体文中；柳宗元则在理论上明确提出文兼比兴与著述的创作追求，并有意识地加以实践。像《毛颖传》

---

① 柳宗元：《柳宗元集》，第 578~579 页。
② 柳宗元：《柳宗元集》，第 569~571 页。

一类的杂传，于韩愈不过是偶尔为之，而在柳宗元的文集里，却有较多以社会下层人物为主的传记作品，借以针砭时弊，寄寓改革社会的理想。他那些书愤明志的杂记和寓言作品，将诗歌用比喻和物象导扬讽喻的方式移入散文，具有托物言志、讥世刺俗的兴寄特征。在柳宗元的叙事文中，常杂有嘲谑讥刺之笔，以表现强烈的愤慨之情，正所谓"嬉笑之怒，甚乎裂眦，长歌之哀，过乎恸哭"①，属于托兴深微的感激怨怼之作。

由于散文中言志抒情的成分加重，柳宗元在谈及"文以明道"所需的学养时，尤重心志对气的统摄作用。他在《送萧炼登第后南归序》中说："君子志正而气一，诚纯而分定，未尝摽出处为二道，判屈伸于异门也。固其本，养其正，如斯而已矣。"② 以志为本而气从之，贯彻于为文之中便是以志率气，突出"志正"的重要。其《答韦中立论师道书》说：

> 始吾幼且少，为文章，以辞为工。及长，乃知文者以明道，是固不苟为炳炳烺烺，务采色、夸声音而以为能也。凡吾所陈，皆自谓近道，而不知道之果近乎，远乎？吾子好道而可吾文，或者其于道不远矣。故吾每为文章，未尝敢以轻心掉之，惧其剽而不留也；未尝敢以怠心易之，惧其弛而不严也；未尝敢以昏气出之，惧其昧没而杂也；未尝敢以矜气作之，惧其偃蹇而骄也。抑之欲其奥，扬之欲其明，疏之欲其通，廉之欲其节，激而发之欲其清，固而存之欲其重，此吾所以羽翼夫道也。③

此文与韩愈的《答李翊书》一样，是对"古文"写作经验的理论总结，为古文文体自觉的纲领性文件。其重要意义不仅在于非常明确地

---

① 柳宗元：《对贺者》，《柳宗元集》，第 362 页。
② 柳宗元：《柳宗元集》，第 602 页。
③ 柳宗元：《柳宗元集》，第 873 页。

提出"文以明道"观念，还在于专门论述了作者在写作时应持的态度。首先要端正心志，在主观上做到严肃认真和清醒谦虚，不能存有轻率、怠堕之心，要除掉昏愦、骄矜之气。其次，行文之际要尽心竭力，合理运用抑与扬、疏与廉、激而发与固而存等写作技巧，务必使文章的表达既深入又明朗，既通畅又有节制，既清新又凝重。再者，要广泛继承学习前人遗产，以儒家经典为取道之源，博观而约取；于子史著作则要从旁推求，交相贯通，借鉴吸取其长处，行文有气势而条理畅达，恣肆纵横而多奇趣。

由儒家的内圣之学以言明道，以仁义为养气功夫，这是韩、柳实践儒家之道的具体途径，也是他们用来提高文章写作水平的学养基础。柳宗元《报袁君陈秀才避师名书》说："大都文以行为本，在先诚其中。其外者当先读六经，次《论语》、孟轲书，皆经言；《左氏》《国语》、庄周、屈原之辞，稍采取之；穀梁子、太史公甚峻洁，可以出入；余书俟文成异日讨也。其归在不出孔子，此其古人贤士所懔懔者。求孔子之道，不于异书。秀才志于道，慎勿怪、勿杂、勿务速显。道苟成，则慭然尔，久则蔚然尔。"[1] 用志于道勉励后学，把《孟子》与《论语》并列为经，以求孔子之道为主旨而兼收并蓄，重在道德心性的培养。所谓"幸而好求尧、舜、孔子之志，唯恐不得；幸而遇行尧、舜、孔子之道，唯恐不慊"[2]。把求志看成与行道同样重要，以为求圣人之志同于行圣人之道。

韩、柳都把文以明道作为士人穷居独处时应尽的职责，故"明道"与"不平之鸣"和言志有了不可分割的联系。柳宗元强调"志"的重要，是要将"志于道"贯彻于为文之中，以志率气，从而保证心性的善能充分体现出来。此种意义上的"志"，已具有某种心性本

---

① 柳宗元：《柳宗元集》，第 880~881 页。
② 柳宗元：《送娄图南秀才游淮南将入道序》，《柳宗元集》，第 656 页。

体的意义，类于《中庸》里所讲的"诚"了。

二、为文可畅达神明

柳宗元以"兴尧、舜、孔子之道"为平生之志，是儒学复兴的热心倡导者，但又出入于佛、老、庄、禅，说为文可畅达神明，思想较为通达深邃。他在《送巽上人赴中丞叔父召序》里说："吾自幼好佛，求其道积三十年。世之言者罕能通其说，于零陵，吾独有得焉。"① 此文作于柳宗元被贬永州后的元和六年（811），其济世安民的政治理想已破灭，而对志乎物外的佛老学说有更深一层的体会。这对他的文学思想和散文创作有相当大的影响。

柳宗元年轻时以善写流行的骈体文著名，在谪贬永州之后，方才大力倡导"古文"，写了多篇论文的书信，除了讲"文以明道"，还正式提出了"凡为文以神志为主"的主张。他在《与杨京兆凭书》里说：

> 今之文士咸能先理。理不一断于古书老生，直趣尧舜之道、孔氏之志，明而出之，又古之所难有也。然则文章未必为士之末，独采取何如尔！……若宗元者，才力缺败，不能远骋高厉，与诸生摩九霄，抚四海，夸耀于后之人矣。何也？凡为文以神志为主。自遭责逐，继以大故，荒乱耗竭，又常积忧恐，神志少矣，所读书随又遗忘。一二年来，痞气尤甚，加以众疾，动作不常。眊眊然骚扰内生，霾雾填拥惨沮，虽有意穷文章，而病夺其志矣。②

柳宗元回顾了自己多年为文的经历，坦言："宗元自小学为文章，中间幸联得甲乙科第，至尚书郎，专百官章奏，然未能究知为文之道。

---

① 柳宗元：《柳宗元集》，第 671 页。
② 柳宗元：《柳宗元集》，第 789~790 页。

自贬官来无事，读百家书，上下驰骋，乃少得知文章利病。"与早年轻视为文的看法不同，柳宗元此时认为文章对于士人来说也是很重要的事业，为文要"博如庄周，哀如屈原，奥如孟轲，壮如李斯，峻如马迁，富如相如，明如贾谊，专如扬雄"①。这除须知文章利病外，保持健康的志气和精神尤为关键，如果志散神疲，则无法写出好的文章来。

若进一步探讨柳宗元对人之心志和神明的认识，则可知他对为文之道的思考，虽以明尧、舜之道和孔氏之志为首务，却包容了诸子学说和佛说，其思想已超越了儒家仁义忠信的道德境界，入于与自然冥合而志远神悠的天人境界。孟子曾说："有天爵者，有人爵者。仁义忠信，乐善不倦，此天爵也；公卿大夫，此人爵也。"（《孟子·告子上》）以仁义忠信为"天爵"，意谓人之性善乃天生的，含有天命之谓性的思想。柳宗元虽接受了孟子的性善说，但更倾向于就人的自然禀赋立论，他在《天爵论》里说：

> 夫天之贵斯人也，则付刚健、纯粹于其躬，倬为至灵，大者圣神，其次贤能，所谓贵也。刚健之气，钟于人也为志，得之者，运行而可大，悠久而不息，拳拳于得善，孜孜于嗜学，则志者其一端耳。纯粹之气，注于人也为明；得之者，爽达而先觉，鉴照而无隐，盹盹于独见，渊渊于默识，则明者又其一端耳。明离为天之用，恒久为天之道，举斯二者，人伦之要尽是焉。故善言天爵者，不必在道德忠信，明与志而已矣。②

由气禀谈人的心志及神明，以孟子的性善论为本，但又融合了《易传》的天道观和《庄子》的自然说。《易传》以阴、阳二气言天道变化，以乾卦为纯阳之卦，其《文言》曰："大哉乾乎，刚健中正，纯

---

① 柳宗元：《柳宗元集》，第790页。
② 柳宗元：《柳宗元集》，第79~80页。

粹精也；六爻发挥，旁通情也。"① 据此，柳宗元认为人之志含刚健之气，天行健而君子自强不息，体现的是性善的力量。他又以纯粹之气属于明，并用"鉴照"和"独见"解释明，所用概念和思想材料均来自庄学，所谓"庄周言天曰自然，吾取之"②。庄子以水镜喻人心的鉴照，《庄子·天道篇》说："水静犹明，而况精神！圣人之心静乎！天地之鉴也，万物之镜也。""明"指精神的作用，要在收视返听的冥观默识中，显示"独与天地精神往来"的独见之明，以达到"游心于淡，合气于漠，顺物自然而无容私焉"（《庄子·应帝王篇》）的天人合一境界。受庄学的影响，柳宗元认为只有"各合乎气"的"明"与"志"，方可说成是"天爵"。因为"明"合于纯粹之精气，于人心指精神的作用，可称神明；所谓"志"，则是合于刚健中正之气的志气，于人性言是善根。

柳宗元对神明和志气的分析已深入到心性论的层面，关于气的分析较韩愈要深刻，其"为文以神志为主"的看法，亦比韩愈的"气盛言宜"说显得精辟。这在很大程度上得力于柳宗元"统合儒释"思想。苏轼《书柳子厚大鉴禅师碑后》认为："柳子厚南迁，始究佛法，作《曹溪》《南岳》诸碑，妙绝古今。"③ 在《曹溪第六祖赐谥大鉴禅师碑》中，柳宗元说惠能：

> 其道以无为为有，以空洞为实，以广大不荡为归。其教人，始以性善，终以性善，不假耘锄，本其静矣。……其辞曰：达摩乾乾，传佛语心。六承其授，大鉴是临。④

佛家以空无为旨归而心量广大，只承认缘起性空的真实，其教义是劝

① 〔清〕阮元校刻：《周易正义》，《十三经注疏》（上），第5页。

② 柳宗元：《柳宗元集》，第80页。

③ 〔宋〕苏轼著，孔凡礼点校：《苏轼文集》，北京：中华书局，1986年，第2084页。

④ 柳宗元：《柳宗元集》，第150~151页。

人为善，合于儒家孟子的性善论。对于当时一些言禅者的"妄取空语""颠倒真实"，以及其"能言体而不及用者"，[①] 柳宗元站在儒者的立场加以批评，但对佛说没有一概否定。他赞扬止观双修而以中道学说为基本教义的天台宗，其《岳州圣安寺无姓和尚碑》说："佛道逾远，异端竞起，唯天台大师为得其说。"[②] 与禅宗标榜单传心印、不立文字有别，天台宗主定慧双修、禅义兼弘。柳宗元在《南岳大明寺律和尚碑》中说："儒以礼立仁义，无之则坏；佛以律持定慧，去之则丧。是故离礼于仁义者，不可与言儒；异律于定慧者，不可与言佛。"[③] 以为习佛者不能离开戒律空谈定慧，所言极为中肯。佛学传入中土，以定为善念，慧指智根，均就人之心性而言。柳宗元讲的志是一种求善的本性，而明是一种智性，兼顾心之体用，与他所理解的佛之定慧异曲同工。受佛教传佛语心和定慧说的启发，柳宗元才会以志气言性善，以神明指心之作用，并就二者的气禀做分析说明，使文气的理论更进了一步。

受老庄和佛教思想影响，柳宗元在诗文中所言之志意蕴丰富，不仅有辅时及物的用世之心，亦有志乎物外者。他在《送玄举归幽泉寺序》中说："佛之道，大而多容，凡有志乎物外而耻制于世者，则思入焉。"[④] 持用世之心的士人，一入仕途就难免为功名所累，或因正直而被贬官，或爱官争能而困于名缰利锁，均要受制于人；唯存闲云野鹤之志者，往往具超尘出世之思而心量广大，其品行的高下较官场中人判若云泥。如柳宗元"思入"佛境的《江雪》诗：

千山鸟飞绝，万径人踪灭。孤舟蓑笠翁，独钓寒江雪。

鸟飞绝迹的意象，源自天台宗的重要典籍《摩诃止观》，所谓"如鸟

---

① 柳宗元：《送琛上人南游序》，《柳宗元集》，第 680 页。
② 柳宗元：《柳宗元集》，第 156 页。
③ 柳宗元：《柳宗元集》，第 170 页。
④ 柳宗元：《柳宗元集》，第 682~683 页。

飞空，终不住空。虽不住空，迹不可寻。虽空而度，虽度而空"①。空中鸟飞过无痕，喻示由因缘合成的性空与假有统一的中道义。在《巽公院五咏》的《禅堂》一诗中，柳宗元说："万籁俱缘生，窅然喧中寂。心境本同如，鸟飞无遗迹。"② 心境本空之真谛，与鸟飞无迹的假有浑然为一。以此种意象入诗，是为了突出甘于寂寞的渔翁之志的高洁，其独立寒江的静默有如禅定，以山水为观照对象而全身心地融入自然，忘却一切尘世的纷扰。柳宗元谪贬到永州之后，颇有超然物外之志，把游观山水作为息心静虑的修养方式。他在《零陵三亭记》里说："邑之有观游，或者以为非政，是大不然。夫气烦则虑乱，视壅则志滞。君子必有游息之物，高明之具，使之清宁平夷，恒若有余，然后理达而事成。"③ 以为游观可除闷气、舒心志。

山水游记在柳宗元的散文中占有重要地位，作者精神与自然的契合十分突出，多具超旷空灵的诗之意境。在"永州八记"的第一篇《始得西山宴游记》中，他叙说自己开始时，"以为凡是州之山水有异态者，皆我有也，而未始知西山之怪特"。待进入大山深处，"然后知是山之特立，不与培塿为类，悠悠乎与颢气俱，而莫得其涯，洋洋乎与造物者游，而不知其所穷。引觞满酌，颓然就醉，不知日之入。苍然暮色，自远而至，至无所见，而犹不欲归。心凝形释，与万化冥合。然后知吾向之未始游，游于是乎始，故为之文以志"④。只有全身心地投入自然山水中，才能真正体验到这种人与天地万物在精神上的冥合。如《钴鉧潭西小丘记》所写：

> 由其中以望，则山之高，云之浮，溪之流，鸟兽之遨游，举熙熙然回巧献技，以效兹丘之下。枕席而卧，则清泠之状与目

---

① 〔隋〕智顗：《摩诃止观》，《大正新修大藏经》第四十六卷，第 56 页。
② 柳宗元：《柳宗元集》，第 1236 页。
③ 柳宗元：《柳宗元集》，第 737 页。
④ 柳宗元：《柳宗元集》，第 762~763 页。

谋，潺潺之声与耳谋，悠然而虚者与神谋，渊然而静者与心谋。①

再如《至小丘西小石潭记》所云：

> 潭中鱼可百许头，皆若空游无所依。日光下澈，影布石上，怡然不动；俶尔远逝，往来翕忽，似与游者相乐。潭西南而望，斗折蛇行，明灭可见。其岸势犬牙差互，不可知其源。坐潭上，四面竹树环合，寂寥无人，凄神寒骨，悄怆幽邃。②

作者用慧眼观赏自然而神与物游，善于捕捉事物最精微的情态变化和富有诗意的瞬间，以简练、空灵的笔调描写出来。无论是悠悠与颢气俱的与造物者游，还是对高山流云和溪水潺潺的直观感受，以及人在虚静状态下的悠然神远、水中游鱼似与人相乐的往来出没，都体现了庄子崇尚自然的物我为思想。柳宗元为文的神思已达到"与万化冥合"的地步，故对自然美的把握妙入微茫，以至荒郊野外的平凡山水，也被表现得极单纯、宁静、清幽，而且神韵荡漾，有如"天籁"。具有神来之笔的描写叙述，使柳宗元的山水游记充满诗情画意，成为韩、柳古文里最具文学性的作品。

柳宗元是信奉儒家文以明道观念的，以志于道为古文写作的指导思想，把创作的重点放在了文学辅时及物的社会作用方面。他的"古文"写作融经史著述的辞令褒贬与诗赋的导扬讽喻为一体，完成了将纯文学述志咏怀的风神情韵纳入实用性散文里的文体革新。由于儒家之道多偏于含政治功利的道德说教，须在仁义道德的心性根源之地有某种转换，才有可能具备超功利的纯文学精神。柳宗元于坚持"文以明道"的同时出入佛、老、庄、禅，在文学传记、寓言和山水游记的创作中取得了卓越的成就，堪称与韩愈并立的散文大家。就儒

---

① 柳宗元：《柳宗元集》，第 765~766 页。
② 柳宗元：《柳宗元集》，第 767 页。

家孔孟之道的继承发展而言，柳宗元于心性的层面谈人的心志和神明，以儒学为主而吸纳佛禅的统合儒释，亦有助于新儒家思想内在超越发展理路的形成。

第四节　"辞达"的三种方式

唐宋的儒学复兴和古文创作带有某种复古性质，这既体现在对先秦原始儒家仁义之道的阐释方面，也表现为对孔孟有关"文""辞"言论的理解发挥。孔子《论语》里所讲的"文学"，多指当时的文献学术，非谓文章；与后世古文家所说的"文"的概念更为接近的，是孔子有关"言""辞"的陈述。如《左传·襄公二十五年》，孔子曰："言之无文，行而不远。晋为伯，郑入陈，非文辞不为功。慎辞也。"① 言而有文是为辞。子曰："辞达而已矣。"（《论语·卫灵公第十五》）"言文"和"辞达"遂成为对中国文学发展具重要意义的儒家文学批评术语。古文创作于宋代再度兴盛后，围绕孔子曾讲过的"言"文、"辞达"，宋代古文家做了不同的理解和引申发挥。欧阳修讲究"事信言文"，曾巩强调"畜道德而能文章"，苏轼关于"言止于达意"的新说，可视为儒家"文以明道"思想在宋代的新发展。他们追求的"辞达"看似复古，实含创新精神，最终形成平易自然、简洁畅达的宋文风格，完成了革新学风和文风的任务。

一、事信言文

在中唐到北宋的儒学复兴过程中，欧阳修是继韩愈之后的又一位文坛宗师。苏轼《六一居士集叙》说："自汉以来，道术不出于孔氏，而乱天下者多矣。晋以老庄亡，梁以佛亡，莫或正之。五百余年

儒家文艺思想史

---

① 杨伯峻：《春秋左传注》（三），第 1106 页。

而后得韩愈，学者以愈配孟子，盖庶几焉。愈之后三百有余年而后得欧阳子，其学推韩愈、孟子，以达于孔氏，著礼乐仁义之实，以合于大道。其言简而明，信而通，引物连类，折之于至理，以服人心，故天下翕然师尊之。"① 视欧阳修为继韩愈之后的儒家道统传人，并高度评价了他在立言方面的杰出成就。古人有"太上有立德，其次有立功，其次有立言"的"三不朽"之说，欧阳修集学者、政治家和文学家三者于一身，在三个方面都有突出的贡献。

在立言方面，欧阳修继承了韩愈的"道统""文统"说，宣传"文以明道"理论。他在《记旧本韩文后》说："呜呼！韩氏之文、之道，万世所共尊，天下所共传而有也。"② 除为文尊崇韩愈古文外，他论道也似韩愈，奉孔孟之说为宗旨，但强调紧密联系现实，主张引物连类而折之于"至理"，具有切于事实的求真倾向。他在《与张秀才第二书》中说："君子之于学也，务为道，为道必求知古。知古明道，而后履之以身，施之于事，而又见于文章而发之，以信后世。其道，周公、孔子、孟轲之徒常履而行之者是也；其文章，则六经所载，至今而取信者是也。其道易知而可法，其言易明而可行。"③ 建立在"其道易知"基础上的"其言易明"，成为欧阳修所倡导的文章风格，并以"事信言文"为辞达的具体标准。他在《代人上王枢密求先集序书》中说：

　　某闻《传》曰："言之无文，行而不远。"君子之所学也，言以载事而文以饰言，事信言文，乃能表见于后世。《诗》《书》《易》《春秋》，皆善载事而尤文者，故其传尤远。荀卿、孟轲之徒，亦善为言，然其道有至有不至，故其书或传或不传，犹系于

---

① 〔宋〕苏轼著，孔凡礼点校：《苏轼文集》，第 316 页。
② 欧阳修：《欧阳修全集》，第 537 页。
③ 欧阳修：《欧阳修全集》，第 481 页。

时之好恶而兴废之。其次，楚有大夫者，善文，其讴歌以传。汉之盛时，有贾谊、董仲舒、司马相如、扬雄，能文其文辞以传。……甚矣！言之难行也。事信矣，须文；文至矣，又系其所恃之大小，以见其行远不远也。①

欧阳修把"事信"作为"言文"的基础，强调"言以载事"的重要性，反对言之无物的空洞文章。他说："予读班固《艺文志》，唐四库书目，见其所列，自三代秦汉以来著书之士，多者至百余篇，少者犹三四十篇，其人不可胜数；而散亡磨灭，百不一二存焉。予窃悲其人，文章丽矣，言语工矣，无异草木荣华之飘风，鸟兽好音之过耳也。方其用心与力之劳，亦何异众人之汲汲营营，而忽焉以死者，虽有迟有速，而卒与三者同归于泯灭，夫言之不可恃也，盖如此。"②文章若要能流传，"言文"必须建立在"事信"的基础上。欧阳修在《送徐无党南归序》中指出，古代圣贤"修之于身，施之于事，见之于言"的"三不朽"里，立德者仅凭修身，立功者只有事业，就可达到不朽的目的；立言者若只工于言辞，决不可能像圣贤一样不朽。

强调"事信"是为了明道，要求文以致用。为了应付科举考试，以禄仕养亲，欧阳修早年在骈四俪六的时文方面也曾下过功夫，他说："仆知道晚，三十年前，尚好文华，嗜酒歌呼，知以为乐而不知其非也。及后少识圣人之道，而悔其往咎，则已布出而不可追矣。"③悔其少作，在于醉心文辞有碍学道。欧阳修《答吴充秀才书》云：

> 夫学者未始不为道，而至者鲜，为非道之于人远也，学者有所溺焉尔。盖文之为言，难工而可喜，易悦而自足，世之学者往往溺之，一有工焉，则曰吾学足矣。甚者，至弃百事，不关于

① 欧阳修：《欧阳修全集》，第486~487页。
② 欧阳修：《欧阳修全集》，第297页。
③ 欧阳修：《答孙正之第二书》，《欧阳修全集》，第496页。

心，曰："吾文士也，职于文而已。此其所以至之鲜也。"①

圣人之道可施于百姓人伦日用之间，若务高言而鲜事实，则属于不知道者。欧阳修强调"事信"，有要求文章反映社会现实的意思。他在《与黄校书论文章书》里说："见其弊而识其所以革之者，才识兼通，然后其文博辩而深切，中于时病而不为空言。盖见其弊，必见其所以弊之因，若贾生论秦之失而推古养太子之礼。此可谓知其本矣。然近世应科目文辞，求若此者盖寡。"② 以为科举考试当以策论为重。作为"庆历新政"的内容之一，庆历年间的科考罢贴经和墨义，改试策论和诗赋，而且策论在先。欧阳修在《详定贡举条状》中说："今先策论，则文辞者留心于治乱矣；简其程式，则闳博者得以驰骋矣，问以大义，则执经者不专于记诵矣。"③ 这种以文章经世致用的看法，纯属从实用功利的角度立论，若趋于极端，则有可能像王安石一样，以治教政令为文，走到排斥"言文"的地步。

作文主张"事信"，还有追求真理的意思，讲究"折之于至理"的简明通达，把穷理作为儒者明道的本职。欧阳修《颁贡举条制敕》说："夫儒者，通乎天地人之理，而兼明古今治乱之原，可谓博矣。"④ 其《崇文总目叙释》又说："儒者究极天地人神事物之理，无所不通，故其学有次第而后大成焉。"⑤ 通达万物之理，是为了把握具有抽象普遍性的简明扼要的"至理"，也就是易知的道理。在《易经·系辞》里，有"乾以易知，坤以简能"之说，欧阳修《易童子问》的解释是："其言天地之道，乾坤之用，圣人所以成其德业者，可谓详而备矣。故曰'易简而天下之理得矣'者，是其义尽于

---

① 欧阳修：《欧阳修全集》，第 321~322 页。
② 欧阳修：《欧阳修全集》，第 488 页。
③ 欧阳修：《欧阳修全集》，第 830 页。
④ 欧阳修：《欧阳修全集》，第 575 页。
⑤ 欧阳修：《欧阳修全集》，第 999 页。

此矣。"① 为了通达事理，欧阳修主张言简意赅的叙事风格，若辞不达意，则道理难通。他在《试笔》中说：

> "书不尽言，言不尽意。"然自古圣贤之意，万古得以推而求之者，岂非言之传欤？圣人之意所以存者，得非书乎？然则书不尽言之烦而尽其要，言不尽意之委曲而尽其理。谓书不尽言、言不尽意者，非深明之论也。②

言能尽意是指尽其理，故"言以载事"之"事"是否可信，亦应以理做判断的根据。欧阳修在《笔说》中说："凡物有常理，而推之不可知者，圣人之所不言也。"③ "常理"即事物之理，以事理推求其本真，引物连类而折之于至理，乃"明道"观念的新发展，反映了宋人"尚理"的时代精神。欧阳修《道无常名说》云："道无常名，所以尊于万物；君有常道，所以尊于四海。然则无常以应物为功，有常以执道为本，达有无之至理，适用舍之深机，诘之难以言穷，推之不以迹见。"④ 在对至理的寻求方面，可看出欧阳修出入老庄而通于《易》学的思想方法。他认为《易经》传中的文字，除《系辞》之外，均非出自孔子之手，因"夫谕未达者，未能及于至理也，必指事据迹以为言。余之所以知系辞而下非圣人之作者，以其言繁衍丛脞而乖戾也"⑤。批评《易》传有言繁理乱的毛病，讲究文字的简洁明快和折之于至理。

在古文写作中，欧阳修主张据事以言理，而且要合于人情。他在《书荔枝谱后》里说："善为物理之论者曰：天地任物之自然。物生有常理，斯之谓至神。圆方刻画，不以智造而力给，然千状万态，各

---

① 欧阳修：《欧阳修全集》，第 569 页。
② 欧阳修：《欧阳修全集》，第 1052 页。
③ 欧阳修：《欧阳修全集》，第 1045 页。
④ 欧阳修：《欧阳修全集》，第 1045 页。
⑤ 欧阳修：《欧阳修全集》，第 571 页。

极其巧，以成其形，可谓任之自然矣。"① 推天地之理以明人事之始终，穷情尽变而归于自然。这种对事物常理的追寻，以及顺应自然的超功利态度，经苏轼发扬光大后，形成宋代古文家中重文的一派。

欧阳修本人对"言文"也是很重视的，认为人得天地造化之精气而为万物之灵，具备语言文字能力是人有血气仁智之灵的表现，灵气体现在言谈举止文章上。其《感二子》诗云："二子精思极搜抉，天地鬼神无遁情。及其放笔骋豪俊，笔下万物生光荣。古人谓此觑天巧，命短疑为天公憎。……英雄白骨化黄土，富贵何止浮云轻。唯有文章烂日星，气凌山岳常峥嵘。"② 承韩愈的文气说，谓文章可气壮山河。他在《鸣蝉赋》里说：

> 呜呼！达士所齐，万物一类。人于其间，所以为贵，盖已巧其语言，又能传于文字。是以穷彼思虑，耗其血气，或吟哦其穷愁，或发扬其志意，虽共尽于万物，乃长鸣于百世。③

言为气之精，人会说话乃得天地精气的体现，可使生命精神得以延续而不朽。在《杂说三首》里，欧阳修说："人之死，骨肉臭腐，蝼蚁之食尔。其贵乎万物者，亦精气也。其精气不夺于物，则蕴而为思虑，发而为事业，著而为文章，昭乎百世之上，而仰乎百世之下。"④ 他不仅推崇圣人之道，亦重圣人之文，其《论尹师鲁墓志》云："述其文，则曰简而有法。此一句，在孔子六经，惟《春秋》可当之。其他经，非孔子自作文章，故虽有法而不简也。"⑤ 他在《送杨寘》里以琴声形容文章，以为"其忧深思远，则舜与文王孔子之遗音也；悲愁感愤，则伯奇孤子屈原忠臣之所叹也。喜怒哀乐，动人心深，而

---

① 欧阳修：《欧阳修全集》，第 538 页。
② 欧阳修：《欧阳修全集》，第 61 页。
③ 欧阳修：《欧阳修全集》，第 111 页。
④ 欧阳修：《欧阳修全集》，第 114~115 页。
⑤ 欧阳修：《欧阳修全集》，第 533 页。

纯古淡泊，与夫尧舜三代之言语，孔子之文章，《易》之忧患，《诗》之怨刺，无以异。其能听之以耳，应之以手，取其和者，道其堙郁，写其忧思，则感人之际，亦有至者焉"①。称赞圣贤文章有深于情的艺术感染力。

在谈及道与文二者的关系时，欧阳修始终把道放在首位，他说："圣人之文，虽不可及，然大抵道胜者，文不难而自至也。故孟子皇皇不暇著书，荀卿盖亦晚而有作。若子云、仲淹，方勉焉以模言语，此道未足而强言者也。后之惑者，徒见前世之文传，以为学者文而已，故愈力愈勤而愈不至。"② 与韩愈一样，强调道是根本，言为枝叶，根深才能叶茂。

二、蓄道德而能文章

关于欧阳修的道德文章，历来称赞的人很多，他本人亦多次强调作者内在的道德品性修养是立言的基础，以为内心充实才能写出好文章。其《答祖择之书》说："夫世无师矣！学者当师经。师经，必先求其意，意得则心定，心定则道纯，道纯则充于中者实，中充实则发为文者辉光，施于世者果致。三代两汉之学，不过此也。"③ 所谓"中充实"，指内心的文化和道德修养，综合了孟子的"充实之谓美"说与韩愈的"养气"说。同样的意思，他在《与乐秀才第一书》里说得更清楚：

> 古人之于学也，讲之深而信之笃，其充于中者足，而后发乎外者大以光。譬夫金玉之有英华，非由磨饰染濯之所为，而由其质性坚实，而光辉之发自然也。《易》之《大畜》曰："刚健笃

① 欧阳修：《欧阳修全集》，第 290 页。
② 欧阳修：《答吴充秀才书》，《欧阳修全集》，第 322 页。
③ 欧阳修：《欧阳修全集》，第 499 页。

实，辉光日新。"谓夫畜于其内者实，而后发为光辉者，日益新而不竭也。故其文曰："君子多识前言往行，以畜其德。"此之谓也。①

以充于中的内畜之德作为文章的根本，把道德人格的修养放到了很重要的位置。但欧阳修同时也说："古人之学者非一家，其为道虽同，言语文章未尝相似，孔子之系《易》，周公之作《书》，奚斯之作《颂》，其辞皆不同而各自以为经。子游、子夏、子张，与颜回同一师，其为人皆不同，各由其性而就于道耳。"② 道理虽然相同，性情却不妨有别，同样的内容，可以用不同的语言来表达。欧阳修反对"巧其词以为华，张其言以为大"的错误做法，他说："夫强为则用力艰，用力艰则有限，有限则易竭。又其为辞，不规模于前人，则必屈曲变态，以随时俗之所好，鲜克自立。此其充于中者不足而莫自知其所守也。"③ 从正、反两个方面说明了"畜道德"的重要性。

这种道德充于内而言辞发于外的说法为曾巩所继承，他对欧阳修的道德文章极为钦佩，以为百年难遇。其《寄欧阳舍人书》说："然畜道德而能文章者，虽或并世而有，亦或数十年或一二百年而有之。其传之难如此，其遇之难又如此。若先生之道德文章，固所谓数百年而有者也。"④ 人格低下的无德者，其言难以取信于世；而有德者若言辞不工，文章也不能传世。二者兼胜之人世上少有。曾巩《上欧阳学士第一书》说：

　　巩自成童，闻执事之名，及长得执事之文章，口诵而心记之。观其根极理要，拨正邪僻，掎挈当世，张皇大中，其深纯温

---

① 欧阳修：《欧阳修全集》，第 506 页。
② 欧阳修：《欧阳修全集》，第 506~507 页。
③ 欧阳修：《欧阳修全集》，第 507 页。
④ 〔宋〕曾巩撰，陈杏珍、晁继周点校：《曾巩集》，北京：中华书局，1984 年，第 254 页。

厚，与孟子、韩吏部之书为相唱和，无半言片辞踳驳于其间，真六经之羽翼，道义之师祖也。既有志于学，于时事，万亦识其一焉。则又闻执事之行事，不顾流俗之态，卓然以体道扶教为己务。往者推吐赤心，敷建大论，不与高明，独援摧缩，俾蹈正者有所禀法，怀疑者有所问执，义益坚而德益高，出乎外者合乎内，推于人者诚于己，信所谓能言之，能行之，既有德而且有言也。韩退之没，观圣人之道者，固在执事之门矣。①

把欧阳修视作儒家“道统”的承传者和文坛宗师，以为他“好贤乐善，孜孜于道德，以辅时及物为事，方今海内未有伦比。其文章、智谋、材力之雄伟挺特，信韩文公来一人而已”②。就体道扶教和弘扬儒家道义方面，称赞欧阳修的杰出贡献。苏轼在《祭欧阳文忠公文》里总结道：“斯文有传，学者有师。”③ 着眼点也在其道德文章方面。

曾巩是“唐宋八大家”中道学气最重的一位，于儒家的内圣之道尤为在意。他在《说苑目录序》中说：“夫学者之于道，非知其大略之难也，知其精微之际固难矣。”④ 他认为道之精微在心性，须求之于内，可这一点长期被忽视了。“盖汉承周衰及秦灭学之余，百氏杂家与圣人之道并传，学者罕能独观于道德之要，而不牵于俗儒之说。至于治心养性、去就语默之际，能不悖于理者，固希矣”⑤。以治心养性和纯于道德之美者为尚，主张返求于古代的《大学》之道。曾巩《洪范传》说：“古之欲明明德于天下者，必始于知至意诚，心正然后身修，身修然后国家天下治。以是为《大学》之道，百王莫不同然。而见于经者，莫详于尧。盖聪明文思，尧之得于其心者也。

① 〔宋〕曾巩撰，陈杏珍、晁继周点校：《曾巩集》，第 232 页。
② 〔宋〕曾巩撰，陈杏珍、晁继周点校：《上欧阳学士第二书》，《曾巩集》第 233 页。
③ 〔宋〕苏轼著，孔凡礼点校：《苏轼文集》，第 1937 页。
④ 〔宋〕曾巩撰，陈杏珍、晁继周点校：《曾巩集》，第 191 页。
⑤ 〔宋〕曾巩撰，陈杏珍、晁继周点校：《徐幹中论目录序》，《曾巩集》，第 190 页。

克明俊德，有诸心，故能求诸身也。"① 将明德视为求道之要。他在《答李沿书》中说：

> 夫道之大归非他，欲其得诸心，充诸身，扩而被之国家天下而已，非汲汲乎辞也。其所以不已乎辞者，非得已也。孟子曰："予岂好辨哉？予不得已也。"此其所以为孟子也。今足下其自谓已得诸心、充诸身软？扩而被之国家天下而有不得已软？不然，何遽急于辞也？孔子曰："古之学者为己，今之学者为人。"足下其得无己病乎？虽然，足下之有志乎道，而予之所爱且畏者不疑也。②

要做道的传人，须明心养性，以尽性诚心为归趋。所谓"能尽其性，则诚矣。诚者，成也，不惑也。既诚矣，必充之，使可大焉。既大焉，必推之，使可化焉。能化矣，则含智之民，肖翘之物，有待于我者，莫不由之以全其性，遂其宜，而吾之用与天地参矣。德如此其至也。而应乎外者，未尝不与人同，此吾之道所以为天下之通道也"③。在曾巩看来，反得于内者，未有不可行于外；有不可行于外者，定是不得于内矣，若穷理、尽性而智道两得之，则已近于圣人了。其《南齐书目录序》云："古之所谓良史者，其明必足以周万事之理，其道必足以适天下之用，其智必足以通难知之意，其文必足以发难显之情，然后其任可得而称也。"④ 良史的道、智、文合一，是曾巩心目中的文章典范，要求为文规模经史，追求当其理、达其意和尽其情的道德文章。

曾巩文章带有道学气，宜为儒者所看重。邵廉《序刻南丰先生文集》说："夫曾氏之文，盖庶几乎孔门之文章也。《中庸》曰：'喜

---

① 〔宋〕曾巩撰，陈杏珍、晁继周点校：《曾巩集》，第 159~160 页。
② 〔宋〕曾巩撰，陈杏珍、晁继周点校：《曾巩集》，第 258 页。
③ 〔宋〕曾巩撰，陈杏珍、晁继周点校：《梁书目录序》，《曾巩集》，第 178 页。
④ 〔宋〕曾巩撰，陈杏珍、晁继周点校：《曾巩集》，第 187 页。

怒哀乐之未发谓之中，发而皆中节谓之和。'和也者，中也，天下之达道也。孔子曰：'辞达而已矣。'辞，喜怒哀乐之成章也。达，达其由中出也。辞达而道达也，故通之天地万物无二也。曾氏当理故无二，以此，夫子之文章，可得而闻。"① 所谓"辞达而道达"，即合道德、文章为一，这是曾巩文章为理学家（如朱熹）所推崇的理由，也是他的散文多言理之作而缺乏文学性的原因。

三、行于所当行，止于不可不止

同为欧门后学，曾巩偏重于以道德为本谈辞章表达，而苏轼则专就为文讲"辞达"的重要性，使这一本来对"言文"有限制作用的孔门古训，变成自由表达作者情感见识的文学命题和作文大法。"辞达"的本义是辞以达意。司马光《答孔文仲司户书》云："今之所谓文者，古之辞也。孔子曰'辞达而已矣'，明其足以通意斯止矣，无事于华藻宏辩也。"② 这种解释代表了一般儒者的看法，强调的是"而已"二字；苏轼的着眼点却在"达"字上，以达意为人生的快事和为文的主旨。

以言辞达意是苏轼的一贯主张，他在《答虔倅俞括一首》里说："孔子曰：'辞达而已矣。'物固有是理，患不知之，知之患不能达之于口与手。所谓文者，能达是而已。"③ 何谓"达"呢？何远《春渚纪闻》引苏轼语云："某平生无快意事，唯作文章，意之所到，则笔力曲折，无不尽意，自谓世间乐事，无逾此者。"葛立方《韵语阳秋》记载苏轼于儋耳言作文之法曰："儋州虽数百家之聚，州人之所须，取之市而足，然不可徒得也，必有一物以摄之，然后为己用。所

儒家文艺思想史

---

① 〔宋〕曾巩撰，陈杏珍、晁继周点校：《曾巩集》，第817页。
② 司马光撰，张元济辑：《温国文正司马公文集》卷六十，四部丛刊本。
③ 〔宋〕苏轼著，孔凡礼点校：《苏轼文集》，第1793页。

谓一物者，钱是也。作文亦然，天下之事，散在经子史中，不可徒使，必得一物以摄之，然后为己用。所谓一物者，意是也。不得钱不可以取物，不得意不可以明事，此作文之要也。"① 这两段传言都是有所本的，符合辞以达意之说。苏轼《与谢民师推官书》谈自己的作文体会是：

> 大略如行云流水，初无定质，但常行于所当行，常止于所不可不止，文理自然，姿态横生。孔子曰："言之不文，行而不远。"又曰："辞达而已矣。"夫言止于达意，则疑若不文，是大不然。求物之妙，如系风捕影，能使是物了然于心者，盖千万人而不一遇也。而况能使了然于口与手者乎？是之谓辞达。辞至于能达，则文不可胜用矣。②

这里讲的"达意"，含有对自然之理的体悟或把握，不能简单地等同于某种主观意图的表达。苏轼对凿空杜撰的有意作文是持否定态度的，他在《南行前集叙》中说：

> 夫昔之为文者，非能为之为工，乃不能不为之为工也。山川之有云雾，草木之有华实，充满勃郁而见于外，夫虽欲无有，其可得耶！自少闻家君之论文，以为古之圣人有所不能自已而作者。故轼与弟辙为文至多，而未尝敢有作文之意。③

文章本天然，好作品乃不吐不快的产物，非作者有意力强而致，故初无定质，但又能随所要表达之意而行于所当行、止于不可不止，此乃作文的最高境界。苏轼《策总叙》云："有意而言，意尽而言止者，天下之至言也。"④ 他衡量"辞达"的标准有二：一是"了然于心"，与作者的器识和性情有关；二是"了然于口与手"，主要是言辞运用

---

① 〔清〕何文焕辑：《历代诗话》（下），北京：中华书局，1981年，第509页。
② 〔宋〕苏轼著，孔凡礼点校：《苏轼文集》，第1418页。
③ 〔宋〕苏轼著，孔凡礼点校：《苏轼文集》，第323页。
④ 〔宋〕苏轼著，孔凡礼点校：《苏轼文集》，第225页。

的艺术表达问题。二者构成了创作过程中的道、艺两个层面。

求物之妙是"了然于心"的要务，主要涉及对自然物理的认识和把握。苏轼在《净因院画记》中说："余尝论画，以为人禽宫室器用皆有常形。至于山石竹木、水波烟云，虽无常形，而有常理。常形之失，人皆知之。常理之不当，虽晓画者有不知。"把握事物形成的所以然之常理，较认识其常形更为重要，因"世之工人，或能曲尽其形，而至于其理，非高人逸才不能办。与可之于竹石枯木，真可谓得其理者矣。如是而生，如是而死，如是而挛拳瘠蹙，如是而条达遂茂，根茎节叶，牙角脉缕，千变万化，未始相袭，而各当其处。合于天造，厌于人意，盖达士之所寓也欤"①。文与可画竹的得其理，属于天机与人意相凑泊，乃外师造化而中得心源的结果，故成竹在胸而意在笔先。此虽是论画，可也通于为学和作文。苏轼在《上曾丞相书》中说：

> 轼不佞，自为学至今，十有五年。以为凡学之难者，难于无私。无私之难者，难于通万物之理。故不通乎万物之理，虽欲无私，不可得也。己好则好之，己恶则恶之，以是自信则惑也。是故幽居默处而观万物之变，尽其自然之理，而断之于中。其所不然者，虽古之所谓贤人之说，亦有所不取。虽以此自信，而亦以此自知其不悦于世也。②

能于静观默处时通于万物之理，把握万物变化的自然之理。此理即是道。君子心容万物而学以致其道，心底无私天地宽，胸怀天下，方可谓有器识。苏轼在《日喻》中说"道可致而不可求"，如南方多没人，日与水居，熟悉水性的自然之理，故"必将有得于水之道"。③

① 〔宋〕苏轼著，孔凡礼点校：《苏轼文集》，第 367 页。
② 〔宋〕苏轼著，孔凡礼点校：《苏轼文集》，第 1379 页。
③ 〔宋〕苏轼著，孔凡礼点校：《苏轼文集》，第 1981 页。

其《遗爱亭记》云："夫君子循理而动，理穷而止，应物而作，物去而复。"① 具有无私的心态，不唯可体悟万物之理，亦通于艺术审美。苏轼《宝绘堂记》说："君子可以寓意于物，而不可以留意于物。寓意于物，虽微物足以为乐，虽尤物不足以为病。留意于物，虽微物足以为病，虽尤物不足以为乐。老子曰：'五色令人目盲，五音令人耳聋，五味令人口爽，驰骋田猎令人心发狂。'然圣人未尝废此四者，亦聊以寓意焉耳。"② 提倡一种超然物我的观物态度，以求体悟万物变化的妙理。

是否能求物之妙，与观物者的性情有关系。性静情动，只有守静才能应物，才能循理而动，穷尽万物之理。苏轼《东坡易传》云："据静以观物者，见物之正，六二是也；乘动以逐物者，见物之似，六三是也。"③ 他在《江子静字序》中说："夫人之动，以静为主。神以静舍，心以静充，志以静宁，虑以静明。其静有道，得已则静，逐物则动。……故君子学以辨道，道以求性。正则静，静则定，定则虚，虚则明。物之来也，吾无所增，物之去也，吾无所亏，岂复为之欣喜爱恶而累其真欤？"④ 静以存性的修养，可使本心不为情欲所累，达洞悉自然奥秘的性命自得之境。如《赤壁赋》里的苏子曰：

> 客亦知夫水与月乎？逝者如斯，而未尝往也。盈虚者如彼，而卒莫消长也。盖将自其变者而观之，则天地曾不能以一瞬。自其不变者而观之，则物与我皆无尽也，而又何羡乎？且夫天地之间，物各有主。苟非吾之所有，虽一毫而莫取。唯江上之清风，与山间之明月。耳得之而为声，目遇之而成色。取之无禁，用之

① 〔宋〕苏轼著，孔凡礼点校：《苏轼文集》，第399~400页。
② 〔宋〕苏轼著，孔凡礼点校：《苏轼文集》，第356页。
③ 苏轼：《东坡易传》卷二，四库全书本。
④ 〔宋〕苏轼著，孔凡礼点校：《苏轼文集》，第332~333页。

不竭。是造物者之无尽藏也，而吾与子之所共食。①

在这里，水和月是用来喻道的。水的流逝表示岁月的变迁，而由无数瞬间构成的流动不息，则可使人于变化中看到永恒。同样，月亮也随时处于盈虚的变化之中，可它的存在却是永恒不变的。人若明白这种自然之理，以达观的态度与造物者游，即可穷理、尽性而自得于心。在造物者无尽藏的造化面前，人获取性命自得的快乐也是无限的。苏轼《超然台记》说："凡物皆有可观。苟有可观，皆有可乐，非必怪奇玮丽者也。"② 乐观旷达而胸怀坦荡，即使是平凡常见的事物，也能看出意思来，有审美的新发现。

求物之妙是对自然之理的心领神会，从"了然于心"到"了然于口与手"的"辞达"，是一个道、艺两进的过程。苏轼《书李伯时山庄图后》说："居士之在山也，不留于一物，故其神与万物交，其智与百工通。虽然，有道有艺，有道而不艺，则物虽形于心，不形于手。"③ 意谓要了然于手也不容易。其《文与可画筼筜谷偃竹记》说："画竹必先得成竹于胸中，执笔熟视，乃见其所欲画者，急起从之，振笔直遂，以追其所见，如兔起鹘落，少纵则逝矣。与可之教予如此。予不能然也，而心识其所以然。夫既心识其所以然而不能然者，内外不一，心手不相应，不学之过也。"④ 要心手相应，须助之以学养和历练，就作文而言，多读多写实为不二法门。在《与王庠五首》里，苏轼教导后学每读一书皆作数过尽之，因"书富如入海，百货皆有之，人之精力，不能兼收尽取，但得其所欲求者耳。故愿学者，每次作一意求之。如欲求古人兴亡治乱、圣贤作用，但作此意求之，勿生余念。又别作一次求事迹故实典章文物之类，亦如之。他皆

---

① 〔宋〕苏轼著，孔凡礼点校：《苏轼文集》，第6页。
② 〔宋〕苏轼著，孔凡礼点校：《苏轼文集》，第351页。
③ 〔宋〕苏轼著，孔凡礼点校：《苏轼文集》，第2211页。
④ 〔宋〕苏轼著，孔凡礼点校：《苏轼文集》，第365页。

仿此。此虽迂钝，而他日学成，八面受敌，与涉猎者不可同日而语也"①。这是苏轼的经验之谈。其《送安惇秀才失解西归》云："旧书不厌百回读，熟读深思子自知。"又《送任伋通判黄州兼寄其兄孜》："别来十年学不厌，读破万卷诗愈美。"② 作诗如此，为文亦然。

苏轼在《自评文》中说："吾文如万斛泉源，不择地皆可出，在平地滔滔汩汩，虽一日千里无难。及其与山石曲折，随物赋形，而不可知也。所可知者，常行于所当行，常止于不可不止，如是而已矣。其他虽吾亦不能知也。"③ 之所以有不能知者，在于技进乎道而出神入化，达到"忘"乎所以的境界，这是辞达的最高境界。苏轼《虔州崇庆禅院新经藏记》说：

> 以吾之所知，推至其所不知，婴儿生而导之言，稍长而教之书，口必至于忘声而后能言，手必至于忘笔而后能书，此吾之所知也。口不能忘声，则语言难以属文，手不能忘笔，则字画难于刻雕。及其相忘之至也，则形容心术，酬酢万物之变，忽然而不自知也。自不能者而观之，其神智妙达，不既超然与如来同乎！故《金刚经》曰：一切贤圣，皆以无为法，而有差别。以是为技，则技疑神，以是为道，则道疑圣。古之人与人皆学，而独至于是，其必有道矣。④

所谓"忘"，指习惯成自然的熟能生巧，或谓至法无法。"技疑神"出自《庄子·达生篇》里的两则寓言——佝偻丈人承蜩和梓庆为镰，是为了说明"用志不分"时技艺的出神入化，有如庖丁解牛时的"以神遇而不以目视"，又如轮扁斫轮时的"得之于手而应之于心"。与孔子论文止于辞达不同，庄子技进于道的妙喻多涉及文艺中难以言

---

① 〔宋〕苏轼著，孔凡礼点校：《苏轼文集》，第1822页。
② 〔宋〕苏轼著，孔凡礼点校：《苏轼诗集》，第247页、第233~234页。
③ 〔宋〕苏轼著，孔凡礼点校：《苏轼文集》，第2069页。
④ 〔宋〕苏轼著，孔凡礼点校：《苏轼文集》，第390页。

传的精微处。道家论道多近于艺，故每以艺事为喻而归之自然。如果说万物自然变化的极致为入神，那么随物赋形而不自知的神来之笔就是辞达的顶点。

与柳宗元相类似，苏轼的文艺思想也是以儒为本而统合释、老、庄、禅，所以才会赋予孔子的"辞达"说许多新鲜的意思，使其由儒生用来反对或取消"言文"的口实，变成作家为文追求神智妙达之境的艺术宣言。这不仅是苏轼的散文在"唐宋八大家"里最具文学性的理论总结，也反映了当时思想文化发展的大趋势。在赵宋天水一朝，出入释、道而返归儒学，是包括新儒家在内的宋学发展方向。

第四章

新儒家的心性论及文艺思想

新儒家指宋明理学家和心学家，他们出入佛、老、庄、禅而返归儒学，建立以心性为宇宙万物本体的道德伦理哲学，着重于对人生存在意义和价值体验的说明，这是宋明新儒家区别于汉儒的显著特征。唐宋古文运动带动儒学复兴，可随之产生的理学却具有某种反文艺的倾向，以为作文害道。在新儒家的性理之学为心学所取代之后，由心学之思衍生出来的性灵文艺思潮，又起到了消解理学和动摇儒家伦理价值观的作用。这种儒家文艺思想发展过程中出现的复杂现象，除受儒、释、道三教合流互补的时代思潮影响外，还能从新儒家的心性论里找到原因。

由心、性之辨产生的一系列理学范畴，如天理与人欲、静观与自得、已发与未发、本体与功夫等，反映出新儒家在追求形而上道德理想时，其抽象的普遍理性与属于个体生命存在意义的良知之间的内在紧张。无论是文与道的离合、心学与诗学的融贯，还是寓格物于"游艺"而无乖戾的好心情，或是以真性情解释性灵，都与新儒家的心性论有十分密切的思想联系。是性即理，还是心即理，性理的超验本质与内心的情感体验能否合一？这不仅是新儒家中理学派与心学派的分别，也是道心与文心、道与艺的不同所在。

第一节　心体与性体

对人的心灵德性和生命价值的关注，一直是以人为本的儒家思想的发展动力，在早期原始儒家的人文思想里就有心性论的内容，如孔子"克己复礼为仁"的仁学、孟子的尽心知性而知天的性善论。但是，建立以伦理为本位的心性哲学，以仁为心体或性体，谓天命之谓性即天理，主张心贯动静、兼体用而分性情，却是宋明新儒家的思想贡献。从周敦颐的主静立人极开始，程颢讲心体的超越动静和仁者与物同体，程颐说人心不同如面而主性即理，到朱熹总结北宋五子之说而集大成。新儒家以心体或性体为人生意义和生命价值的根源，意在说明如何才能使人之心性与宇宙生命合为一体，这不只是对人内在德性的理解，也是一种出于情感而又超越情感的心灵感悟。在静观万物而自得于心的修养中，追求合道德感与美感为一的好心情。心情美好，人生才有意义和价值。

一、心之动静与寂感

心是道德意识和艺术创造的主体，能赋予生活以意义，为人生价值之源；它同时又是一种具生命活力的感性存在，与人的情感欲望息息相关。《礼记·乐记》说："人生而静，天之性也；感于物而动，性之欲也。物至知知，然后好恶形焉。好恶无节于内，知诱于外，不能反躬，天理灭矣。夫物之感人无穷，而人之好恶无节，则是物至而人化物也。人化物也者，灭天理而穷人欲者也。"① 这一段话常为宋明新儒家称引，揭示了"天理"与"人欲"相对峙的紧张，此性命攸关的问题又可归结为人心的静与动，即性静情动。

由宇宙论到心性论是新儒家的思想途径。周敦颐认为《易》之太极蕴含互为其根的阴阳动静之理，阴阳二气交感而化生万物。他在讲宇宙万物生成的《太极图说》里说：

> 唯人也得其秀而最灵。形既生矣，神发知矣，五性感动而善恶分矣，万事出矣。圣人定之以中正仁义，而主静，立人极焉。②

人为万物之灵是就人的心性而言，体现在两个方面：一是人禀天地阴阳五行之秀气而生，其虚灵不昧之心具备精神知觉而显聪明；二是人

儒家文艺思想史

---

① 〔清〕阮元校刻：《礼记正义》，《十三经注疏》（下），第301页。
② 〔清〕黄宗羲原著，全祖望补修：《宋元学案·濂溪学案》，北京：中华书局，1986年，第498页。

天生就有仁义之类的"五常之性"，我本善良，要以"主静"培养德性。所谓"静"，周敦颐的自注是"无欲故静"，指存天理、去人欲的修养功夫，并以《易》之寂感为说。关于《周易》一书，《易·系辞》以为是圣人"穷神知化"之作，说"生生之谓《易》"。又云："《易》，无思也，无为也。寂然不动，感而遂通天下之故。非天下之至神，其孰能与于此?"① 对于"寂感"，周敦颐这样解说："寂然不动者，诚也。感而遂通者，神也。"② 以"诚"作为纯粹至善的心体，静时中正平和，动则神明通达，其体用已超越了动静。

诚作为本体而言寂然不动，通过"神"的感而遂通，体现其"静无动有"的性质。"动而无动，静而无静"，这种超越动静的神通之妙，本于圣心诚体的虚一而静。周敦颐说："一者，无欲也。无欲则静虚动直。静虚则明，明则通；动直则公，公则溥。""圣学之要，只在慎独。独者，静之神，动之几也。动而无妄曰静，慎之至也。是之谓主静立极。"③ 诚既是心体，也是万物的本体，心诚则灵，不诚无物。主静的"慎独"功夫能保证心诚，诚乃真实无妄之谓。由此奠定了理学家本体即功夫的心学原则。

人心是活的，常感于物而动，静心并非易事。心之动静关系到"天理""人欲"的此消彼长，如何静心便成为理学家心性修养的要务。在张载早年给程颢的书信中，有"定性未能不动，犹累于外物"的说法，所谓"定性"实际上指"定心"，因天命之性本静，不存在动或不动的问题。程颢根据周敦颐有关"神"之动静的说法，认为定心并非指心不应物，而是指心能超越动静而无将迎、无内外，做到动亦定、静亦定，保持心体大公无私的本然状态不变。他在《答横

① 〔清〕阮元校刻：《周易正义》，《十三经注疏》（上），第69页。
② 〔清〕黄宗羲原著，全祖望补修：《宋元学案·濂溪学案》，第484页。
③ 〔清〕黄宗羲原著，全祖望补修：《宋元学案·濂溪学案》，第489页、第492页。

渠张子厚先生书》中说:

> 夫天地之常,以其心普万物而无心;圣人之常,以其情顺万事而无情。故君子之学,莫若廓然而大公,物来而顺应。……人之情各有所蔽,故不能适道,大率患在于自私而用智。自私则不能以有为为应迹,用智则不能以明觉为自然。今以恶外物之心,而求照无物之地,是反鉴而索照也。《易》曰:"艮其背,不获其身,行其庭,不见其人。"孟氏亦曰:"所恶于智者,为其凿也。"与其非外而是内,不若内外之两忘也。两忘则澄然无事矣。无事则定,定则明,明则尚何应物之为累哉?①

以天地"无心"和圣人"无情",说明心体的廓然大公和应物无私。"无心"指无私心,"无情"指无私情,只有这样才能做到心无内外和应物无累。朱熹指出,"廓然而大公"是"寂然不动","物来而顺应"是"感而遂通"。②"寂"为体,"感"为用,唯圣人能常寂常感而无将迎,一般人则不免自私和用智而为情欲所累,解决的方法是除去私欲而内外两忘。程颢引《周易·艮卦》的卦辞为说。据程颐《伊川易传》所言,"艮"当"止"讲,以为"人之所以不能安其止者,动于欲也。欲牵于前而求其止,不可得也。故艮之道,当艮其背。所见者在前,而背乃背之,是所不见也。止于所不见,则无欲以乱其心,而止乃安"③。若心无私欲而又物我两忘,即可廓然大公,心普万物、情顺万事,静不流于空寂,动不因物欲丧心病狂,以至于"动亦定,静亦定"而超凡入圣。

定心和主静一样,以消除私欲来明觉本心。就修养功夫而言,与佛教禅宗明心见性的止观、定慧并无不同,区别在于对心体的察识

① 〔宋〕程颢、〔宋〕程颐:《二程集》,北京:中华书局,1981 年,第 460~461 页。
② 〔宋〕黎靖德编,王星贤点校:《朱子语类》,第 2443 页。
③ 〔宋〕程颢、〔宋〕程颐:《二程集》,第 968 页。

上。程颐说："禅学者总是强生事。至如山河大地之说，是他山河大地，又干你何事？至如孔子，道如日星之明，犹患门人未能尽晓，故曰：'予欲无言。'如颜子，则便默识，其他未免疑问，故曰'小子何述'。又曰：'天何言哉？四时行焉，百物生焉。'可谓明白矣。若能于此言上看得破，便信是会禅，也非是未寻得，盖实是无去处说，此理本无二故也。"① 与人性相关的"天道性命"问题，属于靠直觉体悟的心性问题，需"默而识之"的内心领会，并不需要很多言说。从天生万物而不言中，不难体会到天地生物之仁心，但唯有人心之灵明能觉察到这种生生之德，并推及万物，有一种与物同体的感受和胸襟。心无内外，人之心体即万物本体。大程（程颢）说：

> 学者须先识仁。仁者，浑然与物同体。义、礼、如、信皆仁也。识得此理，以诚敬存之而已，不须防检，不须穷索。若心懈则有防，心苟不懈，何防之有？理有未得，故须穷索。存久自明，安待穷索？此道与物无对，大不足以名之，天地之用皆我之用。孟子言"万物皆备于我"，须反身而诚，乃为大乐。若反身未诚，则犹是二物有对，以己合彼，终未有之，又安得乐？《订顽》意思，乃备言此体。以此意存之，更有何事？②

所谓"识仁"，非指用文字训诂分析仁的字义，而是指仁者之心与物同体的感悟。程颐说："医书言手足痿痹为不仁，此言最善名状。仁者，以天地万物为一体，莫非己也。认得为己，何所不至？若不有诸己，自不与己相干。如手足不仁，气已不贯，皆不属己。"③ 与物同体，即视天地万物为一体，"万物皆备于我"，指万物生生之理备于吾心而无内外。因人与万物皆由天地生生之德而来，所谓"'天地之

---

① 〔宋〕程颢、〔宋〕程颐：《二程集》，第 1 页。
② 〔宋〕程颢、〔宋〕程颐：《二程集》，第 16~17 页。
③ 〔宋〕程颢、〔宋〕程颐：《二程集》，第 15 页。

大德曰生'，'天地氤氲，万物化醇'，'生之谓性'，万物之生意最可观，此元者善之长也，斯所谓仁也"①。仁即万物之生意，为万物本体，但它又是由人心来体现的性善，是心之全德，包有义、礼、知、信四德。张载《西铭》（即《订顽》）言："故天地之塞，吾其体；天地之帅，吾其性。民吾同胞，物吾与也。"② 程颢以为："《订顽》一篇，意极完备，乃仁之体也。" 又说："《订顽》立心，便达得天德。"③ 这都是就本心仁体而言的。仁乃是具有绝对普遍意义的心体，既是天道之自然，也是人道之当然，所以与物无对，天地间皆仁体流行发用，天地之用即吾之用。

将《易传》和《中庸》所讲的天道诚明，归于《论语》之仁心和《孟子》性善论开辟的内圣之学，奠定了新儒家心性论的思想基础。张载在《正蒙·天道篇》中说："天道四时行，百物生，无非至教；圣人之动，无非至德，夫何言哉！天体物不遗，犹仁体事无不在也。"④ 以天道生物言圣人之仁心大德，有如天覆盖万物一般，道体即仁体，亦即心体。张载《正蒙·大心篇》云：

> 大其心则能体天下之物，物有未体，则心为有外。世人之心，止于闻见之狭。圣人尽性，不以见闻梏其心，其视天下无一物非我，孟子谓尽心则知性知天以此。天大无外，故有外之心不足以合天心，见闻之知，乃物交而知，非德性所知；德性所知，不萌于见闻。⑤

"大其心"指心普万物而廓然大公，蕴含着心即性、心即理之义。朱熹在解释"大其心则能遍体天下之物"时说："体，犹'仁体事而无

---

① 〔宋〕程颢、〔宋〕程颐：《二程集》，第 120 页。
② 〔清〕黄宗羲原著，全祖望补修：《宋元学案·横渠学案》，第 665 页。
③ 〔宋〕程颢、〔宋〕程颐：《二程集》，第 15 页、第 77 页。
④ 张载：《张载集》，北京：中华书局，1978 年，第 13 页。
⑤ 张载：《张载集》，第 24 页。

不在',言心理流行,脉络贯通,无有不到。"① 这种德性之知绝非囿于闻见的认识活动,而是"浑然与物同体"的直觉体验,是仁者道德心体的自觉,麻木则不仁。程颢说:"只心便是天,尽之便知性,知性便知天。"② "吾学虽有所受,天理二字却是自家体贴出来。"③ "体贴"指物我为一的内心体验,是一种超越闻见的直觉。以心之全体大用而言,无私欲便是天理。

宋明新儒家心学派的心即理说,以天理为人心所固有,突出心之主体作为万物本体的意义。这种思想源于《孟子·尽心上》所讲的良知、良能。良知指人人都具备的先天的道德意识,蕴含着性善的义理,但须通过心的良能来体现。程颢说:"所以谓万物一体者,皆有此理,只为从那里来。'生生之谓易',生则一时生,皆完此理。……心所感通者,只是理也。"④ 心为身之主,乃作为万物本体的天理所会之地,所谓"'寂然不动,感而遂通'者,天理具备,元无欠少,不为尧存,不为桀亡"⑤。以良知、良能言心体,由心的感通活动自觉到天理的真实存在,此乃儒家圣学心传的一点血脉所在。程颢说:"先圣后圣,若合符节。非传圣人之道,传圣人之心也。非传圣人之心也,传己之心也。己之心无异圣人之心,广大无垠,万善皆备。欲传圣人之道,扩充此心焉耳!"⑥ 陆九渊则直言"心即理",以为"万物森然于方寸之间,满心而发,充塞宇宙,无非此理"⑦。谓人同此心,心同此理。他说:

"四方上下曰宇,往古来今曰宙。宇宙便是吾心,吾心即是

---

① 〔宋〕黎靖德编,王星贤点校:《朱子语类》,第2518页。
② 〔清〕黄宗羲原著,全祖望补修:《宋元学案·明道学案》,第552页。
③ 〔宋〕程颢、〔宋〕程颐:《二程集》,第424页。
④ 〔宋〕程颢、〔宋〕程颐:《二程集》,第33页,第56页。
⑤ 〔清〕黄宗羲原著,全祖望补修:《宋元学案·明道学案》,第565页。
⑥ 〔清〕黄宗羲原著,全祖望补修:《宋元学案·明道学案》,第560页。
⑦ 〔清〕黄宗羲原著,全祖望补修:《宋元学案·象山学案》,第1891页。

宇宙。"……又："人心至灵，此理至明。人皆有是心，心皆具是理。"①

心为宇宙间的灵明，天地万物因此而获得其存在的意义，此心统摄万物之理，为主宰一切的本体。王阳明《答季明德》说："人者，天地万物之心也；心者，天地万物之主也。心即天，言心则天地万物皆举之矣，而又亲切简易。"② 在《传习录》中，他说人心并非一团血肉，"所谓汝心，却是那能视听言动的，这个便是性，便是天理，有这个性才能生，这性之生理便谓之仁。这性之生理，发在目便会视，发在耳便会听，发在口便会言，发在四肢便会动，都只是那天理发生，以其主宰一身，故谓之心"③。如此说，吾心的良知发用便是天理，心体超越动静而贯通寂感。

二、理不容情和性即理

心、性可一视同仁，也可分别理论，形成心体与性体两种说法。言心体者多持心性合一、物我合一、情理合一的整体观，即活动即存有。如陆九渊《语录》云："心之体甚大，若能尽我之心，便与天同。为学只是理会此'诚者自成也，而道自道也'，何尝腾口说？伯敏云：'如何是尽心？性、才、心、情如何分别？'先生云：'如吾友此言，又是枝叶。虽然，此非吾友之过，盖举世之弊。今之学者读书，只是解字，更不求血脉。且如情、性、心、才，都只是一般物事，言偶不同耳。'"④ 不赞成对心、性、情等做分疏。

新儒家里的言性体者，坚持要把心与性、情与理分开来讲，以为

① 陆九渊：《杂说》，《陆九渊集》，北京：中华书局，1980 年，第 273 页。
② 〔明〕王守仁撰，吴光、钱明、董平、姚延福编校：《王阳明全集》，上海：上海古籍出版社，1992 年，第 214 页。
③ 〔明〕王守仁撰，吴光、钱明、董平、姚延福编校：《王阳明全集》，第 36 页。
④ 陆九渊：《陆九渊集》，第 444 页。

理得于天，具于心为性；性即理，要以性体代替心体，以性理支配情感。这种思想倾向在小程（程颐）身上表现得很突出，他说：

> 称性之善谓之道，道与性一也。以性之善如此，故谓之性善。性之本谓之命，性之自然者谓之天，自性之有形者谓之心，自性之有动者谓之情，凡此数者皆一也。①

与孟子的以心善言性善不同，程颐是就《中庸》的"天命之谓性"讲性善，认为性理是天命，具有某种自然法则的客观意味。他说："理也，性也，命也，三者未尝有异。穷理则尽性，尽性则知天命矣。天命犹天道也，以其用而言之则谓之命，命者造化之谓也。"②命之在物谓之理，落实于人则为性，乃形而上的万物本体，此为理一；而人心则因杂有气禀之私而有形迹，成万殊之状。程颐说："公则一，私则万殊。至当归一，精义无二。人心不同如面，只是私心。"③ 有人问："人之形体有限量，心有限量否？"他的回答是："论心之形，则安得无限量？"④ 因不赞成"心即理"的看法，他在回答"性如何"时说："性即理也，所谓理，性是也。天下之理，原其所自，未有不善。喜怒哀乐未发，何尝不善？发而中节，则无往而不善。"⑤ 以天理为性善的根据，又以"未发"说性体，将"已发"的喜怒哀乐之情归于心，理不容情，于是心、性遂断然有别了。

作为以形而上之理为最高存在的性体论者，程颐对以仁为心体而讲仁者爱人的看法表示不能苟同。他说："孟子曰：'恻隐之心，仁也。'后人遂以爱为仁。恻隐固是爱也。爱自是情，仁自是性，岂可专以爱为仁？孟子言恻隐为仁，盖为前已言'恻隐之心，仁之端

235

---

① 〔宋〕程颢、〔宋〕程颐：《二程集》，第318页。
② 〔宋〕程颢、〔宋〕程颐：《二程集》，第274页。
③ 〔宋〕程颢、〔宋〕程颐：《二程集》，第144页。
④ 〔宋〕程颢、〔宋〕程颐：《二程集》，第204页。
⑤ 〔宋〕程颢、〔宋〕程颐：《二程集》，第292页。

也'，既曰仁之端，则不可便谓之仁。退之言'博爱之谓仁'，非也。仁者固博爱，然便以博爱为仁，则不可。"① 程颐主张以仁为性，而性即理；反对以爱心言仁，因爱是情，恻隐之心亦是情。也就是说，仁是性体而非心情。

> 问："仁与心何异?"曰："心是所主处，仁是就事言。"曰："若是，则仁是心之用否?"曰："固是。若说仁者心之用，则不可。心譬如身，四端如四支。四支固是身所用，只可谓身之四支。如四端固具于心，然亦未可便谓之心之用。"或曰："譬如五谷之种，必待阳气而生。"曰："非是。阳气发处，却是情也。心譬如谷种，生之性便是仁也。"②

心是就一身之主宰而言，仁则是就能体现爱心的所以然之理而言，二者并非一回事。可以说，恻隐或爱心的发用体现了仁，却不能说仁是心。因为仁是性体，以理言；而心与情俱以气言。理在气中，却不能说理即气。"理一分殊"为体道明理之要。程颐《易传序》云："至微者理也，至著者象也。体用一源，显微无间。"③ 理是形而上的万物本体，存在于可感知的具体事象中，万理归于一理而体用贯通。心犹如谷种，其所固有的生生之理是性，其随阳气生长却是情。这个比喻含有心包性情而兼体用的意思，以性理为体，而以心之情为用。

二程虽为兄弟，在心性问题上却各持一说。大程继承了孟子的尽心而知性知天之说，以超越动静的寂感言心体，由主体的功夫体察本体，不排斥情感体验；而小程以理、气分解性情而讲性体，强调形而上性理的超验性质。由于是从本体上说功夫，程颐把穷理放在首位，主张格物致知，又以涵养用敬言尽性，主张"性其情"。这样一来，

---

① 〔宋〕程颢、〔宋〕程颐：《二程集》，第 182 页。
② 〔宋〕程颢、〔宋〕程颐：《二程集》，第 183～184 页。
③ 〔宋〕程颢、〔宋〕程颐：《二程集》，第 689 页。

不仅造成心与理的隔绝，也使性、情处于不兼容的对立状态。脱离具体的道德情感体验和实践，性体也就成了抽象无形影的孤悬之物，性理之学亦将成为有体无用之学。有鉴于此，朱熹在赞扬程颐的"性即理"之说时，又讲"心与理一"，标举张载的"心统性情"之语，以为颠扑不破的真理。朱熹在心性问题上主要继承小程的思想，以理、气分言性和心情，用"未发"和"已发"、体与用来说明二者的关系。但他也很重视心灵问题，对心、性、情既有具体的分解，又有统一的认识，形成新的综合，既讲性体，也讲心体。

朱熹早年留心禅学，想用昭昭灵灵的禅讲孟子的存心养性功夫，故有心之体通有无而不可闻见之说。他在《存斋记》里说："人之所以位天地之中而为万物之灵者，心而已矣。然心之为体，不可以闻见得，不可以思虑求。谓之有物，则不得于言；谓之无物，则日用之间无适而非是也。君子于此，亦将何所用其力哉？必有事焉而勿正，心勿忘，勿助长，则存之之道也。"① 存心即保存本心，是由心之功夫言本体，但朱熹于此似无真切的体会，所以在涉及"中和"问题时，遂用体用来分别心性，以《中庸》的"天命之谓性"作为天命流行的"未发"本体，而指心为"已发"。他在《答张敬夫》里说：

> 盖通天下只是一个天机活物，流行发用、无间容息。据其已发者而指其未发者，则已发者人心，而凡未发者皆其性也。亦无一物而不备矣。夫岂别有一物，拘于一时，限于一处，而名之哉？即夫日用之间浑然全体，如川流之不息，天运之不穷耳。此所以体用、精粗、动静、本末，洞然无一毫之间，而鸢飞鱼跃，触处朗然也。存者存此而已，养者养此而已。"必有事焉而勿

---

① 朱熹著，郭齐、尹波点校：《朱熹集》，成都：四川教育出版社，1996 年，第 4020~4021 页。

正、心勿忘、勿助长"也。①

以性体心用谈天理的流行发用，这是朱熹在第一次"中和之悟"后得出的认识。但以天机流行说心之已发，当指心体的良知呈现，与喜怒哀乐之已发的情感表现并非一回事。而且情感之"未发"属于心体寂然不动时的一种状态，不可说成是与心分开的性体，心性非平行为二的关系。经认真思考，朱熹有了第二次"中和之悟"，以为"未发"之时，"即是此心寂然不动之体，而天命之性当体具焉。以其无过不及，不偏不倚，故谓之中。及其感而遂通天下之故，则喜怒哀乐之性发焉，而心之用可见。以其无不中节，无所乖戾，故谓之和。此则人心之正，而性情之德然也"②。据此言"中和"须以心体之寂感为主，以明体用一源之妙。朱熹《答张钦夫》云：

> 然人之一身，知觉运用，莫非心之所为，则心者固所以主于身，而无动静语默之间者也。然方其静也，事物未至，思虑未萌，而一性浑然、道义全具，其所谓中，是乃心之所以为体，而寂然不动者也。及其动也，事物交至，思虑萌焉，则七情迭用，各有攸主，其所谓和，是乃心之所以为用，感而遂通者也。然性之静也，而不能不动，情之动也，而必有节焉，是则心之所以寂然感通、周流贯彻，而体用未始相离者也。③

以为心贯动静、兼体用而统性情，具众理而应万事，故寂而常感，感而常寂。朱熹说："然人有是心，而或不仁，则无以著此心之妙。人虽欲仁，而或不敬，则无以致求仁之功。盖心主乎一身，而无动静语默之间，是以君子之于敬，亦无动静语默而不用其力焉。"④ 如能以"静"存养和察识，那么"未发"时性体浑然而知觉不昧，多之所以

① 朱熹著，郭齐、尹波点校：《朱熹集》，第1373~1374页。
② 朱熹著，郭齐、尹波点校：《与湖南诸公论中和第一书》，《朱熹集》，第3383页。
③ 朱熹著，郭齐、尹波点校：《朱熹集》，第1403~1404页。
④ 朱熹著，郭齐、尹波点校：《朱熹集》，第1404页。

见天地之心，是为静中之动；而"已发"之后仍能保持心体的主宰作用而有节制，是为动中之静。如此则心具生生之德而流行发用，无一息不仁也。

以仁为本是儒家心性论的特点。大程以仁为心体而同天人，仁者浑然与物同体，其仁心具生生之德和恻隐之情，能感通周流于天地间。小程则以为仁只是性、只是理，与心情无关，强调"爱自是情，仁自是性"。朱熹在两次"中和之悟"之后，要想综合二程思想，以性体情用言仁心。他说：

> 天地以生物为心者也，而人物之生又各得夫天地之心以为心者也。故语心之德，虽其总摄贯通，无所不备，然一言以蔽之，则曰仁而已矣。请试详之。盖天地之心，其德有四，曰元亨利贞，而元无不统。其运行焉，则为春夏秋冬之序，而春生之气无所不通。故人之为心，其德亦有四，曰仁义礼智，而仁无不包。其发用焉，则为爱、恭、宜、别之情，而恻隐之心无所不贯。故论天地之心者，则曰乾元坤元，则四德之体用不待悉数而足。论人心之妙者，则曰：仁，人心也。则四德之体用亦不待遍举而该。[1]

仁为天地之心，是指天地的存在以化生万物为目的，有生生之德，此为天道、天命、天理。人受命顺理而以仁为心体，既发则为情，让天下充满爱。"盖仁之为道，乃天地生物之心，即物而在。情之未发，而此体已具，情之既发，而其用不穷。诚能体而存之，则众善之源，百行之本，莫不在是。"[2] 朱熹以"心之德"和"爱之理"名仁，认为仁为心所当具之德，是爱之所以然之理。简言之，仁即性，是天命之性。以仁、性、爱言心之"未发"和"已发"，主要是以小程的性

---

① 朱熹著，郭齐、尹波点校：《仁说》，《朱熹集》，第3542~3543页。

② 朱熹著，郭齐、尹波点校：《朱熹集》，第3543页。

即理说为根据的。

程朱常以理气论心性而贯通天地人，言性可分天地之性与气质之性，心也可上下其说，遂有"天地之心"与"人心"之别。朱熹说："某谓天地别无勾当，只是以生物为心。一元之气，运转流通，略无停间，只是生出许多万物而已。"① 生生之意就是天地之心，即纯为天理的"道心"，落实在有灵气的人心里是性理，因得天主于心而光明正大，谓之"明德"。朱熹《大学章句》云：

> 明德者，人之所得乎天，而虚灵不昧，以具众理而应万事者也。但为气禀所拘，人欲所蔽，则有时而昏；然其本体之明，则有未尝息者。故学者当因其所发而遂明之，以复其初也。②

明德是就心体而言，又称心之德或性之德，因其得于天而含形上之理，为一身之主宰。心包万理，万理具于一心，故"心与理一"时的心体，与性即理的性体无实质区别，或者说心以性为体。朱熹说"心与理一，不是理在前面为一物。理便在心之中，心包蓄不住，随事而发。"因"性便是心之所有之理，心便是理之所会之地。性是理，心是包含该载，敷施发用的"③，心体虚灵，除能具众理，还可应万事而流行发用。朱熹《中庸章句序》说："心之虚灵知觉，一而已矣，而以为有人心、道心之异者，则以其或生于形气之私，或原于性命之正，而所以为知觉者不同，是以或危殆而不安，或微妙而难见耳。然人莫不有是形，故虽上智不能无人心，亦莫不有是性，故虽下愚不能无道心。"④ 以为虚灵知觉乃人之本心，是人人皆有的，本心明德即为道心，为人欲所蔽则成人心。

对于心的这种特性，朱熹认为只有"心统性情"一语可以概括。

---

① 〔宋〕黎靖德编，王星贤点校：《朱子语类》，第3页、第4页。
② 朱熹：《四书章句集注》，第3页。
③ 〔宋〕黎靖德编，王星贤点校：《朱子语类》，第85页、第88页。
④ 朱熹：《四书章句集注》，第14页。

他说："性者，心之理；情者，性之动；心者，性情之主。""性对情言，心对性情言。合如此是性，动处是情，主宰是心。大抵心与性，似一而二，似二而一，此处最当体认"。① 他认为："虚灵自是心之本体，非我所能虚也。耳目之视听，所以视听者即其心也，岂有形象。然有耳目以视听之，则犹有形象也。若心之虚灵，何尝有物!"② 朱熹说：

> 在天为命，禀于人为性，既发为情。此其脉理甚实，仍更分明易晓。唯心乃虚明洞彻，统前后而为言耳。据性上说"寂然不动"处是心，亦得；据情上说"感而遂通"处是心，亦得。故孟子说"尽其心者，知其性也"，文义可见。性则具仁义礼智之端，实而易察。知此实理，则心无不尽，尽亦只是尽晓得耳。③

性体作为心之理只是一种先验的存在，灵处只是心，心含有气禀的作用。理气不相离，故心性也不能分，若没有了心的灵明，则无性理之学可言。但这并不是说心即理，只能说性即理，因心还含有情气的作用。朱熹说："圣贤千言万语，只要人不失其本心。"④ "孟子言：'恻隐之心，仁之端也。'仁，性也；恻隐，情也，此是情上见得心。又曰'仁义礼智根于心'，此是性上见得心。盖心便是包得那性情，性是体，情是用。'心'字只一个字母，故'性''情'字皆从'心'。"⑤ 对心、性、情的分解，确如陆九渊所言，有"解字"的味道，但把三者的关系讲得很清楚。

无论怎么说，理才是最重要的，理学家常把理说成天理，就是为

---

① 〔宋〕黎靖德编，王星贤点校：《朱子语类》，第89页。
② 〔宋〕黎靖德编，王星贤点校：《朱子语类》，第87页。
③ 〔宋〕黎靖德编，王星贤点校：《朱子语类》，第90页。
④ 〔宋〕黎靖德编，王星贤点校：《朱子语类》，第199页。
⑤ 〔宋〕黎靖德编，王星贤点校：《朱子语类》，第91页。

了强调其绝对性和普遍性，以示价值之重，不容怀疑。为了说明"穷理"的重要性，朱熹专门为《大学》的"格物致知"作补传，以为"人心之灵莫不有知，而天下之物莫不有理，唯于理有未穷，故其知有不尽也"①。格物致知属于道问学，目的在于使吾心之体虚而具万理，吾心之用灵而应万事。理虽内在于吾心，为心之全体大用，可也如月印万川一般散在万物，物物各有理。贯穿于万事万物的理才是真正的本体，这是理学与心学不同的地方。在心性问题上，朱熹虽不像小程那样理不容情，要寻个"情"字下落，但他坚持性即理说，主张人的情感要受性理的节制，要以理制情，以理窒欲，这很容易发展成为否定文艺的理论。

第二节　关于"作文害道"

新儒家的内圣之学以"体用一源"为思想基础，把天理视为贯穿宇宙人生的万物本体，强调止于至善的道德人格修养，以为本体与功夫密不可分，本体是心性修养功夫的根据，而功夫则是心体或性体的实现方式。朱熹说："孔子所谓'克己复礼'，《中庸》所谓'致中和''尊德性''道问学'，《大学》所谓'明明德'，《书》曰'人心唯危，道心唯微，唯精唯一，允执厥中'：圣贤千言万语，只是教人明天理，灭人欲。"② 从本体到功夫，讲究存天理、灭人欲，于是对与人欲相关的情气时时有种大敌当前的警惕，视以情感和才气为内容的文艺活动为玩物，将儒者志于道的道德自律与文人洒脱的生命情调对立起来，体道和为文遂歧为两途。理学家以为文止于艺而不足为道，进而有玩物丧志、作文害道、吟诗果无益等趋于极端的议

①　朱熹：《四书章句集注》，第6~7页。
②　〔宋〕黎靖德编，王星贤点校：《朱子语类》，第207页。

论。在他们看来，古文家的为人和为学都存在着离经叛道的可能，需要严加批判，才能正本清源，消除异端邪说，以挽救世道人心。

一、志于道与玩物丧志

文、道合一是古文家和理学家都关心的问题，有"文以明道""文以贯道""文以载道""文与道俱""文从道中流出"等种种说法。在这些表面看来相似的说法背后，实含有重文或重道两种不同的思想倾向，从而酿成文、道的分裂，以至于有"作文害道"的说法出现，文人与儒者之间的对立势同水火。

"明道"是唐宋古文家为文的宗旨，也是儒学由经学过渡到理学的桥梁，至少在宋以前，文人与儒者的思想是可兼容的，不存在意识形态方面的对立冲突。如韩愈古文所要明的道是儒家之道，其《原道》里的"道统"论为宋代新儒家"道统心传"说的滥觞。李汉《昌黎先生集序》说："文者贯道之器也。不深于斯道，有至焉者不也。"他称颂韩愈："日光玉洁，周情孔思，千态万貌，卒泽于道德仁义，炳如也。"① 但韩愈的功绩主要体现在为文方面，所谓"明道"和"贯道"，都意味着道必借文而显。在宋儒看来，由于是因文及道，韩愈被认为是涉道浅的文人，只见得道的大意和定名，于形上之道体缺乏体会。新儒家"道统"的奠基者是周敦颐，因其能由宇宙本体阐发心性义理之精微。他在《通书·文辞第二十八》中说：

> 文，所以载道也。轮辕饰而人弗庸，徒饰也，况虚车乎！文辞，艺也；道德，实也。笃其实而艺者书之，美则爱，爱则传焉，贤者得以学而至之，是为教。故曰："言之无文，行之不远。"然不贤者，虽父兄临之，师保勉之，不学也；强之，不从

---

① 韩愈著，马其昶校注，马茂元整理：《韩昌黎文集校注》，第1~2页。

也。不知务道德而第以文辞为能者，艺焉而已。噫，弊也久矣！①

不言"贯道"而说"载道"，虽只一字之差，道为本而文为末、道为主而文从之的意思却更为显豁。周敦颐以为道不存于文而存乎心，在于内而不在外，所谓"圣人之道，入乎耳，存乎心，蕴之为德行，行之为事业。彼以文辞而已者，陋矣！"（《通书·陋第三十四》）②他不赞成仅以文辞明道，那只是表面的说辞，道理在每人的心性中，反身而诚的道德人格修养才能行其实。修辞要以立诚为本，圣人作乐是为了感化人心，以务道德为主旨。周敦颐说："故乐声淡而不伤，和而不淫，入其耳，感其心，莫不淡且和焉。淡则欲心平，和则躁心释。优柔平中，德之盛也；天下化中，治之至也。是谓道配天地，古之极也。"③以治心为明道之要，讲究心平气和，与古文家崇尚"气盛言宜"不啻南辕北辙。

儒家之道有"内圣"与"外王"两个方面。古文家虽对注重心性修养的"内圣"之学已有涉及，相信有德者必有言；但为文时更重视反映与"外王"相关的社会政治问题，要"先天下之忧而忧，后天下之乐而乐"，充当以天下为己任的社会良知。新儒家也讲"为天地立心，为生民立道，为去圣继绝学，为万世开太平"④，但强调"克己复礼"的道德自律，以治心养性、迁善改过的"为己"之学为要务。程颐说："弟子之职，力有余则学文，不修其职而学文，非为己之学也。"⑤他以孔子讲的"非礼勿视，非礼勿听，非礼勿言，非礼勿动"为座右铭，并作《四箴》以自警：

① 〔清〕黄宗羲原著，全祖望补修：《宋元学案·濂溪学案》，第491页。
② 〔清〕黄宗羲原著，全祖望补修：《宋元学案·濂溪学案》，第493页。
③ 〔清〕黄宗羲原著，全祖望补修：《宋元学案·濂溪学案》，第489页。
④ 江永：《近思录集注》（一），上海：上海书店，1987年，第53页。
⑤ 江永：《近思录集注》（二），上海：上海书店，1987年，第1页。

视箴：心兮本虚，应物无迹；操之有要，视为之则。蔽交于前，其中则迁；制之于外，以安其内。克己复礼，久而诚矣。

听箴：人有秉彝，本乎天性；知诱物化，遂亡其正。卓彼先觉，知止有定；闲邪存诚，非礼勿听。

言箴：人心之动，因言以宣；发禁躁妄，内斯静专。矧是枢机，兴戎出好；吉凶荣辱，唯其所召。伤易则诞，伤烦则支；己肆物忤，出悖来违。非法不道，钦哉训辞！

动箴：哲人知几，诚之于思；志士励行，守之于为。顺理则裕，从欲唯危；造次克念，战兢自持；习与性成，圣贤同归。①

把人之视、听、言、动等行为方式，都看成是由本心德性所支配的，由安内、存诚、静专和自持的心性操存功夫，即可制外、闲邪、禁躁妄而顺从天理。这种说法虽原本孔孟，实则具有理学新义。如孟子在谈"良心"的培养时，曾以山中夜气使树木茂美作比喻，说"苟得其养，无物不长；苟失其养，无物不消。孔子曰：'操则存，舍则亡；出入无时，莫知其乡'，唯心之谓与?"（《孟子·告子上》）所谓"操存"，指存养善良的本心，使其能顺畅地呈露发现。"集义"所生的浩然之气，亦可融入文心之中，以文章的气势和风格体现道德人格的力量。但程颐所说的心，已非孟子所说的本心，而是指应物而动的气禀之心、情识之心，故涵养此心必须用"敬"。程颐说："所谓敬者，主一之谓敬。所谓一者，无适之谓一。"② "主一"指心有主，"敬"是主体的一种自觉的防检和提醒，使心常存性理而不闲邪走作，在内心保持一种道德自律的整齐严肃。

程颐说："视听言动，非理不为，即是礼，礼即是理也。不是天

---

① 〔宋〕程颢、〔宋〕程颐：《二程集》，第588~589页。
② 〔宋〕程颢、〔宋〕程颐：《二程集》，第169页。

理，便是私欲。"① 以敬心为操存之要，则视听言动里，非礼勿视可为准则，因视与看见不同，若非礼之色，看过即了，不可存有要视之心。朱熹的解释是："然谚云：开眼便错。视所以就心上说，道理本自好在这里。"② 如此涵养，自能存诚、闲邪、不妄言，始终战战兢兢，如履薄冰。但要时刻保持这种高度警觉的道德自律心态，自然不宜写作才气横溢的文章。

由新儒家在心性修养问题上所持的立场，文、道分裂乃势在必然。程颐说："古之学者一，今之学者三，异端不与焉。一曰文章之学，二曰训诂之学，三曰儒者之学。欲趋道，舍儒者之学不可。""今之学者有三弊：一溺于文章，二牵于训诂，三惑于异端。苟无此三者，则将何归？必趋于道矣。"③ 文章之学即文学，包括诗文在内。训诂之学指以章句注疏为主的经学。儒者之学特指宋代兴起的新儒学，亦即理学。程颐认为三者中唯儒者之学能得圣人之道，把"溺于文章"作为有碍体道的弊端明确提了出来，于是就有这样的对话：

问："作文害道否？"曰："害也。凡为文，不专意则不工，若专意则志局于此，又安能与天地同其大也？《书》曰'玩物丧志'，为文亦玩物也。吕与叔有诗云：'学如元凯方成癖，文似相如始类俳。独立孔门无一事，只输颜氏得心斋。'此诗甚好。古之学者，唯务养情性，其它则不学。今为文者，专务章句，悦人耳目。既务悦人，非俳优而何？"曰："古者学为文否？"曰："人见《六经》，便以谓圣人亦作文，不知圣人亦摅发胸中所蕴，自成文耳。所谓'有德者必有言'也。"曰："游、夏称文学，何也？"曰："游、夏亦何尝秉笔学为词章也？且如'观乎天文

---

① 〔宋〕程颢、〔宋〕程颐：《二程集》，第144页。
② 江永：《近思录集注》（一），第94页。
③ 〔宋〕程颢、〔宋〕程颐：《二程集》，第187页。

以察时变，观乎人文以化成天下'，此岂词章之文也？"①

理学家反对作文的理由说来也很简单，就是怕分了君子志于道之心，于德性的持敬涵养不利。程颐曾告诫弟子杨时："勿好著书，著书则多言，多言则害道。"朱熹的理解是："怕分却心，自是于道有害。"②同样的理由，也可用来反对学诗或作诗。在回答"诗可学否"时，程颐说："既学时，须是用功，方合诗人格。既用功，甚妨事。古人诗云：'吟成五个字，用破一生心。'又谓：'可惜一生心，用在五字上。'此言甚当。"他又尝说："王子真曾寄药来，某无以答他，某素不作诗，亦非是禁止不作，但不欲为此闲言语。且如今言能诗无如杜甫，如云'穿花蛱蝶深深见，点水蜻蜓款款飞'，如此闲言语，道出做甚？某所以不常作诗。"③ 程颐有"人有三不幸"之说，"有高才能文章"亦谓之不幸。

反对吟诗作文，体现了理学家对性理的执着，其言行难免有不近人情处，这在程颐身上表现得较为突出，形成了儒者与文人之间的尖锐对立。如司马光去世时，由程颐主持丧事，"是日也，祀明堂礼成，而二苏往哭温公，道遇朱公掞，问之。公掞曰：'往哭温公，而程先生以为庆吊不同日。'二苏怅然而反，曰：'鏖糟陂里叔孙通也。'自是时时谑伊川"④。二苏对程颐恪守古礼而不让人表达感情很不以为然，双方在许多问题的看法上都存在分歧，以至到了见面就难以容忍的地步。程颐（伊川）对苏门文士亦素无好感，以为多轻薄为文，如：

一日，偶见秦少游，问："天若知也和天瘦'是公词否？"少游意伊川称赏之，拱手逊谢。伊川云："上穹尊严，安得易而

---

① 〔宋〕程颢、〔宋〕程颐：《二程集》，第 239 页。
② 〔宋〕黎靖德编，王星贤点校：《朱子语类》，第 2492~2493 页。
③ 〔宋〕程颢、〔宋〕程颐：《二程集》，第 239 页。
④ 〔宋〕程颢、〔宋〕程颐：《二程集》，第 415~416 页。

侮之？"少游面色怍然。①

在理学家看来，上天是决定性命的最高存在，人应对天理、天命和天道心存敬畏，哪能随便指天而言，说三道四。这种态度当然是情感丰富的文人作家难以接受的。苏门文人多视理学家为不通人情之陋儒，空谈性理迂腐不堪；而程门弟子认为文人乃不拘礼节的才俊之士，难免口吐狂言而不守礼法。如道夫问："坡公苦与伊洛相排，不知何故？"朱熹的回答是："他好放肆，见端人正士以礼自持，却恐他来检点，故恁诋訾。"以为"从其游者，皆一时轻薄辈，无少行检，就中如秦少游，则其最也"②。用文人无行之说，将苏门文人一棍打死。

苏轼曾要求做人从打破程颐讲的"敬"字起，他在《韩愈论》中说："儒者之患，患在于论性，以为喜怒哀乐皆出于情，而非性之所有。"③ 理学家分别性、情，是要用性理制约情感。朱熹说："东坡与伊川是争个什么？只看这处，曲直自显然可见，何用别商量？只看东坡所记云：'几时得与他打破这"敬"字！'看这说话，只要奋手捭臂，放意肆志，无所不为，便是。只看这处，是非曲直自易见。论来若说争，只争个是非。"④ 明确指出程颐是而苏轼非。他认为"人之心性，敬则常存，不敬则不存"，故"'敬'字功夫，乃圣门第一义，彻头彻尾，不可顷刻间断"。若"人能存得敬，则吾心湛然，天理粲然，无一分着力处，亦无一分不着力处"。当有人问"敬何以用工"时，他说："只是内无妄思，外无妄动。"⑤ 可诗文创作多移情于物的想象活动，难免"妄思"之虞，故朱熹说自己"平生最不喜作文，不得已为人所托，乃为之。自有一等人乐于作诗，不知移以讲

① 〔宋〕程颢、〔宋〕程颐：《二程集》，第442页。
② 〔宋〕黎靖德编，王星贤点校：《朱子语类》，第3109页。
③ 苏轼著，〔明〕孔凡礼点校：《苏轼文集》，北京：中华书局，1986年，第114页。
④ 〔宋〕黎靖德编，王星贤点校：《朱子语类》，第3110页。
⑤ 〔宋〕黎靖德编，王星贤点校：《朱子语类》，第210页、第211页。

学，多少有益！"① 以为醉心于作文作诗是有害无益的行为。

二、文道的合一与分离

历来有关文、道关系的说法有二：一是文道合一，有德者必有言；二是两者虽有联系而相对独立，文自文，道自道。就前者而论，根本不存在作文害道的问题。但若是后一种情况，则有言者未必有德，是否害道也就两说了。

朱熹对古文家的"文以贯道"和"文与道俱"之说俱持批评态度，他说："这文皆是从道中流出，岂有文反能贯道之理？文是文，道是道，文只如吃饭时下饭耳。若以文贯道，却是把本为末。以末为本，可乎？其后作文者皆是如此。"② 他又强调指出：

> 道者，文之根本；文者，道之枝叶。唯其根本乎道，所以发之于文，皆道也。三代圣贤文章，皆从此心写出，文便是道。今东坡之言曰："吾所谓文，必与道俱。"则是文自文而道自道，待作文时，旋去讨个道来入放里面，此是它大病处。只是它每常文字华妙，包笼将去，到此不觉漏逗。③

在朱熹的上述文字里，有关文、道关系的两个方面同时都涉及了，但指称的对象却有不同。所谓"文皆是从道中流出"和"从此心写出，文便是道"，是就文道合一的理想境界而言的，以为圣贤之心即天地之心，亦即天地之道，所以从圣贤之心流出的文章就是道。但三代之后以文章著名的文人，其道德人品修养到达圣贤境地者不多，现实情况只能是文自文而道自道了。既非圣贤，孰能无过，文人无行，所以"才要作文章，便是枝叶，害著学问，反两失也"④。往更深一层说，

---

① 〔宋〕黎靖德编，王星贤点校：《朱子语类》，第 2623 页。
② 〔宋〕黎靖德编，王星贤点校：《朱子语类》，第 3305 页。
③ 〔宋〕黎靖德编，王星贤点校：《朱子语类》，第 3319 页。
④ 〔宋〕黎靖德编，王星贤点校：《朱子语类》，第 3319 页。

文道的不能合一，在于作者缺乏道德涵养和穷理功夫而妄言。

朱熹把批评的重点放在以韩愈、苏轼为代表的古文家的为人与为学方面，以说明其作文害道的原因。大力提倡"道统"的韩愈主要以文章享誉后世，欧阳修《赠王介甫》诗云："翰林风月三千首，吏部文章二百年。老去自怜心尚在，后来谁与子争先。"① 对王安石以宋代的韩愈相期许。王安石则在《奉酬永叔见赠》里说："欲传道义心犹在，强学文章力已穷。他日若能窥孟子，终身何敢望韩公。" 以为自己难望韩愈项背。但他在《韩子》诗中却说："纷纷易尽百年身，举世何人识道真。力去陈言夸末俗，可怜无补费精神。"② 批评韩愈为文的"唯陈言务去"是枉费精神，因他对"道真"实无所知。程颐说："学本是修德，有德然后有言，退之（韩愈）却倒学了，因学文日求所未至，遂有所得。如曰轲之死不得其传，似此言语，非是蹈袭前人，又非凿空撰得出，必有所见。"③ 关于"倒学"，朱熹的解释是："韩文公第一义是去学文字，第二义方去穷究道理，所以看得不亲切。如云：'其行己不敢有愧于道。'他本只是学文，其行己但不敢有愧于道尔。"④ 他在《韩文考异》中说：

> 盖韩公于道，知其用之周于万事，而未知其体之具于吾之一心；知其可行于天下，而未知其本之当先于吾之一身也。是以其言常详于外而略于内，其志常极于远大，而其行未必能谨于细微，虽知文与道有内外浅深之殊，而终未能审其缓急重轻之序，以决取舍。虽知汲汲以行道济时、抑邪崇正为事，而或未免乎贪位慕禄之私。此其见于文字之中，信有如王氏之所讥者。⑤

① 欧阳修：《欧阳修全集》，第 395 页。
② 王安石：《临川文集》，四库全书本，卷二十二、卷三十四。
③ 江永：《近思录集注》（二），第 63 页。
④ 〔宋〕黎靖德编，王星贤点校：《朱子语类》，第 3273 页。
⑤ 江永：《近思录集注》（二），第 64 页。

指出韩愈言儒道只注重其施之于事的"外王"层面，不知道体具于吾心，缺乏道德自律的"内圣"功夫。朱熹说："如韩退之虽是见得个道之大用是如此，然却无实用功处。他当初本只是要讨官职做，始终只是这心。他只是要做得言语似'六经'，便以为传道。至其每日功夫，只是作诗，博弈，酣饮取乐而已。观其诗便可见，都衬贴那《原道》不起。"① 也就是说，韩愈只是空见得个道的大体，没有切己的心性修养，其行为多不甚可人意。朱熹说："缘他费功夫去作文，所以读书者，只为作文用。自朝至暮，自少至老，只是火急去弄文章；而于经纶实务不曾究心，所以作用不得。每日只是招引得几个诗酒秀才和尚度日。有些功夫，只了得去磨炼文章，所以无功夫来做这边事。"② 诗煽情，酒乱性，文费功夫，对于"志于道"的儒者而言，做人如此玩物丧志，当然是害道之举。

如果说朱熹对韩愈的批评侧重于其为人方面，那么他对苏轼的批判则以其学问不纯为重点。以二苏为代表的"蜀学"在宋代很流行，与二程"洛学"成分庭抗礼之势。秦观《答傅彬老简》云："苏氏之道，最深于性命自得之际。其次则器足以任重，识足以致远。至于议论文章，乃其与世周旋，至粗者也。"③ 识器指见识高远而器量宏大，体现在苏轼以忠义许国的议论文章里，尤以政论为典型。所谓"性命自得"，指苏轼对人生的领悟和对性情的认识。苏轼《东坡易传》说："情者性之动也，溯而上至于命，沿而下至于情，无非性者。性之与情，非有善恶之别也，方其散而有为，则谓之情耳。"④ 在他看来，人之性情出于自然，能够为善或为恶，但其身是无所谓善恶的。超越了善恶，也就超越了是非，只要随缘自适、顺应自然即可。这种

---

① 〔宋〕黎靖德编，王星贤点校：《朱子语类》，第3260页。
② 〔宋〕黎靖德编，王星贤点校：《朱子语类》，第3255页。
③ 〔宋〕秦观：《淮海集》，四库全书本，卷三十。
④ 苏轼：《东坡易传》，四库全书本，卷一。

旷达的性命观是苏轼自由为文的基础，与新儒家严于律己的性命义理之学貌合神离。朱熹认为："两苏既自无致道之才，又不曾遇人指示，故皆鹘突无是处。人岂可以一己所见只管钻去，谓此是我自得，不是听得人的！"① 他在《答吕伯恭书》里说：

> 夫文与道，果同耶？异耶？若道外有物，则为文者可以肆意妄言而无害于道。唯夫道外无物，则言而一有不合于道者则于道为有害，但其害有缓急深浅耳。屈宋唐景之文，熹旧亦尝好之矣。既而思之，其言虽侈，然其实不过悲愁、放旷二端而已，日诵此言与之俱化，岂不大为心害？于是屏绝不敢复观。……况今苏氏之学，上谈性命，下述政理，其所言者非特屈宋唐景而已，学者始则以其文而悦之，以苟一朝之利，及其既久，则渐涵入骨髓，不复能自解免，其坏人材、败风俗，盖不少矣。②

朱熹认为作文害道有浅深之别，浅者只是以丽藻言情乱人心志，深者是以华辞包裹异端之说坏人心性，"苏氏之学"明显属于后者。有人问："东坡与韩公如何？"他说："平正不及韩公。东坡说得高妙处，只是说佛，其他处又皆粗。"又曰："大概皆以文人自立。平时读书，只把做考究古今治乱兴衰的事，要做文章，都不曾向身上做功夫，平日只是以吟诗饮酒戏谑度日。"③ 他还说："韩退之，欧阳永叔所谓扶持正学，不杂释老者也。然到得紧要处，更处置不行，更说不去。便说得来也拙，不分晓。缘他不曾去穷理，只是学作文，所以如此。东坡则杂以佛老，到急处便添入佛老，相和倾瞒人。如装鬼戏、放烟火相似，且遮人眼。"④ 他称苏氏之学为"杂学"，多似是而非之言，对儒家圣人之道的危害也就更大。

---

① 〔宋〕黎靖德编，王星贤点校：《朱子语类》，第 3111 页。
② 朱熹著，郭齐、尹波点校：《朱熹集》，第 1413 页。
③ 〔宋〕黎靖德编，王星贤点校：《朱子语类》，第 3113 页。
④ 〔宋〕黎靖德编，王星贤点校：《朱子语类》，第 3276 页。

为消除苏氏之学的影响，朱熹作了由多篇文章组成的《杂学辨》。在《苏氏易解》里，他批评苏轼不知《易》之"性命之理"与《中庸》《孟子》所言相表里而妄加臆断。在《苏黄门老子解》中，他指责苏辙以禅宗六祖的"不思善、不思恶"言喜怒哀乐之未发。朱熹说："予之所病，病其学儒之失而流于异端，不病其学佛未至而溺于文义也。其不得已而论此，岂好辩哉！"[①] 他曾一连写了多封信给喜爱苏轼文章和学问的汪应辰，指出苏氏之学与王安石的新学一样，"皆以佛老为圣人，既不纯乎儒者之学矣"。只是王氏之学支离穿凿无义味，不足以惑众，但是：

　　　　至若苏氏之言，高者出入有无而曲成义理，下者指陈利害而切近人情，其智识才辩谋为气概，又足以震耀而张皇之，使听者欣然而不知倦，非王氏之比也。然语道学则迷大本，论事实则尚权谋，炫浮华，忘本实；贵通达，贱名检，此其害天理，乱人心，防道术，败风教，亦岂尽出王氏之下也哉！……其徒如秦观李廌之流，皆浮诞佻轻，士类不齿，相与扇纵横捭阖之辨，以持其说，而漠然不知礼义廉耻之为何物。[②]

视苏氏之学为歪门邪道，直指苏门文人为伤天害理的名教罪人。朱熹说："苏文害正道，甚于老、佛，且如《易》所谓'利者义之和'，却解为义无利则不和，故必以利济义，然后合于人情。若如此，非唯失圣言之本指，又且陷溺其心。"[③] 苏轼《赤壁赋》中有"逝者如斯，而未尝往也；盈虚者如彼，而卒莫消长也"的著名议论，朱熹认为只是《老子》"独立而不改，周行而不殆"之意。他说："圣人但云：'维天之命，于穆不已。'又曰：'逝者如斯夫！'只是说个不

---

　　① 朱熹著，郭齐、尹波点校：《朱熹集》，第 3765 页。
　　② 朱熹著，郭齐、尹波点校：《答汪尚书》，《朱熹集》，第 1272~1273 页。
　　③ 〔宋〕黎靖德编，王星贤点校：《朱子语类》，第 3306 页。

已，何尝说不消长、不往来？它本要说得来高远，却不知说得不活了。既是'往者如斯，盈虚者如代'，便是这道理流行不已也。东坡之说，便是肇法师'四不迁'之说也。"① 将苏文中义杂佛、老而有悖于圣人思想处，一一指点出来，以坐实苏轼学问驳杂，但又自以为是而率性肆言。

朱熹是具有很高文学素养的理学家，尽管他对古文家的为人和为学持批判态度，但对他们的文章之美还是能欣赏的。他在《跋方季申所校韩文》中说："余自少喜读韩文。"② 他认为"韩文公诗文冠当时，后世未易及"。又说："韩文高。欧阳文可学。曾文一字挨一字，谨严，然太迫。"即便是被目为曲成义理而切近人情的苏轼之文章，他也承认有笔力过人处，谓"东坡天资高明，其议论文词自有人不到处"③。他在《答程允夫书》中说：

> 苏氏文辞伟丽，近世无匹，若欲作文，自不妨模范。但其词意矜豪谲诡，亦有非知道君子所欲闻，是以平时每读之，虽未尝不喜，然既喜，未尝不厌，往往不能终帙而罢。④

这种文学批评中矛盾现象的产生，在于面对文、道分离的现实，而又要坚持儒家文道合一的理想。朱熹《与汪尚书》云："去春赐教，语及苏学，以为世人读之，止取文章之妙，初不于此求道，则其失自可置之。……若曰唯其文之取而不复议其理之是非，则是道自道，文自文也。道外有物，固不足以为道，且文而无理又安足以为文乎？盖道无适而不存者也。故即文以讲道，则文与道两得而一以贯之，否则亦将两失之矣。中无主，外无择，其不为浮夸险波所入而乱其知思也者

① 〔宋〕黎靖德编，王星贤点校：《朱子语类》，第 3115 页。
② 朱熹著，郭齐、尹波点校：《朱熹集》，第 4265 页。
③ 〔宋〕黎靖德编，王星贤点校：《朱子语类》，第 3304 页、第 3306 页、第 3113 页。
④ 朱熹著，郭齐、尹波点校：《朱熹集》，第 1912~1913 页。

几希。"① 以为道作为万物本体是无所不在的，道理具有于人心而为主宰，才不会被物欲和邪说蒙蔽，才能文道一以贯之。若只就文论文而不言理，则可能道与文两失之。

"道自道，文自文"之局面的形成，与新儒家理学的流行有莫大关系，盖理学以心性道德修养为要务而不屑于文章，古文家乐于作文而所言或有悖于儒家圣人之道。由此形成了儒者与文人的对立，现实中道学与文学亦别为两派。这一点朱熹是很清楚的，他说："文字到欧、曾、苏，道理到二程，方是畅。"② 分别以欧、曾、苏（欧阳修、曾巩、苏轼）与二程（程颢、程颐）作为宋代文学与道学的代表人物。在对北宋著名儒者的理学著述做系统整理后，朱熹编著《伊洛渊源录》，明确新儒家的传道统绪。在建立这种"新道统"谱系的同时，他又以唐宋古文家的文章承传为"新文统"，其《答巩仲至》说："文章正统，在唐及本朝，各不过两三人，其余大率多不满人意，止可为知者道耳。"③ 从朱熹常提及的古文家来看，被他视为"文章正统"的作家是韩、柳和欧、曾、苏等，隐含后世所称的"唐宋八大家"之目。他说："人做文章，若是仔细看得一般文字熟，少间做出文字，意思语脉自是相似。读得韩文熟，便做出韩文的文字；读得苏文熟，便做出苏文的文字。若不曾仔细看，少间却不得用。""文字自有一个天生成腔子，古人文字自贴这天生成腔子。"④ 他主张向古文家学习文法，以为这样才能够写出好的文章。

其实，"作文害道"说的提出，本身就是以"道自道，文自文"为前提的，否则此一说法就不能成立。文、道分离的局面，有悖于"文以明道"的传统，也不利于二者的发展。新儒家的道学发展到朱

① 朱熹著，郭齐、尹波点校：《朱熹集》，第 1277 页。
② 〔宋〕黎靖德编，王星贤点校：《朱子语类》，第 3309 页。
③ 朱熹著，郭齐、尹波点校：《朱熹集》，第 3353 页。
④ 〔宋〕黎靖德编，王星贤点校：《朱子语类》，第 3301 页、第 3322 页。

熹等人形成高峰，但南宋文章则明显不如北宋。朱熹说："今人作文，皆不足为文。大抵专务节字，更易新好生面辞语。至说义理处，又不肯分晓。观前辈欧、苏诸公作文，何尝如此？圣人之言坦易明白，因言以明道，正欲使天下后世由此求之。使圣人之言要教人难晓，圣人之经定不作矣。""前辈文字有气骨，故其文壮浪。欧公、东坡亦皆于经术本领上用功。今人只是于枝叶上粉泽尔，如舞讶鼓然，其间男子、妇人、僧、道、杂色，无所不有，但都是假的。"①"欧公文章及三苏文好说，只是平易说道理，初不曾使差异的字换却那寻常的字。"② 以为南宋时期的"今人作文"，其文字功夫远不如欧阳修、苏轼等前辈文人。

文、道两得不仅是现实的需要，也能有效避免"作文害道"。朱熹提出的解决办法是读书明理，将道德、文章合为一体。他说："主乎学问以明理，则自然发为好文章。""贯穿百氏及经史，乃所以辨验是非，明此义理，岂特欲使文词不陋而已？义理既明，又能力行不倦，则其存诸中者，必也光明四达，何施不可！发而为言，以宣其心志，当自发越不凡，可爱可传矣。"③ 自朱熹倡明新道统与新文统之后，学宗程朱而文模欧苏，以古文家的文法阐明理学家讲的义理，就成为实现文道合一的新途径。

第三节　万物静观皆自得

就重视心性修养的宋明新儒家而言，除了领会性理作为万物本体的意义，对生生之仁的内心观照和生命体验也是非常重要的。仁者

---

① 〔宋〕黎靖德编，王星贤点校：《朱子语类》，第3318页。
② 〔宋〕黎靖德编，王星贤点校：《朱子语类》，第3307页、第3309页。
③ 〔宋〕黎靖德编，王星贤点校：《朱子语类》，第3319页。

"静观"万物时的浑然与物同体，与其生命精神的内省体验相关联，由自然万物展示的活泼生机，可见天地生命流行的生生之仁，而仁体就在人心里。对心性本体的直觉要以情感体验做基础，修养功夫的"静观"与"自得"实不可分。静观万物而洞明心体，不仅可得性情之正，具有仁者浑然与物同体的胸怀，还可寻得"孔颜乐处"，使日常生活饶有鸢飞鱼跃般的活泼诗意。在反观心体的直觉活动中，能获得自适、自得之乐，故新儒家于此特别加以强调，将心学与诗学融会贯通。就连明言"作诗果无益"的理学大师朱熹，在观书有感时也不乏吟咏性情之作，用诗歌表达性命自得的内心体验。

一、宇宙人生的诗意观照

对宇宙人生的诗意观照和情感体验，在儒家哲学中是由来已久的。如孔子对曾点"浴乎沂，风乎舞雩，咏而归"（《论语·先进第十一》）的赞赏，表明在生活中追求悠然自得的诗意和乐趣，不失为儒者平凡的人生理想。子曰："贤哉，回也！一箪食，一瓢饮，在陋巷，人不堪其忧，回也不改其乐。"子曰："知（智）者乐水，仁者乐山；知者动，仁者静。"（《论语·雍也第六》）既是对安贫乐道的高尚人格的肯定，又是对渗透着人道德情感的自然山水之礼赞。这种自甘清贫的人生情趣，这种合道德意志与美感为一的"乐"的体验，能使儒者在日常生活中感受到内心充实之美。

情感体验是人生命存在的基础，发自内心之乐是幸福的源泉，也是心灵美的体现，对于道德人格的养成具有重要意义。二程受学于周敦颐时，周敦颐"每令寻颜子、仲尼乐处，所乐何事"①。生活需要好心情，所谓性理，所谓心体，如果完全脱离了人的情感需要，便都会落空，失去意义和价值。在《颜子所好何学论》中，程颐以为颜

---

① 〔宋〕程颢、〔宋〕程颐：《二程集》，第 16 页。

渊所乐之事是好学，要学以至圣人之道，"是故觉者约其情使合于中，正其心，养其性，故曰性其情"①。小程这种"性其情"之说，意在以性理正心，用性理约束情感，令人严肃紧张，难有乐趣可言。真正能领会"孔颜乐处"的是大程，他说：

> 《诗》可以兴。某自再见茂叔后，吟风弄月以归，有"吾与点也"之意。

> 周茂叔窗前草不除去，问之，云："与自家意思一般。"②

吟风弄月是一种寄情于物的体验，是借山水月色表达心中乐趣。周敦颐不除掉窗前之草也是同样的意思，即以欣欣向荣的草之生意，印证仁者心中之乐。这种"乐"，这种"意思"，只有亲身体验才能感受到，是一种浑然与物同体的意境，难以用理智做概念分析，却能用具有诗意的形象语言来表达。

自然界是人的本源地，而人却是自然界的主体，自然万物生机盎然之富有诗意，是由人心体验出来的。如程颢所说，仁者"以天地万物为一体"。生生之意即是仁，仁是心体，人可通过与自然的和谐，体验万物一体之仁，并用吟咏性情的方式表达出来。邵雍《人灵吟》说："天地生万物，其间人最灵。既为人之灵，须有人之情。若无人之情，徒有人之形。"其《诗画吟》谓："诗画善状物，长于运丹诚。丹诚入秀句，万物无遁情。"③ 吟咏性情而涉理路，这种道学体诗在宋诗里别具一格。他在《首尾吟》中说：

> 尧夫非是爱吟诗，诗是尧夫乐物时。天地精英都已得，鬼神情状又能知。陶真意向辞中见，借论言从意外移。始信诗能通造化，尧夫非是爱吟诗。④

---

① 〔宋〕程颢、〔宋〕程颐：《二程集》，第 577 页。
② 〔宋〕程颢、〔宋〕程颐：《二程集》，第 59~60 页。
③ 〔宋〕邵雍：《伊川击壤集》，四部丛刊本，卷十八。
④ 〔宋〕邵雍：《伊川击壤集》，卷二十。

表达观物的看法和感受，谓作诗可通自然造化之妙。这得到了程颢的认同，其《和尧夫〈首尾吟〉》说：

> 先生非是爱吟诗，为要形容至乐时。醉里乾坤都寓物，闲来风月更输谁？死生有命人何与，消长随时我不悲。直到希夷无事处，先生非是爱吟诗。①

以为吟诗可形容人生的"至乐"，所谓"至乐"源于庄子的体道，指体验到"天地与我并生，万物与我为一"时获得的精神愉悦。程颢用它来讲仁者"浑然与物同体"的感受，以天地万物为怀，用同情心看待世界，视万物与己为同一生命体，故"满腔子是恻隐之心"。②至乐是心中之乐，既是对明德本体的领会，也是审美体验，是一种能自家"受用"的精神享受。如程颢《偶成》所云：

> 云淡风轻近午天，望花随柳过前川。旁人不识予心乐，将谓偷闲学少年。③

他在《新晴野步二首（其二）》中又说：

> 阴曀消除六幕宽，嬉游何事我心闲。鸟声人意融和候，草色花芳杳霭间。水底断霞光出岸，云头斜日影衔山。缘情若论诗家兴，却恐骚人合厚颜。④

在体察天地大化的过程中，获得一种自得于心的洒脱，缘情起兴，同天人而合物我，于是"天地之间，非独人为至灵，自家心便是草木鸟兽之心也，但人受天地之中以生尔"⑤。观自然造化以明心源，在感受自然美的同时，对心体本静也有了体验，明白心中自有之乐乃人生幸福和快乐的根源。

---

① 〔宋〕程颢、〔宋〕程颐：《二程集》，第481页。
② 〔宋〕程颢、〔宋〕程颐：《二程集》，第62页。
③ 〔宋〕程颢、〔宋〕程颐：《二程集》，第476页。
④ 〔宋〕程颢、〔宋〕程颐：《二程集》，第478页。
⑤ 〔宋〕程颢、〔宋〕程颐：《二程集》，第4页。

从自然界和生活中体验生命意义，在追求个体人格的道德完善的同时，心灵也获得一种情感满足和审美愉悦，这是儒家心学的诗意所在。与诗家的缘情起兴不同，儒者吟诗非单纯地情动于中而形于言，而是借已发之情追溯心体，明明德而止于至善。邵雍在《伊川击壤集》自序中说："《击壤集》，伊川翁自乐之诗也，非唯自乐，又能乐时与万物之自得也，……因闲观时，因静照物，因时起志，因物寓言，因志发咏，因言成诗，因咏成声，因诗成音，是故哀而未尝伤，乐而未尝淫。虽曰吟咏情性，曾何累于性情哉！"① 自得之乐乃自家直接体验所得，是感受到与万物为一体之乐。虽然是心静照物时的情感体验，却能情顺万事而无情，心普万物而无心，廓然大公，物来应顺。如程颢《秋日偶成二首》所言：

> 寥寥天气已高秋，更倚凌虚百尺楼。世上利名群蚁蠛，古来兴废几浮沤。退安陋巷颜回乐，不见长安李白愁。两事到头须有得，我心处处自优游。
>
> 闲来何事不从容，睡觉东窗日已红。万物静观皆自得，四时佳兴与人同。道通天地有形外，思入风云变态中。富贵不淫贫贱乐，男儿到此是豪雄。②

诗中所讲的"颜回乐"和"贫贱乐"，是一种安贫乐道和乐天知命的生命态度，不同于名利占有和情欲满足的世俗之乐。颜渊之所以居陋巷还能感到快乐，在于"其心三月不违仁"，追求道德人格的自我完善而以仁为乐。凡人的快乐离不开热闹，而仁者之乐却是在"静观"中体会到的，体验心中之理而道通天地、思入风云。由于是从自家心性里体会出来的，所以是真正的"自得"之乐。孟子说："君子所性，仁义礼智根于心，其生色也睟然。见于面，盎于背，施于四体，

---

① 〔宋〕邵雍：《伊川击壤集》，卷首。
② 〔宋〕程颢、〔宋〕程颐：《二程集》，第482页。

四体不言而喻。"（《孟子·尽心篇上》）无情未必真豪杰，如果对孔颜乐处确有体会，像孟子讲的仰不愧天、俯不怍地，富贵不能淫、威武不能屈，堂堂正正做个人，亦可称"豪雄"矣。

陆九渊在《与侄孙濬书》中说："二程见茂叔后，吟风弄月而归，有'吾与点也'之意，后来明道此意却存，伊川已失此意。"[1]程颢（明道）说："言体天地之化，已剩一体字，只此便是天地之化，不可对此个别有天地。"[2]"体"即体贴、体验，指在自身心性中体察天地道理和人生意义，是心灵自证自明的内在感受，一种具有普遍性和超越性的心灵活动。他说："不当以体会为非心，以体会为非心，故有心小性大之说。圣人之神，与天为一，安得有二？至于不勉而中，不思而得，莫不在此。此心即与天地无异，不可小了它，不可将心滞在知识上，故反以心为小。"[3]言及《中庸》讲的"鸢飞戾天，鱼跃于渊"时，他认为"与'必有事焉而勿正心'之意同，活泼泼地。会得时，活泼泼地；不会得时，只是弄精神"[4]。鸢飞鱼跃就是天地之化，其活泼泼之诗意存在于主体的自我体验中，与"风乎舞雩，咏而归"的意境相类似。

如果说朱熹为学较多地接受了程颐的思想的话，那么在重视内心体验功夫上，陆九渊则与程颢为一派，同属于孟子学。孟子云："口之于味也，有同耆焉；耳之于声也，有同听焉；目之于色也，有同美焉。至于心，独无所同然乎？心之所同然者何也？谓理也，义也。圣人先得我心之所同然耳。故理义之悦我心，犹刍豢之悦我口。"（《孟子·告子章句上》）心悦义理之悦，即"反身而诚，乐莫大焉"之乐，是一种内心体验。陆九渊《与李宰书》说："人皆有是心，心皆

---

① 陆九渊：《陆九渊集》，第504页。
② 〔宋〕程颢、〔宋〕程颐：《二程集》，第18页。
③ 〔宋〕程颢、〔宋〕程颐：《二程集》，第22页。
④ 〔宋〕程颢、〔宋〕程颐：《二程集》，第59页。

具是理，心即理也。故曰'理义之悦我心，犹刍豢之悦我口'。所贵乎学者，为其欲穷此理，尽此心也。"① 以为人同此心，心同此理，心中之理也就是心体。心既是本体存在，又是体验活动。可由心之寂感见天理流行，合道德体验与审美感受为一而享受人生乐趣。陆九渊的门人说他从容讲道，歌咏愉愉，"佳天气，则徐步观瀑，至高诵经训，歌楚词，及古诗文，雍容自适"②，能在日常生活里找到乐趣，于自然中感受到"自得、自成、自道"的精神愉悦。

新儒家追求的孔颜之乐，乐处在心，是一种主体的内心体验和感受。其所乐之事有二：一是仁者静观万物时的浑然与物同体，由自然界的活泼生机了悟心中的仁体，以仁为乐；二是吟咏性情时的感兴愉悦，在心体的观照活动中体验到诗意和美，产生自适、自得之乐。前者多带有静坐体道性质，后者是心灵的自我觉悟和自我受用，要"静观"而"自得"之。

二、心学与诗学的融通

新儒家道统心传的一个重要方式是于静坐中体验喜怒哀乐"未发"时气象，在排除私欲杂念的虚静状态下反观心体。由于仁体和道理存在于人心之中，是与生命情感有联系的本体存在，对心性本体的直觉要以情感体验做基础，所以修养功夫的"静观"与"自得"实不可分。但是就不同派别的新儒家而言，二者是可以各有轻重的，并体现在其诗歌创作和诗论中。

"静观"是一种直觉体验，而且是对"道"的体验。其说出自《老子》第十六章："致虚极，守静笃，万物并作，吾以观复。夫物芸芸，各归其根，归根曰静，是谓复命，复命曰常。"以为世间万物

---

① 陆九渊：《陆九渊集》，第149页。
② 陆九渊：《陆九渊集》，第502页。

和芸芸众生都有其根本，虚室生白，万物皆从静中生，如果世间由纷繁多变复归于静，则可以体会难以言说的"常"道。这需用"吾以观复"的方式才能把握，是一种具有自我体验性质的内视反观，要求心中虚而无物，排除一切知识成见；同时又静而无扰，没有私欲杂虑。《庄子·天道篇》云："夫虚静恬淡，寂寞无为者，万物之本也。"故"言以虚静推于天地，通于万物，此之谓天乐。天乐者，圣人之心以畜天下也"①。这种说法曾被六朝的文论家用来谈文心，而宋儒则用它言道心，作为主静立人极的修养功夫。

　　静坐观心，乃新儒家出入释、老而返归儒学的心性修养功夫，是一种将庄、禅并入儒学的切身体验。程颢以为"性静者可以为学"②。他教导学生要心口相应，"请问焉。曰：'且静坐。'伊川每见人静坐，便叹其善学"③。这是因为静坐时的收视反听，不仅可澡雪精神，亦可洞明心体。朱熹说："明道教人静坐，李先生（李侗）亦教人静坐。盖精神不定，则道理无凑泊处。"又云："须是静坐，方能收敛。"在他看来，"静坐无闲杂思虑，则养得来便条畅"，故"始学功夫，须是静坐，静坐则本原定，虽不免逐物，及收归来，也有个安顿处"④。静坐可安顿身心，收敛精神，于静中体验心体和察识道理，是一种最基本的心性修养功夫。朱熹说他年轻时涉猎的广泛，"禅、道、文章、《楚辞》、诗、兵法，事事要学，出入时无数文字"⑤。其《读道书作六首（其一）》云：

　　　　岩居秉贞操，所慕在玄虚。清夜眠斋宇，终朝观道书。形忘
　　气自冲，性达理不余。于道虽未庶，已超名迹拘。至乐在襟怀，

①　郭庆藩：《庄子集释》，北京：中华书局，1961 年，第 457 页、第 463 页。
②　〔宋〕程颢、〔宋〕程颐：《二程集》，第 351 页。
③　〔宋〕程颢、〔宋〕程颐：《二程集》，第 432 页。
④　〔宋〕黎靖德编，王星贤点校：《朱子语类》，第 216~217 页。
⑤　〔宋〕黎靖德编，王星贤点校：《朱子语类》，第 2620 页。

山水非所娱。寄语狂驰子，营营竟焉如！①

道教的精神修炼以玄虚为本、清静为门，要超脱于尘世名迹，其斋心启真之说对朱熹颇有吸引力，引导他走向了参禅事佛之路。朱熹读道书时，常与佛学做比照。他说："佛学其初只说空。后来说动静，支蔓既甚，达磨遂脱然不立文字，只是默然端坐，便心静见理。此说一行，前面许多皆不足道，老氏亦难为抗衡了。""禅家最说得高妙去，盖自庄老来，说得道自是一般物事，阒阒在天地间。后来佛氏又放开说，大决藩篱，更无下落，愈高愈妙，吾儒多有折而入之。"② 对佛、道两家思想的认识很到位。朱熹《久雨斋居诵经》云：

端居独无事，聊披释氏书。暂释尘累牵，超然与道俱。门掩竹林幽，禽鸣山雨余。了此无为法，身心同晏如。③

如释氏所言，"明心见性"需要就里体认的参悟，全凭内心直觉，是一种如鱼饮水、冷暖自知的体验。这对朱熹的读书生活有深刻影响，成为其融贯儒、道、释三教的心学功夫。注重虚心静虑和专一积久后的豁然贯通。他以为释氏的"入定"和道家的"数息"只是要静，可用来"敬以直内"的，"所以禅家说'直指人心，见性成佛'。他只要你见得，言下便悟，做处便彻，见得无不是此性。也说'存养心性'，养得来光明寂照，无所不偏，无所不通"。④ 但释氏所言性只是心，而且是以作用为性，心地功夫归于空寂，不能用来"义以方外"。当朱熹明白释氏的空寂之说安放不下儒家的现实义理时，就主张把读书体察圣人之心作为静观心体的主要方式，以虚心涵泳和默识心通为关键。

静下心来观圣贤书亦是一种涵养功夫，存心与读书为一事方得。

264

---

① 朱熹著，郭齐、尹波点校：《朱熹集》，第23页。
② 〔宋〕黎靖德编，王星贤点校：《朱子语类》，第3010~3011页。
③ 朱熹著，郭齐、尹波点校：《朱熹集》，第17页。
④ 〔宋〕黎靖德编，王星贤点校：《朱子语类》，第3022页。

朱熹说："大凡学者须是收拾此心，令专静纯一，日用动静间都无驰走散乱，方始看得文字精审。""故学者且于静处收拾教意思在里，然后虚心去看，则其义理未有不明者也。""今且要读书，须先定其心，使之如止水，如明镜。"① 水静明物，镜虚映像，都是用来喻示心之虚静观照的。朱熹《观书有感二首（其一）》云：

> 半亩方塘一鉴开，天光云影共徘徊。问渠那得清如许？为有源头活水来。②

用"半亩方塘"喻指心中方寸之地，即心田。心体虚静，能容纳映照万象，造化之天光云影尽在吾心之中。朱熹说："心如水，性犹水之静，情则水之流，欲则水之波澜，但波澜有好的，有不好的。"③ 读书明理，是为了在心源处涵养，所谓"读书以观圣贤之意；因圣贤之意，以观自然之理"。因"自古圣贤皆以心地为本。圣贤千言万语，只要人不失其本心"。④ 新儒家讲"本心"，由佛之清净心下一转语，指圣贤民胞物与的仁心，亦即称为"生生之德"的天地生物之心。朱熹《舜典象刑说》云："圣人之心未感于物，其体广大而虚明，绝无毫发偏倚，所谓天下之大本者也。及其感于物也，则喜怒哀乐之用各随所感而应之，无一不中节者，所谓天下之达道也。盖自本体而言，如镜之未有所照，则虚而已矣。如衡之未有所加，则平而已矣。至语其用，则以其至虚而好丑无所遁其形，以其至平而轻重不能违其则。此所以致其中和而天地位、万物育，虽以天下之大，而举不出乎吾心造化之中也。"⑤ 中得心源，则造化在我，此心源活水亦即一造化，其妙用贯乎动静而现天理赅行。与释氏归于空寂不同，此心

---

① 〔宋〕黎靖德编，王星贤点校：《朱子语类》，第177页。
② 朱熹著，郭齐、尹波点校：《朱熹集》，第90页。
③ 〔宋〕黎靖德编，王星贤点校：《朱子语类》，第93页。
④ 〔宋〕黎靖德编，王星贤点校：《朱子语类》，第162页、第199页。
⑤ 朱熹著，郭齐、尹波点校：《朱熹集》，第3517页。

体湛然虚明而万理自足，造化万象皆不出吾心之体用，故能在静观中体验圣人之心，尽自然之理，合性情物理为一。

儒者的静坐观心，不唯能敬以直内，也可思入风云变态，与天光云影共徘徊，有受自然造化感发的吟咏性情之作。朱熹在《斋居感兴二十首（其四）》中说："静观灵台妙，万化此从出。"其《送林熙之诗五首（其一）》云："浊酒寒灯静相对，论心直欲到忘言。"① 静默的观照和生命的跃动，是构成心之体用的两极，也是人生修养和艺术体验的本源。朱熹的一些作品，以诗喻理而流溢着情趣，饶有意境韵味。如《春日偶作》：

> 闻道西园春色深，急穿芒屩去登临。千葩万蕊争红紫，谁识乾坤造化心。②

诗中抒写的是对孔门圣学别有领会时的喜悦之情，表现心契造化而体察和追寻自然的生命精神。在较为通俗易懂的《训蒙绝句》里，朱熹于《训蒙绝句静二首（其一）》中指出心静为动之本源，"所以功夫先要静，动而无静体难全"。但"莫将靠静偏于静，须是深知格物功。事到理明随理去，动常有静在其中"。其《鸢飞鱼跃》云："此理充盈宇宙间，下穷鱼跃上飞鸢。飞斯在上跃斯下，神化谁知本自然。"③ 天机出于灵台，造化入于吾心，性情通于自然物象，故于吟风弄月之中，可见心胸之洒脱，超越了动静和物我。朱熹的《春日》诗："胜日寻芳泗水滨，无边光景一时新。等闲识得东风面，万紫千红总是春。"④ 从东风一吹而大地因春的欣欣向荣中，体验到了天理流行的生生之仁，此仁体就是天地之心，普及周边万物，呈现出万紫千红的勃勃生机。

———————

① 朱熹著，郭齐、尹波点校：《朱熹集》，第178页、第251页。
② 朱熹著，郭齐、尹波点校：《朱熹集》，第89页。
③ 朱熹著，郭齐、尹波点校：《朱熹集》，第5732~5733页。
④ 朱熹著，郭齐、尹波点校：《朱熹集》，第89页。

静观心体而不坠入空寂，能于寂感中识真除妄，见生生之天理流行，乃理学有别于禅学处。朱熹《答游诚之》谓："心体固本静，然亦不能不动，其用固本善，然亦能流而入于不善。夫其动而流于不善者，固不可谓心体之本然，然亦不可不谓之心也，但其诱于物而然耳。故先圣只说'操则存，舍则亡，出入无时，莫知其乡'。只此四句说得心之体用始终真妄邪正无所不备。"① 只要心体纯正，感物而动之情发而中节，无往而不正。他在《诗集传序》中说：

> 人生而静，天之性也。感于物而动，性之欲也。夫既有欲矣，则不能无思；既有思矣，则不能无言；既有言矣，则言之所不能尽而发于咨嗟咏叹之余者，必有自然之音响节奏而不能已焉。此诗之所以作也。……诗者，人心之感物而形于言之余也。心之所感有邪正，故言之所形有是非。唯圣人在上，则其所感者无不正，而其言皆足以为教。②

以诗为心之感发声，合于诗言志的古训。但又以心性静寂为本源，意蕴更为丰富。朱熹《答杨宋卿》说："是以古之君子德足以求其志，必出于高明纯一之地，其于诗固不学而能之。"③ 所谓"高明纯一"指胸怀襟抱，要求保持心体的纯静虚灵。《试院杂诗五首（其二）》云："寒灯耿欲灭，照此一窗幽。坐听秋檐响，淋浪殊未休。"④ 他尝举此诗示学者，曰："此虽眼前语，然非心源澄静者不能道。"⑤ 又说：

> 只如个诗，举世之人尽命去奔做，只是无一个人做得成诗。
> 他是不识，好的将做不好的，不好的将做好的。这个只是心里

---

① 朱熹著，郭齐、尹波点校：《朱熹集》，第 2142～2143 页。
② 朱熹著，郭齐、尹波点校：《朱熹集》，第 3965 页。
③ 朱熹著，郭齐、尹波点校：《朱熹集》，第 1757 页。
④ 朱熹著，郭齐、尹波点校：《朱熹集》，第 36 页。
⑤ 〔宋〕罗大经撰，王瑞来点校：《鹤林玉露》，北京：中华书局，1983 年，第 113 页。

闹，不虚静之故。不虚不静故不明，不明故不识。若虚静而明，便识好物事。虽百工技艺做得精者，也是他心虚理明，所以做得来精。①

以心之虚灵言寂感，主张作诗不应属意于格律辞藻的工拙与否，而要在心地本源上下功夫。朱熹《易寂感说》云："其寂然者无时而不感，其感通者无时而不寂也。是乃天命之全体，人心之至正，所谓体用之一源，流行而不息者也。疑若不可以时处分矣。然于其未发也，见其感通之体；于已发也，见其寂然之用，亦各有当而实未尝分焉。故程子曰：'中者，言寂然不动者也。和者，言感而遂通者也。'然中和以情性言者也，寂感以心言者也，中和盖所以为寂感也。"② 诗是生命的感发，由寂感明心之体用，使传统的性静情动说更为合理，这也是朱熹诗论的思想基础。

与"静观"相伴随的是"自得"。自得者，得于心之谓也，又谓得之于自然，是一种自家受用、自然得之的精神愉悦。儒学属于"为己"之学，孔子说："知之者不如好之者，好之者不如乐之者。"（《论语·雍也第六》）对此，二程以"自得"做解释，程颢曰："笃信好学，未如自得之乐。好之者，如游他人园圃；乐之者，则己物耳。然只能信道，亦是人之难能也。"程颐谓："非有所得，安能乐之？"③ 强调致知过程中的自得、自适之乐，一种心甘情愿的精神愉悦。孟子曾说："君子深造之以道，欲其自得之也。自得之，则居之安。居之安，则资之深。资之深，则取之左右逢其原。故君子欲其自得之也。"（《孟子·离娄章句下》）朱熹的解释是："盖是自家既自得之，则所以资借之者深，取之无穷，用之不竭，只管取，只管

① 〔宋〕黎靖德编，王星贤点校：《朱子语类》，第3333页。
② 朱熹著，郭齐、尹波点校：《朱熹集》，第3516~3517页。
③ 〔宋〕黎靖德编，王星贤点校：《朱子语类》，第814页。

有，滚滚地出来无穷。自家资他，他又资给自家。如掘地在下，借上面源头水来注满。若源头深，则源源来不竭；若浅时，则易竭矣。"①如此说，自得乃"为己"之学，是君子在体道过程中真积力久而豁然贯通时的状态，一种有如灵泉喷涌的悟道境界。

问题在于，这种"自得"的状态和境界如何才能实现？朱熹多偏重于从"道问学"方面言自得，强调读书时的虚心涵泳和默识心通。他说："大抵学者读书，务要穷究。'道问学'是大事。要识得道理去做人。""人之为学固是欲得之于心，体之于身。但不读书，则不知心之所得者何事。"②"看文字，不可恁地看过便道了。须是时复玩味，庶几忽然感悟，到得义理与践履处融会，方是自得。这个意思，与寻常思索而得，意思不同。"③ 朱熹将这种读书贵自得于心的方法用于言诗，他以为：

> 大凡事物须要说得有滋味，方见有功。而今随文解义，谁人不解？须要见古人好处。如昔人赋梅云："疏影横斜水清浅，暗香浮动月黄昏。"这十四个字，谁人不晓得？然而前辈直恁地称叹，说他形容得好，是如何？这个便是难说，须要自得言外之意始得。须是看得那物事有精神，方好。若看得有精神，自是活动有意思，跳踯叫唤，自然不知手之舞，足之蹈。这个有两重：晓得文义是一重，识得意思好处是一重。④

除了理会文义，读诗还须识其个中滋味，把握其"文外之意"，方可谓之"自得"。朱熹说："《诗》，如今恁地注解了，自是分晓，易理会。但须是沉潜讽诵，玩味义理，咀嚼滋味，方有所益。若是草草看过一部《诗》，只两三日可了。但不得滋味，也记不得，全不济事。

---

① 〔宋〕黎靖德编，王星贤点校：《朱子语类》，第 1343 页。
② 〔宋〕黎靖德编，王星贤点校：《朱子语类》，第 162 页、第 176 页。
③ 〔宋〕黎靖德编，王星贤点校：《朱子语类》，第 2631 页。
④ 〔宋〕黎靖德编，王星贤点校：《朱子语类》，第 2755 页。

古人说'《诗》可以兴'，须是读了有兴起处，方是读《诗》。若不能兴起，便不是读《诗》。"所以"读《诗》之法，只是熟读涵味，自然和气从胸中流出，其妙处不可得而言。不待安排措置，务自立说，只恁平读着，意思自足"①。以"兴"言诗歌的"感发"作用，"兴于诗"即是读诗有感发人的意思，会得诗人之兴，便有一格长，若读得精熟，使道理与自家心相肯而有滋味，自然心与理一而有所得。朱熹说："且如一近世名公诗，也须知得他好处在那里。如何知得他好处？亦须吟哦讽咏而后得之。今人都不曾识：好处也不识，不好处也不识；……如矮子看戏相似，见人道好，他也道好。及至问著他那里是好处？元不曾识。举世皆然，只是不曾读。熟读后自然见得。"② 熟读是"自得"的前提，只有反复吟咏，有自己真实的感受和体会，方能领悟诗的滋味，识得其意思好处。

学问须就自家心上体验方是，虚心涵泳、切己省察的熟读精思，乃自得于心的一种方式。要于存心养性过程中体悟宇宙生命精神的流行，才能情与境共而自得适意。宋儒喜言"吾与点"，认同曾点言志时所说的"浴乎沂，风乎舞雩，咏而归"，追求精神适意的自得洒脱。朱熹说："只是他（指曾点）见得许多自然道理流行发见，眼前触处皆是，点但举其一事而言之耳。只看他'鼓瑟希，铿尔，舍瑟而作'，从容优裕悠然自得处，无不是这个道理。"③ 对在生活中了悟天理的从容适意予以赞赏。但朱熹似乎更看重格物致知时自得于心的融会贯通，他将曾点与其"一日三省吾身"的父亲曾参做比较，认为"曾子随事上做，细微曲折，做得极烂熟了，才得圣人指拨，一悟即了当。点（曾点）则不然，合下便见得如此，却不曾从事曲折

① 〔宋〕黎靖德编，王星贤点校：《朱子语类》，第 2086 页。
② 〔宋〕黎靖德编，王星贤点校：《朱子语类》，第 2802 页。
③ 〔宋〕黎靖德编，王星贤点校：《朱子语类》，第 1027 页。

功夫。所以圣人但说'吾与点'而已；若传道，则还曾子也。学者须是如曾子做功夫，点自是一种天资，不可学也"①。天资聪明者悟道敏捷，容易师心自用而狂妄了。朱熹对陆门心学发明本心而追求自得适意的简易功夫表示不满，以为其束书不观而求胸次悠然的洒落体验，实已近于禅。为在心地功夫上区别儒、释，他提倡"涵养须用敬"之说，主张以持敬代替静坐；又强调"格物致知"的重要，主张穷究事物之理而融会贯通，以达到致知境界。

第四节　新儒家的"游艺"之学

宋代新儒家的心性思想，集中体现在对"四书"的解读里，除强调正心诚意的存心养性功夫，还有"格物致知"的穷理方法。随着程朱理学的发展在南宋中后期进入全盛时期，"格物致知"对诗歌、书法和绘画的渗透日益深入，与朱熹同时的张栻，以及稍后一些的魏了翁、真德秀等理学家，在书画评论中均体现了寓格物于"游艺"的文艺思想。如钱穆先生所言："孔子曰'游于艺'，游艺乃圣门为学一大类，惜乎后之儒者，乃多不瞭其中深意。""抑且朱子学之所为能独出古今，无其匹俦者，此格物游艺之两端，正是大该着眼。……盖朱子之为学，格物必精，游艺不苟，虽曰余事，实皆一贯。本末精粗，兼而赅之。"② 朱熹用即物而穷其所以然之理的方式评文论艺，是"格物游艺"之学的集大成者。除诗文外，他于书法绘画亦博学之、审问之、明辨之，力求致事理之广大而尽艺术之精微。他用"心统性情"说折中性理与才情的关系，强调"游艺"以致知，主张文艺创作应表现无所偏倚、无所乖戾的美好心情。

---

① 〔宋〕黎靖德编，王星贤点校：《朱子语类》，第 1035 页。
② 钱穆：《朱子新学案》（第五册），北京：九州出版社，2011 年，第 360~361 页。

一、寓格物于"游艺"

格物致知不仅是理学家下学上达的主要途径，亦是其"游艺"时贯通诗书画的思想方法，这在湖湘学人张栻身上即有较为鲜明的体现。张栻，字敬夫（后改为钦夫），是南宋精于书法的理学家，其现存书帖作品有《秋晚帖》《严陵帖》《与子澄知县书》等。[①] 他喜欢珍藏和鉴赏名家书帖，曾与朱熹有诗歌唱和并交流思想，其书体有颜字的底蕴，又师法苏轼、黄庭坚和米芾等文人书法家，尤善行书与篆书。

张栻的论书诗和书法题跋，或阐发学问义理，或提倡心性涵养，洋溢着格物致知精神。他在《前日从赵漕饮因得遍观所藏书帖之富既归戏成三绝简之》中说：

> 乌云夭娇天欲雨，虚堂美荫共徜徉。开奁百轴惊传玩，更觉人间六月凉。
>
> 旧藏自是承平物，新轴收从古道旁。人间好事戒多得，防有雷霆下取将。
>
> 今古驱驰翰墨场，何人下笔到颜杨。君侯知我有书癖，乞与西台字几行。[②]

把书法作为儒者的格物游艺之学看待，没有把注意力集中在笔墨方面，更多的是"涵泳"书家在书帖里所表现出的理学意蕴。张栻在《跋范文正公帖》中说："某窃唯文正公平生事业光明伟特如此，及观此帖，味其辞意，而有以知公处事之周密；玩其书画，而有以见公日用之谨严，此岂非其事业渊源所自耶？晚生何足以形容万一。然尝

---

① 徐邦达著，故宫博物院编：《古书画过眼要录》，《徐邦达集》（四），北京：紫禁城出版社，2005年，第876~877页。

② 张栻：《南轩集》卷六，文渊阁四库全书本。

反复于此，而复有感焉。……详观是帖，其亲爱惇笃之意发于自然，盖与待其本族何异！其于天理人情可谓得其厚矣。只此一事，表而出之，闻其风者盖可使鄙夫宽，薄夫敦也，诚盛德哉！"① 从范仲淹流传的书迹中，张栻看到的是其平常处事的周密和谨严，以及敦厚的性情和高尚的品德。

张栻《南轩集》里的书法题跋比较多，着重于阐发书帖蕴含的进德精神和格物穷理方法。他在《跋尹和靖遗墨》中说："和靖先生所居之斋，多以片纸书格言至论，置于窗壁间，今往往藏于其家，如此所刻是也。反复玩绎，遐想其感发之趣深，存体之工至，而浃洽之味为无穷也。嗟乎，学者于此亦可得师矣！"② 尹焞是理学家里的擅长书法者，张栻在题跋中不大在意他的笔法，而是玩绎其治学精神和涵养心性义理的功夫，以为道学家的书法是道德学问的载体和延伸，是圣贤气象的体现。他在《跋吴晦叔所藏伊川先生上蔡龟山帖》里说：

> 乾道癸巳岁八月之七日，某伏阅是轴，喟然而叹曰：嗟乎！学者不克躬见先生之仪刑，既朝夕诵味其遗言以求其志，考其行事以究其用，又幸而得其字画而藏之，盖将以想慕其诚敬之所存而亡有极也，岂与寻常缄藏书帖者比哉！夫闻其风犹使人若是，况于如上蔡、龟山亲炙之而称高弟者乎？并与二公之书而宝焉，抑可见师友渊源之盛矣。③

与一般人缄藏书帖出于对字画的喜爱不同，张栻珍藏前贤书帖多出于对其圣贤气象的仰慕，重视对书帖"义理"内容的阐发。他在《跋许右丞许吏部奏议》里说："义理之所在，乃国家之元气，谋国者不

---

① 张栻：《南轩集》卷三十四，文渊阁四库全书本。
② 张栻：《南轩集》卷三十五，文渊阁四库全书本。
③ 张栻：《南轩集》卷三十五，文渊阁四库全书本。

可以不知也。"① 将 "义理" 提到国家元气的高度，足见其重视程度。他在评尚宪书帖时说："尚公之所以告其知己者，可谓切矣。受人之知者不当尔邪？公之没也久矣，读其书辞，犹觉生意凛然，义理之不可泯也。"② 在欣赏前辈的书法作品时，着重体会其生意凛然的气象与 "义理" 内容。

张栻主张寓格物致知于游艺中，而且有以 "格心" 为 "格物" 的倾向，其《南轩集》里有不少题画诗。相对于其书法，他在鉴赏绘画时想象的成分更多一些。他在《和朱元晦韵》中说："一见琼山眼为青，马蹄不觉渡沙汀。如今谁是王摩诘，为写清新入画屏。"③ 用诗来抒写自己喜好山水的愿望，想将满眼青山绿水形之为画。山水诗歌宜表现清新的情韵，画图便于观赏山水的形象，集情韵与形象描写为一体的题画诗，或许更能表达张栻的儒者襟怀。他在《和元晦咏画壁》里说：

> 松杉夹路自清阴，溪水有源谁复寻。忽见画图开四壁，悠然端亦慰予心。④

这首诗被宋人孙绍远选入《声画集》，是对朱熹《壁间古画精绝未闻有赏音者》的唱和之作。朱熹原诗为："老木樛枝入太阴，苍崖寒水断追寻。千年粉壁尘埃底，谁识良工独苦心？"⑤ 该诗前两句写画中景，后两句感慨议论。张栻的和诗也是如此，前两句描写画景，后两句抒发情感，不过前两句写景却蕴含着穷理探源的理趣。张栻喜爱自然山水，他的题画诗既有描绘画面意象所带来的情韵意趣，又蕴含借景明理的深刻理趣，虽以平淡质朴的语言写出，却能体现作者格物

① 张栻：《南轩集》卷三十四，文渊阁四库全书本。
② 张栻：《跋尚宪帖》，《南轩集》卷三十五，文渊阁四库全书本。
③ 张栻：《南轩集》卷七，文渊阁四库全书本。
④ 张栻：《南轩集》卷七，文渊阁四库全书本。
⑤ 朱熹著，郭齐、尹波点校：《朱熹集》卷五，第200页。

致知的功夫。

朱熹与湖湘学派颇有缘分，尤其是与张栻交谊深厚，两人经常有书信往来，交流涵养德性和格物穷理的心得体会，各自的书法也都能成体。朱熹不仅精通琴乐，亦留心书法、绘画，将理学穷尽事物之理的格物精神贯彻于"游艺"活动中。他说："上而无极、太极，下而至于一草、一木、一昆虫之微，亦各有理。一书不读，则阙了一书道理；一事不穷，则阙了一事道理；一物不格，则阙了一物道理。须著逐一件与他理会过。"① 在切磋琴乐和观览书画的游艺活动中，朱熹并不完全是出于审美的欣赏态度，却始终遵循格物穷理的精神。

朱熹早年学过琴，精于乐律，他在《答蔡季通》书里说："琴固每弦各有五声，然亦有一弦自有为一声之法，故沈存中之说未可尽以为不然。大抵世间万事其间义理精妙无穷，皆未易以一言断其始终。须看得玲珑透脱，不相妨碍，方是物格之验也。"② 每个事物的形成，都有其所以然之理，若能洞悉本原、察其流变而融会贯通，就可以本末精粗都兼而赅之。朱熹在为蔡季通的《律吕新书》作序时说："用其平生之力，以至于一旦豁然而融会贯通焉，斯亦可谓勤矣。及其著论，则又能推原本根，比次条理，管括机要，阐究精微，不为浮词滥说以汨乱于其间，亦庶几乎得书之体者。"③ 这种格物必精、游艺不苟的精神，正是即事穷理的理学要义的体现。

从事物的形成及发展演变探讨其所以然之理，是朱熹"格物"功夫的重点，同样体现在他有关书法的认识活动中。他以为古人造字出于天理之自然，文字的孳生繁衍遵循象形、指事、转注、假借、形声、会意的"六书"义理，此即字之源本，也是书法的起始。他以

---

① 〔宋〕黎靖德编，王星贤点校：《朱子语类》卷十五，第295页。
② 朱熹著，郭齐、尹波点校：《朱熹集》卷四，第2078页。
③ 朱熹著，郭齐、尹波点校：《律吕新书序》，《朱熹集》卷七，第3989页。

为文字之形体虽随着时代的发展而不断演变，但无论何种字体均应遵守"六书"义理。"或问古今字画多寡之异。曰：'古人篆刻笔画虽多，然无一笔可减。今字如此简约，然亦不可多添一笔。便是世变自然如此。'"① 书法是汉字的艺术表现，后世的隶书、楷书与古代的篆刻相比，虽然字体笔画有繁简的不同，但不能脱离文字形成的"六书"义理。后世字体在笔画上虽有所简省，可书写时不能随意增损，否则便难以认识字之本义。正是基于这一立场，朱熹提倡回归书学的古法义理，对世人皆推尊的"二王"书法进行了批评。他说：

> 二王书，某晓不得，看著只见俗了。今有个人书得如此好俗。②

以为王羲之的字之所以俗，在于其追求秀美的俊逸风格，离古法义理远了些。古代的篆籀石刻出于自然，看似无法，却合乎造字的义理规则，人观之便知道文字的本义。魏晋时期楷书和章草出现后，产生钟繇、王羲之等一批书法家，作者的书写个性得到展示，字画的艺术美受到重视。朱熹《题钟繇帖》说："此表岁月予未尝深考，然固疑'征南将军'为曹仁也。今观顺伯所论，适与意合。是时字画犹有汉隶体，知此《墓田帖》及官本《白骑》等字为非钟笔亡疑也。"③ 钟繇（字元常）是楷体的开创者，其楷书中保留了隶书字画的拙朴，书体颇为高古；而王羲之、王献之的"二王"书法出乎己意的个性色彩较浓，艺术性更强。相传为钟繇手迹的《墓田帖》用笔娴雅，已失古拙质朴之意，而有圆润俊逸之姿，当为王羲之临摹钟繇楷书而

---

① 〔宋〕黎靖德编，王星贤点校：《朱子语类》卷一百四十，第 3337 页。
② 〔宋〕黎靖德编，王星贤点校：《朱子语类》卷一百四十，第 3336 页。
③ 朱熹著，郭齐、尹波点校：《朱熹集》卷七，第 4216 页。

如同己出的作品。① 朱熹对曹魏的钟繇书法赞不绝口，而对"二王"的晋字则持保留态度，盖因钟繇的楷体仍保留了隶书的遒劲笔法，风格自然古朴，得古人笔法的意味更为明显些。

朱熹论书主张宗法汉魏，而对唐、宋人书法提出批评，这与其以汉魏古诗为正宗的诗学思想是一致的。唐人师"二王"楷法而陷于规矩里，追求严谨平正而丧失自然真态；宋人欲矫唐人之失，发扬"二王"书写自然天真的一面专意求奇，不知如此则去古法义理愈远。朱熹在《跋朱喻二公法帖》中说：

> 书学莫盛于唐，然人各以其所长自见，而汉、魏之楷法遂废。入本朝来，名胜相传，亦不过以唐人为法。至于黄、米，而欹倾侧媚、狂怪怒张之势极矣。近岁朱鸿胪、喻工部者出，乃能超然远览，追迹元常于千载之上，斯已奇矣。故尝集其墨刻，以为此卷，而尤以乐毅书、《相鹤经》为绝伦，不知鉴赏之士以为如何也。②

在朱熹的书学思想里，所谓"法"有两种含义：一为合"六书"义理的古法，一为重文字艺术形式美的今法。前者以尚不失篆隶古拙气象的钟繇碑帖为代表，古雅浑朴而有法度在；后者以"二王"书法为楷模，结体欹侧而用笔圆劲流利。在书法由实用向艺术过渡的魏晋时期，王羲之的书写兼采众法而萧散俊逸，字结体灵活多变，在力度、取势和气韵等方面达到很高的审美境界，可古法之废也初见端倪。朱熹对"法"的态度是不求脱于古法，同时又不能被今法所缚，要下学上达而精义入神。他说："下学者，事也；上达者，理也。理

---

① 《墓田帖》，又称《墓田丙舍帖》或《丙舍帖》。米芾《书史》云："唐人摹右军《丙舍帖》，暮年书，在吕文靖丞相家淑问处，《法书要录》载是钟繇帖。"〔见卢辅圣主编：《中国书画全书》（第一册），上海：上海书画出版社，2009 年，第 972 页。〕如此说，《墓田帖》乃王羲之暮年的临帖之作。

② 朱熹著，郭齐、尹波点校：《跋朱喻二公法帖》，《朱熹集》卷七，第 4220 页。

只在事中。若真能尽得下学之事，则上达之理便在此。""道理都在我时，是上达。譬如写字，初习时是下学，及写得熟，一点一画都合法度，是上达。"① 以为下学乃上达的条件，下学过程即格物穷理、循序省察的过程，要在下学的书写过程中悉心体会字画用笔之法，以上达合于古法义理的自然境界。

书法在新儒家的"游艺"之学里占有重要地位，受朱熹重义理的书学思想影响，魏了翁将文字之学与书学视为同源，推崇篆书与古法义理。他在《跋聂侍郎子述所藏徐明叔篆赤壁赋》中说："才知之士满天下，而书学不得其传。许叔重稽诸通人，作《说文解字》，犹未能无缺误，李少温《中兴篆籀》，而所刊定尚多臆说，信书学之难能也。"② 魏了翁以为古人所谓书即今之字，书学是一种"六书"义理之学，而非被后人视为"夸工斗妍"的技艺之事。许慎《说文解字》里的篆字虽有缺误，却是后人认识篆体的基础，因愈到后来篆籀古法愈不为人知，唐代的李阳冰号称"中兴篆籀"，但臆说之处也不少。魏了翁在《题陈思〈书苑菁华〉》中说：

> 古以书为名，如《周官》"达书名于四方"，《仪礼》"百官书于束"，则今所谓字也。是故欲知学者，不先识字则无以名百物，虽颠张草圣、阿买八分，犹为不识字也。临安鬻书人陈思，乃能集汉晋以后论书者为一编，曰《书苑菁华》，亦可尚矣。虽然，是犹后世夸工斗妍，非吾所谓识字者。若好学者又于此溯流寻源，以及于秦汉而上，求古人所以正名之意，则读书为文也，其庶几乎！③

魏了翁是南宋著名的书法家，陶宗仪《书史会要》说："鹤山先生善

---

① 黎靖德编，王星贤点校：《朱子语类》卷四十四，第 1139~1140 页。
② 魏了翁：《鹤山先生大全文集》卷六十五，四部丛刊本。
③ 魏了翁：《鹤山先生大全文集》卷六十五，四部丛刊本。

篆，不规规然绳尺中而有自然之势，尝以篆法寓诸真，最为近古。"①因尤工篆书，魏了翁以为要通书学，须先通字学。韩愈《醉赠张秘书》诗云："阿买不识字，颇知书八分。"阿买是韩愈的小侄，虽号称善于八分，实则于字学并未通晓。陈思的《书苑菁华》网罗古今、广搜博取，共分"法""势""状""体"等三十二类一百六十余篇，是专收书论的论书著作，但所辑均为后人夸工斗妍的书法技巧之论，与古代含文字义理的书学大相径庭。

魏了翁对篆籀中的笔画布置与偏旁安排颇多考究，他以为文字偏旁点画之安排各有义理存乎其中，此即书法创作之根柢。他认为篆书不易写好的主要原因，在于偏旁点画的义理辨识较难，而且偏旁不可假借，这是那些仅能模拟字之形态的研习者难以悟透的。在论造字义理时，他多能识得偏旁点画的本义，又能指出《说文解字》之误说处，足见其对"六书"义理的重视与精通。

由于推崇义理书学，除了以"六书"之学为书法之根源，魏了翁还在评价前人书法墨迹时侧重于对其进行义理阐发。其《题李肩吾所书乡党》云："吾友李肩吾博见强志，书名之学世亦鲜及之。渠阳山中为余从子令宪书《乡党篇》，余获与观焉。呜呼！天道至教，风雨霜露，接人耳目而人由之不知也；圣人至德，威仪容貌，洋洋乎简册而人习焉不察也。呜呼！小子宪，肩吾所以遗尔者多矣，往敬哉，其体习践修唯无斁。"② 这是借题跋书法的机会解说圣人义旨。他在《抚州崇仁县玉清观道士黄石老工古篆以李公父书来问字》中说：

> 圣学不嗣千余年，并与小学遗其传。其间明道宁乏贤，谓书
> 小伎姑舍旃。十字九舛不可镂，楮生墨墨色有冤。动以经史为执

---

① 陶宗仪：《书史会要》，卢辅圣主编：《中国书画全书》（第三册），第56页。
② 魏了翁：《鹤山先生大全文集》卷六十三，四部丛刊本。

言，岂知魏晋几变迁。况今经字宗开元，请观未有韵书前。训纂字林形相沿，形声迭推义乃全。韵书既作人趋便，未能书法穷根原。但以声韵求诸篇，形存声亡韵亦牵。叔重少温工磨研，二徐郑郭相后先。书法赖此差绵延，许李焉得无谬愆。楚金分韵犹拘挛，若更舍此徇俗妍。不学操缦求安弦，玉清道士来临川。用意周鼓兼泰山，携书过我渠江边。试令立挂与画卷，棍阆畿础夹桷橼。已能谐世而取怜，犹欲度外求方圆。眉山夫子思涌泉，相与共讲扶其偏。①

这首论书诗赞扬玉山道士用意篆书而又熟悉古法，主张在理学思想基础上构建义理书学的统系，以为由许慎、徐铉、徐锴、郑文宝及郭忠恕等维系的篆书，才是以"六书"为根源的古书法的正传。这与传统书家以钟繇、王羲之为尊，以虞世南、柳公权等人为传的书法谱系完全不同。

魏了翁力图在书学领域确立义理书学的正统地位，而对韵谱一类著作持批判态度。他认为形声相推方得字义，对字之义理的辨识是书法的根柢，而韵书对形的抛弃造成了书法根柢的破坏，近世书学以夸工斗妍为务而使古篆义理鲜为人知。魏了翁在《潘舍人昌年集篆韵序》中说：

> 求字之法，必本于形声。未有韵书之前，《训纂》《字林》等书则以形相沿者也。韵书既作，学者趋便就简，不复知有造书之意，则不过比声以求之。或形存而声亡，则茫无所考，而韵书穷矣。徐鼎臣兄弟著书以行于世，可谓许氏忠臣，乃亦分类韵谱以从世好，岂势之所趋不得不然邪？潘侯之书集韵也，依楚金部叙而加详焉。既具形体，又推其声之所从，或同音而异形，或同形而异声，或变古而从今，或非今而是古，皆兼举而备录之。呜

---

① 魏了翁：《鹤山先生大全文集》卷五，四部丛刊本。

呼！圣门之学，志道据德依仁固也，而必艺之游，盖物虽有本末，学虽有大小，而交养互发，则固未尝相离也。《记》曰"息焉游焉"，郑氏曰"闲暇无事谓之游"，此最为善发圣门之旨。[①]古人"六艺"（礼、乐、射、御、书、数）之教于后世逐渐失传，唯有书学尚可见于篆籀之中，但世人皆对晋魏之后的俗书趋之若鹜，鲜有对古人"六书"之学用功者。潘舍人之书之所以深受魏了翁推崇，在于其因声求形，因形得义，论篆字兼具形声，于"六书"之学深加考究。这是圣门游艺而依仁据德的体现。

在题跋前人的书法墨迹时，魏了翁也会对帖中所写之字是否合于古篆义理加以考辨。他在《跋山谷所书香山七德舞》中说："此诗旧本子夜作天子，今来作尔来，治定作理定，以子夜对辰日则今本为是。唯廿有九、廿有五，以字书及秦汉铭文证之，只当作一字读。今乃并二字为一，成六言，其偶然邪？"[②] 魏了翁以为"六书"之学犹见于篆籀仅存之余，赞扬黄庭坚所书能合乎字书与秦汉铭文，以为其并二字为一体的写法并非自出新意，而是精通篆籀义理的体现。

二、"游艺"以"致知"

在朱熹看来，内圣之学须由格物穷理而来，万物莫不有理可格，"游艺"亦为格物的方式。寓格物于"游艺"是为了"致知"，亦称"知至"，属于追求尽心、知性而知天的内圣之学。他说："格物须是到处求。'博学之，审问之，慎思之，明辨之'，皆格物之谓也。"[③] 如果说"格物"是即事即物去穷究物理，那么"致知"则是有得于内而此心明白透彻。朱熹反复对学生说："格物，是物物上穷其至

---

① 魏了翁：《鹤山先生大全文集》卷五十三，四部丛刊本。
② 魏了翁：《鹤山先生大全文集》卷六十一，四部丛刊本。
③ 黎靖德编，王星贤点校：《朱子语类》卷十八，第421页。

理；致知，是吾心无所不知。""格物是以理言也，致知是以心言也。""格物，只是就事上理会；知至，便是此心透彻。"① 所谓"此心透彻"，指知性而知天的德性之知，是与人的道德品格相关的心性修养功夫。

朱熹的字迹留存较多，其画作传下来的则极为罕见，但他创作了四十首左右的题画诗，还有一些画跋和论画书信。朱熹题画诗的内容十分丰富，涵盖山水、花鸟、牛马、人物故实、佛道等诸多题材。他在《题谢安石东山图》里说："家山花柳春，侍女髻鬟绿。出处亦何心？晴云在空谷。"② 名为题图之作，思考的却是士人的出处问题。在观赏以山川景色为题材的绘画作品时，他能通过想象将画景再现于题画诗里，深得画中之趣而又兼出己意，进而发表与天理相关的议论。他在《观黄德美延平春望两图为赋二首》里说：

　　川流汇南奔，山豁类天辟。层甍丽西崖，朝旦群峰碧。
（《剑阁望南山》）

　　方舟越大江，凌风下飞阁。仙子去不还，苍屏倚寥廓。
（《泠风望演山》）③

这两首题画诗属于再现画中景象之作，原作的构图布局与色彩格调在诗中一览无余，但诗里那种动态的节奏感和所蕴含的理趣，那种由时间在变而青山不改所喻示的天理之永恒，则是原画无法表达的内容。

就寓格物于游艺而致知言，朱熹无疑做得很到位很出色，已完全登堂入室了。凡涉及山水的题画诗创作，他要么把画境当作实景描写，两者相互映衬；要么利用联想对画境加以补充和生发，揭示画面所蕴含的理趣。朱熹早年曾出入佛、老，不时有远游访禅之行，他到

---

① 黎靖德编，王星贤点校：《朱子语类》卷十五，第291页、第292页、第297页。
② 朱熹著，郭齐、尹波点校：《朱熹集》卷二，第409页。
③ 朱熹著，郭齐、尹波点校：《朱熹集》卷一，第60页。

泉州拜谒无可禅师时，应禅师之邀为其所藏的徐竟画卷题诗，作《题可老所藏徐明叔画卷二首》：

> 群峰相接连，断处秋云起。云起山更深，咫尺愁千里。（其一）

> 流云绕空山，绝壁上苍翠。应有采芝人，相期烟雨外。（其二）①

两首诗都采用前两句写画中之景，后两句抒发感慨的写法。前一首想象有人望山巅秋云而思绪绵邈。后一首将应有的"采芝人"添入画中，此"采芝人"即《史记·留侯列传》所言之"商山四皓"②，作者在想象中与山中高士神会于烟雨外，思古之幽情油然而生。

朱熹的题画诗不仅能再现画面景色，还能将凝固的画面延伸成可持续的过程，以其所以然之理补画意之不足。如《题米元晖画》："楚山直丛丛，木落秋云起。向晓一登台，沧江日千里。"③ 通过想象把自身置于画中，由"登台"动作的描写，将千里江山的辽阔景象展现出来。这种"以我入画"的艺术手法，使题画诗较所题之画更能引人入胜。如题《江月图》诗："江空秋月明，夜久寒露滴。扁舟何处归？吟啸永佳夕。"④ 将扁舟中的羁旅之人作为画的焦点，不仅使"何处归"的想象之辞有了着落，画面也因"吟啸"具有动感，使人对文人骚客的悲秋感同身受。

朱熹常在题画诗中发议论，以彰显画里蕴藏的理趣。其《观刘氏山馆壁间所画四时景物各有深趣因为六言一绝复以其句为题作五言

---

① 朱熹著，郭齐、尹波点校：《朱熹集》卷一，第69页。

② 胡仔《苕溪渔隐丛话》引晋皇甫谧《高士传》载："四皓见秦政虐，乃逃入蓝田山而作歌曰：'莫莫高山，深谷逶迤，晔晔紫芝，可以疗饥，唐虞世远，吾将安归。驷马高盖，其忧甚大，富贵之畏人，不如贫贱之肆志。'乃共入商洛山。"后世即以"采芝人"为"商山四皓"的代称。见《苕溪渔隐丛话》后集卷一，北京：人民文学出版社，1984年，第2页。

③ 朱熹著，郭齐、尹波点校：《朱熹集》卷一，第172页。

④ 朱熹著，郭齐、尹波点校：《朱熹集》卷二，第409页。

四咏》云：

> 绝壑云浮冉冉，层岩日隐重重。释子岩中宴坐，行人雪里
> 迷踪。

> 头上山泄云，脚下云迷树。不知春浅深，但见云来去。

> 夕阳在西峰，晚谷背南岭。烦郁未渠央，仔兹清夜景。

> 清秋气萧瑟，遥夜水崩奔。自了岩中趣，无人可共论。

> 悲风号万窍，密雪变千林。匹马关山路，谁知客子心？①

在观画家所绘四时景物的过程中，想到天地四时生物气象，所谓
"不知春浅深""烦郁未渠央""自了岩中趣"和"谁知客子心"，都
与格物穷理的思维方式有关，由观自然物象，会意自己当下的生命情
态。朱熹在《米敷文潇湘图卷二题》中说："建阳、崇安之间，有大
山横出，峰峦特秀，余尝结茅其颠小平处。每当晴昼，白云坌入窗牖
间，辄咫尺不可辨。尝题小诗云：'闲云无四时，散漫此山谷。幸乏
霖雨姿，何妨媚幽独。'下山累月，每窃讽此诗，未尝不怅然自失。
今观米公所为左侯戏作横卷，隐隐旧题诗处已在第三、四峰间也。"②
将实景与画境相互映衬而有所感发，领悟到自然的流行不殆和生命的
周流不息，理得于天而存于心。

朱熹在"格物致知"章补传里说："是以《大学》始教，必使学
者即凡天下之物，莫不因其已知之理而益穷之，以求至乎其极。至于
用力之久，而一旦豁然贯通焉，则众物之表里精粗无不到，而吾心之
全体大用无不明矣。此谓物格，此谓知之至也。"③ 如此说，题画时
于想象中体验春、夏、秋、冬四季山水景物之变化，亦是探寻天地生
生之德和万物本源的格物致知过程。对于山水景物画，朱熹认为必须

---

① 朱熹著，郭齐、尹波点校：《朱熹集》卷一，第 172 页。
② 朱熹撰，朱杰人、严佐之、刘永翔主编：《朱子佚文辑录》，《朱子全书》第二十
六册，上海：上海古籍出版社和合肥：安徽教育出版社，2002 年，第 774~775 页。
③ 朱熹：《大学章句》，《四书章句集注》，第 7 页。

合乎自然的真实，画中景物须与画面反映的地理和季节实际相符。他在评王维的《袁安卧雪图》时，对"雪中芭蕉"画法提出这样的批评：

> 雪里芭蕉，他是会画雪，只是雪中无芭蕉，他自不合画了芭蕉。人却道他会画芭蕉，不知他是误画了芭蕉。①

关于王维的这幅画历来争论不休，对将芭蕉这种热带植物置于冰天雪地中的构图褒贬不一。尚意者以为这种兴会神到的画法如九方皋相马，当以神会，不可以形器求；而尚理求真实者认为王维置芭蕉于雪中实属谬笔。朱熹以为王维的雪景画得十分精彩，他将芭蕉置于雪中实为误画，因为"雪中无芭蕉"乃是当然之理则，王维"自不合画了芭蕉"。可"人却道他会画芭蕉"，说明朱熹对尚意者的神会主张是知道的，不过，对于精于格物穷理的理学家来说，"雪中芭蕉"的构图显然经不起认真的审问与辨析，于事理没有根据。

朱熹对绘事很感兴趣，曾打算在聚星阁照壁上画东汉陈寔见荀淑事迹，因难寻画手而苦恼，想求助于友人。他在《答巩仲至》里说："名画想多有之，性甚爱此，而无由多见。他时经由，得尽携以见顾，使获与寓目焉，千万幸也！彼中亦有画手，能以意作古人事迹否？此间门前众人作一小亭，旧名'聚星'。今欲于照壁上画陈太丘见荀朗陵事，而无可属笔者，甚以为挠。今录其事之本文去，幸试为寻访能画者，令作一草卷寄及为幸。"② 关于绘画创作与鉴赏，朱熹有自己的一套理论与标准。他说："聚星阁此亦已令草草为之，市工俗笔，殊不能起人意。亦尝辄为之赞，今谩录去，幸勿示人也。余君之作竟能否？便中并望早寄及也。石林胡僧顷亦见之，盖叶公自有鉴

---

① 黎靖德编，王星贤点校：《朱子语类》卷一百三十八，第3287页。
② 朱熹著，郭齐、尹波点校：《答巩仲至》，《朱熹集》卷六，第3353页。

赏。其所使临摹者，必当时之善工也。"① 对于仅求形似的画匠之俗笔，朱熹是看不上眼的，他在《送郭拱辰序》里说：

> 世之传神写照者，能稍得其形似，已得称为良工。今郭君拱辰叔瞻乃能并与其精神意趣而尽得之，斯亦奇矣。予顷见友人林择之、游诚之称其为人而招之不至。今岁惠然来自昭武，里中士夫数人欲观其能，或一写而肖，或稍稍损益，卒无不似，而风神气韵，妙得其天。致有可笑者，为予作大小二象，宛然麋鹿之姿，林野之性。持以示人，计虽相闻而不相识者，亦有以知其为予也。②

从郭拱辰的"招之不至"足见其有高人逸士之气骨，有如"解衣般礴"的真画者一般。他能在形似基础上写出人物的精神意趣，寥寥几笔，稍加勾勒，所画人物的神情就跃然纸上，这绝非一般画工所能做到的。在朱熹看来，人物肖像画须以形写神，要画出人物的风神性情才算高手。即便是动植物的写生，也以形神兼备为佳。他在《跋唐人暮雨牧牛图》中说："予老于农圃，日亲犁耙，故虽不识画，而知此画之为真牛也。彼其前者却顾而徐行，后者骧首而腾赴，目光炯然，真若相语以雨而相速以归者。览者未必知也，良工独苦，渠不信然！"③ 朱熹非常欣赏唐人画的这幅牧牛图，以为画中牛的四体动作连贯而自然，已能得其形似；而牛的眸子画得灿然有神，似乎牛通人性，能与牧人以目传语，在雨中表现出焦急归家的神态。这是强调超以象外的精神意趣之重要。

格物游艺之学的"致知"，直指人心和人性，是一种内圣的品格涵养功夫。朱熹说："夫古之圣贤，其文可谓盛矣。然初岂有意学为

---

① 朱熹著，郭齐、尹波点校：《答巩仲至》，《朱熹集》卷六，第3356页。
② 朱熹著，郭齐、尹波点校：《朱熹集》卷七，第3963~3964页。
③ 朱熹著，郭齐、尹波点校：《朱熹集》卷七，第4268页。

如是之文哉？有是实于中，则必有是文于外。如天有是气，则必有日月星辰之光耀；地有是形，则必有山川草木之行列。圣贤之心既有是精明纯粹之实以旁薄充塞乎其内，则其著见于外者，亦必自然条理分明，光辉发越而不可掩，盖不必托于言语、著于简册而后谓之文。"①如此说，道德文章要合二而一，画家除了在绘画创作时考究史实、想象物象和情态，还须以精思开阔心胸，通过读书明理和居敬涵养，达到心性通明的内圣之境。朱熹在《赠画者张黄二生》里说：

> 乡人新作聚星亭，欲画荀、陈遗事于屏间，而穷乡僻陋，无从得本。友人周元兴、吴和中共称张、黄二生之能，因俾为之。果能考究车服制度，想象人物风采，观者皆叹其工。二生因请为记其事，予以为二生更能远游以广其见闻，精思以开其胸臆，则其所就当不止此。②

让观者赞叹不已的张、黄二生，画技出类拔萃，绘画时能考究车服制度与想象人物风采。但朱熹认为这还只是画家的一个基本素养，要想有进一步的提升，必须"远游以广其见闻，精思以开其胸臆"。远游也是一个格物的过程，能得江山之助；精思则是一个涵养致知的过程，可使襟怀洒落，心性诚明。

朱熹重视于自然山川中游历，这与陆游、杨万里等南宋诗人"功夫在诗外"的主张相通，但其落脚点却是由外返内，以精思提升内在的心性修养。画家胸有丘壑，远游时考究物理越多，见识愈广，其所画越能合于情理而达到真实境地。远游的感受除了有助于画艺的提升，亦有助于心性的修养。朱熹《题祝生画》云：

> 裴侯爱画老成癖，岁晚倦游家四壁。随身只有万叠山，秘不示人私自惜。俗人教看亦不识，我独摩娑三太息。问君何处得此

---

① 朱熹著，郭齐、尹波点校：《读唐志》，《朱熹集》卷六，第3653页。
② 朱熹著，郭齐、尹波点校：《朱熹集》卷七，第4009~4010页。

奇，和璧隋珠未为敌。答云衢州老祝翁，胸次自有阴阳工。峙山融川取世界，咳云唾雨呼雷风。昨来邂逅衢城东，定交斗酒欢无穷。自然妙处容我识，为我扫此须臾中。尔时闻名今识面，回首十年齐挥电。裴侯已死我亦衰，祗君虽老身犹健。眼明骨轻须不变，笔下江山转葱蒨。为君多织机中练，更约无事重相见。①

祝生即祝孝友，朱熹多次为其画题诗，如《观祝孝友画卷为赋六言一绝复以其句为题作五言四咏》《祝孝友作枕屏小景以霜余茂树名之因题此诗》等，足见朱熹对其画艺的赏识。他认为祝孝友之所以能创作出美妙的绘画佳作，要归根于其胸次不凡而人品高洁。朱熹《奉题李彦中所藏俞侯墨戏》云："不是胸中饱丘壑，谁能笔下吐云烟？故应只有王摩诘，解写《离骚》极目天。"② 胸中自有丘壑，方能感悟山川之美，形之于笔端而自然高妙。米芾是朱熹欣赏的宋代画家，他在《跋米元章下蜀江山图》里说："米老《下蜀江山》尝见数本，大略相似。当是此老胸中丘壑最殊胜处，时一吐出，以奇真赏耳。苏丈粹中鉴赏既精，笔语尤胜。顷岁尝获从游，今观遗墨，为之永叹！"③ 以为米芾在创作时胸中有丘壑，内心充养深厚，故下笔时自然精妙，《下蜀江山图》是他的代表作品。

画家作画的下笔精妙，当得益于其见闻广博、胸次开阔，能体察物理而曲尽人情。若推究本源，亦在于远游的格物穷理与平时的精思涵养。以远游广见闻，且积养深厚，商量旧学，培养新知，一旦于心中豁然贯通，发溢为文艺则文从道出，体现为不思不勉而从容中道的大家手笔。朱熹在《跋吴道子画》里说：

　　顷年见张敬夫家藏吴画昊天观壁草卷，与此绝相类，但人物

---

① 朱熹著，郭齐、尹波点校：《朱熹集》卷一，第 130 页。
② 朱熹著，郭齐、尹波点校：《朱熹集》卷二，第 392 页。
③ 朱熹著，郭齐、尹波点校：《朱熹集》卷七，第 4336 页。

差大耳。此卷用纸而不设色，又有补画头面手足处，应亦是草本也。张氏所藏本出长安安氏，后有张芸叟题记云："其兄弟析产，分而为二，此特其半耳。顷经临安之火，今不知其存亡。而此卷断裂之余，所谓天龙八部者，亦不免为焦头烂额之客。岂三灾厄会，仙圣所不能逃耶？"是可笑也。吴笔之妙，冠绝古今，盖所谓不思不勉而从容中道者，兹其所以为画圣与。[①]

除表彰吴道子从容不迫的大家风范外，朱熹对其用笔也非常欣赏，他在《题画卷·吴画》里说："妙绝吴生笔，飞扬信有神。群仙不愁思，步步出风尘。"[②] 以为吴道子的笔法出神入化，其"莼菜"线条已达到圆滑流转、敷腴温润的完美地步。朱熹说："秘书省画得唐五王及黄番绰明皇之类，恐是吴道子画。李某跋之，有云：'画当如莼菜。'某初晓不得，不知它如何说得数句恁地好。后乃知他是李伯时外甥。盖画须如莼菜样滑方好，须是圆滑时方妙。"[③] 吴道子人物画的线条有"吴带当风"的美誉，以莼菜的湿滑来喻笔法的飘逸温润，非常形象而且贴切。吴道子是朱熹最为推崇的唐代画家，以为其绘画已达到随心所欲而从容中道的境界。

在绘画评论中强调画品与人品的关系，看似老调重弹，却具有新时代的理学蕴含。朱熹强调人品决定艺品，要在游艺的闻见之知里显示自得于心的德性之知。这种思想被魏了翁所继承和发挥，提倡绘画创作蕴含义理的表达，而且常以义理来阐释图画的内在意蕴。即便是给同一幅画题诗，魏了翁的理解角度与一般文人也不一样，表现出理学家崇尚义理的特色。他在《用大礼杨少卿韵题冯君山庄图二首》里说：

---

① 朱熹著，郭齐、尹波点校：《朱熹集》卷七，第4325页。
② 朱熹著，郭齐、尹波点校：《朱熹集》卷一，第129页。
③ 黎靖德编，王星贤点校：《朱子语类》卷一百三十八，第3287页。

摩挲潘叟跨驴图，便拟移家向此居。素富素贫随处乐，世间何地不嵩庐。（其一）

入山佳趣已成无，何事犹驰门外车。书里一丁总忧患，人间六甲有孤虚。①（其二）

此诗后有魏了翁的自注："潘阆诗：高爱三峰插太虚，回头仰望倒骑驴。傍人大笑从人笑，终拟移家自此居。好事者画以为图。"潘阆在诗中以"倒骑驴"的形象表达对山川秀美景色的流连，并产生移居此地的想法。冯君的《山庄图》是根据此诗创作的诗意图，将潘阆的诗意用图画的形式加以表达。而魏了翁在观画时又做了进一步的义理阐释，道出画面中人不慕富贵、不与世人角逐利益的安贫乐道人格。过度解读使原本充满生活谐趣的画面变得义理丰富起来，似乎洋溢着理学家津津乐道的孔颜乐处。魏了翁《题谢耕道耘一犁春雨图》诗云：

床头夜雨滴到明，村南村北春水生。老妇携儿出门去，老翁赤脚呵牛耕。一双不借挂木杪，半破夫须冲晓行。耕罢洗泥枕犊鼻，卧看人间蛮触争。②

谢耘是南宋知名画家，因画《一犁春雨图》而为世人所知，人称"谢一犁"。他的这幅画虽未能流传下来，但当时题诗的名人却不少。魏了翁的题诗反映其淡泊名利、安贫自适的和乐心境，以"蛮触争"为点睛之笔，表现超越尘世的洒脱襟怀，以义理阐释画意的倾向比较明显。

自陶渊明的《桃花源记》问世以来，人们往往将自由平等、安宁和乐的桃花源视为人间仙境，对其闲适生活充满了无限憧憬，相关的诗画作品层出不穷。与多数文人题画诗对桃源图的理解不同，魏了

① 魏了翁：《鹤山先生大全集》卷八，四部丛刊本。
② 魏了翁：《题谢耕道耘一犁春雨图》，《鹤山先生大全集》卷一，四部丛刊本。

儒家文艺思想史

翁在题《桃源图》时这样说：

> 伏胜高堂书已出，窦公制氏乐犹传。鲁生力破秦仪陋，商皓终扶汉鼎颠。隐者宁无人礼义，武陵独匪我山川。若将此地为真有，乱我彝伦六百年。①

这首题画诗体现了理学家观画的旨趣所在，以及以义理解图、善于作翻案文章的手法。魏了翁感慨古之隐者皆是仁义知礼之人，如诗中所举伏胜、高堂生、窦公、制氏和商皓（即"商山四皓"）等人均为隐者，却都主张继承维系社会阶级稳定的礼乐文化，而桃源之众隐者只知自由平等而不知上下尊卑之序，故"若将此地为真有，乱我彝伦六百年"！在诗里发这样的议论，充分体现出理学家在阶级社会对礼乐等级制度的推崇。魏了翁擅长对画面所蕴含的理学义理加以引申发挥，绘画艺术不是其题画诗的主要言说对象，只不过是其引发议论的一个契机罢了。

三、无乖情戾气的好心情

宋儒对人心及性情的理解，源自《中庸》讲的孔门"心法"。《中庸》云："喜怒哀乐之未发，谓之中；发而皆中节，谓之和。中也者，天下之大本也；和也者，天下之达道也。"朱熹的注解为："喜、怒、哀、乐，情也。其未发，则性也，无所偏倚，故谓之中。发皆中节，情之正也，无所乖戾，故谓之和。大本者，天命之性，天下之理皆由此出，道之体也。达道者，循性之谓，天下古今之所共由，道之用也。"② 在经历两次"中和之悟"后，朱熹秉持"心统性情"之说，以"无所偏倚"释"中"，用"无所乖戾"言"和"，在强调尽心、尽性、尽理的同时，也承认发而中节之才情、气韵的合理

---

① 魏了翁：《鹤山先生大全文集》卷二，四部丛刊本。
② 朱熹：《四书章句集注》，第18页。

性，关键在于无乖情戾气的好心情。具体到书法艺术，他提倡中和平正的书体，推崇劲健浑厚的笔力，不仅对儒者先贤书法的道德品格和教化意义大加褒扬，对文人书法极具个性的雄豪气势和风神萧散也予以肯定。

因喜好题大字榜额，朱熹的书迹至今存世者甚多，① 被视为"南宋书法四大家"之一。其书学思想、绘画理论与诗学主张多有相通或相同之处。他虽重义理法度，又贵乎自得于心。"自得"本是儒者为己之学的方法与境界，朱熹将它建立在格物穷理的基础上，由下学的重法尚理豁然贯通后上达自得于内从容不迫的和气境界。他在《四斋铭·游艺》里说："礼云乐云，御射数书。俯仰自得，心安体舒。是之谓游，以游以居。呜呼游乎！非有得于内，孰能如此其从容而有余乎？"② 孔门的"游艺"在宋代已由传统的礼、乐、射、御、数、书"六艺"转移到"琴棋书画"上来。在朱熹的书学思想里，"自得"体现为不游离于道而又不被法缚，遵循古法义理又能从心所欲不逾矩。他在《跋十七帖》中说：

> 官本法帖号为佳玩，然其真伪已混淆矣。如刘次庄有能书名，其所刻本亦有中分一字，半居前行之底，半处后行之颠者，极为可笑。唯此《十七帖》相传真的，当时虽已入官帖卷中，而元本故在人间，得不殽乱。此本马庄甫所摹刻也，玩其笔意，从容衍裕而气象超然，不与法缚，不求法脱，真所谓——从自己胸襟流出者。窃意书家者流虽知其美，而未必知其所以美也。③

《十七帖》是王羲之的草书作品，其特点是将章草那种抑左扬右的波

---

① 参见高令印：《朱熹事迹考》之"墨迹和碑刻"，分别从"游踪""题榜"等十个类目加以考述，上海：上海人民出版社，1987 年，第 161~301 页。陈荣捷：《朱子新探索》之"朱子墨迹"条，台北：台湾学生书局，1988 年，第 462~489 页。

② 朱熹著，郭齐、尹波点校：《朱熹集》卷七，第 4367 页。

③ 朱熹著，郭齐、尹波点校：《朱熹集》卷七，第 4321~4322 页。

磔笔法，改为今草随起随收、伸缩自如的流畅笔画，用笔寓方于圆而外柔内刚，字势错落有致而气势贯通，状若断却还连，势如斜而反直。朱熹对《十七帖》中"不与法缚，不求法脱"的笔意和超然气象评价极高，这与他称"二王"书为"俗书"截然不同，给人以褒贬不一的印象。究其实，在于朱熹书学思想具有折中色彩，他虽不满意王羲之改变汉魏章草质朴书风而创俊逸流美之今草，但对其从容行笔的超然气象是非常称赞的。王羲之的这份书帖被后人视为"书中龙"，以为其笔法浑然流畅而有篆籀遗意。其实还是朱熹的评价更精准，那就是作者写得从容不迫，如同从自己胸中流出一般，不受法拘束却不游离于道外，透露出中正平和的气象，是一种能体现中和之美的自得境界。

北宋文人追踪唐人之法而欲自成一家，对汉魏书学里的古法义理不甚重视。朱熹常批评苏、黄等人的写意书法有蹈虚放纵的过失，他说："山谷不甚理会得字，故所论皆虚；米老理会得，故所论皆实。嘉祐前前辈如此厚重。胡安定于义理不分明，然是甚气象！"[1] 虽然都属于文人书法家，朱熹对黄庭坚与米芾却分别看待。黄庭坚于字之义理不甚重视，提倡自成一家始逼真，自然要遭到"所论皆虚"的批评。米芾虽也是尚意书风的倡导者，可一生对古人书帖用力颇深，对篆籀古法义理甚为重视，这是他被朱熹称赞为"所论皆实"的原因。在批判苏、黄的同时，朱熹对无丝毫放纵的蔡襄书法则赞誉有加，他说：

> 字被苏、黄胡乱写坏了，近见蔡君谟一帖，字字有法度，如端人正士方是字。[2]

朱熹对蔡襄书法的重视在于其平和，在于其能遵循古人楷法而讲究规

---

① 黎靖德编，王星贤点校：《朱子语类》卷一百四十，第3337页。
② 黎靖德编，王星贤点校：《朱子语类》卷一百四十，第3336页。

矩法度。陶宗仪《书史会要》说："（朱熹）善正行书，尤工大字。尝评诸家书，以谓蔡忠惠以前，皆有典刑；及至米元章、黄鲁直诸人出来，便自欹斜放纵。世态衰下，其为人亦然。"① 朱熹对苏轼及其门人诗文创作的批评，与对其书法的批评一样，归结为信笔无法而又与做正人君子的道理相违。他说："范淳夫文字纯粹，下一个字，便是合当下一个字，东坡所以伏他。东坡轻文字，不将为事。若做文字时，只是胡乱写去，如后面恰似少后添。"② 书法一点一画皆有法度，诗文一言一句亦当有法，世人只见苏轼诗文做得好，只学其气势滚将去，全然忽视苏文有法。朱熹劝导后学："人有才性者，不可令读东坡等文。有才性人，便须取入规矩；不然，荡将去。"③ 文人书法重在表现个性才情，而理学家书学讲究遵循理法，二者在创作方法和审美追求上的不同很明显。

朱熹评论书法并不一味以端人正士的字为准则，他也很关注书家笔力的雄健与否，欣赏极具个性的笔势纵横中透露出豪逸之气。这是有家学渊源的。其父朱松在《次韵答梦得送荆公墨刻》中说："相马评书世未知，要从风骨识权奇。半山妙墨翻风雨，尚有典刑今复谁。"④ 视王安石势若风雨的书写风格为有风骨的典型。王安石留存的墨迹多随手而书，若不经意之作，而笔势翻腾若疾风骤雨，可见其拗相公的倔强豪迈气质。朱熹《题荆公帖》云："先君自少好学荆公书，家藏遗墨数纸。""今观此帖，笔势翩翩，大抵与家藏者不异。"⑤ 对王安石书法的豪迈笔势表示赞赏。朱熹言及石延年书法与诗歌的雄豪遒劲风格时说：

① 陶宗仪：《书史会要》，卢辅圣主编：《中国书画全书》（第三册），第 57 页。
② 黎靖德编，王星贤点校：《朱子语类》卷一百三十九，第 3313 页。
③ 黎靖德编，王星贤点校：《朱子语类》卷一百三十九，第 3322 页。
④ 朱松：《韦斋集》卷五，《四部丛刊》续编本。
⑤ 朱熹著，郭齐、尹波点校：《题荆公帖》，《朱熹集》卷七，第 4214~4215 页。

因举石曼卿诗极有好处，如"仁者虽无敌，王师固有征；无私乃时雨，不杀是天声"长篇。某旧于某人处见曼卿亲书此诗大字，气象方严遒劲，极可宝爱，真所谓"颜筋柳骨"！今人喜苏子美字，以曼卿字比之，子美远不及矣！某尝劝其人刻之，不知今安在。曼卿诗极雄豪，而缜密方严，极好。如《筹笔驿》诗："意中流水远，愁外旧山青。"又"乐意相关禽对语，生香不断树交花"之句极佳，可惜不见其全集，多于小说诗话中略见一二尔。曼卿胸次极高，非诸公所及。其为人豪放，而诗词乃方严缜密，此便是他好处，可惜不曾得用！①

将石延年诗、书之笔力雄健，归结为胸次极高和性格豪放。文人书法多具这种个性风采和气格。朱熹《跋欧阳文忠公帖》说："欧阳公作字如其为文，外若优游，中实刚劲，唯观其深者得之。"② 对欧阳修外柔内刚的劲健笔力予以充分肯定。米芾的个性气质与石延年相似，朱熹《跋米元章帖》云："米老书如天马脱衔，追风逐电，虽不可范以驰驱之节，要自不妨痛快。朱君所藏此卷尤为奔轶，而所写刘无言诗亦多奇语，信可宝也。"③ 米芾的书法狂放类其为人，但从心所欲不逾矩，学有渊源而不失古法义理，笔力与气势痛快淋漓。

书家不可有乖情戾气，却不妨有豪气、浩气和才气。朱熹在给友人周必大的书信里说："熹先君子少喜学荆公书，收其墨迹为多。其一纸乃《进邺侯家传》奏草，味其词旨，玩其笔势，直有跨越古今、开阔宇宙之气。"④ 朱熹的书法也有追求劲健笔力和浩逸气概的一面，如其《昼寒诗卷》墨迹："二十五韵亮节清词，一洗尘俗；而笔法尤

---

① 黎靖德编，王星贤点校：《朱子语类》卷一百四十，第 3329 页。
② 朱熹著，郭齐、尹波点校：《跋欧阳文忠公帖》，《朱熹集》卷七，第 4197 页。
③ 朱熹著，郭齐、尹波点校：《跋米元章帖》，《朱熹集》卷七，第 4222 页。
④ 朱熹著，郭齐、尹波点校：《与周益公》，《朱熹集》卷三，第 1707 页。

遒劲端重，目所罕睹。"① 朱熹留存的墨迹，尤其是他的大字，笔势迅疾，无意于求工，结体雄强拙朴而不逾矩，不仅有动容周旋中礼的庄重从容，也洋溢着循性而发的充沛才情和浩荡气势。

南宋后期的著名理学家真德秀，一生服膺朱熹致广大而尽精微的学问，以及其中正平和的心性涵养。他在《任汉州所藏朱文公与南轩先生书帖》中说："二先生并时而出，讲明斯道，以续周程之正脉，谓非天意可乎？虽然，天非独私于二先生，二先生亦未尝以自私也。学者诚能因其言以求其心，繇下学之功，驯致于上达之地，则道在我矣。若曰二公天人，匪学可到，习卑守陋，姑以自贤于世俗而已，岂唯非二先生之心，实有负于天也。"② 将张栻与朱熹都视为下学上达之人，以为在观赏其遗墨时应沉潜其言，将其视为人生的格言警句，以助于自身的心性修养。在品书鉴画的"游艺"活动中，真德秀注重对作品蕴含的学问义理和作者的道德心性进行说明，他在《赠篆字余焕序》里说：

> 予尝叹世变所趋，大抵自厚而薄，自简质而浮华，自庄重而巧媚，凡文章技艺以至器用之末，何莫不然。姑即字画言之，自虫鱼之体，一变而为篆，再变而为隶，又变而为真行，变之极为草，习之者易成，玩之者易悦，而姿态百出，古意荡然矣。建阳余君焕，工大小篆，笔势奇伟不常。予尝使之书圣贤言揭坐侧，如正人端士服古衣冠巍坐拱手，使人望之起肃敬心，虽严师畏友曾不过是。然余君挟此技游四方，其能知之者甚少，爱而悦之者又加少。岂非简质而不华，庄重而不媚，能使人敬而不能使人喜与？此予之所以重叹也。虽然，天下未尝无好古之士，子第行当

---

① 卞永誉：《式古堂书画汇考》，卢辅圣主编：《中国书画全书》（第六册），第357页。
② 真德秀：《西山先生真文忠公文集》卷三十四，四部丛刊本。

必有知子者。①

提倡质朴庄重、清劲雄健的书风，反对浮华巧媚之作，以致推崇篆隶楷体而不喜草书。推崇古篆和楷体的原因，除了其含有古法古意，更为重要的是篆书楷体的庄严中正如端人正士，可将书法与书家的道德品格联系起来。真德秀在《跋陈复斋为王实之书四事箴》里说："余在星沙，以'廉仁公勤'四事勉僚属。王实之作此箴遗予，尝揭之幕府之壁，与同僚共警焉。今复斋陈公师复又为大书此本。实之之箴，明厉峻切，读者已知悚畏；复斋之字，森严清劲，见者便如端人正士之在前，尤当凛然兴敬也。"② 以为字如其人，字体庄重则人品端正。重古法、存古意，追求字体的齐庄雅正与清劲雄浑，是真德秀书学思想的主旨。

真德秀在书画方面主要承袭了朱熹的理学思想，在一定程度上受到杨简心学的影响。在为书法大家颜真卿的《论座帖》作跋时，他没有对其精绝的笔法加以强调，而是盛赞其凛然气节。他说："仆不娴书学，未能辨其为第几帖。独观公秉礼陈义，以斥英乂之骜，而折朝恩之骄。论正气严，凛凛冰雪，真可畏而仰也。"③ 真德秀对理学大儒讨论学问义理的书帖十分感兴趣，并在所作的题跋中致力于义理传承的揭示。他在《跋萧定夫所藏胡文定碧泉诗卷》中说："碧泉诗卷才数纸尔，而胡氏父子昆弟师友手泽皆在焉。伊洛二先生之学，赖龟山杨氏传之而南，文定得之以授五峰，五峰传之南轩，其道益以光大。此卷诸诗虽为泉流而作，然玩其辞意，则师友间授受之微旨有蔚然可见者，非寻常赋咏比也，萧君其尚宝之哉！"④ 胡安国于书法取

---

① 真德秀：《西山先生真文忠公文集》卷二十七，四部丛刊本。
② 真德秀：《西山先生真文忠公文集》卷三十四，四部丛刊本。
③ 真德秀：《颜鲁公与郭定襄论坐次帖》，《西山先生真文忠公文集》卷三十四，四部丛刊本。
④ 真德秀：《西山先生真文忠公文集》卷三十四，四部丛刊本。

得一定成就，能自成一家，真德秀在跋其墨迹时重在对湖湘学术的源流承传加以叙述，以表彰胡氏一门发扬"伊洛之学"的功绩。

真德秀对主静的心性修养功夫很重视，有诗云："心源本澄静，皎月悬晴空。利欲一汩之，晶明变尘蒙。"[①] 以空中明月喻心体澄静。他在《问体用二字》里说："须是平居湛然虚静，如秋冬之闭藏，皆不发露，浑然一理，无所偏倚，然后应事之时，方不差错，如春夏之发生，物物得所。若静时先已纷扰，则动时岂能中节？故周子以主静为本，程子以主敬为本，皆此理也。"[②] 换言之，真德秀认为主静与主敬是相通的，提倡在文艺创作中应保持虚明清静之心。他在《跋晦翁感兴诗》里说："动静循环而静其本，故元根于贞而感基于寂，不能养未发之中，安得有既发之和！故此诗谓世人之扰扰适以害道，不若林居之士静观密察，犹能探万化之原。"[③] 在心的动静之间主张以静为本，真德秀强调喜怒哀乐"未发"之中的重要，湛然虚静不仅是涵养德性的功夫，也是文艺创作者叩寂寞以求有音的最佳心态。如果性情"已发"，则须不偏不倚、无乖情戾气，保持一份好心情。

第五节　良知与童心、性灵

新儒学由宋至明的发展，是一个以性理之学为主到以心学为正宗的演变过程，在陆象山、陈白沙之后，有集心学大成的阳明之学。陈献章于静中养出端倪的白沙之学，以静坐求自得，于"游艺"中涵养性情，这成为由重格物致知的朱子学过渡到致良知的阳明心学的桥梁。阳明心学的良知说与中国文艺思想的关系，可从两个方面加以分

---

① 真德秀：《司理弟之官岳阳相别于定王台凄然有感为赋五诗以饯其行》，《西山先生真文忠公文集》卷一，四部丛刊本。
② 真德秀：《问体用二字》，《西山先生真文忠公文集》卷三十，《四部丛刊》本。
③ 真德秀：《西山先生真文忠公文集》卷三十四，四部丛刊本。

疏：一是就心而言，把心灵看作比性理更为本源的东西，凸显人乃万物之灵的主体性原则，赋予儒家心性论以强烈的师心自用性质，于是有张扬个性、崇尚自然情感的"童心"说产生；二是就性而论，"性灵"乃良知的流行发用，要由性情之真，复归根于心体的虚灵不昧。要之，以儒家性命之学兼融庄禅妙悟的诗性智慧，重主观体认而强调个性，重心情的自然流露而讲韵趣，这对当时排斥模拟而贵独创的文艺思潮有促进作用。

一、静中养出端倪

宋明新儒家强调儒学是为己的内圣之学，自得不能出于勉强，须是自己如此而勿助勿长，得之于自然。就此而言，主张于静坐时洞观心体的心学派的理学家，如程颢、陆九渊、陈献章等，因有万物皆备于我的体验而造化在心，其涵养心性的方法与强调读书穷理的程、朱是不同的。陈献章《和杨龟山此日不再得韵》云："吾道有宗主，千秋朱紫阳。说敬不离口，示我入德方。义利分两途，析之极毫芒。圣学信匪难，要在用心藏。善端日培养，庶免物欲戕。道德乃膏腴，文辞固秕糠。俯仰天地间，此身何昂藏！"① 虽赞同程、朱的持敬之说，但更重培养自家心里的善端。他坦言自己早年曾闭门穷尽古圣贤之书，然未知入处而卒未有得。其《答张内翰廷祥书，括而成诗，呈胡希仁提学》云：

> 古人弃糟粕，糟粕非真传。眇哉一勺水，积累成大川。亦有非积累，源泉自涓涓。至无有至动，至近至神焉。发用兹不穷，缄藏极渊泉。吾能握其机，保必窥陈编？学患不用心，用心滋牵缠。本虚形乃实，立本贵自然。戒慎与恐惧，斯言未云偏。后儒

---

① 陈献章著，孙通海点校：《陈献章集》，第279页。

不省事，差失毫厘间。寄语了心人，素琴本无弦。①

借《庄子》中轮扁以古人言辞为糟粕之说，言圣学心得之妙不由读书积累，因读书已属第二义，自己体悟才是第一义。陈献章《书自题大塘书屋诗后》说："为学当求诸心必得。所谓虚明静一者为之主，徐取古人紧要文字读之，庶能有所契合，不为影响依附，以陷于徇外自欺之弊，此心学法门也。"② 强调的是心体的虚静，以虚为基本，静为入门。他在《与贺克恭黄门》中说："为学须从静中坐养出个端倪来，方有商量处。"③ 静中养出端倪即为自得。其《与罗一峰》书云："伊川先生每见人静坐，便叹其善学。此一静字，自濂溪先生主静发源，后来程门诸公递相传授，至于豫章、延平二先生，尤专提此教人，学者亦以此得力。晦庵恐人差入禅去，故少说静，只说敬，如伊川晚年之训。此是防微虑远之道，然在学者须自量度何如，若不至为禅所诱，仍多静方有入处。"④ 提倡以静坐观心为自得的入手处，要以心学悟道的简易功夫，代替日积月累的读书穷理。"至无有至动，至近至神焉"，为学者静悟自得之妙。

以静坐求自得是白沙心学的显著特色，他以心之寂感体贴天理，追求义理融液与操存洒落的统一，以达心与道俱而得之自然的境界。黄宗羲《明儒学案·师说》云："先生学宗自然，而要归于自得。自得故资深逢源，与鸢鱼同一活泼，而还以握造化之枢机，可谓独开门户，超然不凡。至问所谓得，则曰静中养出端倪。向求之典册，累年无所得，而一朝以静坐得之，似与古人之言自得异。"⑤ 陈献章白沙之学的重点，是以内心体验为主，求万物皆备于我的静悟自得。他在

---

① 陈献章著，孙通海点校：《陈献章集》，第 279~280 页。
② 陈献章著，孙通海点校：《陈献章集》，第 68 页。
③ 陈献章著，孙通海点校：《陈献章集》，第 133 页。
④ 陈献章著，孙通海点校：《陈献章集》，第 157 页。
⑤ 陈献章著，孙通海点校：《陈献章集》，第 864 页。

《道学传序》里说："学者苟不但求之书而求诸吾心，察于动静有无之机，致养其在我者，而勿以闻见乱之，去耳目支离之用，全虚圆不测之神，一开卷尽得之矣。非得之书也，得自我者也。"① 对于体道过程中求诸心的感受和体验，他常用吟咏诗歌的方式表达，如云：

> 千卷万卷书，全功归在我。吾心内自得，糟粕安用那！
（《藤蓑五首》）

> 此心自太古，何必生唐虞？此道苟能明，何必多读书？
（《赠羊长史，寄辽东贺黄门钦》）

> 真乐何从生，生于氤氲间。氤氲不在酒，乃在心之玄。行如云在天，止如水在渊。静者识其端，此生当乾乾。（《真乐吟，效康节体》）②

以为人生真乐的体验就在物我一体的浑然间，是心与理一的自得之乐、自然之乐。所谓"无我无人无古今，天机何处不堪寻！风霆示教皆吾性，汗马收功正此心"③。天理是人生的价值之源，而天理内于心而存在，此心即天理，故此生当"乾乾"。陈献章在《与林郡博（先生门人）》中说：

> 终日乾乾，只是收拾此而已。此理干涉至大，无内外，无终始，无一处不到，无一息不运。会此则天地我立，万化我出，而宇宙在我矣。得此霸柄入手，更有何事？往古来今，四方上下，都一齐穿纽，一齐收拾，随时随处，无不是这个充塞。色色信他本来，何用尔脚劳手攘？舞雩三三两两，正在勿忘勿助之间。曾点些儿活计，被孟子一口打并出来，便都是鸢飞鱼跃。④

如此说则道理非动静可限，得之者动亦定，静亦定，且能寓静于动。

---

① 陈献章著，孙通海点校：《陈献章集》，第20页。
② 陈献章著，孙通海点校：《陈献章集》，第288页、第294页、第312页。
③ 陈献章著，孙通海点校：《示诸生（其一）》，《陈献章集》，第494页。
④ 陈献章著，孙通海点校：《陈献章集》，第217页。

心至处理即在，物在处即有心，天地万物都可象征心体，于是浴沂舞雩和吟风弄月以归，亦可见天理流行。陈献章《湖山雅趣赋》说："放浪形骸之外，俯仰宇宙之间。当其境与心融，时与意会，悠然而适，泰然而安。……于焉优游，于焉收敛；灵台洞虚，一尘不染。浮华尽剥，真实乃见；鼓瑟鸣琴，一回一点。气蕴春风之和，心游太古之面。其自得之乐亦无涯也。"① 这种合内外之道而境与心得、理与心会的物我一体之境，乃悟道与审美合一境界，有一种对宇宙人生进行诗意观照的意境在。

儒家心学与诗学的贯通，至陈献章而始达圆融的境地。张诩《白沙先生行状》说："先生尝以道之显晦在人而不在言语也，遂绝意著述。故其诗曰：'他年倘遂投闲计，只对青山不著书。'又曰：'莫笑老慵无著述，真儒不是郑康成。'"② 湛若水选陈献章诗编成《白沙子古诗教解》，其所作序云："白沙先生无著作也，著作之意寓于诗也。是故道德之精，必于诗焉发之。"③ 他所选编的白沙古诗，着重于融液义理之作，并以赋比兴加以解说。如《对竹二首（其一）》：

> 窗外竹青青，窗间人独坐。究竟竹与人，元来无两个。

认为这是兴而比之作，言人与竹虽非同类，但本乎宇宙之一气浑然同体，推之鸢飞鱼潜皆然。"故周濂溪窗前草木除去，张子观驴鸣曰'与自家意思一般'，亦此意也。然则先生随处察识仁体，真得洙泗濂洛之正传矣。"④ 再如《随笔二首》：

> 人不能外事，事不能外理。二障佛所名，吾儒宁有此？（其一）

---

① 陈献章著，孙通海点校：《陈献章集》，第 275 页。
② 陈献章著，孙通海点校：《陈献章集》，第 880 页。
③ 陈献章著，孙通海点校：《陈献章集》，第 699 页。
④ 陈献章著，孙通海点校：《陈献章集》，第 784 页。

断除嗜欲想，永撤天机障。身居万物中，心在万物上。（其二）

湛若水指出：其一是直陈己见的赋，言宇宙内事即己性分内事，"心事相感应，故云人不能外事。事行而义生，故云事不能外理"①。吾儒没有释氏所讲的事障、理障。其二为赋而比，以为"嗜欲深者天机浅"。"嗜欲"指耳目口鼻四肢之欲，而"天机"指心之直觉能力，能从自然景象中体悟天理。陈献章在诗中表现的"自得"之乐，摒却了人为的读书功夫，以自然天机为贵。其《木犀枝上小鹊》诗云："乾坤未可轻微物，自在天机我不如。"又《赠周成》："说到鸢飞鱼跃处，绝无人力有天机。"② 作为具诗人气质的心学家，陈献章内心的直觉体悟较一般儒者要深微得多，其学宗自然而贵自得的白沙心学，以诗人造化在心的天机自鸣为近道。

白沙诗学是陈献章道德人格涵养及性情的体现，他在《与湛民泽》里说："六经尽在虚无里，万理都归感应中。若向此边参得透，始知吾学是中庸。"③ 以为心体的虚静灵明乃万化之大本，讲究寂感真几。他在《夕惕斋诗集后序》中说："受朴于天，弗凿以人；禀和于生，弗淫以习。故七情之发，发而为诗，虽匹夫匹妇，胸中自有全经。此风雅之渊源也。"他认为诗虽艺事而非小技，因"天道不言，四时行，百物生，焉往而非诗之妙用？会而通之，一真自如。故能枢机造化，开阖万象，不离乎人伦日用而见鸢飞鱼跃之机"④。据于道，游于艺，心随动静以明体用，顺应性情之自然天成而忌穿凿，遂成为白沙诗学宗旨。陈献章在《批答张廷实诗笺》中说：

大抵诗贵平易，洞达自然，含蓄不露，不以用意装缀，藏形

---

① 陈献章著，孙通海点校：《陈献章集》，第785页。
② 陈献章著，孙通海点校：《陈献章集》，第566页。
③ 陈献章著，孙通海点校：《陈献章集》，第644页。
④ 陈献章著，孙通海点校：《陈献章集》，第11~12页。

伏影，如世间一种商度隐语，使人不可模索为工。欲学古人诗，先理会古人性情是如何，有此性情，方有此声口，只看程明道、邵康节诗，真天生温厚和乐，一种好性情也。至如谢枋得，虽气节凌厉，好说诗而不识大雅，观其《注唐绝句》诸诗，事事比喻，是多少牵强，多少穿凿也。诗固有比体，然专务为之，则心已陷于一偏。①

以平易自然为诗之旨义，要求作诗须有好性情而识风雅。陈献章《复胡推府》书说："诗本温厚和平，深沉婉密，然后可望大雅之庭。"《对酒用九日韵（其四）》有云："作诗尚平淡，当与风雅期。"② 他所说的"风雅"出自好性情，指以自然平淡的诗歌风格，把性情方面的敦厚涵养体现出来。

陈献章以诗为表达情感的心声，强调率性而发、自然天成。他在《认真子诗集序》中说："诗之工，诗之衰也。言，心之声也。形交乎物，动乎中，喜怒生焉，于是乎形之声，或疾或徐，或洪或微，或为云飞，或为川驰。声之不一，情之变也，率吾情盎然出之，无适不可。有意乎人之赞毁，则《子虚》《长杨》，饰巧夸富，媚人耳目，若徘优然，非诗之教也。"其《雨中偶述，效康节（其三）》云："莫笑狂夫无著述，等闲拈弄尽吾诗。"③ 在求心与道俱时，讲情与理偕，崇尚雅健的风格。他在《次王半山韵诗跋》中说：

> 作诗当雅健第一，忌俗与弱。予尝爱看子美、后山等诗，盖喜其雅健也。若论道理，随人深浅，但须笔下发得精神，可一唱三叹，闻者便自鼓舞，方是到也。须将道理就自己性情上发出，不可作议论说去，离了诗之本体，便是宋头巾也。④

① 陈献章著，孙通海点校：《陈献章集》，第74页。
② 陈献章著，孙通海点校：《陈献章集》，第207页、第537页。
③ 陈献章著，孙通海点校：《陈献章集》，第5页、第461页。
④ 陈献章著，孙通海点校：《陈献章集》，第72页。

不反对以诗言道理，但主张带情韵以行，避免宋儒以议论为诗而远离性情的头巾气，要把诗写得像诗。陈献章《与汪提举》说："大抵论诗当论性情，论性情先论风韵，无风韵则无诗矣。今之言诗者异于是，篇章成即谓之诗，风韵不知，甚可笑也。情性好，风韵自好；性情不真，亦难强说，幸相与勉之。"[1] 其《与张廷实主事》云："诗不用则已，如用之，当下功夫理会。观古人用意深处，学他语脉往来呼应，浅深浮沉，轻重疾徐，当以神会得之，未可以言尽也。到得悟入时，随意一拈即在，其妙无涯。"[2] 由于强调了诗之性情、风韵和悟入，陈献章对严羽《沧浪诗话》的"别材""别趣"说持赞赏态度。他在《跋沈氏新藏考亭真迹卷后》中说："昔之论诗者曰：'诗有别材，非关书也；诗有别趣，非关理也。'又曰：'如羚羊挂角，无迹可寻。'夫诗必如是，然后可以言妙。"[3] 诗之妙无迹可寻，全靠心领神会。

陈献章的心学功夫，很多时候是以诗人感悟方式实现的，有妙不可言处。陈炎宗《重刻诗教解序》说："族祖白沙先生以道鸣天下，不著书，独好为诗。诗即先生之心法也，即先生之所以为教也。今读先生之诗，风云花鸟，触景而成。若无以异于凡诗之寄托者，至此心此理之微，生生化化之妙，物引而道存，言近而指远，自非澄心默识，超然于意象之表，未易渊通而豁解也。"[4] 作诗要具备一定的文字能力，属艺事之一，但它又关乎心之性情动静，可技进乎道。陈献章将心学功夫寓于游艺之中，其吃紧处全在静中养出端倪，故喜怒哀乐未发而非空，万感交集而不动。他在《书法》中说：

> 予书每于动上求静，放而不放，留而不留，此吾所以妙乎动

305

---

① 陈献章著，孙通海点校：《陈献章集》，第 203 页。
② 陈献章著，孙通海点校：《陈献章集》，第 167 页。
③ 陈献章著，孙通海点校：《陈献章集》，第 66 页。
④ 陈献章著，孙通海点校：《陈献章集》，第 700 页。

也。得志弗惊，厄而不忧，此吾所以保乎静也。法而不囿，肆而不流，拙而愈巧，刚而能柔。形立而势奔焉，意足而奇溢焉。以正吾心，以陶吾情，以调吾性，吾所以游于艺也。①

陈献章的"白沙之学"，把"游于艺"作为陶冶性情的方式，虽在求静时与视性静比心动更为重要的朱子学相通，但在性情的动静之际追求充满生机的心之自然现成思想，却有助于从重性理的朱子学过渡到致良知的阳明学。白沙之学"静中养出端倪"的"端倪"，其实就是后来阳明心学强调的那一点灵明的"良知"，区别仅在于前者偏于主静，后者更重视心体流行发用的生命精神之跃动。

二、"良知"的真实与虚灵

鉴于以性理为宗的程朱理学的心、理二分之弊，王阳明以心性合一的"良知"为本，倡言心即理，注重心体的寂感真几和流行发用，以为天理就在人心之中，人心之"良知"即天理，若能"致良知"，人人皆可成为圣人。这种功夫即本体、知行合一的心学思想，在儒家思想史上具有继往开来的时代意义，并影响到有明一代的学风和文艺思想。

阳明心学以"良知"的流行发用和虚灵明觉为特色。"良知"之说，可追溯到孟子所讲的人之天良。孟子曰："人之所不学而能者，其良能也；所不虑而知者，其良知也。孩提之童无不知爱其亲者，及其长也，无不知敬其兄也。亲亲，仁也；敬长，义也；无他，达之天下也。"（《孟子·尽心章句上》）"良能"出于"良知"，而且都是人天生就有的品性，无须后天的学习。但孟子只是用"良知"来证明人有良心而性善，王阳明则进一步用它来指点寂感真几的心体，认为"性无不善，故知无不良，良知即是未发之中，即是廓然大公、

---

① 陈献章著，孙通海点校：《陈献章集》，第80页。

寂然不动之本体，人人之所同具者也。但不能不昏蔽于物欲，故须学以去其昏蔽，然于良知之本体，初不能有加损于毫末也"，"夫良知即是道，良知之在人心，不但圣贤，虽常人亦无不如此。若无有物欲牵蔽，但循著良知发用流行将去，即无不是道"。① "良知"是道，是天理，是心之本体，在"良知"面前人人平等。王阳明《咏良知四首示诸生》云：

> 个个人心有仲尼，自将闻见苦遮迷。而今指与真头面，只是良知更莫疑。（其一）
>
> 问君何事日憧憧？烦恼场中错用功。莫道圣门无口诀，良知两字是参同。（其二）
>
> 人人自有定盘针，万化根源总在心。却笑从前颠倒见，枝枝叶叶外头寻。（其三）②

其一是说"良知"是人皆有之，如孔圣人就在每人心中，只是囿于闻见而被遮蔽，但浮云蔽日并非日不存在。"故虽凡人而肯为学，使此心纯乎天理，则亦可为圣人；犹一两之金比之万镒，分两虽说悬绝，而其到足色处可以无愧。故曰'人皆可以为尧舜'者以此。"③其二是讲"良知"的开明可作为摆脱日常忧苦烦恼的良方，良知能给人带来快乐。王阳明说："'乐'是心之本体，虽说不同于七情之乐，而亦不外于七情之乐。虽则圣贤别有真乐，而亦常人之所同有。但常人有之而不自知，反自求许多忧苦，自加迷弃。虽在忧苦迷弃之中，而此乐又未尝不存。但一念开明，反身而诚，则即此而在矣。"④其三是以"良知"为人心的主宰和万化的根源，谓"人心天理浑然，

---

① 王阳明撰，吴光、钱明、董平、姚延福编校：《王阳明全集》，第62~63页、第69页。

② 王阳明撰，吴光、钱明、董平、姚延福编校：《王阳明全集》，第790页。

③ 王阳明撰，吴光、钱明、董平、姚延福编校：《王阳明全集》，第28页。

④ 王阳明撰，吴光、钱明、董平、姚延福编校：《答陆原静书》，《王阳明全集》，第70页。

圣贤笔之书，如写真传神，不过示人以形状大略，使之因此而讨求其真耳。其精神意气，言笑动止，固有所不能传也"①。圣贤经传典籍只是枝叶，吾心之良知才是根本，只要良知真切，心有主，如大海航行有指南针，永远不会迷失方向。

以"良知"为心体，谓性善本源于心之感发，实际上是以心之已发为本，以行为本。王阳明说："知是心之本体，心自然会知：见父自然知孝，见兄自然知弟，见孺子入井自然知恻隐，此便是良知不假外求。若良知之发，更无私意障碍，即所谓有'充其恻隐之心，而仁不可胜用矣'。"② 把"良知"视为千古圣贤相传的一滴骨血，是自己从千死万难中体悟出来的。王阳明早年为学奉守朱子的"格物致知"之说，去格庭前竹子以穷其理，结果因此致病。"龙场悟道"后，始觉朱熹以即物穷理释"格物"的支离之蔽，以为"致知"之"知"并非外在于心的事物之理，而是吾心之"良知"。他说：

> 若鄙人所谓致知格物者，致吾心之良知于事事物物也。吾心之良知，即所谓天理也。致吾心良知之天理于事事物物，则事事物物皆得其理矣。致吾心良知者，致知也。事事物物皆得其理者，格物也。是合心与理而为一者也。③

若心与理一，则知与行合，因为"知之真切笃实处，即是行；行之明觉精察处，即是知，知行功夫本不可离"④。"良知"在于吾心的虚灵不昧和明觉精察，是直接辨别真伪善恶的知几之睿智。王阳明说："耳原是聪，目原是明，心思原是睿智，圣人只是一能之尔。能处正是良知，众人不能，只是个不致知，何等明白简易！"⑤ 知是行

① 王阳明撰，吴光、钱明、董平、姚延福编校：《王阳明全集》，第11~12页。
② 王阳明撰，吴光、钱明、董平、姚延福编校：《王阳明全集》，第6页。
③ 王阳明撰，吴光、钱明、董平、姚延福编校：《王阳明全集》，第45页、第46页。
④ 王阳明撰，吴光、钱明、董平、姚延福编校：《王阳明全集》，第42页。
⑤ 王阳明撰，吴光、钱明、董平、姚延福编校：《王阳明全集》，第109~110页。

的主意，行是知之成就，故知之真切笃实即是行，知行只是一个功夫。"良知"既是自己心地功夫，又是超越自身的心体，为知行合一之道。阳明心学的完整表述是"致良知"。

王阳明的"致良知"之学，突出了"良知"虚灵本体的流行发用，使儒家的心性论具强烈的主观唯心色彩，也更具活泼的生命精神和实践品格。这种阳明心学的特点及其对后世的深远影响，主要体现在以下两个方面：一是师心自用，二是心体虚灵。

关于师心自用。王阳明《答人问良知二首（其一）》云："良知即是独知时，此知之外更无知。谁人不有良知在，知得良知却是谁？"① 意谓"良知"的发现。有赖于慎独时的立诚去妄，属于自家痛痒自家知的内心体验。所谓"哑子吃苦瓜，与你说不得。你要知此苦，还须你自吃"②。他反对拘泥于文义上求道，以为"若解向里寻求，见得自己心体，即无时无处不是此道。亘古亘今，无终无始，更有甚同异？心即道，道即天，知心则知道、知天"③。知道须从自己心上体认，不假外求始得，做人根本在于"良知"。他在《长生》诗中说：

乾坤由我在，安用他求为？千圣皆过影，良知乃吾师。④

明确提出要以自己心中的"良知"为师，王阳明《示诸生三首（其一）》云："尔身各各自天真，不用求人更问人。但致良知成德业，谩从故纸费精神。乾坤是易原非画，心性何形得有尘？莫道先生学禅语，此言端的为君陈。"⑤ 以至"良知"为不假外求的心地功夫，目的是求"真己"和"真知"，实现人格的完善和精神境界的提高。人

① 王阳明撰，吴光、钱明、董平、姚延福编校：《王阳明全集》，第 791 页。
② 王阳明撰，吴光、钱明、董平、姚延福编校：《王阳明全集》，第 37 页。
③ 王阳明撰，吴光、钱明、董平、姚延福编校：《王阳明全集》，第 21 页。
④ 王阳明撰，吴光、钱明、董平、姚延福编校：《王阳明全集》，第 796 页。
⑤ 王阳明撰，吴光、钱明、董平、姚延福编校：《王阳明全集》，第 790 页。

心并非只是一团血肉，"所谓汝心，却是那能视听言动的，这个便是性，便是天理。……以其主宰一身，故谓之心。这心之本体，原只是个天理，原无非礼，这个便是汝之真己。这个真己是躯壳的主宰。若无真己，便无躯壳，真是有之即生，无之即死"①。"真己"又称"真吾"，实为心之本体的良知。王阳明在《从吾道人记》中说："夫吾之所谓真吾者，良知之谓也。父而慈焉，子而孝焉，吾良知所好也；不慈不孝焉，斯恶之矣。……良知之好，真吾之好也，天下之所同好也。"② 真己和真吾以个人的良知为本，是一种以师心自用为特征的自我论，它将自己的"良知"或良心作为价值判断的标准，舍此再无别的标准。

得之于心而实有诸己的"良知"才是"真知"，体用一源的"良知"是师心自用的内在根据。王阳明说："夫学贵得之心。求之于心而非也，虽其言之出于孔子，不敢以为是也，而况其未及孔子者乎！求之于心而是也，虽其言之出于庸常，不敢以为非也，而况其出于孔子者乎！"③ 以为吾心之"良知"即可裁定是非，不必一定要以经书上孔子说过的话为准则，其《送刘伯光》云："漫道'六经'皆注脚，还谁一语悟真机？"④ 又《次栾子仁韵送别四首（其一）》云：

> 从来尼父欲无言，须信无言已跃然。悟到鸢鱼飞跃处，功夫原不在陈编。⑤

若能"致良知"，"六经"也只不过是吾心的注脚。王阳明说："尔那一点良知，是尔自家的准则。尔意念着处，他是便知是，非便知非，更瞒他一些不得。尔只不要欺他，实实落落依着他做去，善便存，恶

儒家文艺思想史

---

① 王阳明撰，吴光、钱明、董平、姚延福编校：《王阳明全集》，第36页。
② 王阳明撰，吴光、钱明、董平、姚延福编校：《王阳明全集》，第250页。
③ 王阳明撰，吴光、钱明、董平、姚延福编校：《王阳明全集》，第76页。
④ 王阳明撰，吴光、钱明、董平、姚延福编校：《王阳明全集》，第742页。
⑤ 王阳明撰，吴光、钱明、董平、姚延福编校：《王阳明全集》，第744页。

便去。他这里何等稳当快乐。"① 或问："此功夫却于心上体验明白，只解书不通。"阳明先生回答："只要解心。心明白，书自然融会。"② 阳明《林汝桓以二诗寄次韵为别（其二）》："万理由来吾具足，'六经'原只是阶梯。"又《送蔡希颜三首（其三）》："悟后'六经'无一字，静余孤月湛虚明。"③ 他在《稽山书院尊经阁记》中说："'六经'者非他，吾心之常道也。故《易》也者，志吾心之阴阳消息者也；《书》也者，志吾心之纪纲政事者也；《诗》也者，志吾心之歌咏性情者也；……故'六经'者，吾心之记籍也，而'六经'之实则具于吾心。"④ 如此说，吾心"良知"的地位高于经典，"致良知"才是人生的正途。

关于心体虚灵，以为虚灵明觉是"良知"之本。王阳明《答顾东桥书》说："心者身之主也，而心之虚灵明觉，即所谓本然之良知也。其虚灵明觉之良知，应感而动者谓之意；有知而后有意，无知则无意矣。"⑤ 人心之灵觉主要表现为具有知觉、情感和意向等活动功能，能赋予世界万物和生命存在以意义。人问花在深山中自开自落，于我心有何相关时，王阳明的回答是：

> 你未看此花时，此花与汝心同归于寂。你来看此花时，则此花颜色一时明白起来。便知此花不在你的心外。⑥

花的存在靠心的感知获得意义，离开了心的知觉，花的世界便无意义；对于人而言，无意义的事等于不存在，生命不能无知觉。阳明说："知是理之灵处。就其主宰处说，便谓之心，就其禀赋处说，便

① 王阳明撰，吴光、钱明、董平、姚延福编校：《王阳明全集》，第92页。
② 王阳明撰，吴光、钱明、董平、姚延福编校：《王阳明全集》，第94页。
③ 王阳明撰，吴光、钱明、董平、姚延福编校：《王阳明全集》，第786页、第732页。
④ 王阳明撰，吴光、钱明、董平、姚延福编校：《王阳明全集》，第254~255页。
⑤ 王阳明撰，吴光、钱明、董平、姚延福编校：《王阳明全集》，第47页。
⑥ 王阳明撰，吴光、钱明、董平、姚延福编校：《王阳明全集》，第108页。

谓之性。孩提之童，无不知爱其亲，无不知敬其兄，只是这个灵能不为私欲遮隔，充拓得尽，便完；完是他本体，便与天地合德。"故"良知在人，随你如何不能泯灭，虽盗贼亦自知不当为盗，唤他做贼，他还忸怩"①。人心的"良知"是天理之昭明灵觉处，"盖良知只是一个天理，自然明觉发见处，只是一个真诚恻怛，便是他本体"，"人孰无根？良知即是天植灵根，自生生不息"。② 以"良知"为天理，视人心为天渊，灵觉的流行发用，既昭示天理的生生之仁，又显示了个体生命心灵的跃动。

"良知"的虚明全靠灵觉的发用流行来体现，心体就在心用之中，故曰"虚灵"，或称"灵明"。如果说灵觉是就"良知"的作用而言，可从功能上解释心，那么虚明则表示"良知"心体的"存在"，具有更普遍的宇宙本体的意义。王阳明说："虚灵不昧，众理具而万事出。心外无理，心外无事。"③ 以为心体明即是道明。又说人是天地之心，而人心只是一点灵明。"可知充天塞地中间，只有这个灵明，人只为形体自间隔了。我的灵明，便是天地鬼神的主宰。天没有我的灵明，谁去仰他高？地没有我的灵明，谁去俯他深？"④ 阳明说：

> 天地无人的良知，亦不可为天地矣。盖天地万物与人原是一体，其发窍之最精处，是人心一点灵明。风雨露雷，日月星辰，禽兽草木，山川土石，与人原只一体。⑤

人心灵明，方有"良知"，宇宙万物也才有意义。故"良知之虚，便是天之太虚；良知之无，便是太虚之无形。日月风雷山川民物，凡有

---

① 王阳明撰，吴光、钱明、董平、姚延福编校：《王阳明全集》，第34页、第93页。
② 王阳明撰，吴光、钱明、董平、姚延福编校：《王阳明全集》，第72页、第84页、第101页。
③ 王阳明撰，吴光、钱明、董平、姚延福编校：《王阳明全集》，第15页。
④ 王阳明撰，吴光、钱明、董平、姚延福编校：《王阳明全集》，第124页。
⑤ 王阳明撰，吴光、钱明、董平、姚延福编校：《王阳明全集》，第107页。

貌象形色，皆在太虚无形中发用流行，未尝作得天的障碍。圣人只是顺其良知之发用，天地万物，俱在我良知的发用流行中"①。若把"良知"提升为先验的心体，视为造化之精灵，那么只能是一虚灵本体。阳明说："良知本体原来无有，本体只是太虚。太虚之中，日月星辰，风雨露雷，阴霾饐气，何物不有？而又何一物得为太虚之障？人心本体亦复如是。"② "良知"之无有如太虚，故"良知"本无知，无知才能无不知，于是有天泉证道的四句教："无善无恶心之体，有善有恶意之动，知善知恶是良知，为善去恶是格物。"③ 无善无恶是说心体如太虚，并非先天就存有善念和恶念，心中意念的产生乃后天之事。只因心体本来明莹无滞，皭如纤尘不染之明镜，所以才有恒照天地万物的那一点灵明。

三、真实自然的童心

心学的师心自用，以重"真己"的方式开启返归自然人性的思想，教人于心之已发的自然情性中追求生命的价值，实现由理性主义到抒情主义的转变。但仅凭主观心意的知解任情，也易造成心体失落和道德失范，走向一空依傍的狂狷之路。这方面的思想代表是李贽，他要保持"童心"而为世所不容，求真心却坠入空寂，主张抒写真性情却成为异端，堪称一个悲剧人物。

李贽在明代儒学发展演变过程中属于王学左派，他曾编订《阳明先生道学钞》和《阳明先生年谱》。在阳明后学中，他对王畿高迈洒脱的龙溪之学尤为佩服，曾编《龙溪王先生文录钞》，以为"世间讲学诸书，明快透髓，自古至今未有如龙溪先生者"④。他在《与焦

---

① 王阳明撰，吴光、钱明、董平、姚延福编校：《王阳明全集》，第 106 页。
② 王阳明撰，吴光、钱明、董平、姚延福编校：《王阳明全集》，第 1306 页。
③ 王阳明撰，吴光、钱明、董平、姚延福编校：《王阳明全集》，第 117 页。
④ 〔明〕李贽：《焚书》，《焚书 续焚书》，北京：中华书局，1975 年，第 47 页。

漪园太史》书里说：

> 至阳明而后，其学大明，然非龙溪先生缉熙继续，亦未见得
> 阳明先生之妙处，此有家者所以贵于有得力贤子，有道者所以尤
> 贵有好得力儿孙也。①

龙溪之学是阳明心学的嫡传，阳明以真己或真吾为"良知"的自立自信精神，通过龙溪传给了李贽。尤为值得注意的是，王畿继承了阳明心学"良知"现成的思想倾向，用"四无"论和无善说解释阳明的四句教，认定心体之无乃先天的自然现成之本真，"良知"原是无中生有，蕴藏万物生化之几。他以心体的流行发见为"良知"，强调直心而动的当下现成，说有"良知"者应如赤子般当喜便喜、当啼便啼，所谓"赤子之心，纯一无伪，无智巧、无技能，神气自足，智慧自生，才能自长，非有所加也"（《书累语简端录》）②。以赤子之心喻"良知"的自然天成。他在《书同心册卷》中又说："良知在人，不学不虑，爽然由于固有；神感神应，盎然出于天成。本来真头面，故不待修证而后全。"③这种以赤子之心、自然真心为"良知"的思想，为李贽的"童心"说所本。

作为阳明和龙溪"良知"自然现成论的一种延伸，李贽以"童心"指人最初的纯真本心，含有以无善无恶为心体，以"良知"流行为主宰，排除任何假借的思想。他将"童心"等同于赤子之心，特指不受任何观念和经验影响的绝假纯真的自然心体，剔除了阳明心学天赋"良知"的道德意识，所重在一个"真"字，以真假而不以善恶为价值判断的准则。李贽《童心说》云：

> 夫童心者，真心也。若以童心为不可，是以真心为不可也。

———————————

① 〔明〕李贽：《续焚书》，《焚书 续焚书》，第28页。
② 王畿：《王龙溪先生全集》，清光绪八年（1882）重刊本，卷二。
③ 王畿：《王龙溪先生全集》，清光绪八年（1882）重刊本，卷五。

夫童心者，绝假纯真，最初一念之本心也。若失却童心，便失却真心；失却真心，便失却真人。人而非真，全不复有初矣。①

在儒家的经史文献里，"童心"原是带有贬义的，如《左传·襄公三十一年》载，鲁昭公即位时视丧礼为儿戏，"居丧而不哀，在戚而有嘉容"，所以史家感叹："于是昭公十九年矣，犹有童心。"② 《史记·鲁周公世家》在记载同一件事时也说："昭公年十九，犹有童心。"服虔注："言无成人之志，而有童子之心。"③ 所谓"犹有童心"，指像小孩一样随心所欲，完全以自我为中心，不受世俗道德规范和成人教条的拘束。为强调心体的本真和自然，李贽发展了"良知"现成论，一反"以童心为不可"的传统观念，用童心来指证人的真心，认为有真心之人才是真人，以对抗以闻见道理为心的假道学。

以真假论人心，童心未泯自然是很可贵的，尤其是在重个性和重真情的文学领域。龙洞山农在刊刻《西厢记》的叙语中说："知者勿谓我尚有童心可也。"④ 希望别把他的爱好《西厢记》之举视为尚有童心。李贽的"童心"说即由此而发，认为最初的"童心"才是人之真心，出自真心之文才能感动人，若似真非真，所以入人心者必不深。在《杂说》中，他以《西厢记》《拜月亭》一类的戏曲作品为造化无工的"化工之作"，称为不可语于天下之"至文"，所谓"追风逐电之足，决不在于牝牡骊黄之间；声应气求之夫，决不在于寻行数墨之士；风行水上之文，决不在于一字一句之奇"⑤。李贽说：

> 且夫世之真能文者，比其初皆非有意于为文也。其胸中有如

---

① 〔明〕李贽：《焚书》，《焚书　续焚书》，第98页。
② 杨伯峻：《春秋左传注》，第1186页。
③ 司马迁：《史记》，第1539页。
④ 〔明〕李贽：《焚书》，《焚书　续焚书》，第98页。
⑤ 〔明〕李贽：《焚书》，《焚书　续焚书》，第97页。

许无状可怪之事，其喉间有如许欲吐而不敢吐之物，其口头又时时有许多欲语而莫可所以告语之处，蓄极积久，势不能遏。一旦见景生情，触目兴叹；夺他人之酒杯，浇自己之垒块，诉心中之不平，感数奇于千载。既已喷玉唾珠，昭回云汉，为章于天矣，遂亦自负，发狂大叫，流涕恸哭，不能自止。宁使见者闻者切齿咬牙，欲杀欲割，而终不忍藏于名山，投之水火。余览斯记，想见其为人，当其时必有大不得意于君臣朋友之间者，故借夫妇离合因缘以发其端。于是焉喜佳人之难得，羡张生之奇遇，比云雨之翻覆，叹今人之如土。①

把出自不得已之真情而不吐不快的触目兴叹之言、发狂大叫之语，都视为无意于为文的天下之至文，立说根据即在于有童心者发言无忌。李贽在《童心说》里说："天下之至文，未有不出于童心焉者也。苟童心常存，则道理不行，闻见不立，无时不文，无人不文，无一样创制体格文字而非文者。诗何必古选，文何必先秦。降而为六朝，变而为近体，又变而为传奇，变而为院本，为杂剧，为《西厢曲》，为《水浒传》，为今之举子业，皆古今至文，不可得而时势先后论也。故吾因是而有感于童心者之自文也，更说甚么'六经'，更说甚么《语》《孟》乎?"② 只要是出自绝假纯真的"童心"，只要不受闻见和道理的遮蔽而自出心裁，无论使用何种文体，也不论时代先后，都可视为天下之至文。

有真心与做真人彼此关联，真心指童心未泯，真人即"童心"未被闻见和道理所损害之人。若是出于依傍和假借，即使行文合于"六经"之体，义近《论语》和《孟子》，也是与自己性情毫不相干的假文。李贽在《答耿中丞》里说："夫天生一人，自有一人之用，

---

① 〔明〕李贽：《焚书》，《焚书 续焚书》，第97页。
② 〔明〕李贽：《焚书》，《焚书 续焚书》，第99页。

不待取给于孔子而后足也。若必待取足于孔子，则千古以前无孔子，终不得为人乎?"① 做人贵在有自家面目，作诗文亦然，若以真心为文，则不求工而自工耳! 除了求本心之真，人之性情的自然流露也是李贽"童心"说所强调的，有自然人性论倾向。在《读律肤说》里，他指斥性情受拘束者为诗奴，认为其作品直而无情，淡而无味，了无声色。他说：

> 盖声色之来，发于情性，由乎自然，是可以牵合矫强而致乎? 故自然发于情性，则自然止乎礼义，非情性之外复有礼义可止也。唯矫强乃失之，故以自然之为美耳，又非于情性之外复有所谓自然而然也。故性格清澈者音调自然宣畅，性格舒徐者音调自然疏缓，旷达者自然浩荡，雄迈者自然壮烈，沉郁者自然悲酸，古怪者自然奇绝。有是格，便有是调，皆情性自然之谓也。莫不有情，莫不有性，而可以一律求之哉! 然则所谓自然者，非有意为自然而遂以为自然也。若有意为自然，则与矫强何异。②

这种以情性的自然流露为美、主张性格多样化的主张，反映了"童心"说突出自我的个性化原则。真人应是性情中人，哪怕性情乖僻，有自私之心，也较喜欢以假言作假文的假人要好很多。在《童心说》中，李贽认为"童心"的丧失和假人的形成有两方面的原因：一则因闻见而好美名，为显示美德或欲掩盖丑行而成伪饰；再则因读书识理而成见在心形成理障。他在《童心说》里断言：

> 然则"六经"、《语》、《孟》，乃道学之口实，假人之渊薮也，断断乎其不可以语于童心之言明矣。③

批判的矛头直指儒家讲名教礼义的道学及其经典，以为儒家的书读多

---

① 〔明〕李贽：《焚书》，《焚书　续焚书》，第16页。
② 〔明〕李贽：《焚书》，《焚书　续焚书》，第132~133页。
③ 〔明〕李贽：《焚书》，《焚书　续焚书》，第98~99页。

了易使人成为假人，有损"童心"的真率自然。"于是发而为言语，则言语不由衷；见而为政事，则政事无根柢；著而为文辞，则文辞不能达。""盖其人既假，则无所不假矣。由是而以假言与假人言，则假人喜；以假事与假人道，则假人喜；以假文与假人谈，则假人喜。无所不假，则无所不喜。"① 李贽《与友人论文》说："凡人作文皆从外边攻进里去，我为文章只就里面攻打出来，就他城池，食他粮草，统率他兵马，直冲横撞，搅得他粉碎，故不费一毫气力而自然有余也。凡事皆然，宁独为文章哉！只自各人自有各人之事，各人题目不同，各人只就题目里滚出去，无不妙者。"② 强调作诗文要有自家面目，性情不受拘束者，为文就会有自然天成之妙。

"童心"已非以"良知"判断是非的道心，而是要张扬个性、抒发情性的文心，以真纯和自然为贵。李贽《自赞》云："其性褊急，其色矜高，其词鄙俗，其心狂痴，其行率易，其交寡而面见亲热。其与人也，好求其过，而不悦其所长；其恶人也，既绝其人，又终身欲害其人。志在温饱，而自谓伯夷、叔齐；质本齐人，而自谓饱道饫德。"③ 以自嘲兼嘲世的口吻，表达了愿做真小人而不喜伪君子的看法，号召做真人，讲真话。在以此评人论文时，李贽尤为推崇为文真率自然的苏东坡。他曾编批《坡仙集》四册，并在《与焦弱侯》中说："《坡仙集》虽若太多，然不如是无以尽见此公生平，心实爱此公，是以开卷便如与之面叙也。"④ 以为古今的风流人物，唐有李白，宋有苏东坡，可称"人龙""国士"，可称"万夫之雄"。其《复焦弱侯》说：

> 苏长公何如人，故其文章自然惊天动地。世人不知，只以文

---

① 〔明〕李贽：《焚书》，《焚书　续焚书》，第 99 页。
② 〔明〕李贽：《续焚书》，《焚书　续焚书》，第 6 页。
③ 〔明〕李贽：《焚书》，《焚书　续焚书》，第 130 页。
④ 〔明〕李贽：《续焚书》，《焚书　续焚书》，第 34 页。

章称之，不知文章直彼余事耳，世未有其人不能卓立而能文章垂不朽者。①

李贽对苏轼卓然独立的人格和不同于流俗的个性极为赞赏，其《又与从吾》说："苏长公片言只字与金玉同声，虽千古未见其比，则以其胸中绝无俗气，下笔不作寻常语，不步人脚故耳。"② 其《苏轼》云："子瞻自谓嬉笑怒骂皆可书而诵，信然否？夫嬉笑怒骂，既是文章；则风流戏谑，总成嘉话矣。然则吹篪舞剑，皆我画筍；雀噪蛙鸣，全部鼓吹，坡公得之，是以大妙。"③ 将苏轼文章的挥洒自如和出神入化，归结为真性情的自然流露，这对晚明"公安三袁"的"性灵"说有直接影响。钱谦益《陶仲璞遁园集序》说："万历之季，海内皆诋訾王、李，以乐天、子瞻为宗，其说唱于公安袁氏。而袁中郎、小修，皆李卓吾之徒，其指实自卓吾发之。"④ 从主张"童心"到提倡性灵，乃水到渠成之事。

四、虚灵不昧的性灵

在重真情、崇个性和尚自然等方面，"公安三袁"受李贽的影响是很直接的。袁中道（字小修）在《龙湖遗墨小序》里说："龙湖先生（指李贽），今之子瞻也，才与趣不及子瞻，而识力胆力，不啻过之。"⑤ 对李贽的过人胆识极为钦佩。在《吏部验封司郎中中郎先生行状》中，小修记叙了万历年间兄弟三人多次拜谒李贽的经过，言及其兄袁宏道（字中郎）所受影响时说：

① 〔明〕李贽：《焚书》，《焚书 续焚书》，第48页。
② 〔明〕李贽：《焚书》，《焚书 续焚书》，第256页。
③ 〔明〕李贽：《藏书》（第三册），北京：中华书局，1959年，第685页。
④ 〔清〕钱谦益著，〔清〕钱曾笺注，钱仲联标校：《牧斋初学集》，上海：上海古籍出版社，1985年，第919页。
⑤ 〔明〕袁中道著，钱伯城点校：《珂雪斋集》，上海：上海古籍出版社，1989年，第474页。

先生既见龙湖，始知一向掇拾陈言，株守俗见，死于古人语下，一段精光，不得披露。至是浩浩焉如鸿毛之遇顺风，巨鱼之纵大壑。能为心师，不师于心；能转古人，不为古转。发为语言，一一从胸襟流出，盖天盖地，如象截急流，雷开蛰户，浸浸乎其未有涯也。①

这种心灵受到震撼之后，灵机逼极而通的真切感悟，为袁中郎思想上、创作上的一次突变和飞跃。所谓"一段精光"，指其性灵，类于阳明心学讲的一点灵明；"从胸襟流出"指抒写自己意之所欲言，属于自性流行的生命情态，其韵趣以自然天成为贵。

袁中郎是"公安三袁"中李贽最为看中的领军人物，谓其胆识皆迥绝于世，可称真英灵男子。而中郎自见李贽后亦别开手眼，所为诗文俱从灵源中溢出，不仅识别、才别和学别，更兼随意潇洒的胆别和趣别。在文学思想方面，继李贽"童心"说所讲的要见真心、做真人之后，中郎进一步提倡写真诗，鼓吹真诗出自性灵之说。他所追求的诗文创作的真，最基本的是一种性情之真，其《答江进之别诗》云："对客语如绵，当机锋似铁。喜怒性情真，缓急肝肠热。"② 江进之即江盈科，他在《敝箧集叙》中转述袁中郎的论诗之语，为"性灵"说的宣言：

诗何必唐，又何必初与盛？要以出自性灵者为真诗尔。夫性灵窍于心，寓于境。境所偶触，心能摄之；心所欲吐，腕能运之。心能摄境，即蝼蚁蜂虿皆足寄兴，不必《雎鸠》《驺虞》矣；腕能运心，即谐词谑语皆是观感，不必法言庄什矣。以心摄境，以腕运心，则性灵无不毕达，是之谓真诗，而何必唐，又何

① 〔明〕袁中道著，钱伯城点校：《珂雪斋集》，第 756 页。
② 〔明〕袁宏道著，钱伯城点校：《袁宏道集笺校》，上海：上海古籍出版社，1981年，第 154 页。

儒家文艺思想史

必初与盛之为沾沾！①

以性灵为真诗的源泉，并以此作为诗文批评和作家评论的根据。在《叙小修诗》中，袁中郎称其弟小修少有慧性，长成后以豪杰自命，足迹所至几半天下，而诗文亦因之以日进：

> 大都独抒性灵，不拘格套，非从自己胸臆流出，不肯下笔。
> 有时情与境会，顷刻千言，如水东注，令人夺魄。其间有佳处，
> 亦有疵处，佳处自不必言，即疵处亦多本色独造语。②

在袁宏道看来，只要是情与境会，有真情实感，哪怕失之浅露，失之俚俗直白，也是有独创性的本色语。他说："大概情至之语，自能感人，是谓真诗，可传也。而或者犹以太露病之，曾不知情随境变，字逐情生，但恐不达，何露之有？"③ 为求真而不惜率直，反对言不由衷的剿袭模拟。基于这种看法，袁宏道对明代"前后七子""诗必盛唐"和"文必秦汉"的复古主义论调极为不满，他在《丘长孺》书中说："大抵物真则贵，真则我面不能同君面，而况古人之面貌乎？唐自有诗也，不必《选》体也。"其《答李子髯》诗云："当代无文字，闾巷有真诗。却沽一壶酒，携君听《竹枝》。"④ 强调自由抒写真性情之重要，以为真诗乃在民间。

以真性情释性灵，是公安派对李贽"童心"说的一种继承，也符合"性灵"一词在以往诗文评里的通常含义。盖"性""灵"二字组词联用始于南北朝，如颜之推《颜氏家训·文章第九》云："夫文章者，原出五经。……至于陶冶性灵，从容讽谏，入其滋味，亦乐事也。""文章之体，标举兴会，发引性灵，使人矜伐，故忽于持

---

① 〔明〕袁宏道著，钱伯城点校：《袁宏道集笺校》附录，第 1685 页。
② 〔明〕袁宏道著，钱伯城点校：《袁宏道集笺校》，第 187 页。
③ 〔明〕袁宏道著，钱伯城点校：《袁宏道集笺校》，第 188 页。
④ 〔明〕袁宏道著，钱伯城点校：《袁宏道集笺校》，第 284 页、第 81 页。

操。"① 陶冶性灵即是陶冶性情。刘勰《文心雕龙·原道》说："仰观吐曜，俯察含章，高卑定位，故两仪既生矣。唯人参之，性灵所钟，是谓三才。"以为人禀性灵秀而情感丰富，故其《序志》云："岁月飘忽，性灵不居，腾声飞实，制作而已。"《宗经》曰："洞性灵之奥区，极文章之骨髓。"② 视性灵为文章之本，也是就性情而言。钟嵘《诗品》强调诗人"吟咏性情"的重要，以为"感荡心灵，非陈诗何以展其义？非长歌何以骋其情？"他在评论阮籍的诗歌创作时说："其源出于《小雅》，无雕虫之功。而《咏怀》之作，可以陶性灵，发幽思。言在耳目之内，情寄八荒之表。"③ 很显然，"陶性灵"指的就是吟咏性情。从南北朝开始直至有明，"性灵"用在诗文里的含义多指性情或情，如庾信《谢赵王示新诗启》说："四始六义，实动性灵。落落词高，飘飘意远，文异水而涌泉，笔非秋而垂露。"④ 杜甫《解闷》谓："陶冶性灵在底物，新诗改罢自长吟。"⑤ 焦竑《雅娱阁集序》强调："诗非他，人之性灵之所寄也。苟其感不至，则情不深；情不深则无以惊心而动魄，垂世而行远。"⑥ 袁中郎在标举"性灵"时，亦以任性抒情而不受拘束为要义，他在《叙曾太史集》中说自己作诗多刻露之病，为文也是信腕直寄而已，但"余与退如所同者真而已。其为诗异甘苦，其直写性情则一；其为文异雅朴，其不为浮词滥语则一"⑦。所谓"直写性情"，与他提倡的"独抒性灵"并无什么不同，二者是可以互训的。

儒家文艺思想史

---

① 颜之推：《颜氏家训》，《诸子集成》，北京：中华书局，1954 年，第 19~20 页。
② 刘勰著，范文澜注：《文心雕龙注》，第 1 页、第 725 页、第 21 页。
③ 钟嵘著，陈延杰注：《诗品注》，第 3 页、第 23 页。
④ 〔北周〕庾信撰，〔清〕倪璠批注，许逸民校点：《庾子山集注》，北京：中华书局，1980 年，第 563 页。
⑤ 〔清〕彭定求等编：《全唐诗》，第 2518 页。
⑥ 郭绍虞、王文生主编：《中国历代文论选》（第三册），第 135 页。
⑦ 〔明〕袁宏道著，钱伯城点校：《袁宏道集笺校》，第 1106 页。

除了用性灵泛指性情，"公安三袁"还用它特指聪明人的上根慧性而含有禅机，表达自性流行而一空依傍的个性自由思想。喜怒哀乐之性情凡人皆有，心能摄境的性灵却非天才莫办。袁宗道《性习解》说："今试观婴孺，其天性常未漓也，固有醒然而慧者，亦有懵然难解喻者。"① 他以为学禅而后知儒绝非虚语，启发胞弟将习禅的定慧与探究性命之学结合起来，三人一起到龙湖拜谒李贽时，主要是想参究"教外之旨"（禅）。袁宏道在《张幼于》书里说：

> 仆自知诗文一字不通，唯禅宗一事，不敢多让。当今勍敌，唯李宏甫先生一人。其他精炼衲子，久参禅伯，败于中郎之手者，往往而是。②

与李贽（字宏甫）相伯仲，袁中郎是有利根慧性之人。其《潘庚生馆同诸公得钱字》云："每于诗外旨，悟得句中禅。"③ 袁宗道在《西方合论叙》中说："石头居士（指袁中郎）少志参禅，根性猛利；十年之内，洞有所入。机锋迅利，语言圆转，寻常与人论及此事，下笔千言，不蹈祖师语句，直从胸臆流出。活虎生龙，无一死语，遂亦自谓了悟。"④ 由此可知，三袁性灵说强调的"从胸臆流出"，是参禅了悟后的自性流行状态，蕴含着禅宗的作用，带有"狂禅"习气。具有张扬个性倾向的独抒性灵，是一种大胆创新求变的文艺思想，不乏冲决桎梏的胆量和创造智慧，宜与"前后七子"倡导复古的模拟格调形成尖锐对立。

袁中郎是悟性高而个性鲜明的作家，文学成就在二位兄弟之上，在《与江进之尺牍》书中，他自谓要"享人世不肯享之福，说人间

---

① 〔明〕袁宗道著，钱伯城标点：《白苏斋类集》，上海：上海古籍出版社，1989年，第82页。
② 〔明〕袁宏道著，钱伯城点校：《袁宏道集笺校》，第503页。
③ 〔明〕袁宏道著，钱伯城点校：《袁宏道集笺校》，第385页。
④ 〔明〕袁宏道著，钱伯城点校：《袁宏道集笺校》，第1706页。

不敢说之话，事他人不屑为之事"。又说："世道既变，文亦因之，今之不必摹古者也，亦势也。"① 其《放言效元体（其二）》云："三十年间闪电身，半居白石半红尘。空中往往书欢字，镜里频频感去人。"又《斋中偶题》："野语街谈随意取，懒将文字拟先秦。"《赠黄平倩编修》："诗有余师禅有友，前希李白后东坡。"② 其弟袁小修曾以僧语见告，谓中郎乃东坡之后身，又在《中郎先生全集序》里称中郎少具慧业，学问自参悟中来，出其绪余为文字，故所作诗文皆"出自灵窍，吐于慧舌"，其立言虽不逐世之颦笑，而逸趣仙才自非世匠所及，可拓人心胸，豁人眼目，于是感叹道：

> 嗟乎！自宋、元以来，诗文芜烂，鄙俚杂沓。本朝诸君子，出而矫之，文准秦、汉，诗则盛唐，人始知有古法。及其后也，剽窃雷同，如赝鼎伪觚，徒取形似，无关神骨。先生出而振之，甫乃以意役法，不以法役意，一洗应酬格套之习，而诗文之精光始出。如名卉为寒氛所勒，索然枯槁，而旲日一照，竟皆鲜敷。如流泉壅闭，日归腐败，而一加疏瀹，波澜掀舞，淋漓秀润。至于今天下之慧人才士，始知心灵无涯，搜之愈出，相与各呈其奇，而互穷其变，然后人人有一段真面目溢露于楮墨之间。③

这种说法不仅符合当时的实际，也与袁中郎的文学思想相吻合。在《识雪照澄卷末》中，他以为苏东坡奢于慧极，故"作文如舞女走竿，如市儿弄丸，横心所出，腕无不受者。……其至者如晴空鸟迹，如水面风痕，有天地来，一人而已"④。他在《雪涛阁集序》里说："有宋欧、苏辈出，大变晚习，于物无所不收，于法无所不有，于情无所不畅，于境无所不取，滔滔莽莽，有若江河。"可是近代文人却

---

① 〔明〕袁宏道著，钱伯城点校：《袁宏道集笺校》，第 515 页。
② 〔明〕袁宏道著，钱伯城点校：《袁宏道集笺校》，第 558 页、第 609 页、第 623 页。
③ 〔明〕袁中道著，钱伯城点校：《珂雪斋集》，第 522 页。
④ 〔明〕袁宏道著，钱伯城点校：《袁宏道集笺校》，第 1219 页。

"以剿袭为复古，句比字拟，务为牵合，弃目前之景，撩腐滥之辞，有才者诎于法，而不敢自伸其才，无之者，拾一二浮泛之语，帮凑成诗"①。他对江盈科说："唐人之诗，无论工不工，第取而读之，其色鲜妍，如旦晚脱笔研者。今人之诗即工乎，然句句字字拾人饤饾，才离笔研，已似旧诗矣。夫唐人千岁而新，今人脱手而旧，岂非流自性灵与出自模拟者所从来异乎！……流自性灵者，不期新而新；出自模拟者，力求脱旧而转得旧。由斯以观，诗期于自性灵出尔。"② 这是自性流行思想的明确表述。与此相关的是要摆脱依傍，机锋侧出，袁中郎《答李元善》说："文章新奇，无定格式，只要发人所不能发，句法字法调法，一一从自己胸中流出，此真新奇也。"③ 对此，钱谦益《列朝诗集小传》的评价是："中郎之论出，王、李之云雾一扫，天下之文人才士始知疏瀹心灵，搜剔慧性，以荡涤摹拟涂泽之病，其功伟矣。"④ 与袁小修的评价如出一辙，泂为定论。

公安派的性灵说前后也是有变化的，即由信心而出、信口而谈的求性情之真，转向寄意玄虚的山水韵趣之玩赏。当李贽以惊世骇俗的狂禅恣态走向出家自尽的不归路后，"公安三袁"却缘禅净合一的慧业在流连光景中获得解脱，显示出"性灵"与"童心"有不一样的意蕴。"性灵"的根本在于心之虚灵，言"童心"者可以仅就人之本心的流行发用而一意孤行，甚至以私心为真心；而谈"性灵"者最终要归根于心之性体，要兼体用而讲虚灵。在这方面，"公安三袁"由禅归儒，更多地继承了阳明的"良知"学说。袁宗道《读大学》云：

> 明德，考亭（指朱熹）释为虚灵不昧，甚妙。即伯安（指

① 〔明〕袁宏道著，钱伯城点校：《袁宏道集笺校》，第710页。
② 〔明〕袁宏道著，钱伯城点校：《敝箧集叙》，《袁宏道集笺校》，第1685页。
③ 〔明〕袁宏道著，钱伯城点校：《袁宏道集笺校》，第786页。
④ 钱谦益：《列朝诗集小传》丁集（中），上海：上海古籍出版社，1959年，第567页。

王阳明）先生所拈良知者是矣。……当知吾人各具有良知，虚灵寂照，亘古亘今，包罗宇宙，要在当人设方便致之。若还致得自然，神感神应，安排不待遣而自遣，能所不待亡而自亡矣。①

以为阳明所说"良知"非一般的能知所知，而是超越善恶的"了了常知"之"知"和"真心自体"之"知"，"盖此性体虚而灵，寂而照，于中觅善恶是非，可否得失，同异诸相，本不可得。"② 虚、寂是本体，灵、照是性体的发用，如人之"良知"古今长存。袁中郎的《与仙人论性书》中也有"一灵真性，亘古亘今"的说法，他在《答梅客生》里说："仆谓当代可掩前古者，唯阳明一派良知学问而已。"③ 袁小修《寄中郎》书云：

> 偶阅阳明、龙、近二溪诸说话，一一如从自己肺腑流出，方知一向见不亲切，所以时起时倒。顿悟本体一切情念，自然如莲花不着水，驰求不歇而自歇，真庆幸不可言也。④

袁小修对阳明"良知"说的理解较二位兄长要深入，对性体虚灵的论说也更详细，在《论性》一文中，他言性虚如海沤，谓"虚灵之性圆，而全潮在我矣。曰悟，所以觉之也；曰修，所以纯之也。皆所以复此无善无恶之体者也"⑤。以为性体虚灵，方有心之妙用，如水性至虚，故能灵动不已。其《示学人》说："宋儒多言功夫，阳明而后多直指本体。然必先见本体，而后有保任功夫。所谓顿悟渐修四字，千古真脉络也。"其《传心篇序》谓："悟到即修到，非有二也。圣贤之学，期于悟此道心而已矣。此乃至灵至觉、至虚至妙、不生不死、治世出世之大宝藏焉。而世谓儒门无此学术，奉而归之于禅，则

① 〔明〕袁宗道著，钱伯城标点：《白苏斋类集》，第238～239页。
② 〔明〕袁宗道著，钱伯城标点：《读论语》，《白苏斋类集》，第243页。
③ 〔明〕袁宏道著，钱伯城点校：《袁宏道集笺校》，第489页、第738页。
④ 〔明〕袁中道著，钱伯城点校：《珂雪斋集》，第988页。
⑤ 〔明〕袁中道著，钱伯城点校：《珂雪斋集》，第850页。

大可笑已。"① 指出白沙、阳明皆能妙悟心体，但阳明的"良知"说及其后学更直截了当，将心之虚灵的儒门之大宝藏揭诸日月。

就新儒家心学之立场而言，"性灵"的完整表述是体用不二的心之虚灵，自本体上讲是慧性、虚心，于发用上说为灵知、灵明、灵觉。要到达虚灵之境，须无欲无念，游心于淡泊而无名利之累。所以当中郎和小修后来言"性灵"而重心体虚灵时，即以流连山水风月为生命流行处，寻求平淡质朴的自然灵趣。中郎《叙呙氏家绳集》说："凡物酿之得甘，炙之得苦，唯淡也不可造；不可造，是文之真性灵也。浓者不复薄，甘者不复辛，唯淡也无不可造；无不可造，是文之真变态也。风值水而漪生，日薄山而岚出，虽有顾、吴，不能设色也，淡之至也。"② 袁中郎最欣赏自然平淡之趣，他在《叙陈正甫〈会心集〉》里说：

> 世人所难得者唯趣。趣味如山上之色，水中之味，花中之光，女中之态，虽善说者不能下一语，唯会心者知之。……夫趣得之自然者深，得之学问者浅。当其为童子也，不知有趣，然无往而非趣也。面无端容，目无定睛，口喃喃而欲语，足跳跃而不定，人生之至乐，真无逾于此时者。孟子所谓不失赤子，老子所谓能婴儿，盖指此也。趣之正等正觉最上乘也。山林之人，无拘无缚，得自在度日，故虽不求趣而趣近之。③

"趣"是一种天然的生动韵致，亦可称为天趣，没有故意的痕迹，有如出水芙蓉与剪彩成花，二者决不相类。童趣之可贵在于天真，在于不受世俗观念和陈见的束缚，无丝毫做作和伪饰，为灵觉之最上乘。再就是喜好山林生活之高人韵士，因山水之清晖足以发其灵慧心性，

---

① 〔明〕袁中道著，钱伯城点校：《珂雪斋集》，第1054页、第455页。
② 〔明〕袁宏道著，钱伯城点校：《袁宏道集笺校》，第1103页。
③ 〔明〕袁宏道著，钱伯城点校：《袁宏道集笺校》，第463页。

故能一洗应酬格套之习而有仙才逸趣。由于认为"文之真性灵"常流露于自然平淡中，袁中郎主张为文要刊华求质，由绚丽归平淡，所谓：

> 一变而去辞，再变而去理，三变而吾为文之意忽尽，如水之极于淡，而芭蕉之极于空，机境偶触，文忽生焉。风高响作，月动影随，天下翕然而文之，而古之人不自以为文也，曰是质之至焉者矣。①

受兄长的影响，袁小修在《王伯子岳游序》中说："天下之质有而趣灵者莫过于山水。"② 他将"趣"的产生归源于心灵慧性，其《刘玄度集句诗序》云："凡慧则流，流极而趣生焉。天下之趣，未有不自慧生也。山之玲珑而多态，水之涟漪而多姿，花之生动而多致，此皆天地间一种慧黠之气所成，故倍为人所珍玩。至于人，别有一种俊爽机颖之类，同耳目而异心灵，故随其口所出，手所挥，莫不洒洒然而成趣，其可宝为何如者。"③ 以为颖悟之人禀天地英灵之气，其自然洒脱的天趣出于慧性，饶有名士风流的闲情逸韵。由讲求真情毕露到欣赏自然平淡之逸趣，反映出"性灵"说的蜕变。

总之，"性灵"是一个诗情与哲理交融的概念范畴，它至少蕴含着这样由表及里的三层意蕴：性情之真、自性流行、性体虚灵不昧。这是一种以儒家性命之学兼融庄禅妙悟产生的诗性智慧。在重真性情和张扬个性方面，"公安三袁"的"性灵"说对明代诗文的革新起了积极的推动作用；但就其产生的学术思想的文化背景而言，属于儒家心性之学在文学理论批评领域的进一步拓展，是讲心体虚灵的阳明心学在诗文创作和审美观照中的体现。

---

① 〔明〕袁宏道著，钱伯城点校：《行素园存稿引》，《袁宏道集笺校》，第1570~1571页。
② 〔明〕袁中道著，钱伯城点校：《珂雪斋集》，第460页。
③ 〔明〕袁中道著，钱伯城点校：《珂雪斋集》，第456页。

第五章

现代新儒家的文化观与文艺思想

现代新儒家产生于 20 世纪 20 年代初，在当时东西文化的比较和论争中，他们理智地认识到西化的现实必然性，赞同把科学和民主作为医治中国社会弊病的良方，但对中国文化持同情理解的态度，不赞成彻底否定传统的全盘西化主张，以为科学并非万能，不能解决人生观问题，儒家人生哲学有独立存在的普遍意义。在吸收西方先进思想创造新文化方面，现代新儒家与"五四"新文化运动的倡导者无大的分歧。可在对待中国传统文化方面，尤其是在对待儒家思想和文学艺术遗产方面，他们的态度与要排除一切旧道德和旧文学的激进西化派形成鲜明对照。他们以中华文化的再生、复兴为己任，反对一切形式的民族虚无主义，对源远流长的中国思想文化和文学艺术保持尊重。

现代新儒家是关心国家命运和民族文化存亡的知识分子，多具有广阔的文化视野和一定的科学文化知识。他们对中国文化的理解已不限于传统的儒家学说，对道家思想和佛教哲学也有精深的研究。他们出入西学而返归儒学，对西方哲学的熟悉和把握已到了可以运用的地步，故能在中西文化的对比中，以一种文化阐明另一种文化。在儒家思想为主导的中国传统文化花果飘零的时代，他们由对旧文化的批判否定转入中华民族文化的重建，或是接着宋明理学往下讲，探讨人生哲学和艺术理论，追求高尚的精神境界；或是树立中华文化的主体性，彰显中国历史文化和中国文学的生命精神。

第一节　东西文化要义

梁漱溟的《东西文化及其哲学》是儒家思想现代化的开山之作，为他赢得了"现代新儒家第一人"的声誉。关于此书的产生，梁漱溟讲是由问题逼出来的，他在《自述》中说："我的问题虽多，但归纳言之，不外人生问题与社会问题两类。"① 人生问题指人活着为了什么。社会问题亦即是中国问题，指中国究竟要向何处去。总结近代以来中国西化的经验教训，梁漱溟以为中国问题的解决有赖于科学和民主，这是西方文化的要义所在。他借鉴西方的生命哲学谈人生问题，用"直觉""意欲"和"生命"等概念诠解孔子的仁学，建立现代新儒家的人生哲学，指出中国思想文化的发展方向。这种现代儒学是在东西文化比较的基础上展开的，首先接触到的是不同文明的文化冲突、人类文化所反映的生活态度，以及如何诠释孔子思想等重大问题。

一、两种文明的冲突

如何解决西化进程中两种文明的冲突，是 20 世纪中国所面临的重大社会问题。梁漱溟的《东西文化及其哲学》，先从这一事关国家民族命运的问题谈起，以为"我们所看见的，几乎世界上完全是西方化的世界！欧美等国完全是西方化的领域，固然不须说了。就是东方各国，凡能领受接纳西方化而又能运用的，方能使它的民族、国家站得住；凡来不及领受接纳西方化的即被西方化的强力所占领"②。在当时的世界格局中，西方化的胜利是毋庸置疑的，东方文化的发源地中国久为西方化所压迫，至"五四"前后，已沦入半殖民地半封建的悲惨境地，不仅要忍受西方列强的欺压，而且面临较早一步实现西化的邻国日本的压迫，有亡国的现实危险。梁漱溟的家乡山东——孔子和孟子的故乡，已成为日本帝国主义试图吞并的地方，西化问题已成为关乎民族存亡的急迫问题。

中国向西方学习由来已久，最早可追溯到明朝徐光启翻译《几

---

① 梁漱溟：《梁漱溟全集》第二卷，济南：山东人民出版社，1990 年，第 15 页。
② 梁漱溟：《梁漱溟全集》第一卷，第 332 页。

何原本》，李善兰翻译《谈天》等。但真正的"西化"是从鸦片战争后的"洋务运动"开始的。魏源在《海国图志》里提出"师夷长技以制夷"的主张，以为可将西洋人的火炮、铁甲和声、光、化、电等长技拿来为我所用。在回顾这段历史时，梁漱溟指出：坚甲利兵和声、光、化、电虽属器物层面的东西，却是西方文化的产物，这种物质文明与东方传统文化是不相容的，可当时的中国人全然没有留意此点，盲目地想把这些东西照搬过来，结果非但不能解决问题，反而使中国固有的文化步骤也乱了套。所以"及至甲午之役，海军全体覆没，于是大家始晓得火炮、铁甲、声、光、化、电，不是如此可以拿过来的，这些东西后面还有根本的东西。乃提倡废科举，兴学校，建铁路，办实业。此种思想盛行于当时，于是有戊戌之变法不成而继之以庚子的事变，于是变法的声更盛"。梁漱溟说：

> 这种运动的结果，科举废，学校兴，大家又逐渐着意到政治制度上面，以为西方化之所以为西方化，不单在办实业、兴学校，而在西洋的立宪制度、代议制度。于是大家又群趋于政治制度一方面，所以有立宪论与革命论两派。在主张立宪论的以为假使我们的主张可以实现，则对于西洋文化的规模就完全有了，而可以同日本一样，变成很强盛的国家。——革命论的意思也是如此。①

相对于从前仅看到表面器物层面的"师夷之长技"，着眼于社会政治制度层面的变法维新已是一种进步，它将人们对西化的认识，由"西技"深入到了"西学"层面。当时的湖广总督张之洞就主张引进西学，大办洋务，广设学堂，他在《劝学篇》中说："其学堂之法约有五要：一曰新、旧兼学。四书五经、中国史事、政书、地图为旧

---

① 梁漱溟：《梁漱溟全集》第一卷，第334页。

学，西政、西艺、西史为新学，旧学为体，新学为用，不使偏废。"①以新、旧区分西学和中学，指出当时守旧者不知通，图新者不知本，故"讲西学必先通中学，乃不忘其祖也"②。所谓"中学为内学，西学为外学，中学治身心，西学应世事，不必尽索之于经文，而必无悖于经义。如其心圣人之心，行圣人之行，以孝弟忠信为德，以尊主庇民为政，虽朝运汽机、夕驰铁路，无害为圣人之徒也"③。这种主张被简单概括为"中学为体，西学为用"的口号后，成为一种非常流行的说法，不但守旧派能接受，新派也多无异辞。

以体用分言中学与西学，目的在两者间区分主从、本末，把外来文化作为保存本土文化的工具。"新学"的代表人物，变法维新的改良派思想家梁启超，他在《西学书目表·后序》中说："舍西学而言中学者，其中学必为无用；舍中学而言西学者，其西学必为无本。无用无本，皆不足以治天下，虽庠序如林，逄掖如鲫，适以蠹国，无救危亡。"④ 将这种调和的学术态度用之于言变法，就是主张君主立宪制，鼓吹一种用西方代议制度配合王权的开明专制政体。既要保存中国传统政治的君主专制及其意识形态，又要应用西方的科技与学术来改良社会，这种基于政治功利的一厢情愿的武断，并无学理上的根据。严复《与〈外交报〉主人书》说："体用者，即一物而言之也。有牛之体则有负重之用，有马之体则有致远之用，未闻以牛为体以马为用者也。中西学之为异也，如其人种之面目然，不可强为似也。故中学有中学之体用，西学有西学之体用，分之则并立，合之则两亡。"⑤ 真是一针见血。

---

① 张之洞：《劝学篇·设学》，上海：上海书店出版社，2002 年，第 41 页。
② 张之洞：《劝学篇·序》，第 2 页。
③ 张之洞：《劝学篇·会通》，第 71 页。
④ 梁启超：《梁启超全集》，北京：北京出版社，1999 年，第 86 页。
⑤ 王栻主编：《严复集》第三册，北京：中华书局，1986 年，第 558~559 页。

严复一生翻译了大量的西方社会科学名著，是真正了解西方文化而反观中国文化的第一人。他在《论世变之亟》里说："尝谓中西事理，其最不同而断乎不可合者，莫大于中之人好古而忽今，西之人力今以胜古；中之人以一治一乱、一盛一衰为天行人事之自然，西之人以日进无疆，既盛不可复衰，既治不可复乱，为学术政化之极则。……今之称西人者，曰彼善会计而已，又曰彼擅机巧而已。不知吾今兹之所见所闻，如汽机兵械之伦，皆其形下之粗迹，即所谓天算格致之最精，亦其能事之见端，而非命脉之所在。其命脉云何？苟扼要而谈，不外于学术则黜伪而崇真，于刑政则屈私以为公而已。斯二者，与中国理道初无异也。顾彼行之而常通，吾行之而常病者，则自由不自由异耳。"① 学术政化是传统说法，指的是政治文化。严复以为西方近代文化的命脉是崇尚真实与公理，与中国理学、道学的立言初衷别无两样，但这在西方行得通，在东方的中国则往往行不通，问题的关键在于自由与不自由的区别。西方人把自由当作天赋人权，"故人人各得自由，国国各得自由，第务令毋相侵损而已。侵人自由者，斯为逆天理，贼人道"。而中国的圣贤则对自由深怀恐惧，不敢立此为教，于是遂引出中、西文化的一系列不同：如"中国最重三纲，而西人首明平等；中国亲亲，而西人尚贤；中国以孝治天下，而西人以公治天下；中国尊主，而西人隆民；中国贵一道而同风，而西人喜党居而州处；中国多忌讳，而西人众讥评。其于财用也，中国重节流，而西人重开源；中国追淳朴，而西人求欢虞。其接物也，中国美谦屈，而西人务发舒；中国尚节文，而西人乐简易。其于为学也，中国夸多识，而西人尊亲知。其于祸灾也，中国委天数，而西人恃人力"②。经这样的全面比较，可见出中国文化的落后保守，故中国人

---

① 王栻主编：《严复集》第一册，第1~2页。
② 王栻主编：《严复集》第一册，第3~4页。

缺乏自主意识和独立人格，没有自由精神，无国民素质。

如严复所言，则中国近代社会积弱不振的危机实为文化危机，病根就在传统的学术文化和政治文化上。严复《原强》说："彼西洋者，无法与法并用而皆有以胜我者也。自其自由平等观之，则捐忌讳，去烦苛，决壅蔽，人人得以行其意，申其言，上下之势不相悬，君不甚尊，民不甚贱，而联若一体者，是无法之胜也。……其为学术也，又一一求之实事实理，层累阶级，以造于至大至精之域，盖寡一事焉可坐论而不可起行者也。推求其故，盖彼以自由为体，以民主为用。"[1] 呼唤民主和自由。民主是自由的体现，为近代西方政治文化的核心，为了保障公民的思想自由、言论自由和出版自由，西方以三权分立作为民主宪政的基础。严复《宪法大义》说："三权者，前已及之，立法权，行法权，司法权也。中国自古至今，与欧洲二百年以往之治，此三者，大抵不分而合为一。至孟德斯鸠《法意》书出，始有分立之谈，各国所谨守。"[2] 民主政治乃西方学术文化的产物，中国的社会政治要有进步，以通西学为当务之急。严复在《救亡决论》中说："公等从事西学之后，平心察理，然后知中国从来政教之少是而多非。即吾圣人之精意微言，亦必通西学之后，以归求反观，而后有以窥其精微，而服其为不可易也。"[3] 中国近代社会决非只是器物不如人，制度不如人，而是科学不如人，文化不如人。戊戌变法以失败告终，辛亥革命虽推翻了帝制，可民主政治实际上也依然不能在中国实现，事实说明器物制度只是表面形式，科学文化才是根本。这是"五四"新文化运动的思想起因。

接受"五四"新文化运动的思想洗礼，梁漱溟在《东西文化及

① 王栻主编：《严复集》第一册，第11页。
② 王栻主编：《严复集》第二册，第242页。
③ 王栻主编：《严复集》第一册，第49页。

其哲学》中坦言："于是大家乃有更进一步的觉悟，以为政治的改革仍是枝叶，还有更根本的问题在后头。假使不从更根本的地方做起，则所有种种做法都是不中用的，乃至所有西洋文化，都不能领受接纳的。此种觉悟的时期很难显明的划分出来，而稍微显著的一点，不能不算《新青年》陈独秀他们几位先生。他们的意思要想将种种枝叶抛开，直截了当去求最后的根本。所谓根本就是整个的西方文化——是整个文化不相同的问题。"① 要西化，就要反传统，去掉东方化，中国才能置于死地而后生。梁漱溟说：

> 到了最后的问题是已将枝叶去掉，要向咽喉去着刀！而将中
> 国化根本打倒！我们很欢迎此种问题，因为从前枝枝节节的做
> 去，实在徒劳无功。此时问到根本，正是要下解决的时候，非有
> 此种解决，中国民族不会打出一条活路来！②

基于这种认识，梁漱溟对陈独秀、李大钊等新文化运动领导者的东西文化观持肯定态度，他很赞赏李大钊的文章《东西文明根本之异点》，于书中一再加以称引。李大钊以南北地理环境和自然气候的不同解释东西文化的差异，认为东方文化属于主静的南道文明，西方文化则属于主动的北道文明。他说：

> 南道得太阳之恩惠多，受自然之赐予厚，故其文明为与自然
> 和解、与同类和解之文明。北道得太阳之恩惠少，受自然之赐予
> 啬，故其文明为与自然奋斗、与同类奋斗之文明。一为自然的，
> 一为人为的；一为安息的，一为战争的；一为消极的，一为积极
> 的；一为依赖的，一为独立的；一为苟安的，一为突进的；一为
> 因袭的，一为创造的；一为保守的，一为进步的；一为直觉的，
> 一为理智的；一为空想的，一为体验的；一为艺术的，一为科学

---

① 梁漱溟：《梁漱溟全集》第一卷，第334页。
② 梁漱溟：《梁漱溟全集》第一卷，第335页。

的；一为精神的，一为物质的；一为灵的，一为肉的；一为向天的，一为立地的；一为自然支配人间的，一为人间征服自然的。①

由于文明与生活相为因果，故又可以由东西文化之静与动的绝异特质，说明东方人与西方人在生活方面的种种不同。如说东方人的生计以农业为主，为定住民族，风行家族主义；西方人的生计以工商为主，为移迁民族，重个人主义。东方人食物以米蔬为主，肉食为辅；西方人食物以肉为主，米蔬为辅。东方人讲卫生，常在斗室静坐；西方人讲体育，多在旷野运动。东方人以牺牲自我为人生之本务，故以灭却个性维护道德；西方人以满足自己为人生之本务，故其道德在个性解放。东方想望英雄，其结果为专制政治；西方依重国民，其结果为民主政治等等。虽只是罗列一些浅显的表面现象，但西优中劣的意思很清楚。李大钊说："中国文明之疾病，已达炎热最高之度，中国民族之运命，已臻奄奄垂死之期，此实毋庸讳言。中国民族今后之问题，实为复活与否之问题，……即在竭力以受西洋文明之特长，以济吾静止文明之穷。""以英雄政治、贤人政治之理想，施行民主政治；以肃静无哗、唯诺一致之心理，希望代议政治；以万世一系、一成不变之观念，运用自由宪法；其国之政治，固以杌陧不宁，此种政制之妙用，亦必毁于若而国中。总之，守静的态度，持静的观念，以临动的生活，必至人身与器物，国家与制度，都归粉碎。世间最可恐怖之事，莫过于斯矣。"② 如此说，中国人的出路在根本扫荡"静的文明"而创造新的文化生活，东西文明本无调和之余地。

把这层意思直截了当地说透了的是陈独秀，在《东西民族根本思想之差异》一文中，他指出西洋民族以战争为本位，以个人为本

---

① 李大钊：《李大钊文集》（上），北京：人民出版社，1984 年，第 557~558 页。
② 李大钊：《李大钊文集》（上），第 562~563 页。

位，以实利为本位；而东洋民族以安息为本位，以家庭为本位，以感情为本位，以虚文为本位。故"东西洋民族不同，而根本思想亦各成一系，若南北之不相并，水火之不相容也"。"西洋民族性，恶侮辱，宁斗死；东洋民族性，恶斗死，宁忍辱。民族而具如斯卑劣无耻之根性，尚有何等颜面，高谈礼教文明而不羞愧！"① 他认为中国近代社会的中心问题，是东西文化的矛盾和新旧思潮的斗争，在不同时期的矛盾斗争中，随着对西方文化的认识越来越深刻，中国人的觉悟也愈来愈高，已到了"最后之觉悟"的关口。在《吾人最后之觉悟》一文中，陈独秀把国人的觉悟分为"政治的觉悟"与"伦理的觉悟"两种，以为伦理的觉悟，"为吾人最后觉悟之最后觉悟"。他断言：

> 欧洲输入之文化，与吾华固有之文化，其根本性质极端相反。数百年来，吾国扰攘不安之象，其由此两种文化相触接相冲突者，盖十居八九。凡经一次冲突，国民即受一次觉悟。……自西洋文明输入吾国，最初促吾人之觉悟者为学术，相形见绌，举国所知矣；其次为政治，年来政象所证明已有不克守缺抱残之势。继今以往，国人所怀疑莫决者，当为伦理问题。②

所谓"伦理问题"实即文化问题，因中国文化属于以伦理道德为思想核心的文化。陈独秀在其主编的《新青年》杂志上，刊发了许多批判中国传统文化的文章，要重新估定一切价值，提出"打倒孔家店"的口号，想以此促成国人的最后觉悟。这在社会上引起了守旧派的不满，提出许多反对意见。陈独秀《〈新青年〉罪案之答辩书》说：

> 他们所非难本志的，无非是破坏孔教，破坏礼法，破坏国

---

① 任建树、张统模、吴信忠编：《陈独秀著作选》第一卷，上海：上海人民出版社，1993 年，第 165~166 页。

② 任建树、张统模、吴信忠编：《陈独秀著作选》第一卷，第 175 页、第 179 页。

粹，破坏贞节，破坏旧伦理（忠孝节），破坏旧艺术（中国戏），破坏旧宗教（鬼神），破坏旧文学，破坏旧政治（特权人治），这几条罪案。……但是追本溯源，本志同人本来无罪，只因为拥护那德莫克拉西（Democracy）和赛因斯（Science）两位先生，才犯了这几条滔天的大罪。要拥护那德先生，便不得不反对孔教，礼法，贞节，旧伦理，旧政治；要拥护那赛先生，便不得不反对旧艺术，旧宗教；要拥护德先生又要拥护赛先生，便不得不反对国粹和旧文学。……我们现在认定只有这两位先生，可以救中国政治上道德上学术上思想上一切的黑暗。①

高举起"科学"与"民主"两面大旗，作为救国图存的号召。这样的西化主张得到了梁漱溟的赞同，他认为："假如采用西方化，非根本排斥东方化不可。近三四年来如陈仲甫（即陈独秀）等几位先生全持此种论调，从前的人虽然想采用西方化，而对于自己根本的文化没有下彻底的攻击。陈先生他们几位的见解，实在见的很到，我们可以说是对的。"② 这是因为中国近百年来的危机，根本上是文化的危机，儒家思想里确有反动、僵化、无生气的腐化部分，彻底清除这些腐化部分，为中国文化重获新生必须经历的劫难，犹如凤凰涅槃、浴火重生。"五四"时代的新文化运动，实为促进儒家思想现代转化的一大事因缘。

与守旧派的排斥西方化不同，梁漱溟提倡研究东方文化和儒家思想，是在观察到西方文化的特长之后。他完全承认西方化有两样特长："一个便是科学的方法，一个便是人的个性申展、社会性发达。前一个是西方学术上特别的精神，后一个是西方社会上特别的精

---

① 任建树、张统模、吴信忠编：《陈独秀著作选》第一卷，第442~443页。
② 梁漱溟：《梁漱溟全集》第一卷，第338页。

神。"① 这两种特别的精神就是科学与民主。梁漱溟以为中国近代讲维新、讲西学几十年，乃至于宣传革命、共和，其实都是些不中不西的不开窍之人，说许多不中不西的话，做许多不中不西的事，只是枝枝节节的西方化，而没领会到那一贯的精神。"只有近年《新青年》一班人才算主张西方化主张到家。现在陈君这个话就是把他们看通了的窍指示给大家了。"② 他称赞陈独秀等人头脑明利！并以为西方化就是赛因斯（科学）、德谟克拉西（民主）两精神的文化，这种西方文化要义为中国现代化所必需。

"五四"新文化运动是一道分水岭，赞同科学精神和民主政治，乃现代新儒家区别于古代传统儒家的显著特征。中国近代自魏源起，东西文化的比较就常与古今新旧之争交织在一起，东西之异与古今之别，实为一个问题的两个方面。新文化运动兴起后，人们多以古今分判东西，以中国传统的农耕文化为古，以西方近代的工业文明为今，分别属于不同社会历史发展阶段的产物。就人类文明的演进而言，梁漱溟赞同时人东方化与西方化乃一古一今、一前一后的说法，以为东方化是未进的文化，而西方化是既进的文化。他说："我们看东方文化和哲学，都是一成不变的，历久如一的，所有几千年后的文化和哲学，还是几千年前的文化，几千年前的哲学，一切今人的所有的，都是古人之遗；一切后人所作，都是古人之余；然则东方化即古化。西方化便不然，思想逐日的翻新，文化随时辟创，一切都是后来居上，非复旧有，然则西方化就是新化。一古一今不能平等而观，是很对的。"③ 假如中国文化不能复兴，没有新的思想、新的展开，中华民族不会有新的前途和命运，难自立于世界民族之林。

---

① 梁漱溟：《梁漱溟全集》第一卷，第349页。
② 梁漱溟：《梁漱溟全集》第一卷，第350页。
③ 梁漱溟：《梁漱溟全集》第一卷，第340页。

二、从生活样法看东西文化

用古今来区别东西文化，属一元论的文化哲学，从世界文明的社会发展进程着眼，西方化实属于历史的必然选择，不以人的意志为转移。但东西方文化毕竟是不同地域环境和社会生活的产物，在肯定西方化的同时，对于古老的东方文化，尤其是中国本土文化，也须以现代人的眼光重估其价值和意义。在文明进程趋于一元化（即西方化）的现代社会，人类文化的发展是否仍可保持多元化的方向？这个问题是由"五四"新文化运动中的全盘西化思潮逼出来的，也是现代新儒家要回答的问题。

文化是一个包容性极大的概念，涉及自然、社会和人生的各个方面，是人类生活及其文明程度的表现。在《东西文化及其哲学》中，梁漱溟说文化不是别的，乃是人类生活的样法，并把一种文化定义为一个民族生活的种种方面，提出"世界文化三路向"说。他认为人类世界基本存在着三种性质相异的文化，尽管自近代以来中国文化颇不合时宜，可世界的未来文化当是中国文化的复兴。文化（culture）与文明（civilization）相互关联，可以说是一个事物的两面，但二者又有所不同。梁漱溟说：

> 文化与文明有别。所谓文明是我们在生活中的成绩品——譬如中国所制造的器皿和中国的政治制度等都是中国文明的一部分。生活中呆实的制作品算是文明，生活上抽象的样法是文化。①

文明的进步多体现在器物方面，以能满足人类生活需求和全面发展为共同价值尺度；文化则主要表现为抽象的观念和思想，更注重精神方面的追求。人类生活虽丰富多彩，总括起来则不外乎三个方面：物质

① 梁漱溟：《梁漱溟全集》第一卷，第380~381页。

生活方面的于自然界求生存，社会生活方面的社会组织、伦理习惯和政治制度等，以及精神生活方面的宗教、哲学、科学和艺术等。人类在这三个方面为满足自身需求而创造的文化产品，体现着世界文明进步所达到的程度。社会文明程度有高低优劣之分，如工业文明优于农业文明，其价值取向是一元的；文化的发展则多体现在人类精神生活方面，具有时代、地域和民族的特色，向来是多元并存的。

就社会发展的文明程度而言，西方近代的科学理念和民主制度无疑是一种先进文化，但若就人生问题谈文化，而偏重于抽象的生活样法方面，则文化就成为各具民族特色的人生哲学。以往西方文化以物质文明见长、中国文化以精神文明取胜的看法，固然失之于浅薄，西方人的精神生活未必就不如中国人。但若忽视东西方民族生活态度的不同对于各自文化发展的影响，则也失之片面。人类的生活意欲虽然相同，如都在谋求幸福满足，可每个民族的生活样法却不妨有异，不能将一种文化模式强加于不同地域的不同民族。梁漱溟说：

> 你且看文化是什么东西呢？不过是那一民族生活的样法罢了，生活又是什么呢？生活就是没尽的意欲（will）——此所谓"意欲"与叔本华所谓"意欲"略相近，——和那不断的满足与不满足罢了。……然则你要去求一家文化的根本或源泉，你只要去看文化的根源的意欲，这家的方向如何与他家的不同，你要去寻这方向怎样不同，你只要他已知的特异采色推他那原出发点，不难一目了然。①

从西方唯意志论的观点来看，生活的根本在意欲，一种无止境的生命冲动，而文化不过是满足意欲的生活之样法。梁漱溟接受了这样的看法，以为生活就是"相续"，就是"生活着"，宇宙只是一生活，由生活相续，所以宇宙似乎恒在。缩小了讲，生活即是在某范围内的

---

① 梁漱溟：《梁漱溟全集》第一卷，第352页。

"事的相续"，凡刹那间人之感觉或意念，皆为一问一答的一"事"，也就是意欲。现在的意欲就是"现在的我"，可谓之"心"或"精神"，是与前此"已成的我"——物质——相对待的。所谓生活就是用现在的我对于前此的我之奋斗，而奋斗就是应付困难、解决问题，以求适应环境。本能的或为有意识的向前努力，都可谓之奋斗。

在梁漱溟看来，人生是通过奋斗解决问题以求意欲的满足，由生活中解决问题的方法不同，形成了人类文化的三条路向：（一）以意欲向前要求为根本精神，奋斗争取所要求的东西以解决问题，要征服自然，用科学方法变更现状，反抗权威，这是西方文化的路向；（二）以意欲自为、调和、持中为其根本精神，遇到问题不去要求解决，而是随遇而安，就在这种境地上求自我的满足，不了了之，这是中国文化的路向；（三）以意欲反身向后要求为其根本精神，取消所面临的问题和要求，这是印度文化的路向。

三种文化路向即三种生活样法，分别代表西、中、印民族三种不同的人生态度。梁漱溟说他这种观察文化的方法别无所本，完全是出于佛家思想，但我们却能从其相关论著里看到达尔文、斯宾塞、叔本华和柏格森等西方哲学家的影响。如他在成名作《究元决疑论》里引柏格森之语曰：

> 生活者知识缘以得有之原，又自然界缘以得有象有序为知识所取之原也。哲学之所事，要在科学所不能为，即究宣此生活而已。此生活之原动力，此生活所隐默推行之不息转变，进化此慧性，使认取物质世界，而又予物质以核实不假时间之现象，布露于空间。故真元者非此核实之物质，亦非有想之人心，但生活而已，生成进化而已。(*The Philosophy of Change*，by H. Wildon Carr，p. 14)①

---

① 梁漱溟：《梁漱溟全集》第一卷，第13页。

意谓"生活"即活着，亦即求生的意志，为万有之本原，先于知识概念而存在，其真谛非科学理智所能认识的物质，而是生活本身不断创造进化的生命冲动。这段翻译梁漱溟后来觉得有不妥处，但以为柏格森用"生活"说明生命的迁流相续和人生的意欲，尤其可惊可喜，可以作为说世间事的印证。这足以证明梁漱溟有关"生活"真元的看法源自柏格森的生命哲学。

作为西方近代科学理性思潮的反动，柏格森接受了叔本华意志乃先于认识之生命冲动的看法，认为由人类理性所认识的物质世界决非唯一真实的世界，永动不息的生命才是世界的本质、宇宙的意志。生命之流向上运动产生一切生命形式，若向下降落则产生一切无生命的物质事物。人的生命绵延含有一种原动力的冲动，在奋斗过程中常会遇到物质的阻碍，但总是能够打开一条道路，保持自由活动的意志和能力。柏格森把人类的认识分为性质完全不同的理智与直觉两种类型，以为人类的理智形式（感觉、概念、判断）和理智方法（分析、综合、抽象、概括、归纳、演绎），只能认识相对的、外部的、空间里静止的东西，而不能认识在时间之流中变动不居的生命和精神。科学在空间范围研究相对静止的现象，生活的感受和体验则是存在于时间之中的绵延，理智运用概念无法洞悉生命冲动的奥秘，对生命运动的把握只能依靠本质上与生命同一的直觉。这种学说曾引起梁漱溟的极大注意，促成他由早年的学佛转入做儒家的生活。他在《朝话》里回忆说："觉得最能发挥尽致，使我深感兴趣的是生命派哲学，其主要代表者为柏格森。记得二十年前，余购读柏氏名著，读时甚慢，当时尝有愿心，愿有从容时间尽读柏氏书，是人生一大乐事。柏氏说理最痛快、透彻、聪明。"[1] 近现代西方生命哲学与中国儒家思想和佛学的会通，为梁漱溟思想所由来的根底，这对了解现代新儒家文化

------

① 梁漱溟：《梁漱溟全集》第二卷，第 126 页。

观和人生观的形成至关重要。

柏格森的生命哲学，为梁漱溟提供了从意欲和生活态度来观察中西文化的新视角。他以为西方自文艺复兴起，人生之路向和态度一变，才产生了我们今日所谓的西方文化。理智的活动太强太盛，实为近世西方人心理的显著特点，他们的精神也因此受了伤，生活上也吃了苦。西方人的生活态度重物质、尚理性，以知识为力量，与中国文化的重生命、尚直觉和讲道德的行为是完全不同的。因崇尚理智，故专注于对世界的理智计算与征服上，最大限度谋求个人私利与物质欲望的满足，这是西方的文化传统。梁漱溟说：

> 当西洋人力持这态度以来，总是改造外面的环境以求满足，求诸外而不求诸内，求诸人而不求诸己，对着自然界就改造自然界，对着社会就改造社会，于是征服了自然，战胜了威权，器物也日新，制度也日新，改造又改造，日新又日新，改造到这社会大改造一步，理想的世界出现，这条路便走到了尽头处！①

这种文化路向，有助于自然的发现和个性的伸展，从而推动了科学技术的飞跃发展，导致人类物质文明日新月异的进步。同时也鼓舞人们蔑视各种传统权威，导致民主政治的建设，这是西方文化对世界文明的大贡献。但梁漱溟以为西方以满足物质欲望和理智计算为特征的生活样法也有弊端，其一便是人之物欲实难满足。他说：

> 西洋近百年来的经济变迁，表面非常富丽，而骨子里其人苦痛甚深；中国人就没有受着。……中国人的一切起居享用都不如西洋人，而中国人在物质上所享受的幸福，实在倒比西洋人多。盖我们的幸福乐趣，在我们能享受的一面，而不在所享受的东西上——穿锦绣的未必便愉快，穿破布的或许很乐；中国人以其与自然融洽游乐的态度，有一点就享受一点，而西洋人风驰电掣的

---

① 梁漱溟：《梁漱溟全集》第一卷，第494页。

向前追求，以致精神沦丧苦闷，所得虽多，实在未曾从容
享受。①

其二是西洋人账算得太清，开口就是权利义务、法律关系，谁同谁都
要算账，父子夫妇之间也是如此，扯去了温情脉脉的面纱，不如中国
人之重情义。梁漱溟说：

> 西洋人是要用理智的，中国人是要用直觉的——情感的；西
> 洋人是有我的，中国人是不要我的。……然而家庭里，社会上，
> 处处都能得到一种情趣，不是冷漠、敌对、算帐的样子，于人生
> 的活气有不少的培养，不能不算一种优长与胜利。②

通过人生态度的比较，巧妙地暗示出中国文化也有优于西方文化的地
方，以为要避免精神上的受伤，人类有改变文化方向和生活态度的必
要。梁漱溟说："西洋人自秉持为我向前的态度，其精神上怎样使人
与自然之间，人与人之间生了罅隙；而这样走下去，罅隙越来越大，
很深刻的划离开来。就弄得自然对人像是很冷而人对自然更是无
情，……其人对人分别界限之清，计较之重，一个个的分裂、对抗、
竞争，虽家人父子也少相依相亲之意；像是觉得只有自己，自己以外
都是外人或敌人。人处在这样冷漠寡欢、干枯乏味的宇宙中，将情趣
斩伐的净尽，真是难过的要死！"③ 要改变这种一味向外追求满足而
丧失内在精神平衡的状态，摆脱理智的功利态度强加于人的逼狭严酷
的世界，梁漱溟以为唯一的救星便是生命派的哲学，因其具有改变态
度的真实魄力和方法，可作为由西方的认识论哲学转入中国人生哲学
的桥梁。

　　梁漱溟对人生问题的认真探究始于佛学，对印度文化亦有相当的

---

① 梁漱溟：《梁漱溟全集》第一卷，第478页。
② 梁漱溟：《梁漱溟全集》第一卷，第479页。
③ 梁漱溟：《梁漱溟全集》第一卷，第504~505页。

了解，著有《印度哲学概论》和《唯识述义》等。他认为佛要解决"众生相残"和"人生无常"两大问题，除了出世的"无生"主义，别无其他路径。人类生活中的问题有三类：一是可满足的，故要为之奋斗；二是不定得到满足的，所以听天由命；三是绝对不可能满足的，真是令人绝望。梁漱溟认为佛的问题属于第三类，企图以宗教的出世的动机，试着去解脱生活而复其清净本体，走入否定人生而空诸一切的境界。梁漱溟从生活样法看东西文化的结果是：

（一）西洋生活是直觉运用理智的。

（二）中国生活是理智运用直觉的。

（三）印度生活是理智运用现量的。[1]

以生命的直觉本能与人之理智思维的三种不同对应关系，代表西、中、印民族的文化心理结构。所谓"直觉运用理智"，指依个人的本能意欲发挥理智的作用，为满足生活需求而奋勇向前，要征服一切。梁漱溟说："一切西洋文化悉由念念认我向前要求而成。这'我'之认识，感觉所不能为，理智所不能为，盖全出于直觉所得，故此直觉实居主要地位；由其念强，才奔着去求，而理智则其求时所用之工具。"[2] 西方人把理智作为唯一重要的生活工具，其理智受物欲支配而太强太盛，故多计较而排斥情感。中国人的生活虽凭借直觉，但其本能受理性的调节，"所谓以理智运直觉的其实是直觉运理智，以理智再来用直觉，比那单是直觉运用理智的多一周折而更进一层"[3]。中国人的直觉生活实以理智为之先。至于"理智运用现量"，指印度佛教用"比量"（即今所谓"理智"）破一切"非量"——包括直觉及现量，其间的理智只是虚空，故这思维其实最排斥理智和直觉，

---

① 梁漱溟：《梁漱溟全集》第一卷，第485页。
② 梁漱溟：《梁漱溟全集》第一卷，第485页。
③ 梁漱溟：《梁漱溟全集》第一卷，第486页。

儒家文艺思想史

348

以为都是心造的幻象，全不可靠。

梁漱溟从生活意欲谈人生问题，又以生活样法区分东西文化，目的是在肯定西方化的同时，改造和更新本民族的文化，并预测世界文化的未来是中国文化的复兴。他以为人类文化有三步骤，所研究者也有三层次，人类先研究外界物质，用的是理智；次则研究内界生命，用的是直觉；再次是将研究无生本体，用的是现量。目前正处于由第一步向最近未来的第二步的过渡时代，所以中国人应持的态度是：

第一，要排斥印度的态度，丝毫不能容留；

第二，对于西方文化是全盘承受，而根本改过，就是对其态度要改一改；

第三，批评的把中国原来态度重新拿出来。①

在梁漱溟看来，中华民族既要在此世界图谋生活而自立于民族之林，必须"全盘承受"西方文化中的科学和民主精神。他说："怎样引进这两种精神实在是当今所急的；否则，我们将永此不配谈人格，我们将永此不配谈学术。"② 凡民族之沦落，其实皆由以往的文化使然，儒家传统思想遭到革命青年猛烈抨击虽起于新文化运动，但其生命活力的丧失却早在"五四"之前。如果固守传统文化，不待个性伸展就讲屈己让人，不待理智发达就专好用直觉，则中国人的思想文化将永远屈服于权威之下，学术不能独立，精神没有自由，根本无发展进步的可能。

梁漱溟承认西方文化并非完善无缺的神话，西方过于实用和理智的生活态度也需要改一改。中国原来着眼于生命而富于情感的生活态度，如孔颜乐处，在经过批评扬弃后，可以重新拿出来作为世界文化发展的未来方向。他说："只有孔子的那种精神生活，似宗教非宗

---

① 梁漱溟：《梁漱溟全集》第一卷，第528页。
② 梁漱溟：《梁漱溟全集》第一卷，第532~533页。

教，非艺术亦艺术，与西洋晚近生命派的哲学有些相似，或者是个作到好处的；惜乎除中间有些萌动外，没有能够流行到一般社会上！"[1] 梁漱溟认为中国传统文化在物质生活、社会生活和精神生活方面也多有不如人意处，但中国文化的最大危机，在于失掉了孔子的真精神，使儒家思想无法应付中国社会文化发展的需要。他说自己在新文化运动中所要做的事，就是给孔子及儒家思想讨一种新说法。

三、孔教伦理与人生哲学

在如何看待儒教伦理和孔子思想方面，现代新儒家与"五四"新文化运动的倡导者存在着明显的分歧。这种分歧既有社会政治的因素，也有学理方面的原因，争论集中在这样两个问题上：儒教伦理是否还能适用于现代社会生活？孔子思想的真意或真精神究竟是什么？

问题与当时中国社会的政局和思想文化斗争密切相关。1911 年的辛亥革命虽推翻清王朝而建立了民国，但政权不久就被军阀袁世凯篡夺，为了复辟帝制，袁氏发布《尊孔祀孔令》，又有"孔教会"的代表上书参政两院，提出要"定孔教为国教"。曾有维新觉世之功的康有为，也鼓吹以儒教为国教，提倡尊孔读经。为反击这股守旧反动的尊孔思潮，《新青年》从创刊开始，就称儒教为孔教，把对儒教和孔子的批判作为一项重要的思想文化斗争。陈独秀《驳康有为致总统总理书》说："中国帝制思想，经袁氏之试验，或不至死灰复燃矣，而康先生复于别尊卑，重阶级，事天尊君，历代民贼所利用之孔教，锐意提倡，一若唯恐中国人之'帝制根本思想'或至变弃也者。"[2] 他在《宪法与孔教》中指出：宪法为共和国民权利之保证书，在法律面前人人平等，绝无尊卑贵贱之殊；若以讲尊卑的三纲五

① 梁漱溟：《梁漱溟全集》第一卷，第 480 页。
② 任建树、张统模、吴信忠编：《陈独秀著作选》第一卷，第 214 页。

常入宪，不啻南辕北辙。故"对于与此新社会新国家新信仰不可相容之孔教，不可不有彻底之觉悟"①。李大钊《孔子与宪法》也说："孔子者，历代帝王专制之护符也。宪法者，现代国民自由之证券也。专制不能容于自由，即孔子不当存于宪法。"② 对鼓吹帝制者提倡尊孔复古的倒行逆施极为愤慨。

从西方学来的民主共和之宪政，远较中国旧有的君主专制合理，这是不容置疑的；只要承认人类的社会生活是进步的，那道德也当随之进化，古人的道德并不一定适宜于现代生活。在《孔子之道与现代生活》一文中，陈独秀说："孔子生长封建时代，所提倡之道德，封建时代之道德也；所垂示之礼教，即生活状态，封建时代之礼教，封建时代之生活状态也；所主张之政治，封建时代之政治也。"③ 孔教与现代社会的民主政治和信仰自由、思想自由原则绝不能相容。李大钊在《由经济上解释中国近代思想变动的原因》中说："看那二千余年来支配中国人精神的孔门伦理，所谓纲常，所谓名教，所谓道德，所谓礼义，那一样不是损卑下以奉尊长？那一样不是牺牲被治者的个性以事治者？那一样不是本着大家族制下子弟对于亲长的精神？……孔门的伦理，是使子弟完全牺牲他自己以奉其尊上的伦理；孔门的道德，是与治者以绝对的权力责被治者以片面的义务的道德。孔子的学说所以能支配中国人心有二千余年的原故，不是他的学说本身具有绝大的权威，永久不变的真理，配作中国人的'万世师表'，因他是适应中国二千余年来未曾变动的农业经济组织反映出来的产物，因他是中国大家族制度上的表层构造，因为经济上有他的基础。"④ 孔教伦理是维护中国大家族制度并为专制统治服务的，中国

351

① 任建树、张统模、吴信忠编：《陈独秀著作选》第一卷，第229页。
② 李大钊：《李大钊文集》（上），第258页。
③ 任建树、张统模、吴信忠编：《陈独秀著作选》第一卷，第235页。
④ 李大钊：《李大钊文集》（下），第178~179页。

农业社会的大家族制度和封建君主专制既陷于崩溃的命运，孔教也就从根本上失去了继续存在的理由。

对于陈、李二人对孔教伦理的批判，梁漱溟在《东西文明及其哲学》里持有保留的默认态度。之所以默认，在于他赞成西方的民主和自由平等观念，认为其根本在于人之个性的伸展，而这正是中国文化传统所缺乏的。他说："据我看西方社会与我们不同所在，这'个性伸展社会性发达'八字（实为九字）足以尽之，不能复外，这样新异的色彩，给他个简单的名称便是'德谟克拉西（democracy）'。"① 他又说："数千年以来使吾人不能从种种在上的威权解放出来而得自由；个性不得申展，社会性亦不得发达，这是我们人生上一个最大的不及西洋之处。"② 但梁漱溟并没有因此而全面否定孔子和儒教，在他看来不仅孔子与孔教是两回事，就是孔子的真精神，能了解的人也不多。他说："孔子之真若非我出头倡导，可有那个出头？这是迫得我自己来做孔家生活的缘故。"③ 他认为孔子的真精神不止是一种伦理思想，而且是一种生活态度，一种至好至美的人生哲学。

用人生哲学讲孔子思想并非梁漱溟的创造，胡适在《中国哲学史大纲》里已做过类似的尝试，但采用的是逻辑实证的历史方法。梁漱溟的贡献在于以富有生活乐趣和崇尚生命直觉来指点孔子的真精神，把孔子的人生哲学解释为兼具形上意味和盎然生意的生命哲学，开创了现代新儒家生活化孔子的思想进路。尽管胡、梁二人都说要发掘孔子人生哲学的真意，可由于立场和思想方法不同，所得出的结论却大相径庭，成为具有中国现代哲学意义的一次学术文化交锋。他们

儒家文艺思想史

---

① 梁漱溟：《梁漱溟全集》第一卷，第 369 页。
② 梁漱溟：《梁漱溟全集》第一卷，第 479 页。
③ 梁漱溟：《梁漱溟全集》第一卷，第 544 页。

之间的分歧主要涉及以下两个方面的问题：

（一）《易经》与孔子人生哲学的关系

胡适在《中国哲学史大纲》里说："凡研究人生切要的问题，从根本上着想，要寻一个根本的解决，这种学问叫作哲学。"[①] 其中讲"人生在世应该如何行为"的是人生哲学，旧称"伦理学"。他认为孔子的人生哲学，其根本都在一部《易经》，而《易经》的基本观念只有三个：易、象、辞。易是变易，象是法象（即模范），辞是表示象之吉凶得失的判断。孔子人生哲学的根本观念是"第一，一切变迁都是由微变显，由简易变繁赜。……第二，人类的一切器物制度礼法，都起于种种'象'。换言之，'象'便是一切制度文物的'几'。……第三，积名成'辞'，可以表示意象动作的趋向，可以指动作行为的吉凶利害，因此可以作为人生动作的向导。"[②] 将《易经》之爻辞视为与利害得失相关的判断，由此说明孔子很看重人之行为的"居心"和"动机"，要防微杜渐，故其人生哲学主张"正名"，宗旨在于建立是非善恶的标准。

梁漱溟对胡适的解说并不以为然，他认为《易经》的中心思想是"调和"，是一种"无表示"的形而上学，要靠直觉去体会。他说：

> 其大意以为宇宙间实没有那绝对的、单的、极端的、一偏的、不调和的事物；如果有这些东西，也一定是隐而不现的。凡是现出来的东西都是相对、双、中庸、平衡、调和。一切的存在，都是如此。[③]

宇宙的流行变化就是由调和到不调和，或由不调和到调和，一切都是

---

① 姜义华主编：《胡适学术文集·中国哲学史》（上），北京：中华书局，1991年，第8页。

② 姜义华主编：《胡适学术文集·中国哲学史》（上），第68~69页。

③ 梁漱溟：《梁漱溟全集》第一卷，第444页。

相对的，没有自己绝对存在的东西。以"调和"为流行变化的常态，这种存在状态只能由直觉认定，非理智所能判断，是一种无表示或不认定。梁漱溟说："寻常人之所以不能不认表示而不理会无表示者，因为他是要求表示的，得到表示好去打量计算的。所以孔子有一个很重要的态度就是一切不认定。"① 若要认定，就要用理智按逻辑追问因果利害关系，成为一种得失的计较。只有不认定，无固执，如孔子说的"毋意，毋必，毋固，毋我"，或是"无可无不可"，才能超越利害得失的算计，达到一种圆通的形而上境界。

自从曾子把孔子的"吾道一以贯之"解作"忠恕"后，人们多以为是讲"尽己之心，推己及人"的。可胡适以为"恕"字在名学上是推论，在人生哲学方面也只是一个"推"字，要人闻一知十，举一反三。他说："孔子认定宇宙间天地万物，虽然头绪纷繁，却有系统条理可寻……可见真知识，在于能寻出事物的条理系统，即在于能'一以贯之'。贯字本义为穿，为通，为统。'一以贯之'即是后来荀子所说的'以一知万'，'以一持万'。这是孔子的哲学方法。一切'知几'说，'正名'主义，都是这个道理。"② 将"一以贯之"的推理方法，视为孔子人生哲学的根本方法。

对此梁漱溟亦不能苟同，认为孔子人生哲学是从"无表示"的形而上学产生出来的，是一任直觉而不计较的人生态度，故凡事不用操心打量，只要顺着自己的本性随感而应就行了。他说：

> 孔子说的"一以贯之"恐怕即在此形而上学的一点意思。胡适之先生以为是讲知识方法，似乎不对。因为不但是孔子，就是所有东方人都不喜欢讲求静的知识，而况儒家尽用直觉，绝少来讲理智。孔子形而上学和其人生的道理都不是知识方法可以去

① 梁漱溟：《梁漱溟全集》第一卷，第450页。
② 姜义华主编：《胡适学术文集·中国哲学史》（上），第77页。

一贯的。①

梁漱溟认为孔家要作"仁"的生活，而最与"仁"相违的生活就是理智的算账生活。"所以儒家说：'天命之谓性，率性之谓道。'只要你率性就好了，所以就又说这是夫妇之愚可以与知与能的。这个知和能，也就是孟子所说的不虑而知的良知，不学而能的良能，在今日我们谓之直觉。"② 美德要真自内发的直觉而来才算，生活本身就是目的而非手段，人的行为动作实在多无所为，所以最好是"无所为而为"。如果凡事都要问"为什么"，斤斤计较，事事都求其用处，这种理智会把儒家"仁"的直觉及其生活情趣都消除干净。

(二) 对于孔子"仁"学的理解

胡适认为"仁"字有两层含义：一层含义是爱人，依照"恕"的推论，认定我与人的"共相"，自然就会有推己及人的爱心，这是儒家仁者爱人之说的根据。但"仁"字还有另一层更广的义，指做人的道理。胡适说："'仁者人也'，只是说'仁'是理想的人道，做一个人，须要能尽人道。能尽人道，即是'仁'。后人如朱熹之流，说：'仁者，无私心而合天理之谓。'乃是宋儒的臆说，不是孔子的本意。"③ 他以为孔子的尽人道是完成人格，以人格高尚的"君子"为理想的模范，并以此类推，作为个人及社会的标准。

梁漱溟认为宋明理学家能把孔子的人生观重新提出来，大体上没有十分的不对，反而是胡适根本不懂得"仁"的含义。"仁"不是尽人道的道理，而是本能、情感、直觉，仁爱不能靠理智来推论，孔家的生活很排斥理智。"仁"虽然是情感，而情感却不足以言"仁"，"仁"是一种很难形容的心智状态，一种极有活力而稳静平衡的心

---

① 梁漱溟：《梁漱溟全集》第一卷，第447~448页。
② 梁漱溟：《梁漱溟全集》第一卷，第452页。
③ 姜义华主编：《胡适学术文集·中国哲学史》（上），第82页。

态，似乎可分为两种条件：

（一）寂——像是顶平静而默默生息的样子；

（二）感——最敏锐而易感且很强。①

梁漱溟以为"仁"是一种内心生活的直觉，寂感真几的仁者心态，能使人发生敏锐的直觉。所以说"仁是体，而敏锐易感则其用；若以仁兼赅体用，则寂其体而感其用。若单以情感言仁，则只说到用，而且未必是恰好的用，故言仁者不可不知寂之义"②。大凡心乱则直觉钝，故宋明新儒家喜言静坐，陈白沙所谓"静中养出端倪"确实很对。梁漱溟说："儒家完全要听凭直觉，所以唯一重要的就在直觉敏锐明利；而唯一怕的就在直觉迟钝麻痹。所有的恶，都由于直觉麻痹，更无别的原故，所以孔子教人就是'求仁'。人类所有的一切诸德，本无不出自此直觉，即无不出自孔子所谓'仁'，所以一个'仁'就将种种美德都可代表了。"③ 他赞同明儒王心斋天理自然的说法，以为天理不是认定的一个客观道理，而是自己生命自然变化流行之理。孔家本是赞美生活的，并不排斥情感，只要能顺理得中，生机活泼，就非常之好，用不着以理智去推。

胡适说："我讲哲学，不用'伦理学'三个字，却称'人生哲学'，也只是因为'伦理学'只可用于儒家的人生哲学，而不可用于别家。"④ 他以为孔子人生哲学的特征是从人伦关系规定人的行为准则和人格理想，认定个人不能单独存在，一切行为都是人与人之间关系的行为，都是伦理的行为。故孔子讲仁是尽人道，由此推论，则父须尽父道，子须尽子道；他又讲正名，讲"君君、臣臣、父父、子子、夫夫、妇妇"，要用礼规定这种伦理的名分。孔子的人生哲学实

① 梁漱溟：《梁漱溟全集》第一卷，第455页。
② 梁漱溟：《梁漱溟全集》第一卷，第455页。
③ 梁漱溟：《梁漱溟全集》第一卷，第454页。
④ 姜义华主编：《胡适学术文集·中国哲学史》（上），第84页。

属重视道德的伦理哲学，要人尽人道，正名和礼乐都是他用来培养人伦道德习惯的利器。这种伦理型的人生哲学，并不适宜于崇尚个性自由的现代社会生活。

提倡礼乐和孝悌，乃孔教得以成立的条件，对此梁漱溟亦不否认，但他说："胡先生以注重道德习惯来讲孔子人生哲学，我们是不能承认的。"[1] 他以为孔子的人生哲学，根本上是一种乐生的、以生活为乐的生命哲学，就是以生活为对、为好的态度。代表儒家道理的是"生"，代表佛家道理的是"无生"。孔子赞美欣赏"生"的话很多，如"天地之大德曰生"等。梁漱溟说：

> 这一个"生"字是最重要的观念，知道这个就可以知道所有孔家的话。孔家没有别的，就是要顺着自然道理，顶活泼顶流畅的去生发。他以为宇宙总是向前生发的，万物欲生，即任其生，不加造作必能与宇宙契合，使全宇宙充满了生意春气。[2]

主张从人的直觉、从人之生命本能的角度把握孔子人生哲学的内在本质，以无打量计算的态度，享受生意盎然的自然和谐的生活，这才是绝对快乐的生活。孔子曾说："仁者不忧，智者不惑，勇者不惧。""不忧"就是乐，几时懂得了这乐，也就懂得了"仁"，故宋明儒常说要"寻孔颜乐处"，于孔子的人生亦各有所得。在梁漱溟看来，儒家文化不是僵死的思想化石，而是不断运动的生命活动，如果中国真有文艺复兴，也应当是中国人自己人生态度的复兴。只有踏实地奠定自己民族的一种人生立场，才可能真正吸收反映科学和民主精神的种种西方学术思潮，中国的新文化运动也才会有结果。

胡适和梁漱溟对孔子人生哲学的阐释，与他们各自的西学背景有很大的关系。胡适将孔子思想条理化和知识化的做法，是他从杜威那

---

① 梁漱溟：《梁漱溟全集》第一卷，第 458 页。
② 梁漱溟：《梁漱溟全集》第一卷，第 448 页。

儿学来的注重科学实证的实用主义方法的运用，特点是以清楚明白的概念和逻辑，推论孔子人生哲学的社会功用性质，将其作为反映中国传统道德伦理的人生哲学。梁漱溟则是在调和柏格森的生命哲学与儒家心学的基础上，用不认定的直觉方法来解说孔子的人生哲学，将其生命化和生活化，特意发挥尚直觉而富于情趣的孔家生活的意义所在，以为这才是东方化的要义，才是中国文化复兴的源头活水。虽然都是通过阐释孔子的人生哲学来表明自己的观点，但一则重科学实证、尚理智、用推论的方法；一则重生命精神、尚直觉、入于超绝的形而上学。在东西文化论争之后，正是这种思想上的分歧，导致了"科学与人生观"的大论战。

第二节　科学主义与人生艺术

现代新儒家思想的产生，除了是对西化思潮和"五四"新文化运动的回应，还与中国近代以来亦中亦西的"新学"有一脉相承的联系。这主要体现在"新学"代表人物梁启超对梁漱溟和张君劢的思想影响上。尽管梁漱溟提到梁启超的《欧游心影录》时颇不以为然，但其《东西文化及其哲学》用科学化与艺术化分别东西文化，在说明生活意义时引柏格森的生命哲学为据，以为道德乃生命的和谐与人生的艺术等，明显可看出是受梁启超的启发。至于张君劢，在清华做引起"科玄之争"的《人生观》演讲之前，曾与梁启超同游欧洲，又直接求教于德国生命哲学家倭伊铿（即鲁多夫·奥伊肯）和柏格森。在有关精神生活和人生观的看法上，他与梁启超无疑有着更多的思想联系。

一、科学万能之梦

人生应当如何才有价值和意义，被认为是中国儒家哲学的核心问题，也是现代新儒家受西方人文主义思潮影响提出来的文化问题，他们与唯科学主义者和唯物主义者在此问题上的对立，引发了"科学与人生观"的大论战。

用人文精神挑战唯物主义，质疑科学万能之说，乃现代新儒家文化思想的一显著特征，而这方面的始作俑者是梁启超。在《〈科学与人生观〉序》中，胡适言及中国人对待"科学"的态度时说："这三十年来，有一个名词在国内几乎做到了无上尊严的地位；无论懂与不懂的人，无论守旧和维新的人，都不敢公然对他表示轻视或戏侮的态度。那个名词就是'科学'。这样几乎全国一致的崇信，究竟有无价值，那是另一问题。我们至少可以说，自从中国讲变法维新以来，没有一个自命为新人物的人敢公然毁谤'科学'的，直到民国八九年间梁任公先生发表他的《欧游心影录》，科学方才在中国文字里正式受了'破产'的宣言。"① 所谓"破产"宣言，指梁启超用科学万能之梦，形容西方人因第一次世界大战而面临的社会信仰危机。

梁启超的《欧游心影录》作于五四运动爆发前后，其时他正在欧洲各地考察。在观察了"大战前后之欧洲"后，他以为西方近代的科学昌明，虽极大地创造了物质文明，但也成为制造社会险象的种子。托庇科学宇下建立起来的唯物的机械的人生观，把一切内部生活、外部生活都归到物质运动的"必然法则"之下，甚至把人之心理和精神也看成一物，否认人类有自由意志。人之意志不能自由，也就没了善恶的责任，可尽一切手段满足个人的物质欲望，拼命竞争而弱肉强食，于是社会上无道德和公理可言，所有从前的理想和信条都失去了效用，全社会的人心都陷入怀疑沉闷畏惧之中。梁启超说：

> 果真这样，人生还有一毫意味，人类还有一毫价值吗？无奈当科学全盛时代，那主要的思潮，却是偏在这方面。当时讴歌科

---

① 胡适：《胡适文集》(3)，北京：北京大学出版社，1998 年，第 152 页。

学万能的人，满望着科学成功，黄金世界便指日出现。如今功总算成了，一百年物质的进步，比从前三千年所得还加几倍，我们人类不唯没有得着幸福，倒反带来许多灾难，好像沙漠中失路的旅人，远远望见个大黑影，拼命往前赶，以为可以靠他向导，那知赶上几程，影子却不见了，因此无限凄惶失望。影子是谁？就是这位"科学先生"。欧洲人做了一场科学万能的大梦，到如今却叫起科学破产来。①

作者关于这段文字的"自注"是"读者切勿误会，因此菲薄科学，我绝不承认科学破产，不过也不承认科学万能。"② 胡适以为这是梁启超的故作姿态，想掩盖其反科学的真面目。其实，梁启超反对的是"科学万能"的观念，决非"科学"本身。在《科学精神与东西文化》一文中，他明确批评国人把科学看得太低、太粗、太呆、太窄了，以为"只要够得上一门学问的没有不是科学，我们若不拿科学精神去研究，便做那一门子学问也做不成"。他又说："有系统之真知识，叫做科学；可以教人求得有系统之真知识的方法，叫做科学精神。"③ 指出我们不但要求"真知识"，更要求"有系统的真知识"。系统有横、竖，横的系统指一类个体之间的普遍联系，竖的系统指事物的因果关系，明白因果为增加新知识的不二法门。他还批评了中国学术因缺乏科学精神而生出的如下病症：思想笼统，立说武断，容许虚伪，因袭剽窃和散失，由此可判断新旧文化的优劣。要想根治中国传统文化的病端，除提倡科学外别无良药。

但梁启超不承认科学万能，他以为科学所关注的是客观自然和人类的物质欲求，并不能解决所有的人生问题，科学方法不能应用于价

① 梁启超：《梁启超全集》，第 2974 页。
② 梁启超：《梁启超全集》，第 2974 页。
③ 梁启超：《梁启超全集》，第 4006 页。

儒家文艺思想史

值世界，从而为中国文化预留了一块发展领域。他寄希望于青年：
"第一步，要人人存一个尊重爱护本国文化的诚意；第二步，要用西
洋人研究学问的方法去研究他，得他真相；第三步，把自己的文化综
合起来，还拿别人的补助他，叫他起一种化合作用，成了一个新文化
的系统；第四步，把这新系统往外扩充，叫人类全体都得他好处。"①
提倡以整合中西学术文化为基础，开拓中国思想文化的发展方向。

梁漱溟的文化思考与梁启超的想法不谋而合，他在肯定科学对社
会的推动作用的同时，以科学思路与直觉体会分别文化发展路向，并
以此界定科学化与艺术化、西方化与东方化、实证方法与哲学方法的
不同。比如东方传统的制作工程，是专靠工匠师徒传授的"手艺"，
而西方却一切要根据科学——用一种方法把许多零碎的经验、不全的
知识，经营成学问，往前探讨，与手艺全然分开。中医治病全凭医生
的经验，往往十个医生能开出十样不同的药方。而西医一定的病用一
定的药，医生开的处方没有大的出入。他说：

> 这种一定要求一个客观共认的确定知识的，便是科学的精
> 神；这种全然蔑视客观准程规矩，而专要崇尚天才的，便是艺术
> 的精神。大约在西方便是艺术也是科学化；而在东方便是科学也
> 是艺术化。……科学求公例原则，要大家共认证实的；所以前人
> 所有的今人都得，其所贵便在新发明，而一步一步脚踏实地，
> 逐步前进，当然今胜于古。艺术在乎天才秘巧，是个人独得的，
> 前人的造诣，后人每觉赶不上，其所贵便在祖传秘诀，而自然要
> 叹今不如古。②

由此得出结论：西方的文明成就于科学最突出，而东方则为艺术式的
成就。西方走上科学的路向后，事事都成了科学，追求客观公认的知

---

① 梁启超：《梁启超全集》，第733页。
② 梁漱溟：《梁漱溟全集》第一卷，第355页。

识和因果必至的真理。而中国传统社会无专门的科学，凡是读过四书五经的人便什么事都可以做，但凭个人的心思手腕去对付就是了。前者必须实验检查，运用科学方法，得到的是有用的知识。后者只是猜想直观，类于玄学的方法，所得非科学知识，顶多只是主观的意见而已。这是因为玄学（即哲学）所讲与科学研究并非一事。科学以固定的物质现象为研究对象，而玄学醉心的却是一而变化、变化而一的抽象万物本体。

梁漱溟说："当知中国人所用的有所指而无定实的观念，是玄学的态度，西方人所用的观念要明白而确定，是科学的方法。中国人既然无论讲什么，都喜欢拿阴阳等等来讲，其结果一切成了玄学化，有玄学而无科学。……西方自然科学大兴以来，一切都成了科学化，其结果有科学而无玄学，除最近柏格森一流才来大大排斥科学的观念。中西两方在知识上面的不同，大约如此。"① 这种不同即是科学主义与人文艺术的分野。

二、生命和谐的人生艺术

作为唯科学主义的反动，倡导体现生命和谐的人生艺术，成为现代新儒家文化思想的又一特征，这也是西方近代哲学人文主义思潮与科学主义之对立在中国的反映。

在《欧游心影录》的"新文明再造之前途"一节里，梁启超指出：欧洲百年来物质上、精神上的变化，都是由"个性发展"而来，现在还日日往这条路上去做。他说："在哲学方面，就有人格的唯心论，直觉的创化论种种新学派出来，把从前机械的唯物人生观，拨开几重云雾。人格的唯心论，由美国占晤士（詹姆士）首倡，近来英美学者愈加发挥。……直觉的创化论，由法国柏格森首倡，德国倭伊

① 梁漱溟：《梁漱溟全集》第一卷，第359页。

铿（奥伊肯）所说，也大同小异。柏格森拿科学上进化原则做个立脚点，说宇宙一切现象，都是意识流转所构成，方生已灭，方灭已生；生灭相衔，便成进化。这些生灭，都是人类自由意志发动的结果，所以人类日日创造，日日进化。这'意识流转'就唤作'精神生活'，是要从反省直觉得来的。"① 在上帝死了的科学流行时代，他认为柏格森等人生命哲学的直觉创化论，能够彻底扫除种种怀疑失望，转移一代人心而打开一个新局面来。

正是受梁启超所说的西方人文主义思想影响，梁漱溟用文化定义生活时，指的主要是精神生活；又以为文化创造需要依靠天才，而天才则意味着直觉。他在转述柏格森的生命哲学时说：

> 宇宙的本体不是固定的静体，是"生命"、是"绵延"，宇宙现象则在生活中之所现，为感觉与理智所认取而有似静体的，要认识本体非感觉理智所能办，必方生活的直觉才行，直觉时即生活时，浑融一个，没有主客观的，可以称绝对。直觉所得自不能不用语音文字表出来，然一纳入理智的形式即全不对，所以讲形而上学要用流动的观念，不要用明晰固定的概念。此概念是诠释现象的。②

梁漱溟认为这些"柏格森的意思"是从来没有人说过的，迈越古人，独辟蹊径，在当世可替形而上学开辟一条道路。他说："宇宙是一个大生命。从生物的进化史，一直到人类社会的进化史，一脉下来，都是这个大生命无尽无已的创造。一切生物，自然都是这大生命的表现。但全生物界，除去人类，却已陷入于盘旋不进状态，都成了刻版文章，无复创造可言。其能代表这大生命活泼创造之势，而不断向上

---

① 梁启超：《梁启超全集》，第 2976~2977 页。
② 梁漱溟：《梁漱溟全集》第一卷，第 406 页。

翻新者，现在唯有人类。故人类生命的意义在创造。"① 根据这种创化论，人的生命具有创造的智慧和才质，人生的意义在创造，其创造可大致分为两种：成己，成物。成己是个体生命上的才艺德性方面的成就，成物是对社会文化发展所做的贡献。

直觉的创化作用既不同于概念认识，也有别于单纯的感觉，它是能使生命成为艺术的智慧。梁漱溟认为中国文化和印度文化的一个共同点，就是人的智慧不单向外用，而要返回到自家性命上来，使生命成为智慧。他说："这点便是中国学术和西洋近代学术的一个分水岭。西洋学术之产生，就是由于智慧向外用，分析观察一切，这就是科学。科学方法最要之点，即是将一切物观化，将现象放在外面，自己站在一边，才能看得清楚。""东方学术的根本，就在拿人的聪明回头来用在生命的本身上。此功夫则以儒家为最彻底，它就是专门去开发你当下的自觉，并无另外的反观内观，它让当下自觉更开大。"②所谓"当下自觉"，也就是直觉，一种能够使生命成为智慧的方法。譬如中国人欣赏书法艺术，第一眼看到某人的书法时，即认识其意味精神、趋势或倾向，虽难以语人却心知眼明，梁漱溟说：

> 此时感觉所认识的只一横一画之墨色。初不能体会及此意味，而比量当此第一次看时，绝无从施其综简作用，使无直觉则认识此意味者谁乎？我们平常观览名人书法或绘画时，实非单靠感觉只认识许多黑的笔画和许多不同的颜色，而在凭直觉以得到这些艺术品的美妙或气象恢宏的意味。这种意味，即不同乎呆静之感觉，且亦异乎固定之概念，实一种活形势也。③

线条、声音和绘画自身无所谓意味或美妙，书法的意味，音乐的妙，

---

① 梁漱溟：《梁漱溟全集》第二卷，第94页。
② 梁漱溟：《梁漱溟全集》第二卷，第133页、第135页。
③ 梁漱溟：《梁漱溟全集》第一卷，第400页。

绘画的美，都是由人的直觉加添上去的。梁漱溟认为直觉可分为两种："一是附于感觉的，一是附于理智的。如听见声音而得妙味等，为附于感觉上的直觉。若如读诗文所得妙味，其妙味初不附于墨字之上，而附于理解命意之上，于是必借附于理智之直觉而后能得之。"①这后一种直觉对于认识"生活"的诗意和人生的艺术很重要，印度诗人泰戈尔之受人欢迎或崇拜，梁漱溟认为原因是：

> 他的妙处，就在不形之于理智的文学而拿直觉的文学表达出来，所以他不讲论什么哲学而只是作诗。他拿他那种特别精神的人格将其哲学观念都充满精神，注入情感，表在艺术，使人读了之后，非常有趣味，觉得世界真是好的，满宇宙高尚、优美、温和的空气。随着他而变了自己的心理，如同听了音乐一般。②

泰戈尔大约也受了些西洋生命派哲学的影响，他要讲的其实只是一个"爱"，而"爱"是引逗生机和培养生机的圣药，所以人们很容易在心理上受了他感动，将直觉提了上来，而理智沉下去，不注意其哲学在知识上的错误，而只佩服他思想人格的伟大。梁漱溟说："所以他这种路子，不是印度人从来所有的，不是西洋人从来所有的。虽其形迹上与中国哲学无关联，然而我们却要说他是属于中国的，是隶属于孔家路子之下的。"③当然，这是就其诗歌所表达的生命智慧而言。

中国人讲究"技而进乎道"，以为技艺的根本在与道相通，而道即是宇宙的大生命，通乎道，即是直觉与宇宙的大生命相通。梁漱溟说："在我思想中的根本观念是'生命''自然'，看宇宙是活的，一切以自然为宗。仿佛有点看重自然，不看重人为。这个路数是中国的路数。"④如中医的切脉搏，是验生命力量的盛衰，着意于整个生命

---

① 梁漱溟：《梁漱溟全集》第一卷，第401页。
② 梁漱溟：《梁漱溟全集》第一卷，第513页。
③ 梁漱溟：《梁漱溟全集》第一卷，第513页。
④ 梁漱溟：《梁漱溟全集》第一卷，第125页。

直觉，与西医只注意身体局部的病变不同。他说：

> 道德是什么？即是生命的和谐，也就是人生的艺术。所谓生命的和谐，即人生生理心理——知、情、意——的和谐。同时，亦是我的生命与社会其他的人的生命的和谐。所谓人生的艺术，就是会让生命和谐，会作人，作得痛快漂亮。凡是一个人在他生命某一点上，值得旁人看见佩服、点头、崇拜及感动的，就因他在这个地方，生命流露精彩，这与写字画画唱戏作诗作文等作到好处差不多。①

所谓"人生的艺术"，是使生命成为智慧，非智慧役于生命。艺术尚用直觉而富有情趣，与表示宇宙生命流行的道相通，其态度是不计较的。生命的精彩虽可表现于才艺，但根本还在人之德性上，凡有道德之士，皆能有以自得。道德其实只是在寻常日用中，能够使生命和谐、有光彩，生活充实有力而已，并不以新奇为贵。故梁漱溟反复强调"道德就是生命的和谐"，本身就是有趣味的，而人生不能缺乏艺术趣味，没有趣味的生命让人难以忍受。他认为儒家的圣人，会让你对他的整个生活——举凡一颦一笑一呼一吸之间，都十分佩服赞叹和深受感动，因他的生命无时不和谐，无时不精彩，无时不趣味盎然。

三、人生观与精神生活

将人类生活分为物质生活与精神生活两个领域，在精神生活领域崇尚直觉和自由意志，认为科学及其实证方法不能解决人生观与精神生活问题。这种现代新儒家的人文主义思想，虽在张君劢的清华《人生观》讲演中才得到系统而明确的阐述，却可以说是渊源有自的。

欧游考察归来后，梁启超在《欧游心影录》中预言，科学万能

---

① 梁漱溟：《梁漱溟全集》第二卷，第87~88页。

的说法，在欧战之后当然不会像从前一样流行了，但科学依然在自己的领域继续进步，只是人类精神受到战争刺激，人生观自然要起变化。这种看法贯穿于他 20 世纪 20 年代发表的一系列演讲文章里。他在《治国学的两条大路》中指出：欧洲人则特别注重智识主义，没有走到人生的大道上，"直到詹姆士、柏格森、倭伊铿等出，才感觉到非改走别的路不可，很努力的从体验人生上做去，也算是把从前机械的唯物的人生观，拨开几重云雾。但是真果拿来与我们儒家相比，我可以说仍然幼雅"①。他以为中国儒家先哲讲学，纯以人生为出发点，视宇宙与人生是不可分的，宇宙乃是人生的活动空间。故儒家的学问专以研究"人之所以道"为本，能躬行实践"仁"的人生观。梁启超说：

> 这种精神，影响于国民性者至大。即此一分家业，我可以说真是全世界唯一无二的至宝。这绝不是用科学的方法可以研究得来的，要用内省的工夫，实行体验。体验而后，再为躬行实践，养成了这付美妙的仁的人生观，生趣盎然的向前进。②

以为中国文化足以笑傲世界各国而无愧色之处，即在于有"仁"的人生观。"仁"之一字，儒家人生观的全体大用都包在里头了，意思是人格的完成，或者说普遍人格之实现。他在《为学与做人》中说："有了这种人生观，自然会觉得'天地与我并生，而万物与我为一'；自然会'无入而不自得'。他的生活，纯然是趣味化艺术化。"③ 宇宙即是人生，人生即是宇宙，我的人格和宇宙无二，体验得这个道理，就是"仁者"；而仁者不忧，自会感到人生的乐趣。到达这种人生境，即可称为"成人"，所以做人要培养出根本智慧，体验出人

---

① 梁启超：《梁启超全集》，第 4069 页。
② 梁启超：《梁启超全集》，第 4071 页。
③ 梁启超：《梁启超全集》，第 4065 页。

格人生观，保护好自由意志。

如此说来，人生观属于人文精神和价值世界的文化问题，非自然事实世界的科学问题。梁启超在《什么是文化》中说："文化者，人类心能所开积出来之有价值的共业也。"① 他认为文化与非文化，当以有无价值为断，而且必然是人类自由意志选择和创造出来的东西才算有价值。可将宇宙间的事物划分两系：一是自然系，由因果法则所支配；二是文化系，为自由意志所支配。梁启超说："人类欲望最低限度，至少也想到'利用厚生'，为满足这类欲望，所以要求物质的文化如衣食住及其他工具等之进步。但欲望决不是如此简单便了，人类还要求秩序、求愉乐、求安慰、求拓大，为满足这类欲望，所以要求精神的文化如言语、伦理、政治、学术、美感、宗教等。这两部分拢合起来，便是文化的总量。"② 他以为文化是由人类活动所创造的业绩，人生观由精神的业种产生，是精神生活的反映。他在《东南大学课毕告别辞》中说："东方的学问，以精神为出发点；西方的学问，以物质为出发点，救知识饥荒，在西方找材料；救精神饥荒，在东方找材料。东方的人生观，无论中国、印度，皆认物质生活为第二位，第一，就是精神生活。物质生活，仅视为补助精神生活的一种工具，求能保持肉体生存为己足，最要，在求精神生活的绝对自由。"③ 抑制物质生活的奢欲，固然有助于精神生活的圆满，但更积极的态度，则是确立高尚的人生观，在精神生活中以"良知"为主导，保持独立人格和意志自由。

上述梁启超有关人生观和精神生活的意见，均发表在张君劢1923年到清华作《人生观》演讲之前，可视为"科玄之争"的前

① 梁启超：《梁启超全集》，第 4060 页。
② 梁启超：《梁启超全集》，第 4062 页。
③ 梁启超：《梁启超全集》，第 4160 页。

奏，但大论战的帷幕是由张氏在清华的演讲正式拉开的。在这次演讲中，张君劢强调科学与人生观没有关系，理由是科学的原理皆有证据，而且以为天下事皆有公例，皆为因果律所支配；而人生观则各说各有理，无公例可言，也不讲因果律。人生观往往因人而异，没有统一的固定标准，不像二加二等于四那样单纯明确。若将人生观与科学作一比较，"则人生观之特点所在，曰主观的，曰直觉的，曰综合的，曰自由意志的，曰单一性的。惟其有此五点，故科学无论如何发达，而人生观问题之解决，决非科学所能为力，惟赖诸人类之自身而已"①。此说一出，即遭到了丁文江（字在君）的批评。

张君劢又有《再论人生观与科学并答丁在君》的长文，将其在清华演讲中说的人生观与科学的五点不同，扼要概括为：

一曰，科学为客观的，人生观为主观的。

二曰，科学为论理的方法所支配，而人生观则起于直觉。

三曰，科学可以以分析方法下手，而人生观则为综合的。

四曰，科学为因果律所支配，而人生观则为自由意志的。

五曰，科学起于对象之相同现象，而人生观起于人格之单一性。②

这几点的核心是人的"自由意志"之说，由此可得出"人生观为主观的"的说法，并认为人生观源自人的精神生活，属于精神科学中生活哲学的范畴。张君劢曾做过德国生命哲学代表人物倭伊铿的学生，他在《倭伊铿精神生活哲学大概》中指出：生活哲学以生活为出发点，不同于以思想为出发点的思想哲学。"以生活为出发点者，以为思想不过生活之一部，欲求真理，舍自去生活（erleben）而外

① 张君劢：《人生观》，张君劢、丁文江等：《科学与人生观》，济南：山东人民出版社，1997年，第38页。

② 张君劢：《再论人生观与科学并答丁在君》，张君劢、丁文江等：《科学与人生观》，第61页。

无他法，故重本能（instinct）、重直觉（intuition）、重冲动（impulse）、重行为（action）。换言之，真理不在区区正名定义，而在实生活之中是矣。"① 意谓生活意义不在智识中，就在生活里，实践活动即精神本体，物质由精神驱遣。他引用倭氏的话说："精神生活者，自我生活也，亦即世界生活也。扩充自我，以及于世界，于是此世界得了一个自我，此二者之所以相须也。"② 强调精神生活的主观性，认为生活之意义即在精神实在中。

柏格森在为倭伊铿《生活意义及价值》一书所作的序文里说："夫古今思想家，孰不欲求人生意义所在？然常以为人生意义高悬于一种境界中，在以智识之力求而得之，若夫语人以人生意义之秘键，即在吾人自身者，有何人耶？若倭氏者，其殆近之，此吾所以不仅敬之，又从而爱之。"③ 倭氏以为精神生活为一种活的实在（或曰存在），其有无非举实物可证，而在于察乎人心之微。据此，张君劢认为倭氏立言不脱康德以来窠臼，然其以生活为出发点，谓人生意义不在智识的考量，而在一种活泼实在的精神生活中，这与柏格森生机流变的生命哲学是相通的。他说：

夫人生之解决，非求真善美乎？真善美者，总言之，实在是已，实在为物，有谓属于可知，有谓属于不可知。其以为可知者，在最近哲学家中则有二人，其一柏格森，以为求实在之法，在乎直觉，义取美术家之于其作物，默识而心通之，合主客观而成一体。其一则倭伊铿，以为求实在之法，在乎精神的直接（unmittelbarkeit des geisteslebens），义取宗教家精神之感召，超于相对待之境，而另为直接溥遍自由自在之境界也。所谓直觉，

---

① 张君劢：《中西印哲学文集》，台湾：台湾学生书局，1981 年，第 1096 页。
② 张君劢：《中西印哲学文集》，第 1104 页。
③ 张君劢：《中西印哲学文集》，第 1102 页。

所谓精神的直接，二者方法虽异，而其求实在则一。①

以"实在"指形而上的精神本体，但又存在于生活行为中，要靠直觉把握，所以说人生观起于直觉，由自身良心之所命起而主张之。关于直觉，张君劢曾与友人前往柏格森家中请教，并有《法国哲学家柏格森谈话记》，其所记柏氏之言曰："直觉方法，诗人画家亦常用之。唯余以为在哲学上亦应用此方法。就其相类者言之，在动物为本能（instinct），在人为直觉，余非谓直觉即本能，然就深入物体内部一点言之，则相类焉。盖常人之性，好为分析比较，将一切成说（ready-made ideas）视为一成不变。余以为诚如此，则所得者，仅属照相；而决非实在本身。且直觉为创造的，此语非谓直觉即创造，而要之凡所创造，则无非直觉的也。"② 他以为哲学的直觉与空间的直觉、感觉的直觉不同，不涉及物质，而适用于生命的自觉，是一种超智的直觉，即在知识的分别比较之外，下一种深入物体内部的功夫。作为补足知识的手段，这有助于人生意义的体悟，形成精神充实的人生观。

把人生观说成主观的直觉，根据在于生命的"自由意志"。梁启超《近世第一大哲康德之学说》有云："（康德曰）人之生命盖有二种：其一则五官肉体之生命，被画于一方域一时代而与空间时间相倚者也。其有所动作，亦不过一现象，与凡百庶物之现象同，皆有不可避之理而不能自肆。虽然，吾人于此下等生命之外，复有其高等生命者存，高等生命者即本质也，即真我也。此真我者常超然立于时间空间之外，为自由活泼之一物，而非他之所能牵缚。"③ "康德曰：道德之责任生于良心之自由。而良心之自由，实超空间越时间，举百千万

---

① 张君劢：《中西印哲学文集》，第1112页。
② 张君劢：《中西印哲学文集》，第1237页。
③ 梁启超：《梁启超全集》，第1060页。

亿大千世界无一物可与比其价值者也。……阳明之良知即康德之真我，其学说之基础全同。"① 直接将康德哲学的自由意志之说，与王阳明的"良知"说相提并论。

张君劢的《再论人生观与科学并答丁在君》，亦引康德的"自由意志"说为据。他将康德哲学的系统分为：一、人生（实行理性）、自由意志（二者是递近关系）；二、学问（纯粹理性）、觉摄和概念、因果（三者是递近关系）。他说：

> 人类好于一切现象求其因果之相生，于是有知识，有科学。然欲以因果律概括一切，则于人生现象中，如忏悔、如爱，如责任心，如牺牲精神之属于道德方面者，无法以解释之。于是康德氏分之为二：曰关于伦理者，是自由意志范围也；关于知识者，是因果律之所范围也。自由与因果二义乃不相冲突，而后人事与知识方面各有正当之说明。此康德之所长一也。②

康德调和英国经验主义和欧洲大陆理性主义而集大成，其自由意志说揭示了人类道德的由来，有知识与道德并重之义。从根本上讲，康德哲学属于以经验现象为出发点的认识论哲学，其对自由意志的看法与以生活为出发点的生命哲学是有所不同的。张君劢说："十九世纪之末年（1889），柏格森氏《时间与自由意志》一书出版，阐明人生之本为自觉性。此自觉性顷刻万变，过而不留，故甲秒之我，至乙秒则已非故我。唯心理状态变迁之速，故绝对无可量度，无因果可求。以可量度求因果者，必其状态固定。以前状态为因，后状态为果，于是因果可见焉。若夫顷刻万变之心理，则可无状态之可言，任意画定某态为态，移时而后，即已成过去。惟其然也，故心理变为自由行

儒家文艺思想史

---

① 梁启超：《梁启超全集》，第 1062 页。
② 张君劢：《再论人生观与科学并答丁在君》，张君劢、丁文江等：《科学与人生观》，第 93 页。

为，而人生之自由亦在其中。"① 康德的自由意志属于实践理性，而柏氏则将其归之于人生的直觉，一种非理性的自由心灵和生命冲动。若将这种人生观延伸到文艺观上，则真善美为人精神生活的理想，审美也是一种直觉，而艺术则是生命活力、精神自由的象征，美其名曰"艺术人生"，或称为"人生的艺术"。

自由意志是道德人生观和精神文明的根本，人若意志不自由，就不必对其生活行为负责，也就无道德的善恶是非可言。可人生在世，从少到老，没有一事不能依理性的因果法则做解释，似乎自由意志不可得而见矣。张君劢说："然而康德之意曰，人类能不受物欲引诱，而服从理性以下判断，犹之吾儒家所谓我欲仁斯仁至矣之境界。甚至成仁取义见义勇为，同为良知之决定，此即所谓自由意志。及至十九世纪末之柏格森氏谓生命中后刻继续前刻，即为新者之创造，由心灵之顷刻万变而成为成熟，更由成熟而为决定，即为自己之创造。此将生命与自由意志合而为一，更驾康德而上之矣。"② 换言之，在"本体"（或曰最后真实）、灵魂不死和自由意志三个问题上，西哲皆由现象界之万殊，更进而求其本源之所在，这与宋明新儒家所谓分殊中之"理一"别无二旨。如此说，可以用康德的实践理性和西方近现代的生命哲学，去解释宋明儒的性理之学或心性之学，使之无悖于现代人追求自由的生活理念而重放异采，这是现代新儒家思想的基本进路。

第三节　人生哲学和艺术理论

如果说梁漱溟是现代东方儒家文化的倡导者，那么，冯友兰则可

---

① 张君劢：《再论人生观与科学并答丁在君》，张君劢、丁文江等：《科学与人生观》，第72~73页。

② 张君劢：《中西印哲学文集》，第56页。

称之为现代儒家新理学和人生哲学体系的重建者。他一方面"接着"宋明理学往下讲，采用西方的逻辑方法分析中国传统哲学的范畴，使中国先哲那些似乎定义不清楚的概念明确起来；另一方面则非常重视精神境界问题，用糅合道家、玄学和禅宗的"负的方法"，讲述具有中国民族文化特色的人生哲学和艺术理论。由此形成了包括形上学、人生论和方法论的哲学思想体系，涉及的原创问题有：哲学真际与艺术本然，人生觉解及其境界，"负的方法"与诗的言说等。

一、哲学真际与艺术本然

冯友兰是具有国际视野的学者，在 1934 年的一次国际哲学会议上，他做了名为《中国现代哲学》的发言，希望在用西方文化逻辑清晰的思维阐明中国先哲思想的同时，欧洲的哲学思想也将由中国哲学之直觉和经验来予以补充，以便能更好地理解东西方文化。

根据对外来新文化认识程度的不同，冯友兰将中国思想文化的现代化进程分为三个时期：一是 1898 年的戊戌变法时期，社会思潮是按照旧文化来理解和评论新文化；二是 1919 年高涨的新文化运动时期，其时代精神是用新文化批判旧文化；三是 1926 年后的民族运动时期，是要以新文化来理解旧文化。他说："我们比较和研究中国和欧洲的哲学思想，并不是为了判断孰是孰非，而只是注意用一种文化来阐明另一种文化。"① 虽然只比梁漱溟小两岁，冯友兰却是受其影响的晚一辈学者，属于现代儒家第二期的代表人物。

在美国留学期间，冯友兰曾用英文发表过关于《东西文化及其哲学》的书评，其以博士论文为基础撰著的《人生哲学》一书，受梁漱溟人类文化"三路向"理论的启发，用损道、中道、益道来区分中西人生哲学的类型。但两人在学问进路和思维方式上存在的不同

---

① 冯友兰：《三松堂学术文集》，北京：北京大学出版社，1984 年，第 289 页。

也很明显。梁漱溟的学问主要靠自己的感觉体验得来，在借助柏格森的生命哲学弘扬孔子人生哲学时，有将儒学直觉化的倾向，强调直觉是一种富于情趣的生活态度，将其与理智的抽象思辨对立起来。冯友兰对此表示不能苟同，认为以直觉掩饰笼统，是对柏格森哲学方法的误用。

由于受过西方哲学的严格训练，冯友兰从一开始就把辨名析理的逻辑分析方法，作为建构儒家人生哲学的思想工具，强调哲学家对其哲学，当有精细的论证和系统的说明。他在《柏格森的哲学方法》一文中指出："直觉是分析以后的事，主张直觉的，只反对以分析为究竟，并不反对分析。若以为主张直觉，便是不要分析，便为大错。"[1] 柏格森所讲的直觉，不过是对于欧洲的智识主义下一个转语罢了。在《中国哲学史》的"绪论"中，他说"哲学本一西洋名词，今欲讲中国哲学史，其主要工作之一，即就中国历史上各种学问中，将其可以西洋所谓哲学名之者，选出而叙述之"[2]。依西方哲学之例，他将哲学的内容分为宇宙论、人生论和知识论三部分，强调说：

> 近人有谓研究哲学所用之方法，与研究科学所用之方法不同。科学的方法是逻辑的、理智的；哲学之方法，是直觉的、反理智的。其实凡所谓直觉，顿悟，神秘经验等，虽有甚高的价值，但不必以之混入哲学方法之内。无论科学哲学，皆系写出或说出之道理，皆必以严刻的理智态度表出之。……故谓以直觉为方法，吾人可得到一种神秘的经验则可，谓以直觉为方法，吾人可得到一种哲学则不可。换言之，直觉能使吾人得到一个经验，而不能使吾人成立一个道理。一个经验之本身，无所谓真妄；一

---

① 冯友兰：《三松堂学术文集》，第 10 页。
② 冯友兰：《中国哲学史》（上册），北京：中华书局，1961 年，第 1 页。

个道理，是一个判断，判断必合逻辑。①

意谓哲学乃理智之产物，须以论证证明道理，故离不开概念的辨析，要合于逻辑的方法。冯友兰在《新理学》中进一步指出：如果说凡是依照逻辑讲的确切的学问都是科学的话，哲学也可以称为科学。哲学的对象是一种"全的真实"或观念，可以不切实际，不管事实。哲学之存在，靠人之思与辩，所以"哲学乃自纯思之观点，对于经验作理智的分析、总括及解释，而又以名言说出之者"②。科学是对事实的解释，所解释的又都是具体的事物；而哲学所重在于思想的真实，对于事实只作一种抽象的形式的说法，只是一种逻辑的推论，这是二者的不同之处。冯友兰认为："哲学以全的真实为对象，所以哲学方法，不是以智识为根本的'分析'，是以本能为根本的'直觉'。"③ 但直觉只是叫人从真实向概念，不从概念向真实，故柏格森并不是主张用本能代替智识，也没说本能比智识好，只是说研究精神界，须要诉之于一种生命的感觉。

用西方的逻辑分析方法改造中国传统哲学，建构新的理学体系和人生哲学，使儒家思想现代化和系统化，无疑是冯友兰对中国现代哲学的重要贡献，这主要体现为其《贞元六书》里的《新理学》的撰著。在这部有关宇宙本体论的理学著作里，冯氏主要探讨"对于世界之道理"，研究"存在"之本体及"真实"之要素，其理论贡献在于明确区分两个世界，一个是真际世界，一个是实际世界。凡哲学的命题和判断，他以为多不涉及实际而是及于真际，所以说：

> 有实际的事物必有实际；有实际必有真际。但有实际不必有某一实际的事物；有真际不必有实际。我们平常日用所有之知

① 冯友兰：《中国哲学史》（上册），第4~5页。
② 冯友兰：《贞元六书》，上海：华东师范大学出版社，1996年，第7页。
③ 冯友兰：《三松堂学术文集》，第5页。

儒家文艺思想史

识、判断及命题，大部分皆有关于实际的事物。哲学由此开始，由知实际的事物而知实际，由知实际而知真际。宋儒所谓"由著知微"，正可说此。及知真际，我们即可离开实际而对于真际作形式的肯定。所谓形式的肯定者，即其所肯定，仅是对于真际，而不是对于实际。换言之，即其肯定是逻辑的，而不是经验的。①

以为哲学具有形而上学的纯思辨性质，可脱离实际做抽象的思考和逻辑推论，以透过具体现象看本质，而对真际有所肯定。事物的本质即事物的所以然之理，是从一类事物中抽绎出的共相，故真际的世界即理的世界，一种不切实际的形上学。冯友兰建构"新理学"之形上学的四个主要观念是：理、气、道体及大全。这四个核心概念是由四组命题推出来的：一、凡事物必都是什么事物，有物必有则，理世界在逻辑上先于实际的世界；二、事物必都有存在，有理必有气，有实际的理必有现实的气；三、存在是一种流行，无极而太极，总一切的流行谓之道体；四、总一切的有谓之大全，一即一切，一切即一，大全是宇宙的观念，亦可名为一。这些无任何实际内容的形式命题，是"接着"宋明理学往下讲时，对构成宇宙事物全体的终极要素进行抽象概括而获得的一种观念形态的事物共相。这些大而无用的形上学命题，几乎都是逻辑分析命题或重复叙述命题，对于实际都没有说什么，或是所说甚少。

哲学的真际，就形上的宇宙本体而言，是"一片空灵"的净洁空阔的理的世界，这种抽象的存在，虽可通过概念范畴的逻辑释义方法，以名言说出来，但也有些是不可思议、不可言说的。中国哲学里的气、道体、大全，都是不可思议而很难言说的，但又要强为言说，其根据何在？这令人想到中国技进于道而得意忘言的艺术。冯友兰的

---

① 冯友兰：《贞元六书》，第23页。

《新理学》里，有一章专门讲"艺术"，以为哲学讲理，使人知；艺术不讲理，却能使人觉，但二者是相通的。原因在于"艺术能以一种方法，以可觉者表示不可觉者，使人于觉此可觉者之时，亦仿佛见其不可觉者。艺术至此，即所谓技也而进乎道矣"[1]。进于道的艺术，不表示事物的个体特点，而表示事物类的特征。如杜甫的《丹青引》诗，谓曹霸画马能"一洗万古凡马空"，凡马是实际的马，而曹霸表现的却是马类的神骏之性，属于马的共相，所以已非凡马。冯友兰说：

> 不过马之神骏之性，在画家作品上，必借一马以表示之。此一马是个体；而其所表示者，则非此个体，而是其所以属于某类之某性，使观者见此个体的马，即觉马之神骏之性，而起一种与之相应之情，并仿佛觉此神骏之性之所以为神骏者，此即所谓借可觉者以表示不可觉者。[2]

艺术的借可觉者表示不可觉者，同于哲学的对于不可言说者之言说。冯友兰说："不可思议、不可言说者，不是哲学，对于不可思议者之思议，对于不可言说者之言说，方是哲学。"[3] 他以为哲学即旧说的所谓道，艺术属于技，技之所以能进于道，在于哲学家和艺术家对于事物的态度相同，俱是旁观的和超然的，无功利的实用目的。哲学的分析活动，是对于事物的心观；艺术的思维活动，则是对于事物的心赏或心玩。若"哲学家将心观之所得，以言语说出，以文字写出，使别人亦可知之，其所说所写即是哲学。艺术家将其所心赏心玩者，以声音、颜色、或言语文字之工具，用一种方法表示出来，使别人见之，亦可赏之玩之，其所表示即是艺术作品"[4]。哲学和艺术均是观

---

① 冯友兰：《贞元六书》，第 167 页。
② 冯友兰：《贞元六书》，第 168 页。
③ 冯友兰：《贞元六书》，第 10 页。
④ 冯友兰：《贞元六书》，第 168~169 页。

念性的精神产品，二者的不同在于：哲学家的心观只是观，因此纯是理智的精神活动；而艺术家的心赏或心玩则带有情感色彩。所以说："好的艺术作品，必能使赏玩之者觉一种情境。境即是其所表示之某性，情即其激动人心，所发生与某种境相应之某种情。"① 或者说，进于道的艺术品，即便离开其所写，其本身亦可使人觉得有一种境而起一种与之相应之情，由有限通向无限。

技进于道的意义，是说艺术家也能洞察或喻示道体，有如哲学家对真际的把握和肯定。艺术的道体就是艺术的"本然样子"。冯友兰认为："从宇宙之观点说，凡一艺术作品，如一诗一画，若有合乎其本然样子者，即是好的；其是好之程度，视其与其本然样子相合之程度，愈相合则愈好。自人之观点说，则一艺术作品，能使人感觉一种境，而起与之相应之一种情，并能使人仿佛见此境之所以为此境者，此艺术即是有合乎其本然样子者。"② 以是否合乎其本然，作为评判艺术品高下的标准。但冯友兰所说的诗或画等艺术的"本然样子"，指的并非实际的自然事物本身，而只是一种美的理念。他以为：

> 诗人或画家咏远山，或画远山，自是因为见自然界中的远山而兴感；其所咏所画，自是自然界中的远山。但其所作之诗，或所画之画，所取之标准，或所应取之标准，却不是其所咏或所画之自然界中的远山，而是一最好的对于自然界中的远山之诗或画。此最好的对于自然界中的远山之诗或画，不必实际地有。③

这是说每一种艺术作品之题材，在一种工具及一种风格之下，都有一个理想中的本然的艺术品与之相应。与真际只存在于哲学思辨中一样，作品的本然样子也只存在于艺术的想象或理想之中，是一种所以

---

① 冯友兰：《贞元六书》，第170页。
② 冯友兰：《贞元六书》，第181页。
③ 冯友兰：《贞元六书》，第180页。

然的决定要素。若"专就画说之本然样子，无论如何，在实际上是画不出的，因为实际上所有之画，都是这种画、那种画，没有只是画、空头的画。不过此本然样子在实际上虽画不出，而所有实际上对于此题材之画，都必多少有合于此本然样子，不然即不成其为画"①。或者说，画的本然样子是大画，而大画无形。

以此类推，音乐的本然样子，可以说是"无声之乐"；诗方面的本然样子，是"不著一字，尽得风流"；文方面的本然样子，可谓"文章本天成，妙手偶得之"。冯友兰以为："若就'诗'说，对于某题材，用某种言语、某种风格，必有一最好的诗的表示。此最好的诗的表示，如其可读，则虽千百世下之读者，一读此诗，必立刻仿佛见某种境，而起与之相应之某种情，并仿佛见此种境之所以为此种境者。此即是我们所谓本然样子，'不著一字'之诗。"② 也就是说，某一题材或风格的最好的诗，即便还无人写出来，也是本然就有的。这种艺术的本然样子与具体作品的关系，乃抽象与具体、一与多、共相与殊相的关系。

二、人生觉解及其"境界"

除区分实际与真际两个世界外，冯友兰还有人生"四种境界"之说。他认为哲学的根源和价值，在批评的反省人之所为，于实际的人生之外，求理想的人生，故云"人生理想，即是哲学"③。如此说则哲学的功用不在于获得实际世界的知识，而在于探究人生的意义，提高人的精神境界。他在《新原人》中说："因为什么有人生？这一类的问题，是哲学所不能答，亦不必答的。哲学所讲者，是对于宇宙

---

① 冯友兰：《贞元六书》，第 179 页。
② 冯友兰：《贞元六书》，第 175 页。
③ 冯友兰：《三松堂全集》第二卷，郑州：河南人民出版社，2000 年，第 43 页。

人生的了解，了解它们是怎样一个东西，怎样一回事。我们对于它们有了解，它们对于我们即有意义。"① 对于宇宙人生的觉解而达到的境界，便属于有意义的真际世界。

对人生意义的探究，有赖于人自身的觉解，觉是自觉，解是了解。按照冯友兰的说法，觉解是人生最显著的性质，而"人之所以能有觉解，因为人是有心的。人有心，人的心的要素，用中国哲学家向来用的话说，是'知觉灵明'。宇宙间有了人，有了人的心，即如于黑暗中有了灯"②。但觉与解是有区别的，了解作为人心的一种认识活动，由大脑的理智支配，形成有关事物的概念和知识；概念知识与具体经验相映证，可以加深人们对事物的认识。也就是说，了解必依概念，是一种活动。而"自觉是一种心理状态，它只是一种心理状态，所以并不依概念。……我们于有活动时，心是明觉的。有了解的活动时，我们的心，亦是明觉的。此明觉的心理状态，谓之自觉"③。宇宙间的事物本是无意义的，但有了人的觉解，也就有了意义，所以：

> 就存在方面说，亦可说，人不过是宇宙间万物中之一物，人有心不过是宇宙间万事中之一事。但就觉解方面说，宇宙间有了人，有了心，天地万物便一时明白起来。有心的宇宙与没有心的宇宙，有重大不同。由此方面说，我们可以说，人与天地参。④

人心是宇宙中的心，使宇宙间有了觉解，也才有了意义。冯友兰说："人对于宇宙人生的觉解的程度，可有不同。因此，宇宙人生，对于人的意义，亦有不同。人对于宇宙人生在某种程度上所有的觉解，因

---

① 冯友兰：《贞元六书》，第 525 页。
② 冯友兰：《贞元六书》，第 533 页。
③ 冯友兰：《贞元六书》，第 526 页。
④ 冯友兰：《贞元六书》，第 538 页。

此，宇宙人生对于人所有的某种不同的意义，即构成人所有的某种境界。"① 同一件事情，常因人的不同觉解而有不同的意义；同样的世界，也会因不同人的觉解而呈出不同的境界。就存在而言，人们所见的事物和世界是共同的；若论意义，则随各人的觉解程度的不同而见仁见智。不同境界中的人，可以做相同的事，但事的意义大不相同。

人生境界，也就是人生的意义世界，或者说是理想世界。人为万物之灵而异于禽兽处，在于有较高程度的知觉灵明，这是人心的要素和人的本性。人充分发挥其知觉灵明就是"尽心"，若再有更高一层的觉解，即对知觉灵明有种自知，就到了"知性"的地步。人的知觉灵明愈发展，则其性也就愈能实现，所以尽心即是知性，知性即知天，这是觉解其觉解的觉解，一种更高层次的天人合一的觉解。根据觉解的程度不同，冯友兰将人生境界由低到高分为以下四种层次：

（一）自然境界：在此种境界中的人，其行为是顺才或顺习的率性而为，他对于其所做的事的性质没有了解，不识不知，不著不察，莫知其然而然。他的境界似乎是一个浑沌。如民间歌谣的作者，可以仅凭其兴趣，或天然的倾向，而有艺术的活动，"就这些作者的活动说，是'纯乎天机'。'纯乎天机'者，言其活动是自发的艺术活动；'出于天籁'者，言其作品是自发的艺术活动的产物。就这些作者的活动说，其活动是自然的产物；就这些作者在此方面的境界说，其境界是自然境界"。②

（二）功利境界：在此境界中的人，其行为是"为利"的，他的行为或是求增加自己的财产，或是求其事业的发展，或是为了荣誉地位。他十分清楚自己的行为是怎么一回事，专以求自己的利益和快乐为目的。比如有些"才人"追求在艺术或学问方

---

① 冯友兰：《贞元六书》，第 552 页。
② 冯友兰：《贞元六书》，第 579 页。

面的成就，"无论哪一种的学问，只要能成为一种学问，无论哪一种艺术，只要能成为一种艺术，总是有益于人的。不过才人研究学问，或从事创作的目的，可以只是为求他自己的利。若其目的是如此，则他的境界是功利境界"。①

（三）道德境界：在此境界中的人，其行为是"行义"的，他对于人之性已有觉解，了解人性蕴涵的社会内容，知道人不但须在社会中始能存在，也须在社会中始得完全，所以要尽伦尽职，尽自己做人或做事的本分，而不论其伦或职是什么。"譬如演戏，一个戏子的艺术的高下，与其所担任的角色，并没有联带的关系，与其所演的某人在历史中或戏本中的社会地位，更没有联带的关系。杨小楼唱武生，可以唱好戏。梅兰芳唱青衣，亦可以唱好戏。……所以人求尽伦尽职，即随时随地，于其日常行事中求之。对于在此方面有觉解的人，其日常行事，都有了新意义。因为一个人平常所作的事，除其确是不道德的外，皆可与尽伦尽职，有直接的或间接的联带关系。因此种关系而作之，其行为即是道德的行为。有此等行为的人的境界，即是道德境界"。②

（四）天地境界：在此境界中的人，其行为是"事天"的。天是宇宙万有的总名，是对自然和社会的一个总的概括，又可叫大全。事天须"知天"，要有大全的观念，不仅了解人在社会中的伦和职，而且知道人在宇宙中的地位和作用。知天者的行为已不停留在"行义"阶段，而是在自觉自愿的事天行道，由此而得到的绝对快乐是"乐天"，最终在精神上自同于大全，就达到了"同天"的最高境界，可以"与天地比寿，与日月齐光"。故处于这种境界中的人，有无穷的精神享受，因为"他的觉解，

---

① 冯友兰：《贞元六书》，第599页。
② 冯友兰：《贞元六书》，第620页。

可以使他超过实际的世界。他的觉解使他超过实际的世界，则他所能享受的，即不限于实际的世界。庄子所说：'乘云气，御飞龙，而游乎四海之外。''乘天地之正，御六气之辩，以游无穷。'似乎都是用一种诗的言语，以形容在天地境界中的人所能有的享受"。①

上述四种人生境界，指的主要是人的精神境界，亦即心境。此前，王国维在《人间词话》中标举"境界"说，指情境和意境而言，把它作为中国诗词的核心审美范畴。当冯友兰把境界说成是对宇宙人生意义的认识或觉解时，也蕴含着情境和意境的美学维度。中国哲学中的人生问题、生命问题，不是仅靠概念分析就能认识的，还须深入到中国人的情感世界和生命经验之中，才能体会和把握。中国哲学不太讲究概念逻辑，而注重心灵情感，饶有诗的意境，故冯友兰讲四种人生境界，均用诗或艺术作喻示，他所称赞的天人合一的天地境界，同于情景合一的审美境界。他认为："能知天者，不但他所行的事对于他另有新意义，即他所见的事物，对于他亦另有意义。……事物的此种意义，诗人亦有言及者。"② 如王羲之《兰亭诗》的"仰视碧天际，俯瞰绿水滨。……群籁虽参差，适我无非新"。陶渊明《饮酒诗》的"采菊东篱下，悠然见南山。山气日夕佳，飞鸟相与还。此中有真意，欲辨已忘言"。冯友兰说："碧天之际，绿水之滨，以及南山飞鸟，即是一般人所常见者。虽即是一般人所常见者，但对于别有所见的诗人，则另有一种意义。"③ 这另有一种意义里，是含有情感体验的，一片风景即一片心境，但又有某种超绝的玄学意味和神韵。

---

① 冯友兰：《贞元六书》，第 559 页。
② 冯友兰：《贞元六书》，第 633 页。
③ 冯友兰：《贞元六书》，第 633 页。

境界是心灵的创造，离不开情感体验，冯友兰在以觉解论人生境界时，强调知觉灵明的重要。对于自同于大全的"天地境界"，他用一系列相互矛盾的语言加以描述，诸如无知而有知、无"我"而有"我"、有为而无为等，所谓"在同天境界中的人，是有知而又是无知的。同天的境界，是最深的觉解所得。但同天的境界，却是不可了解的。……同天的境界，是不可思议的。但人之得之必由于最深的觉解。人必有最深的觉解，然后可有最高的境界"①。他又说："大全是不可思议的。同于大全的境界，亦是不可思议的。……但不可思议者，仍须以思议得之；不可了解者，仍须以了解了解之。以思议得之，然后知其是不可思议的；以了解了解之，然后知其是不可了解的。不可思议的，亦是不可言说的。然欲告人，亦必用言语言说之。不过言说以后，须又说其是不可言说的。"② 总之，要人得意忘言，得鱼忘筌，一以心灵的明觉为准，这就涉及了"负的方法"问题。

三、"负的方法"与诗的言说

从知识到境界，由为学的讲究概念分析，到要明白宇宙人生之道体或大全，反映出冯友兰对哲学的性质及其作用的看法的某种变化，而这种思想变化又与方法论的自觉联系在一起，具体说就是对"负的方法"的强调。在《新知言》中，冯友兰对"哲学中的知识论"与"哲学中的形上学"做了区别，说前者是用纯思的方法，对于经验做理智的分析和解说；后者是对于人生有系统的反思，也就是对于人生的觉解。一为最哲学的哲学，一为最哲学的形上学。他以为："形上学是哲学中的最重要的一部分，因为它代表人对于人生的最后

---

① 冯友兰：《贞元六书》，第 637 页。
② 冯友兰：《贞元六书》，第 638 页。

的觉解。这种觉解，是人有最高的境界所必需的。"① 人生的觉解多要用"负的方法"，形上学并不能增加人对于实际的知识，其功用只在于提高人的精神境界。

为学与明道的区别在于：为学是求一种知识，属于"正的方法"；明道是讲一种境界，要用"负的方法"，后者更能体现中国哲学自身的特点。冯友兰说："真正形上学的方法有两种：一种是正的方法；一种是负的方法。正的方法是以逻辑分析法讲形上学，负的方法是讲形上学不能讲。"② 关于"负的方法"，他又做了进一步的解释：

> 讲形上学不能讲，即对形上学的对象，有所表显。既有所表显，即是讲形上学。此种讲形上学的方法，可以说是"烘云托月"的方法。画家画月的一种方法，是只在纸上烘云，于所烘云中留一圆的或半圆的空白，其空白即是月。画家的意思，本在画月，但其所画之月，正在他所未画的地方。……用负的方法讲形上学者，可以说是讲其所不讲。讲其所不讲亦是讲，此讲是其形上学。犹之乎以"烘云托月"的方法画月者，可以说是画其所不画。③

以艺术思维来阐释"负的方法"，足以显示这种方法的中国特色。按冯友兰在《新知言》中所讲，在西洋哲学史上，从柏拉图到康德，以及近代的维也纳学派，大多数哲学家讲形上学都用"正的方法"，即科学的逻辑分析法，形成理性主义的认识论传统。他们用正的方法讲形上学，则如以线条描一月，或以颜色涂一月，其所画之月，就在他画的地方，其意思亦在画月。而中国哲学的形上学是以心性论为核

---

① 冯友兰：《贞元六书》，第 863 页。
② 冯友兰：《贞元六书》，第 869 页。
③ 冯友兰：《贞元六书》，第 869~870 页。

心的人生哲学，人精神境界的提高依赖于心灵自身的觉解，是自证自明的，不需要客观证据和理论证明，因此多用讲其所不讲的"负的方法"。与科学命题的灵而不空、历史命题的实而且死不同，真正的形上学的命题是空而且灵的，是不可言说的。空灵境界是中国禅宗的最高境界，故冯友兰以"禅宗的方法"为中国哲学形上学的"负的方法"的代表。禅宗的"第一义"是不能讲的，如有表示，皆如以指指月，以筌得鱼。而"以指指月，既已见月，则需忘指。以筌得鱼，既已得鱼，则需忘筌。指与筌并非月与鱼"[1]。对不能说者，人必须静然，禅宗于静默中"立义境"，乃是最彻底的"负的方法"，一种真正的悟道境界。

对不可思议者的思议，对不可思议者的言说，构成了中国哲学"负的方法"的基本特征。若以科学实用的态度做理智的分析，哲学的形上学命题和诗一样，讲的全是无实际意义的废话，自欺欺人而已；但对于人生和生活而言，这却是形上学与诗的功用所在。因其能使人得到一种精神上或感情上的满足，所以形上学可比于诗。诗的言说可以说是用"负的方法"讲形上学，但须先分别止于技的诗与进于道的诗。冯友兰说：

> 有只可感觉，不可思议者；有不可感觉，只可思议者；有不可感觉，亦不可思议者。只可感觉不可思议者，是具体的事物；不可感觉，只可思议者，是抽象的理；不可感觉亦不可思议者，是道或大全。一诗，若只能以可感觉者表示可感觉者，则其诗是止于技的诗。一诗，若能以可感觉者表显不可感觉只可思议者，以及不可感觉亦不可思议者，则其诗是进于道的诗。[2]

止于技的诗，指还仅限于艺术想象范围内的作品。冯友兰《人生哲

---

① 冯友兰：《贞元六书》，第 955 页。
② 冯友兰：《贞元六书》，第 958~959 页。

学》说："艺术者，人所用以改变天然的事物，以满足人自己之欲，以实现人自己之理想者也。"① 又说："诗对于宇宙及其间各事物，皆可随时随地，依人之幻想，加以推测解释；亦可随时随地，依人之幻想，说自己哄自己之话。此诗与说理之散文之根本不同之处也。"② 仅诉诸人之感觉和想象的诗歌作品，虽能给人以感情上的满足，但所说的话其实都是没有意义的。所谓"形上学是概念的诗歌"，大概指的是这种止于技的诗，因有些哲学家在其形上学中说的话也是假的、无意义的。

冯友兰认为，对于真正的形上学不可说，对于进于道的诗亦不可说，"因为进于道的诗，并不是只说无意义的话，自欺欺人，使人得到一种感情上的满足。它也是以可感觉者表显不可感觉者。我们可以说，就止于技的诗及有些哲学家的形上学说，形上学可比于诗。就进于道的诗及真正的形上学说，诗可比于形上学"③。比如在《饮酒诗》中，"渊明见南山、飞鸟，而'欲辨已忘言'。他的感官所见者，虽是可以感觉的南山、飞鸟，而其心灵所'见'，则是不可感觉的大全。其诗以只可感觉、不可思议的南山、飞鸟，表显不可感觉亦不可思议的浑然大全。'欲辨已忘言'，显示大全之浑然"④。也就是说，进于道的诗必有表显，它不讲形上学不能讲，而直接以可感觉者，表显不可感觉亦不可思议的道体。言在此而意在彼，它的意思决不止于其所说者。

诗可比于形上学，不止限于负的方法，它那种富于暗示性的言说方式，乃是对不可言说者的一种言说，是通达不可思议者的桥梁。在人的精神世界中，可感觉者与不可思议者是融为一体的，诗的言说不

儒家文艺思想史

---

① 冯友兰：《三松堂全集》第二卷，第 224 页。
② 冯友兰：《三松堂全集》第二卷，第 225 页。
③ 冯友兰：《贞元六书》，第 959 页。
④ 冯友兰：《贞元六书》，第 960 页。

是解释和分析这个世界，而是用暗示唤起人们的联想，让人们在对这个世界的直觉或神秘体验中领悟不可思议者。冯友兰认为："诗表达意思的方式，是以其所说者暗示其所未说者。好的诗必富于暗示。因其富于暗示，所以读者读之，能引起许多意思，其中有些可能是诗人所初未料及者。"[1] 他在《中国哲学简史》中说：

> 富于暗示，而不是明晰得一览无遗，是一切中国艺术的理想，诗歌、绘画以及其他无不如此。拿诗来说，诗人想要传达的往往不是诗中直接说了的，而是诗中没有说的。照中国的传统，好诗"言有尽而意无穷"。所以聪明的读者能读出诗的言外之意，能读出书的"行间"之意。中国艺术这样的理想，也反映在中国哲学家表达自己思想的方式里。[2]

与西方哲学家多长篇大论的言说方式不同，中国的哲人惯用名言隽语和比喻等类于诗的言说方式表达思想。西方形上学的传统是探讨存在理念、灵魂不死和意志自由，重视理智和概念分析；而中国哲学则以人性、人伦和人文为终极关怀，要领会人生的真相和心灵的奥秘，更重直觉和体验，也就更近于诗。所谓"负的方法"，其实质就是直觉体验，是一种技进于道的诗性智慧。《庄子·外物》说："筌者所以在鱼，得鱼而忘筌。蹄者所以在兔，得兔而忘蹄。言者所以在意，得意而忘言。"道不可道，故只能暗示；言而忘言，是不言之言。中国传统的哲学与诗学是相通的，尤其是道家和禅宗的思想方法和言说方式，多与诗有相同之处，讲究不涉理路，不落言筌，如羚羊挂角而无迹可寻。

冯友兰说："西方哲学对中国哲学的永久性贡献，是逻辑分析方

---

① 冯友兰：《贞元六书》，第 962 页。
② 冯友兰著，涂又光译：《中国哲学简史》，北京：北京大学出版社，1985 年，第17 页。

法。"① 这种"正的方法"能告诉我们言说对象是什么，改变中国哲学历来缺乏清晰思想的素朴和单纯。但他又说："哲学，特别是形上学，是一门这样的知识，在其发展中，最终成为'不知之知'。如果的确如此，就非用负的方法不可。哲学，特别是形上学，它的用处不是增加实际的知识，而是提高精神的境界。这几点虽然只是我个人意见，但是我们在前面已经看到，倒是代表了中国哲学传统的若干方面。正是这些方面，我认为有可能对未来的世界的哲学，有所贡献。"② 人需要思议，才能知道不可思议者，在使用"负的方法"显示"大全"之浑然之前，必须先用逻辑分析方法明确对象，做概念释义的工作。

人必须先说许多话，然后才能保持静默。

第四节　中国历史文化与中国文学艺术

一方面吸收外来的思想学说，一方面又不忘本民族的文化传统，求新而不肯弃旧，成为现代新儒家面对文化认同危机时的基本态度，这在史学家钱穆身上表现得很突出。处于西学流行的社会转型时代，他以维护中国历史文化之生命精神为学问宗旨，常为东西文化的新旧之争所困扰。其持论的出发点是要维新变革，以求在民族存亡之秋兴国保种，但所言又每若守旧，如不赞成新文化运动的除旧开新和文学革命。他以为每一民族国家都有自己的历史文化传统，为其生命精神之源泉，如果一个国家民族没有了文化，也就等于没有了生命。他说文化即人生，中国文化就在中国人身上，而中国人的全部人生，主要还不是在二十四史里，而是真实地表现在各家的诗文集里，若不懂中

---

① 冯友兰著，涂又光译：《中国哲学简史》，第 378 页。
② 冯友兰著，涂又光译：《中国哲学简史》，第 387 页。

国文学，也将不能认识中国文化。把握中国历史文化之生命精神，亦将有助于了解中国文学艺术传统的特殊性质。

一、中国历史文化的生命精神

钱穆一生以阐明中国文化的生命精神为己任，学问的宗旨在儒家。他用历史的眼光看文化，站在史学的立场上，打通经、史、子、集，从整体内在的层面指示中华文化的独特系统及其流变，故有别于其他从哲学上对儒学进行本体阐释的现代新儒家。在《中国历史研究法》中，他认为梁漱溟的《东西文化及其哲学》一书，只是根据哲学观点来讨论文化，似嫌不够，主张根据历史来研究文化，因文化是历史的真实表现，亦是历史的成果。"可以说，文化是全部历史之整体，我们须在历史之整全体内来寻求历史之大进程，这才是文化的真正意义"[1]。舍却历史，即无文化。世界上各国的历史发展不尽相同，故各国的民族文化传统必有相异处与特殊点，这样才能自成为一个文化体系而存在。钱穆说："当知无文化便无历史，无历史便无民族，无民族便无力量，无力量便无存在。所谓民族争存，底里便是一种文化争存。所谓民族力量，底里便是一种文化力量。若使我们空喊一个民族，而不知道做民族生命渊源根底的文化，则皮之不存，毛将焉附。"[2] 强调历史文化是国家民族赖以存在的根据，是一个民族生命精神的体现。

这种历史文化观的形成，既是他研究中国学术思想史的结果，也是针对新文化运动中全盘西化思想的一种反拨。在钱穆早年所著的《国学概论》中，有一章专论"最近期之学术思想"，他说："泊夫民国创建，而政象杌陧，国运依然，乃进而谋社会文化思想道德之革

---

[1]　钱穆：《中国历史研究法》，北京：北京三联书店，2001年，第132页。

[2]　钱穆：《中国历史研究法》，第168页。

新，以薪夫一切之改造；始专意为西方思想之输入。此则民五以来所谓'新文化运动'者是也。新文化运动，唱自胡适之、陈独秀，以文学革命为旗帜，以社会道德思想一般之改进为目的，以西洋之科学与民治为趋向之标准，以实验主义的态度，为下手方法。"① 时风所向，群以为要提倡通俗的、贴近人生的、有个性的平民文学，就必须革以往中国文学的命，并以文学革命为先导，抨击一切固有的中国文化：

> 以谓凡吾国种之所有，皆不足以复存于天地之间者。复因此而对其国种转生不甚爱惜之念，又转而为深恶痛疾之意，而唯求一变故常以为快者。②

如陈独秀的《文学革命论》，高张"文学革命军"大旗，于旗上大书特书革命军之三大主义："曰，推倒雕琢的阿谀的贵族文学，建设平易的抒情的国民文学；曰，推倒陈腐的铺张的古典文学，建设新鲜的立诚的写实文学；曰，推倒迂晦的艰涩的山林文学，建设明了的通俗的社会文学。"③ 意谓传统文学与阿谀虚伪的国民劣根性互为因果，必须彻底推倒。再如要"打倒孔家店"的钱玄同，他在《中国今后之文字问题》中宣称："则欲废孔学，不可不先废汉文；欲驱除一般人之幼稚的野蛮的顽固的思想，尤不可不先废汉文。""欲废孔学，欲剿灭道教，唯有将中国书籍一概束之高阁之一法。何以故？因中国书籍，千分之九百九十九都是这两类之书故；中国文字，自来即专拘于发挥孔门学说及道教妖言故。"④ 他断言中国文字的字义极为含混，文法极不精密，决不能适用于 20 世纪之新时代。

① 钱穆：《国学概论》，北京：商务印书馆，1997 年，第 333~336 页。
② 钱穆：《国学概论》，第 354 页。
③ 任建树、张统模、吴信忠编：《陈独秀著作选》，第 260~261 页。
④ 胡适编选：《建设理论集》，赵家璧主编：《中国新文学大系》，上海：上海良友图书印刷公司，1935 年，第 142 页。

对于革命激进派的反传统主张，钱穆颇不以为然。他说："自新文化运动以来，激进派之言论，大抵如戴氏所谓一味认中国的文化都是反科学的，加以排斥。在思想方面，革命与反革命的区别，几乎成中国与非中国的区别之概。遂致形成东西文化、精神物质之争。"①当时，面对中国社会的变局和西化思潮的冲击，中国文化将何去何从，东西文化孰得孰失？也就成为人们不能不回答的问题。钱穆以为："唯有复兴中国民族文化的自信，然后可以复兴中国之民族。"②他之所以赞成孙中山的"三民主义"（民族、民权、民生），在于其以"民族主义"为纲领，以恢复民族文化的自信力为目的。在《国史大纲》中，他指出中国近代的过激思想，以康有为的"速变、全变"为标语；而民国以来，则又有"文化革命"，以推翻中国人自己的传统文化和历史教训为主旨，口号则有"礼教吃人""非孝""打倒孔家店""线装书扔毛厕里""废止汉字""全盘西化"等。结果社会不断震荡，使国家民族元气大伤。在他看来：

> 文化与历史之特征，曰"连绵"，曰"持续"。唯其连绵与持续，故以形成个性而见为不可移易。唯其有个性而不可移易，故亦谓之有生命、有精神。一民族文化与历史之生命与精神，皆由其民族所处特殊之环境、所遭特殊之问题、所用特殊之努力、所得特殊之成绩，而成一种特殊之机构。一民族所自有之政治制度，亦包融于其民族之全部文化机构中而自有其历史性。所谓"历史性"者，正谓其依事实上问题之继续而演进。问题则依地域、人事种种实际情况而各异。③

有什么样的历史，就有什么样的文化，中国和西方各有自己历史发展

---

① 钱穆：《国学概论》，第 363 页。
② 钱穆：《国学概论》，第 360 页。
③ 钱穆：《国史大纲》，北京：商务印书馆，1996 年，第 911 页。

的阶段，故各成一种独特的文化系统。若一民族对自己的历史没有了解，必为无文化的民族。不能对本国以往的历史文化，抱一种偏激的民族虚无主义的态度，只有从国家民族的全部历史中求得其个性精神所在，才能把握其民族文化发展的生命泉源。钱穆说："写国史者，必确切晓了其国家民族文化发展'个性'之所在，而后能把握其特殊之'环境'与'事业'，而写出其特殊之'精神'与'面相'。然反言之，亦唯于其特殊之环境与事业中，乃可识其个性之特殊点。"①也就是说，只有从国家民族之内部自身，才能求得其独特精神之所在。这需要一种整体发展的历史眼光，盖"全史之不断变动，其中宛然有一种进程，自其推动向前而言，是谓其民族之'精神'，为其民族生命之泉源。自其到达前程而言，是谓其民族之'文化'，为其民族文化发展所积累之成绩"②。每个国家民族的文化，概由该国家民族全部历史之生命精神凝聚而成。

以西方文化作为对照，能更清楚地从中国历史里看出中国文化的特殊性，从写《国史大纲》起，钱穆开始具体讨论中西文化问题。他认为中国乃世界上历史最完备的国家，中华民族发展的历史具有悠久、无间断和详密等特点，这是西方国家无法比拟的。一值得注意的事象是中华民族文化常于"和平"中得进展，而欧洲史每常于"斗争"中著精神。中国社会历史的发展、文化的进步，是在和平时期以舒齐的步骤得之，不像欧洲那样常在惊心动魄的革命震荡中完成。他说：

> 中国史如一首诗，西洋史如一本剧。一本剧之各幕，均有其截然不同之变换，诗则只在和谐节奏中转移到新阶段，令人不可划分。所以诗代表中国文学之最美部分，而剧曲之在中国，不占

①　钱穆：《国史大纲·引论》，第9页。
②　钱穆：《国史大纲·引论》，第11页。

地位。西洋则以作剧为文学家之圣境。即以人物作证，苏格拉底死于一杯毒药，耶稣死于十字架，孔子则梦奠于两楹之间，晨起扶杖逍遥，咏歌自挽。三位民族圣人之死去，其景象不同如此，正足反映民族精神之全部。①

这当然只是一种形象比喻。若就中国历史特殊的"环境"与"事业"而言，"中国文化演进，别有其自身之途辙，其政治组织乃受一种相应于中国之天然地理环境的学术思想之指导，而早走上和平的大一统之境界。此种和平的大一统，使中国民族得继续为合理的文化生活之递嬗"②。所以中国的政制常偏重于中央之凝合，非四周之吞并；其精神亦常偏于和平，而不重于富强；其为学常重于人事之协调，而不重于物力之利用。社会的发展进步，只在于经济地域的逐次扩大，文化传播的逐渐普及，以及政治机会的渐趋平等而已，这是一种典型的东方文化类型。钱穆说："西方之一型，于破碎中为分立，为并存，故常务于'力'的斗争，而竞为四围之斗。东方之一型，于整块中为团聚，为相协，故常务于'情'的融合，而专为中心之翕。一则务于国强为并包，一则务于谋安为绵延。故西方型文化之进展，其特色在转换，而东方型文化之进展，其特色则在扩大。"③ 中国文化的性质，不在一种力之向外冲击，而在于一种情的内在融合，绵延持久的生命与和平的精神，乃中华民族精神命脉之所系。

在《中国文化史导论》中，钱穆对中国历史文化的特点有更为系统明确的阐释。他认为文化的发展受环境的影响甚巨，各地文化精神的不同，穷其根源，最先还是由于自然环境有分别，而影响到生活方式，再由生活方式影响到文化精神。比较中、西历史文化在地理环

---

① 钱穆：《国史大纲·引论》，第 13 页。
② 钱穆：《国史大纲·引论》，第 20 页。
③ 钱穆：《国史大纲·引论》，第 23 页。

境、经济形态和人生观三方面的不同，他指出：一、中国文化开始便在一个复杂而广大的地面上展开，有复杂的大水系，到处有堪作农耕凭借的灌溉区域，所以能迅速完成为一内部统一的大国家，有强大的抵抗异族的能力，以及内在的尚新气概。二、与西方是商业文化不同，中国文化建筑在农业经济形态之上，是彻头彻尾的农业文化，不求富强，但求安足，因此能自给自足而一线绵延。三、就人生观念而言，西方人重"自由"，还有"组织"和"联合"；而中国人却不很重视"自由"和"联合"，更强调对世界对人生的"义务"观念，以"伦理观"融化了"宇宙观"，追求此身与家、国、天下的合一，"小我"与"大自然"的混然一体，亦即"天人合一"。他说：

> 中西文化各有体系，举大端而言，从物质生活起，如衣、食、住、行，到集体生活，如社会、政治组织，以及内心生活，如文学、艺术、宗教信仰、哲学思维，荦荦大者，屈指可数。然相互间则是息息相通，牵一发，动全身，一部门变异，其他部门亦必变异。我们必从其复杂的各方面了解其背后之完整性。①

中国文化一摆开就在一个大地面上，充实四围，所以能绵延不绝，《周易》说的"可大可久"，是中国人对于一般生活的理想，也就是中国文化价值之特征。但文化不只是平面空间里各方面的各种样的生活，也经历过历史时间的绵延演进。从纵向的文化自身的发展看，中国文化已表现在中国已往全部历史过程中，应从历史发展的客观方面来指陈中国文化之真相。中国文化经长期传承一线而下，已有了五千年的历史演进，总的来说：

> 学术思想最灿烂的时期，是在秦以前。政治社会最理想安定的时期，莫过于汉唐。而文学艺术的普遍发达，则在唐代开国以

---

① 钱穆：《中国文化史导论·弁言》，北京：商务印书馆，1994年，第6页。

儒家文艺思想史

396

后。这是中国文化史演进三大历程。①

中国在先秦时代，不仅完成了"国家凝成"与"民族融和"的事业，也大体奠定了中国民族的"学术路径"与"思想态度"；在将宗教政治化后，又将政治伦理化，并出现了道术分裂、百家争鸣的言论自由。由两汉至隋唐，中国文化的最大成就是在政治和社会的组织方面，故"大一统的政治和平等的社会之达成，这便是汉唐时期的成绩。我们总觉得，中国到现在为止，学术思想方面还超不出先秦，政治社会方面还超不出汉唐"②。宋代以下中国的社会与政治，都逃不出汉唐成规，"因此中国的政治社会发展到某一阶段，便再进一步来期求各人内在个性的发展。个性发展的真实表现，一般说来，最主要的是在文学和艺术。其实文学亦即是艺术之一端"③。唐以后中国文化的发展，主要体现为"文艺美术与个性伸展"。

钱穆说："我们要想了解中国文化之终极趋向，要想欣赏中国人对人生之终极要求，不得不先认识中国文学艺术之特性与其内在之精意。要想认识中国人之文学与艺术，唐代是一个发展成熟之最高点。必先了解唐人，然后瞻前瞩后，可以竟体了然。汉代人对于政治、社会的种种计划，唐代人对于文学、艺术的种种趣味，这实在是中国文化史上之两大骨干。后代的中国，全在这两大骨干上支撑。"④ 唐代的文学艺术有从贵族到平民、从宗教到日常人生的两大趋势。宋以后的文学艺术都已平民化了，令人日常接触到的，尽是文学和艺术，单纯、淡泊、和平、安静，让你沉默体味，教你怡然自得。这种文学艺术的情趣与人生道德的调和，便代替了宗教的作用。钱穆以为："中国在宋以后，一般人都走上了生活享受和生活体味的路子，在日常生

---

① 钱穆：《中国文化史导论》，第246页。
② 钱穆：《中国文化史导论》，第241页。
③ 钱穆：《中国文化史导论》，第245页。
④ 钱穆：《中国文化史导论》，第173页。

活上寻求一种富于人生哲理的幸福与安慰。而中国的文学艺术，在那时代，则尽了它的大责任大贡献。"① 这是中国的文学艺术自唐宋才显得特别发达的缘故。

历史是人的活动，文化是人的生活创造，所以历史、文化和人生是三位一体的，本来只是一事。钱穆说："譬如一人的生活，加进长时间的绵延，那就是生命。一国家一民族各方面各种样的生活，加进绵延不断的时间演进，历史演进，便成所谓'文化'。因此文化也就是此国家民族的'生命'。如果一个国家民族没有了文化，那就等于没有了生命。"② 文化就是人的生活，也就是民族的生命。文化即人生，而且是多方面的人生，人类文化的发展可分为三个阶层来讲：

一、属于物质经济方面的，是人对物的问题。

二、属于政治社会方面的，是人对人的问题。

三、属于精神心灵方面的，是心对心的问题。③

与不同文化阶层相对应的人生有三种：一是物质的人生，在物的世界求生存，如衣食住行，故又称自然人生、经济人生；二是社会的人生，在人的世界求安乐，如家庭组织、国家法律等，又称集团人生、政治人生；三是精神的人生，在心的世界里求崇高，如宗教、道德、文学艺术等，又称宗教人生、道德人生和艺术人生。三种人生是相互依存和递进的，文化阶层一步一步提高，人生的意义与价值也一步步向上。如一男一女是自然人生，一夫一妇的关系始是社会人生，由男女夫妇间产生出纯洁高贵的爱情，才进入精神人生。第三层的精神人生虽超越了物质人生，可仍建立在物质人生之上。钱穆说："人类文化必然要演进到第三阶层，才始有文学，才始有艺术，才始有道德，

---

① 钱穆：《中国文化史导论》，第251页。

② 钱穆：《中国文化史导论》，第231页。

③ 钱穆：《历史与文化论丛》，台北：东大图书股份有限公司，1985年，第18页。

才始有更崇高的理想。"① 文化人生是一种要用心灵来接触的世界。属于心灵精神方面的文化，才是人生的本质部分，才是人生的终极关怀。

基于对民族文化本位的认同立场，钱穆认为人类的历史文化行为应该侧重于道德与艺术的演进。他说："政治法律经济一切人事措施，最多仍是人生之手段与技巧，够不上说是人生之实质与本身。真实人生之最高表现，就其在目前之所到达，则不得不推道德与艺术。"② 中国文化的成就，正在其道德与文学艺术。中华民族是爱好和平的民族，故中华文化是和平文化，政治、社会种种制度，只不过是为和平的人生构建一个共同的间架。文学艺术的种种创造，是中华和平人生个别而深一层的流露。如果说西方文化偏重于物质人生，讲究科学和唯物；中国文化则更注重精神人生，崇尚道德和艺术。

二、中国文学的艺术特色

对中国文学的情有独钟，成为钱穆历史文化理论的亮点，此亮点的形成，自有其为学经历和时代方面的原因。在《宋明理学概述》的"自序"中，钱穆说他最初从文学入手，学习韩文，旁及柳、欧诸家古文，遂治集都；然后"因文见道"，转入理学；再从理学反溯到经学和子学，治先秦诸子，遂又下迨清儒的考据学。所读书益多，遂知治史学，而对文学的爱好始终不衰。钱穆治史，除重史料外，尤强调要有"历史智识"，史料靠积累，智识则当与时以俱新。他说："历史智识，随时变迁，应与当身现代种种问题，有亲切之联络。"③抱残守缺是不行的，但对以往的历史予革命的蔑视，亦为一切真正进

---

① 钱穆：《历史与文化论丛》，第 11 页。
② 钱穆：《历史与文化论丛》，第 43 页。
③ 钱穆：《国史大纲·引论》，第 2 页。

步的劲敌。所以他不赞成以"文学革命"的方式推倒以往的中国文学，进而否定一切中国文化成果，尤不赞成西化论者要废除汉字的过激言论，主张中国人对本国的文化和文学艺术要有一种温情和敬意。

钱穆说："东西文化孰得孰失，孰优孰劣，此一问题围困住近一百年来之全中国人，余之一生亦被困在此一问题内。"[1] 为增强民族自信心，彰显中国历史文化的生命精神，针对西化论者否定汉语言文学的反传统主张，钱穆乃就中国历史文化的特性讨论中国文学的特征，涉及中国文学的语言艺术、体裁和创作特色，以及中国文学当怎样发展等问题。其所论主要集中于以下三个大的方面：

（一）中国文学的博雅悠久

在钱穆看来，中国文化一开始就在一个地大物博的空间展开，形成大一统的民族国家，具有很强的向心力。中国文学亦然，中国第一部诗歌总集《诗经》之雅颂和十五国风，所包括的地域非常广，但文学的风格近于雅言，相互间无大的差异，实已超出了地域的限制而成为大一统的文学。中国文化和文学的这种性质，他以为与文字有莫大的关系。他说："要明白中国文化之所以能扩大在广大的地面上，维持至悠久的时间，中国文字之特性与其功能，亦是很重要的一个因素。"[2] 文学是语言的艺术，以中国文字为语言工具的文学，受中国文字特性的影响也就更为直接，因为：

> 文学必赖文字为工具而表达，而中国文字正有其独特之性格。与其他民族文字相比较，其他民族语言与文字之隔离较相近，而中国独较相远。但语言随地随时而变，与语言较相近之文学，易受时地之限制，而陷于地域性与时间性。中国文学则正因

---

[1] 钱穆：《八十忆双亲 师友杂忆》，北京：北京三联书店，1998 年，第 46 页。
[2] 钱穆：《中国文化史导论》，第 91 页。

其文字与语言隔离较远，乃较不受时地之限制。①

如《诗经》中的十五国风虽是各地的民歌，但已不是地域性的文学，因政府将其收集上来后，已按当时官方的"雅言"和"雅乐"，做过一番淘洗和雅化的工作，所以能流行全国。钱穆说："中国文学发达，与西方不同。主要缘于中国古代就有一个统一政府。各地地方性文学，要传播到全国，不得不先经过政府之淘洗与雅化。"② 超越地域限制的全国性文学得以成立，关键在于有统一的文字。盖"中国文字本来是一种描绘姿态与形象的，并不代表语言，换言之，中国文字本来只是标意而不标音。但自形声字发明以后，中国文字里面声的部门亦占着重要地位，而由此遂使'文字'和'语言'常保着若即若离的关系。举其重要者言之，首要是使中国人得凭借文字而使全国各地的语言不致分离益远，而永远形成一种亲密的相似"③。一种官方认可的典雅的书面文字控制着广博的各地方言，成为通行的文学工具。文字的统一使语言也接近统一，不仅有利于统一的民族文化之形成，也使中国文学从一开始就是多样统一的博雅的文学。

中国有文字记载的历史已三千多年，而至今人们常用的汉字还维持在三千个左右。钱穆认为这实在是中国人文化史上的巨大成功，一种代表中国智慧的艺术性的成功，一种以"简单的驾驭繁复"，以"空灵的象征具体"的语言艺术的成功。中国文字既有规范性，也有相当的灵活性，即以中国人造字的"六书"而言，形可象则"象形"，事可象则"指事"，无形事可象则"会意"，无意可会则"谐声"。象形多独文，指事、会意与谐声多合体字，以文为母，以字为子，文字相生，孳乳浸多，而有"转注"。转注以本意相生，若变通

---

① 钱穆：《中国文学论丛》，台北：东大图书股份有限公司，1983 年，第 29 页。
② 钱穆：《中国文学论丛》，第 66 页。
③ 钱穆：《中国文化史导论》，第 89 页。

其义则有"假借"。也正因为如此，中国文字具有本于象形而不为形所拘、极于谐声而不为声所限的特点，既可以控制语言，使语言在多样中维持统一；也可以追随语言不断地造新词，以适应新的社会需要和运用。汉语的新词只是把旧字另行配合，一般不需要另造新字。钱穆说：

> 中国文学可谓有两大特点。一普遍性，指其感被之广。二传统性，言其持续之久。其不受时地之限隔，即是中国文化之特点所在。此即易传所谓之可大与可久。而此一特点，其最大因缘，可谓即基于其文字之特点。①

中国文学的普遍性，指能超越地域的限制，是一种博雅的文学；其传统性则指不受时间的限制，是一种能为一代又一代中国人所长久传诵的文学。如《诗经》中的"一日不见，如三秋兮"。除了"兮"字需做解释，其余文字是今天的小学生都能读懂的。再如《诗经》中的："昔我往矣，杨柳依依；今我来思，雨雪霏霏。"所写情景之真切，令两千五百多年后的人读之亦如在眼前。这些近三千年前的古代诗歌，至今仍能为中国一般人所诵习领会，在世界诸民族国家中，可以说是绝无仅有的。钱穆说："文学之特富于普遍性者遂亦称为雅。俗则指其限于地域性而言。又自此引申，凡文学之特富传统性者亦称雅。俗则指其限于时间性而言。孰不期望其文学作品之流传之广与持续之久，故中国文学尚雅一观念，实乃绝无可以非难。"② 中国文学一开始即求超脱通俗的时地限制，往普遍悠久的雅文学方向发展。中国文学具有超越时空的长久生命力之特性，可归功于中国人尚雅的文化传统。

中国文学的雅俗之辨，就语言表达形式来讲是文言与白话的区

儒家文艺思想史

---

① 钱穆：《中国文学论丛》，第30页。
② 钱穆：《中国文学论丛》，第31页。

别，言其体裁内容，则可分政治性的上层文学与社会性的下层文学两种。所谓"上层文学"，指以诗文为主的士大夫文学。钱穆以为中国古代"读书人以仕进为业，上下层打成一片，耕于畎亩之中，而仍以尧舜其君其民为职志。故其文学，每不远离于政治之外，而政治乃文学之最大舞台，文学必表演于政治意识中。斯为文学最高最后之意境所在。"① 如唐代传奇的体裁内容，已与上层政治性文学之诗文传统不同，但多属于上层传统文学作者偶尔为之，故其精神血脉仍不相远。至宋代话本，为出自社会下层不知名人之手的白话小说，则属于社会性的俗文学。钱穆认为："所谓政治性上层文学，以其建立在人群最高共通标准上，故曰雅。所谓社会性下层文学，以其无此最高共通标准，故曰俗。"② 钱穆是崇雅鄙俗的，以为中国文学史显有此上下层之别，而且是以上层为主，下层为附。他说："社会下层文学之在中国，其短处在只有作品，不见作者。未能十足透露出中国文学之传统精神之所在。"③ 下层文学必通达于上层，乃始有意义和价值。

（二）诗为中国文学艺术的主干

与西方文学以小说、戏剧为主不同，中国文学以诗为主干，诗为中国传统文学的正宗。钱穆说："中国乃诗的人生，西方则为戏剧人生。"他认为中国文学乃以雅化为演进，而西洋文学则以随俗而演进。中西文学的这种差异也是由文化决定的，盖西方是商业文化，商人重利轻别离，为求利润而不讲情感，无情亦无诗；唯其跋山涉海，万贯在身，骤变富翁，充满刺激和戏剧化。中国以农业立国，春耕夏耘秋收冬藏，四时景色和日常劳作皆可入诗，故得使五千年中国史亦如一诗。故云："诗史为中国人生之轮翼，亦即中国文化之柱

---

① 钱穆：《中国文学论丛》，第 51 页。
② 钱穆：《中国文学论丛》，第 63 页。
③ 钱穆：《中国文学论丛》，第 57 页。

石。……凡不深于中国之诗与史，将不知中国人之所为论。"钱穆说：

> 中国民族之文学才思其渗透而入史籍者，至深且广。今姑不论而论诗。诗者，中国文学之主干。诗以抒情为上。盖记事归史，说理归论，诗家园地自在性情。而诗人之取材，则最爱自然。宇宙阴阳，飞潜动植，此固最通方，不落偏隅之题材也。①

除尊传统、尚雅正外，中国文学还贵通方，从自然界常新的光景，社会政治的风云到人事之纤屑、心境之幽微，无不可纳入作品中；取材力戒土俗，描写必求空灵，文字讲究精练，要达到这些要求则非诗不能胜任。诗是生活的牧歌，诗之比兴，实为中国文学表达性情的主要方式与主要技巧，无比兴而不成诗。钱穆说："其实比兴即是万物一体天人合一之一种内心境界，在文学园地中之一种活泼真切之表现与流露。不识比兴，即不能领略中国文学之妙趣与深致。而比兴实即是人生与自然之融凝合一，亦即是人生与自然间之一种抽象的体悟。此种体悟，既不属宗教，亦不属科学，仍不属哲学，毋宁谓之是一种艺术。此乃一种人生艺术也。中国文化精神，则最富于艺术精神，最富于人生艺术之修养。"② 诗人之比兴，为求了解中国文化精神者所必须重视，因中国文学之精采正在比兴中，知比兴则知文学修养，亦知中国文化精神。

以诗为中国文学之主干，则是否能表现内心情感而具诗之情趣和意境，便成为作品文学性的要素。非深于诗者，即不能为文。钱穆说："西方人分心为智、情、意三项，西方哲学重在智，中国文学重在情与意。情当境而发，意则内涵成体。"③ 故中国的各体文学都含

① 钱穆：《中国文学论丛》，第 14~15 页。
② 钱穆：《中国文学论丛》，第 43 页。
③ 钱穆：《中国文学论丛》，第 120 页。

有诗的因素，即如散文，亦可谓从诗体演变而来，其佳者必具诗味，因为：

> 孔子曰："不学诗，无以言。"凡中国古人善言者，必具诗味。其文亦如诗，唯每句不限字数，句尾不押韵，宜于诵，不宜歌。盖诗乐分而诗体流为散文，如是而已。①

根据这种观点，钱穆以为先秦诸子散文中可称为文学的，是那些特富诗意的散文小品文字，如《论语》《庄子》中的一些篇章。他在《中国文学中之散文小品》里说："庄子的文学天才实在了不得，他最擅长用比兴的手法，书中许多神话小说故事，多只是比兴。……《论语》可比《诗经》，而境界尤高。《庄子》可比《离骚》，而《离骚》的文学情味，其实也并不比《庄子》高出。"② 他以为自建安以下，诗赋散文显为同流，文虽有骈散之分，而根源皆在诗；唐代的韩、柳古文，凡有文学意味者多近于散文诗。他在《杂论唐代古文运动》里说："赠别有诗，公燕亦有诗，至于唐，皆变而有序。此等序，其实皆诗之变体。唯韩公深于文，明于体类，故能以诗之神理韵味化入散文中，遂成为旷古绝妙之至文焉。"③ 韩愈古文里的散文佳篇，实近于无韵之诗，故后人多以评诗语评其赠序之作，或云"高情远韵，可望不可及"，或曰"寄兴无端，妙远不测"，又谓"风神绝远"等，皆因其文体从诗之解放来，不失诗之神理韵味。文章大家韩愈不仅以文为诗，其实更能以诗为文。

再如中国的戏剧，为文学的艺术化，其实皆为诗化的歌剧。钱穆《诗与剧》说："所谓诗言志，乃属一种情志，人生主要乃在此。故平剧地方剧莫不歌唱化，亦即是诗化。西方人之小说与剧本，唯因情

---

① 钱穆：《中国文学论丛》，第129页。
② 钱穆：《中国文学论丛》，第85页。
③ 钱穆：《中国学术思想史论丛》（四），台北：东大图书股份有限公司，1983年，第48页。

不深，乃偏向事上表演，曲折离奇，惊险叠出，波谲云诡，皆以事胜，非以情胜。"① 中国的戏剧以表现人生之内在心情为主，有情人生，乃生活中最现实者，此情变则其他现实皆将随之而变色，或者说现实中的人生况味在情。因重人情味，故知中国人生决不能戏剧化，而必诗化，中国戏剧表现的是诗化的情感人生。钱穆在《情感人生中之悲喜剧》里说："天理不外于人情，则为中国文化传统一大原则。故中国戏剧乃无不以人情为中心。人情深处，难以言语表达，故中国戏剧又莫不以歌唱为中心。唯有歌唱，乃能回肠荡气，如掬肺腑而相见也。"② 其《中国京剧中之文学意味》云："又如京剧中有锣鼓，其中也有特别深趣。戏台上无布景，只是一个空荡荡的世界，锣鼓声则表示在此世界中之一片喧嚷。有时表示得悲怆凄咽，有时表示得欢乐和谐。这正是一个人生背景，把人生情调即在一片锣鼓喧嚷中象征表出，然后戏中情节，乃在此一片喧嚷声中透露。这正大有诗意。"③ 有无诗意，为中国人欣赏或评价文学艺术的试金石。

（三）人文合一乃中国文学艺术的最高理想

孔子《论语》里讲的"志于道"，为中国历代文人士大夫奉行的人生信条，故"文以载道"与"诗言志"一样，成为中国文学创作的一贯宗旨和传统。何谓"道"？不仅不同时代的人有不同的解说，同时代的人也有不一样的认识。与冯友兰视"道"为哲学不同，钱穆认为"道"即文化。他在《人类文化之前瞻》中说："本人认为，中国文化传统中一向所甚为重视的一道字，其内涵意义，正约略相当于近代人所运用的文化二字。而中国人所爱用的此一道字，其内涵意义，则当指此文化体系之合理而具有甚高之意义与价值者。"④ 以为

---

① 钱穆：《中国文学论丛》，第 136~137 页。
② 钱穆：《中国文学论丛》，第 163 页。
③ 钱穆：《中国文学论丛》，第 174 页。
④ 钱穆：《历史与文化论丛》，第 4 页。

"道"的含意与"文化"相当，而且偏重在讲意义与价值的精神文化方面，属于文化人生的内容。钱穆《中国文化与中国人》云：

> 自然人生只求生存，文化人生则在生存之上有向往、有标准，这就讲到了人生的内在面。这一面，中国人向称之为"道"。中国人用这"道"字，就如现在人讲文化。不过现在人讲文化，多从外面"开物成务"方面讲；而中国人的传统观念，则定要在文化本身内部讨论其意义与价值。亦可谓文化中之有意义价值者始称"道"，而此项意义与价值，则往往不表现在外面，而只蕴藏在人生之内部。①

如此说，中国传统文化之理想必以人之内心情感为核心，有此核心始有"人文化成"与"情深文明"的成就。中国文化是内倾性文化，异于西方的外倾性文化。如讲文学，西方人常说在某部作品里创造了某一有个性的人物，但这人物只存在于作者虚构的小说或戏剧中，属外在的作品，与作者本人性情无直接关系。中国传统文学中最上乘作品的价值，并不在于作品中创造了人物和个性，而在于由作者本人之情感个性而创造出他的文学作品来。钱穆说："这正因中国文学精神是内倾的。要成一文学家，其精神先向内，不向外。中国人常说'文以载道'，这句话的意义也应从此去阐发。中国文学之最高理想，须此作者本身就是一个'道'。文以载道，即是文以传人，即是作品与作者之合一。这始是中国第一等理想的文学与文学家。"② 中国是诗的国度，诗人表现的就是他自己的真实性情，故在中国是先有了此作者，而后有他的作品，作品的意义和价值与作家自身的人格和个性密切相关。杰出的中国作家首先应是一位文化人，其人生是文化人生。

文化即生活，文化即人生，中国文化就在中国人身上，在中国人

---

① 钱穆：《历史与文化论丛》，第65页。
② 钱穆：《历史与文化论丛》，第68页。

的精神生活中，在其道德人生和艺术人生里。本来是中国人创造了中国文化，但也可以说中国文化造就了中国人。钱穆在《谈诗》中说："我认为若讲中国文化，讲思想与哲学，有些处不如讲文学更好些。在中国文学中也已包括了儒道佛诸派思想，而且连作家的全人格都在里边了。某一作家，或崇儒，或尚道，或信佛，他把他的学问和性情，真实融入人生，然后在他作品里，把他全部人生琐细详尽地写出来。"[1] 哲学讲的是人生哲理，文学表现的才是真实的人生，即作家的生活和性情。钱穆说：

> 中国文学另外一个特征，常是把作者本人表现在他的作品里。我们常说的文以载道，其实也如此。苟非其人，道不虚行，故载道必能载入此作者之本人始得。此又与西方文学有不同。设辞作譬，正如一面镜子，西方文学用来照外，而中国文学乃重在映内。也可说，西方文学是火性，中国文学是水性。火照外，水映内。[2]

所谓"文以载道"，其实是要在文学里表现出作者的文化人生，由其内心的情感生活映照出整个世界。如诗圣杜甫，把重要的实际人生都放在诗里了，包括自己的心情、性格和思想，从他的一心到身到家，夫妇子女，亲戚朋友，乃至国家天下，合一融通的表现，全面体现了中国儒家的精神。杜甫作品有诗史之誉，但他不是有意用诗写时代历史，只是从他的一颗心里，表现出他的日常生活，以至天下国家一切事。章学诚《文史通义》认为，古人子部的内容，后来都转到集部里了。钱穆很赞同这种看法，他在《漫谈中国文化复兴》中说："因此我们可以说中国人的全部人生，论其两汉以下，主要还不是在二十四史里，而是在各家的诗文集里。如果我们要研究范文正公王荆公，

---

① 钱穆：《中国文学论丛》，第 119 页。
② 钱穆：《中国文学论丛》，第 68 页。

根据宋史嫌不够，还要读范、王两家的诗文集。纵使一首小词，也不该忽略。因是整个作者之心情性格，生活的率真细腻处，都透露在这里。"① 不读前人的诗文集，就不可能对其文化人生有真切的了解。

作家与作品的合一，即人品与文品的一致，体现的是一种很高的文学境界和人生修养。在钱穆看来，西方人讲人生哲学，中国人则讲人生修养，而修养主要体现在胸襟和性情上。中国作家是以文学来表现人生的，以天下一家、中国一人为人文理想，其抒写性灵的作品中常有人在，透露出人文修养的深厚底蕴。他在《中国文化与人文修养》中说：

> 要了解中国的文学，必须了解中国做人的道理。因中国文学的最高理想，要将自己最高的人格溶化在自己的作品中，要使作家与其作品合而为一。故不了解作家，即不易了解其作品之最高最深之境界，若只求了解一篇篇的作品，而不去了解作家的人格，那么我们不能洞晓其作品所涵真实的意义，如或有某作家的作品不需通过了解作家本身的人格，而便能予以全部把握，则那些作品在中国人眼里至多是第二流的。②

果如其所说，则中国的小说戏曲多为第二流作品，只有传统的诗文可入于第一流作品，但还要看作者是否能把自己投入作品中。如屈原与其作品是融合为一的，不了解屈原的生活和人格，就很难理解其作品《离骚》《九歌》，这样的作品才是第一流的。中国文学的这一特性，遂使后人要为著名作家编年谱，并将其创作的诗文按年编排，目的是要通过其文读懂其人。钱穆说："文学最高境界，在能表现人之内心情感，更贵能表达到细致深处。如是则人生即文学，文学即人生。二者融凝，成为文学中最上佳作。圣人性情修养到最高处，即是人生最

---

① 钱穆：《历史与文化论丛》，第86~87页。
② 钱穆：《历史与文化论丛》，第374页。

高境界。如能描述圣人言行，到达真处，自然便不失为最高文学了。"① 这是儒家"有德者必有言"思想的现代翻版。钱穆认为："中国诗人只要是儒家，如杜甫、韩愈、苏轼、王安石，都可以按年代排列来读他们的诗。"② 按作品编年读诗，读诗有如读诗人年谱，这样才能对他们的整个生活和人格有了解，才能真正读懂他们的作品，也才能提高自己的人文修养。文学是人生最亲切的表示，故中国人的吟诗诵文，实为学做人的一条径直大道。若不懂文学或不通文学，总是人生一大缺憾，甚于不懂历史和哲学。

钱穆对中国传统文学的别有心解，具有很强的现实感和针对性。他在《诗与剧》里说："今日国人方提倡新文学，竞为戏剧小说，又倡为白话诗。中国一切旧文学，皆置之不理。而传统诗化之人情味，亦将放弃，古调不再弹，诚亦良堪嗟叹也。"③ 他对汉字优越性的赞美，对文学尚雅观念的推崇，以及强调诗之比兴是人生艺术，文学即人生，文以载道乃文化人生等，无一不是有感于某些新文学倡导者对中国民族文化和文学传统的全盘否定而发。矫枉难免过正，故对传统多溢美之辞。若因此而将钱穆视为文化保守主义者，则又显然不符合事实。他反对破旧，并不排斥立新，倾向于正面阐发中国文化和文学的现代意义，诸如从自然地理、社会形态和人生理想三个方面论述中国历史文化的特点，由文化发展的三个阶层分析三种人生，又从三个方面谈中国文学的民族特色。前后对应的内在理路很清晰，看问题的眼光是现代的。相对于其他现代新儒家学者而言，他较少引述西方哲学，而一以本国历史为立论根据，但其注重整体的系统观念和缜密的思辨逻辑，则又显示出对西方科学精神和现代文化理念的充分吸收。

---

① 钱穆：《中国文学论丛》，第 81 页。
② 钱穆：《中国文学论丛》，第 116 页。
③ 钱穆：《中国文学论丛》，第 135 页。

第六章

现代新儒家的生命哲学与文艺美学

现代新儒家的生命哲学，以转识成智提高生命意义、增进生命价值为终极关怀，以彰显中华民族的生命情调、生命存在和生命智慧为宗旨，涉及中国人的美感、真善美的意识形态、中国艺术精神等重要的文艺美学问题。源于西方近现代人文主义重视直觉的生命哲学，与中土大乘佛学的唯识论比照，经过一番消化吸收之后，融入了对中国传统儒家易学生生之德的理解中，并见之于重建道德自我的心灵境界，以及内在超越的智的直觉里。这是一种崇尚生命精神的文化哲学，要取消主、客体的二元对立而使两者贯通于生命，对人和世界中的生命流行做全面整体的观照，并在艺术、道德和人生信仰等不同层面展开，具有融合西方新思潮、增强民族文化自信的思想特色。

现代新儒家在 20 世纪中后期的发展，有一个由中国大陆转移到港台和海外的过程，以致后来人们言及这一思想流派时，多以港台新儒家为代表。他们致力于在中外文化的比较中建构中西思想交融的生命哲学体系，昭示以儒家思想为主导的中国哲学的生命精神。强调中国传统文化是一种妙性文化，"心性之学"乃中国文化之神髓，以为只有在哲学上对这种心文化有新的阐释和发展，才能发扬光大儒家广大和谐的生命精神与圆而神的生命智慧，从中华文化的发展前途看到解决世界文化危机的出路。中国文化的生命精神，应从比较文化学的视野来观察，从儒、道、佛思想的会通处加以把握，就体现普遍生命精神的人格理想而言，诗人情操、圣贤气象和先知的智慧，都是令人神往的。

第一节　叩问生命

现代新儒家在中西学术的会通的同时，亦致力于传统文化中儒、佛思想的融合，这不仅可以从哲学上说明本体与现象、心与物的关系，亦可回答生命存在的终极关怀问题。在现代新儒家生命哲学的形成过程，中国佛学是一个值得重视的思想来源，具体内容包括：分析生命现象的苦与乐，直指本心而证悟生命本体，彰显转识成智的生命智慧。将生命问题由宗教信仰转换为哲学思考的关键，在于透过具体的生命现象证悟形而上的生命本体，以转识成智作为沟通世间与出世间的桥梁，展示向往光明的人生追求。

一、直面人生苦乐

中国佛学自近代以来渐趋于人间化和哲学化，并成为现代新儒家生命哲学的有机组成部分。在儒学现代化的进程中，梁漱溟、熊十力、牟宗三和方东美等现代新儒家代表人物，除了借鉴西方的生命哲学，还以会通儒、佛为思想进路，创立新唯识论，表彰天台的止观智慧，向往事理圆融无碍的华严境界。他们采纳大乘佛学的缘起学说和般若真空观，把握真空妙有的中道哲学，作为分析生命现象、证悟生命本体、洞悉生命智慧的根据。

以生命现象而言，一切都在变化中，人的"苦""乐"及生死乃变化中事。作为现代新儒家思想的开拓者，梁漱溟对此类问题非常敏感，其出世思想开窍之由来，在于对人生苦乐的留心观察和对生命无常的理解。这也促使他转而随顺世间义，由相信佛法解脱走向过儒家生活。在佛学论文《究元决疑论》中，梁漱溟强调：

> 此世间者多忧、多恼、多病、多苦，而我所信唯法得解，则我面值于人而欲贡其诚款，唯有说法。①

以为可凭借大乘佛法，从终极意义上来认识宇宙生命的本源（"究元"），明白人生苦乐的由来（"决疑"）。关于"究元"，他认为有大乘空宗（性宗）与有宗（相宗）提供的两种方法，空宗宣扬视万

① 梁漱溟：《梁漱溟全集》第一卷，第3页。

物本体为绝对空无的性空说，有宗则标举分析生命现象何以存在的"心法"理论和"唯识"学。空是真解脱因，就空宗的"如来藏"缘起而言，一切众生藏有本来清净的如来法身，亦称"真如"。作为万物本体，真如不生不灭，不常亦不断，不一亦不异，不来亦不去，是绝对的空无。在空空如也面前，言语道断，任何思议都显多余。

只有综合"性空"与"假有"，才能消解只有本体而无现象的以空为空，于现象界设定人生的终极价值。如果说不生灭是"如来藏"缘起的真谛，那么"生灭之八识"则属于阿赖耶缘起的内容，所谓"不生不灭与生灭和合名为阿赖耶识，此识能摄一切法生一切法"①。梁漱溟把自己讲印度佛学的著作名为《印度哲学概论》，以为：

> 佛之哲学殊为尽哲学之性，其长处唯在说不生灭。次则说生灭之八识、五蕴等。②

在"八识"（眼识、耳识、鼻识、舌识、身识、意识、末那识、阿赖耶识）中，染净一体的阿赖耶识是"种子"识，储藏有产生世界各种生灭现象的精神因素，当它以潜在的能力待缘而起时，就是"依他起"的诸法，于是便有了为人所感知的森罗万象。所谓"一切有为法，不出此分别（遍计所执性）依他（依他起性）两性。此两性既真实无相无生，由此理故，一切诸法同一无性。是故真实性（圆成实性）以无性为性"③。分别性是惑缘，依他是惑体，依他性由第八阿赖耶识、第七末那识与眼耳鼻舌身等五识的虚妄分别而成。属于"心法"的阿赖耶识，摄持了诸法的种子待缘而起"现行"，才有了能为人感知的现象界。

把佛学当作哲学来谈的，"真如"不可说，但又不得不说。如果

---

① 梁漱溟：《梁漱溟全集》第一卷，第89页。
② 梁漱溟：《梁漱溟全集》第一卷，第73页。
③ 梁漱溟：《梁漱溟全集》第一卷，第8页。

说现象可以被感知的话，那么被称为"真如"或"物如"的梵自体则非常情所能计度。梁漱溟认为："此不可思议义，西土明哲颇复知之：如康德所谓现象可知，物如不可知。叔本华亦曰，形而上学家好问'何以''何从'，不知'何以'之义等于'以何因缘'，而空间时间之外安得有因果？人类智灵不离因果律，则此等超乎空间时间以外之事安得而知邪？"① 既然作为本体的"物如"不可知、不可思议，种种言说无非戏论。所谓"究元"，只能以无性为真实自性，而识心所现的一切皆为世间幻有。"所谓忽然念起，因果相续，迁流不住，以至于今。此迁流相续者鲁滂所谓变化无休息，达尔文、斯宾塞所谓进化，叔本华所谓求生之欲，柏格森所谓生活、所谓生成进化，莫不是此。"② 尽宇宙只是一生灭，而生灭尽在因缘，理解要于生灭上见，起于因缘而尽于因缘。相对于空宗荡相相遣执的一切皆空之说，有宗一切唯识而归之于心，由心识看待世间万有的生命现象，谓心外无法。可据此说明人生的苦乐和佛法的解脱。

依大乘佛教的缘起学说，无在万化之前，空为众形之本，涉及本体与现象的关系问题。梁漱溟认为佛法之所事不外破我、法二执，所谓"大乘破我，必据唯识"③。在《唯识述义》中，他说唯识家虽从有分别入手，归根还是无得，与般若家无二；但般若家拿空无来扫荡一切，不论什么问题一切不问，所以对于种种问题有许多意见的只有唯识一派，"质言之，离了唯识竟是没有大乘教理可得。大乘佛教离了唯识就没法子说明（广义的唯识）。我们如果求哲学于佛教也只在这个唯识学"④。但他认为若没有柏格森那种"全整的感验"（integral experience）的直觉方法，则佛教的"真如""无明""阿赖耶

---

① 梁漱溟：《梁漱溟全集》第一卷，第10页。
② 梁漱溟：《梁漱溟全集》第一卷，第13页。
③ 梁漱溟：《梁漱溟全集》第一卷，第214页。
④ 梁漱溟：《梁漱溟全集》第一卷，第269页。

识"等都不好讲。虽说柏格森的直觉同于佛家的现量只是一种臆测，可梁漱溟认为：

> 柏格森之所成就的，却又与唯识学颇相密合。假使无柏格森开其先，或者唯识学还不好讲；印度化在晦塞的东方本无以自明，唯以有进化论后所产生、所影响之科学如生物学、心理学及其他，所演出、所影响之哲学如实验主义、柏格森及其他，而后佛家对宇宙的说明洞然宣达，印度化才好讲，唯识方法才好讲。①

唯识即唯心，一切法皆从心起，心生则种种法生，心灭则种种法灭，故大乘教典每每说心，宗门参悟尤在于此。梁漱溟说："唯识家所谓唯识的就是说一切都无所有，唯有感觉。唯识的识向来说不出来，我可以大胆指给大家看，就是这个感觉。"② 他强调"感觉"就是"了别"，就是"识"，就是"意"，就是"心"，内识就是感觉自己，所以唯识学的方法只在能把握现量。现量的唯一条件就在无分别，现量的感觉是纯粹的无分别的整体浑然的感觉，或曰能觉，类于奇妙的神经感应。无分别便是无判断、无知解、无意思，所以现量的感觉是不会错的，因为它无错误可言。

佛法的真谛离不开俗谛，但唯识家讲的心有别于世俗的情识之心，唯识的感觉与有知解的感觉是不同的。梁漱溟说："感觉谓五根之所领纳，如目悦美，身感痛。领纳之先，虽不曾起求美拒痛等想，唯是潜伏不露，要得说为欲。"③ 生的欲望人皆有之，世间万物与人同处于生命流行大化之中，可谓生生不息。生命现象丰富多彩，人的感觉也千差万别，概言之则不外苦、乐二端。"苦者欲不得遂之谓，

---

① 梁漱溟：《梁漱溟全集》第一卷，第 279~280 页。
② 梁漱溟：《梁漱溟全集》第一卷，第 286 页。
③ 梁漱溟：《梁漱溟全集》第一卷，第 16 页。

此外无他义；……乐者欲得遂之谓，此外无他义；乐之薄甚，视其欲之切否。"① 苦乐系于生存之欲望，苦概括一切烦恼、忧悲、病痛言之，欲念生生不已，则苦乐之量亦难以穷尽。如何才能去苦存乐？遂成为生命的大秘密。佛教的方法是以出世间的"无我""无生"，破除"我执""法执"而一切毕竟空。若悟"无生"之理，则可淡化生之欲念，摆脱一切烦恼，进入"常乐我净"的超凡脱俗的寂灭之境。生死即涅槃，这是梁漱溟早年崇信佛法的思想基础，佛教的以"无生"为乐，促使他两度自杀以求解脱，但都没有成功。

佛教的出世间法，以人之有生为苦，谓苦海无边，欲立地成佛，获"无生"之乐。殊不知求生是本能，也是人间正道，要置生之欲念于度外，反而是一种极强的欲念。正如叔本华所言："自裁者之决去生命，正以其未能决去欲念耳。"② 有解于此，梁漱溟在讲出世间义时，亦谈随顺世间义，以祈众生成佛。但要行随顺世间法，则不能不由佛说返归儒学，以"寻孔颜乐处"为精神追求。《论语》开篇即是"不亦乐乎"，通篇不见一个苦字，孔子对人生充满赞美，讲"天地之大德曰生"。如果说代表佛家道理的是"无生"，那么代表儒家道理的便是"生"。梁漱溟说：

> 这一个"生"字是最重要的观念，知道这个就可以知道所有孔家的话。孔家没有别的，就是要顺着自然道理，顶活泼顶流畅的去生发。他以为宇宙总是向前生发的，万物欲生，即任其生，不加造作必能与宇宙契合，使全宇宙充满了生意春气。③

佛家欲超脱生死大限，儒家则要成就自得的人生。人生的自得之乐必由儒家仁学而后得之，《论语》里有"仁者不忧"之说，不忧即是

① 梁漱溟：《梁漱溟全集》第一卷，第 16 页。
② 梁漱溟：《梁漱溟全集》第一卷，第 19 页。
③ 梁漱溟：《梁漱溟全集》第一卷，第 448 页。

乐。"你几时懂得这乐，几时懂得这仁。宋明人常说：'寻孔颜乐处'，那是不差的。他只是顺天理而无私欲，所以乐，所以无苦而只有乐。"[1] 中国儒家的乐感文化，追求的不是外在的乐，而是内心自得的乐，这种乐见于人伦日用中，寄寓于生命流畅之上，教人于日常生活体验盎然生趣和活泼天机，无入而不自得，尽享天伦之乐。于是顺世间即出世间，由人伦日用可达西方极乐世界，这样的生活是绝对乐的生活，所以要做儒家生活。

二、证悟生命本体

对形而上的生命本体的证悟，是沟通世间与出世间的桥梁，亦是将宗教问题转换为哲学问题的关键。所谓"有情于世间之致思，其第一步恒欲推索万有何以为体，与夫本原所自。由体达用，由本之末，而人生归命所在可得也"[2]。要把佛学当作哲学讲，只能采用形而上的本体阐释方法，视梵体为真谛而遮遣俗谛。因为：

> 上智者无分别见，为能证知真体，由于明悟，是即真谛。下智者有分别见，为能察知现象，由于经验，是即俗谛。然现象本无，由于分别；俗谛本无，由于经验。[3]

在否定了经验现象之后，以否定之否定的空、寂本体为真常存在，而谓诸法无我，故色即空，空即色。若不识佛教的这种遮遣法，就会生出谤佛之议。梁漱溟说："如此土凡夫熊升恒云：'佛道了尽空无，使人流荡失守，未能解缚，先自逾闲，其害不可胜言。'不知宇宙本无一法之可安立，彼诸不了义之教，假设种种之法，有漏非真，今日已不厌人心。"[4] 他指斥的凡夫熊升恒，即当时刚涉足佛学的熊十力，

---

① 梁漱溟：《梁漱溟全集》第一卷，第 464~465 页。
② 梁漱溟：《梁漱溟全集》第一卷，第 74 页。
③ 梁漱溟：《梁漱溟全集》第一卷，第 78 页。
④ 梁漱溟：《梁漱溟全集》第一卷，第 19 页。

后来也成为现代新儒家代表人物。熊十力虚心接受了梁先生的批评，又接替梁先生的教职，在北京大学讲授唯识学。经多年证悟生命本体的冥思苦想，他以佛家的空寂心体会通大易生化之真几，创作了直指本心的《新唯识论》。言本心恒转，证空而观生；谓翕辟成变，归寂而知化。

熊十力在《新唯识论》里倡言本心即本体，以为"识者，心之异名。唯者，显其殊特，即万化之原而名以本心，是最殊特"①。传统的唯识学属于大乘有宗，要转染成净，以现象界的生灭和八识、五蕴等为分析对象，终归空门。从分析八识入手，就像剥蕉叶，一片一片地剥完，自无芭蕉可得。熊十力认为：

> 有宗不见本体，直妄构一染性之神我当作自家生命，此其大谬。若证见本体，即知我所以生之理与天地万物所以生之理，无来无二无别。易言之，我之生命即是宇宙大大生命，非可横计有个体的生命以为我所独具者也。②

站在大乘空宗的立场，要破相遣执，即真如实相亦在所遣，欲人能于言外透悟真如。空宗的荡相遣执，如快刀斩乱麻，令人当下即透过现象证会空寂本体。这种性智是熊十力十分赞赏的，称之为本心，以为"空宗般若，荡然破一切执，而其智始显也。智，本心也"③。性智是本心的异名，亦是本体的异名，只有凭着本心或性智的自明自识，才能证悟本体。

就形而上的本体而言，生命是寂静的，所以熊十力赞同大乘佛学的真空观，以为空宗于寂静的方面领会得很深切。但他也指出空宗只见性体是寂静的，却不知性体亦是流行的，以至谈体而遗用。根据体

---

① 熊十力：《新唯识论》，《熊十力论著集之一》，北京：中华书局，1985 年，第 239 页。

② 熊十力：《新唯识论》，《熊十力论著集之一》，第 641 页。

③ 熊十力：《新唯识论》，《熊十力论著集之一》，第 565 页。

用不二的思想，他倡言"本心恒转"之说，以为"夫心者，恒转之动而辟也。盖恒转者，至静而动，至神而无，本未始有物也。然其神完而动以不匮，斯法尔有所摄聚。不摄聚，则一味浮散，其力用无所集中，唯是莽荡空虚而已。大化流行，岂其如是"①。作为本体的本心，是即静即动的，静言空寂之本体，动则显不测之妙用，所谓：

寂静之中即是生机流行，生机流行毕竟寂静。②

至寂至静之中，自有生机萌动，寂静乃生之几，本体若不体现为用，则只是空无而已。如依用显体，则恒转可谓心体的功用，为生生不息之生命力。熊十力说："我们诚欲于流行而识得寂然之体，及于虚静之中而验夫翕辟之萌，与无生而生、灭即不灭之几，倘非反已证会，何由可得实解？"③ 本体即本心，亦即性体。本体是一个至寂至静、无造无生的境界，若悟一切迷妄分别都是空，则本心自性的寂静自然显现。但若醉心于佛家的寂静境界，更会窒息了生生不息之真几。佛家的观空虽妙，不免耽溺于空；其归寂虽是，又恐停滞于寂。善观空者，应于空中见生命流行；妙悟寂者，要能于静中识本心恒转。就本心而言，是虚寂的、明觉的，是吾与万物浑然同体之真性，是真实的智而非虚妄的心。

申明体用，双显空寂与生化，是《新唯识论》的旨趣所在，熊十力用生命流行的一翕一辟，假说为心和物，目的在于扬弃佛学的空、有二宗，折衷于儒家《易》理的寂感和生生之仁。他说："本体是生生化化流行不息的，儒家《大易》特别在此处发挥，佛家于体上只说无为，绝口不道生化。"④ 以为本体是空寂真常的，佛家证见如是，儒家亦自见得，但不特别强调，只是引而不发。谈生化者若非

---

① 熊十力：《新唯识论》，《熊十力论著集之一》，第 545 页。
② 熊十力：《新唯识论》，《熊十力论著集之一》，第 381 页。
③ 熊十力：《新唯识论》，《熊十力论著集之一》，第 358 页。
④ 熊十力：《新唯识论》，《熊十力论著集之一》，第 402 页。

真正见到空寂的本体，则不知无生之生、不化之化；但若舍生化而言本体，就没有生命流行的显现，空空如也的本体便成了顽空。生化之妙难以形容，似电火一闪一闪，常有常空，只可即用而言，以翕和辟的功能加以言说。宇宙间收凝的势用，名为翕，翕即成物，"方其动而翕时，即有刚健、升进、纯净、虚寂、灵明及凡万德具备的一种势用，即所谓辟者，与翕俱显"①。与翕相表里的辟，是生命流行的势用，可名为宇宙的心，或称宇宙精神。依恒转而翕辟成变，方有大用流行，本体显为大用，必有一翕一辟。须会通佛之寂灭本体与儒家的生生之仁，方可见生命翕辟成变的流行大用。

关于生命，可以即用而言，从变化流行上讲，也可以即体而论，直指本心。熊十力说："生命一词，虽以名辟，亦即为本体之名，体用本不妨分说，而实际上究不可分为二片。达此旨者，则知本论生命一词，或依用受称者，乃即用而显体也。或斥体为目者，举体即摄用也。"② 熊十力以为我之生命即是宇宙的大生命，无体用内外之分。他说：

> 夫生命云者，恒创恒新之谓生，自本自根之谓命。生即是命，命亦即是生，故生命非一空泛的名词。吾人识得自家生命即是宇宙本体，故不得内吾身而外宇宙。③

生命的表现是一个不断创进的过程，古诗云："维天之命，于穆不已。"人与自然为一，皆本于穆然不容已之真，故浑然与万物同体。熊十力说："今俗云生命，大概就生机体具有生活的机能而言。本书（指《新唯识论》）生命一词，为本心之别名，则斥指生生不息之本体而名之，与通俗所云者不同。"④ 生命与心灵不容分为二，离心灵

① 熊十力：《新唯识论》，《熊十力论著集之一》，第 527 页。
② 熊十力：《新唯识论》，《熊十力论著集之一》，第 534~535 页。
③ 熊十力：《新唯识论》，《熊十力论著集之一》，第 535 页。
④ 熊十力：《新唯识论》，《熊十力论著集之一》，第 525 页。

别无生命可说。自然界的发展至人类而益精粹，心灵于是乎昭现，精神照耀生命。在熊十力看来，心、生命、精神三名词，其名虽殊，所指则一。以其为主宰吾身之灵明，名曰心；以其为生生不息之真几，名曰生命；以其为超然物外而神用不测的万有之原，则名曰精神。若就本体而言，生命乃本心的别名，直指本心即可洞悉生命的奥秘。

三、转识成智何以可能

佛学的精妙在于言心，中国文化对佛学的吸收，是一个循印度大乘佛学空、有二宗继续发展的心路历程，至天台宗、华严宗和禅宗而达于极境。空宗只是般若学，开如来藏心清净的真如系统；有宗只是唯识学，开阿赖耶识的妄心系统。如何能于现象界的刹那生灭中了悟永恒存在的真常，是对人类生命智慧的考验，现代新儒家认为问题的关键在于"转识成智"。

按照熊十力原来的设想，《新唯识论》应分"境论"和"量论"两部分，"境论"讲本体论和人生论方面的问题，"量论"则属于认识论。其宗旨为："遮遣法相而证会实体，超出知解而穷神知化，伏除情识而透悟本心。"[1] 将包括人之思想、知识和理智在内的"情识"斥为妄识，要除妄悟真，以直探心源的性智为内证。他回避了如何才能由"情识"透悟"本心"的逻辑论证，使宜借鉴西方哲学理智思辨路数的"量论"无法展开，也使中国佛学"转识成智"的生命智慧隐而不彰。这个问题的解决有待于现代新儒家的第二代学者牟宗三和方东美，他们不仅对西方哲学有更深入了解，而且精通佛理。

牟宗三早年从熊十力问学，在往来书信中提及作"量论"之事。熊十力说："此书实有作之必要。所欲论者，即西洋人理智与思辨的

---

[1] 熊十力：《新唯识论》，《熊十力论著集之一》，第 652 页。

路子，印人之止观，及中国人之从实践中彻悟。"① 牟宗三对师嘱心领神会，在写成讲中西哲学会通的《智的直觉与中国哲学》和《现象与物自身》之后，又撰成《佛性与般若》，就大乘佛学的般若圆智讲心识，强调荡相遣执的空慧。他用无常证有常，并以康德思想为理据，认为：

> 如果不视时间为一客观自存的实有，但只视为由内心之执而建构成的一个整一的形式的有，为一无限的既成量，为一纯直觉而非概念，如康德之所说，则此时间自身自然是常，实物变，时间不变。②

依康德之说，把时空作为直觉摄取外物的感性形式，则一有内心之执（识之执），便有此形式的有之常。牟宗三说：

> 若知时间只是内心之执所凸现的形式的有，则转识成智，破此内心之执，此形式的有顿归消失。如是，则事物之生灭变化者亦当体即如。若再加上缘起性空，则当体即空如，此即证无生法忍。③

无生指无生灭心，就缘起性空而言，佛的智慧源于清净而无执着的本心，此心非通常的生灭心，而是无分别的智心，也就是不生不灭的真常心。牟宗三以天台宗"开权显实"的圆教为说，强调定慧不二的止观为"转识成智"的关键。他认为《涅槃经》的重要在于言佛性，而天台宗师是《涅槃经》的方家，他们通过如来藏的佛性缘起讲空宗的般若实相，以"三因佛性"为般若智慧的根据，谓正因佛性满显为法身，缘因佛性满显为解脱，了因佛性满显则为般若。"就三因佛性言，其中缘了二佛性即能萌动而发为止观。'止'即缘因佛性

① 熊十力：《十力语要》，《熊十力论著集之三》，北京：中华书局，1996 年，第 274 页。
② 牟宗三：《佛性与般若》，台北：学生书局，1984 年，第 162 页。
③ 牟宗三：《佛性与般若》，第 168 页。

显，'观'即了因佛性显。缘了显，则正因佛性显"①。佛性即如来藏自性清净心，也就是真常无限心，以般若清净心为体的无执存有论，靠无限心的朗现才有可能成立。

佛性论可以说是佛教的生命哲学，其根本在保持清净心。天台宗有"一心三观"和"一心三智"的基本教义，于一心观缘起法藏的空、假、中三谛：谓观心即空，出声闻法藏；观心即假，出菩萨法藏；观心即中，出诸佛法藏。牟宗三认为："但在天台圆教，并不分解地先预定一真常心以为一切法之源。它是以'一念无明法性心'为首出。智心定心（清净真心）即在此一念阴识心、刹那心、烦恼心处诡谲地呈现。"② 天台宗的"一念无明法性心"，乃贯通俗谛与真谛的染净不二法门，由天台止、观双运形成的一心三观，可达定慧圆明的涅槃之境。智颛《摩诃止观》云："法性寂然名止，寂而常照名观。""止"是精神镇定的功夫，心灵睿智集中在生命精神上面，排除妄念；再透过"观"来彻底发挥智慧的功效，照见实相真如。止能得定，观能得慧，"转识成智"只在一念间。若唯识（一念无明心），则一切皆是妄俗；若唯智（一念法性心），则一切皆为真常。故无明心遍，即生死色遍，亦即法性遍，当识心诡谲的法性化时，就显而为无分别的智心了。人人心中皆有佛性，但需通过止观以般若智加以证实。定慧的修持是天台止观法的妙用，可于"一念心"中顿得一切智、道种智和一切种智，用不着分阶段的获得。此种圆教已同于顿教，带不可思议的神秘性。

用神秘的内心顿悟把握实相而入心真如门，诚然是一种生命智慧，但这种般若智是不可思议的无分别智，其缘了觉悟方式的诡谲，使得道高僧与木讷白痴之间没有了区别。方东美曾质疑熊十力以无言

① 牟宗三：《佛性与般若》，第 614 页。
② 牟宗三：《佛性与般若》，第 873 页。

默识方式体道见性的宗门内证习气，以为"不能轻言离绝思议、唾弃知识，坐令世人笼统真理，瞒盰佛性"①。作为最高智慧的实相般若固然不可思议，但是可通过观照般若来把握，可透过思议妙境和思议善行，得不可思议的圣果。在大乘空宗不可思议的圆照里，心、佛、众生等无差别，同归涅槃寂灭境界；若要思议，则须把本体论问题转变成认识论问题，从大乘有宗的唯识学讲起，从现象界有执的存有论讲起，以"八识"中的"阿赖耶识"为转识成智的关键。

唯识学在中国的流传，可分"妄心唯识"与"真心唯识"两派，分歧在于对阿赖耶识的看法有不同。在《楞伽经》里，阿赖耶识被称为"如来藏、藏识"，如来藏即真如，是纯净价值的至善根源，而藏识含有受外界杂染的妄识，是不善因。方东美认为：

> 问题就在于我们要怎么样来把虚妄的分别识给点化而变成唯智。因为真正的唯识主旨最后就像《成唯识论》里面所说，……就是要怎样才能转识成智。像转凡夫的前五识为成所作智，转凡夫的第六识为妙观察智，转第七末那识为平等性智，转第八阿赖耶识为大圆镜智。②

按唯识宗所言，转识成智即转依真如，凡具备成所作智、妙观察智、平等性智和大圆镜智，即可依真如而达到佛果。从唐代玄奘直至近代欧阳竟无的"妄心唯识"派，以染、净同位指称第八识，认为阿赖耶识是含藏"善、不善"因的种子识，只要转染成净，即可完成"转识成智"。这种理论忽视了因染、净同位而存在的善恶不分的思想陷阱。以真谛为代表的"真心唯识"派，设法将染、净分开，以本有之染为第八识，独标净为第九识，名"无垢识"。此派强调在

---

① 方东美：《中国大乘佛学》，台北：黎明文化事业股份有限公司，1988 年，第 657 页。

② 方东美：《中国大乘佛学》，第 602 页。

"流转还灭"中八识俱灭，舍垢得净而证得第九识，再转第九识为"大圆镜智"。

赞同"真心唯识"派的说法，方东美认为转识有两种：一种是转灭，使藏识停止流转的作用；另一种转净，向上提升到自性清净的真如妙境，成为如来藏识。"如果用近现代现象学的名词来说，就是要在宇宙万象认知的过程里面，将其中所含的许多危机给指出来。然后再针对这些危机的现象设法把它摆到现象学的括弧里面去存而不论。再从意识作用里面，照着意识的剩余现象，也就是纯粹意识本质的形式去探讨。"① 他以现象学为基础讲唯识，把对永恒本体的追寻与处于生灭变化的时间之流里的现象界联系起来，使心灵现象成为意识的作用，在意识活动领域，把虚妄分别的妄心化掉，使流转识灭；然后"转识成智"，以直觉性的纯粹意识证示真如本体，回到永恒的精神世界上去。

要把现象界的生灭流转识转化成照耀生命的智慧之光，重点不在"唯识"而在于"唯智"。《大般若经》是中国唯识学转向唯智的根据，般若学即智慧之学，法相唯识宗的源头在唯智。方东美说：

> 般若有两种：一方面是般若本身、智慧本身。假使就般若本身看起来，平常是拿"冥寂"这两个字去概括；但是从它的作用这一方面看起来，则叫作"观照"。假使冥寂指着般若的本体，而观照说明般若的作用，然后根据一元论的说法，可以谓之"寂而能照、照而能寂"。换句话说，本体同它的作用是分不开的。②

在大般若经里，般若是智慧之光，人生命所寄托的世界则是光明照耀的不同境界。按照僧肇在《不真空论》里的讲法，般若智本身叫作

---

① 方东美：《中国大乘佛学》，第643页。
② 方东美：《中国大乘佛学》，第120页。

"实智"，也称"实相般若"；它发出精神的灵光，具有临照宇宙人生的作用，称为"权智"，亦称"观照般若"；如果用文字表达，即成为"文字般若"。在方东美看来，"实相般若是体，表示般若的体是极坚固而不可破坏的真实智慧，即人人生来本具的心灵；观照般若是用，是以心上的灵光来照破一切无明余惑，使其光明遍照；文字般若是相，是显现所证示的义理，使人悟达，并可传之于万古，成为世间的明灯"①。般若本身就是菩提——光明，是精神的太阳，由菩提之光照耀宇宙下层的分析境界，叫作方便善巧。如果说实相般若是天才的智慧，文字般若精于方便善巧，那么观照般若则能劝化众生离苦而得乐。人若能洞悉心灵本有的智慧之光，把自己的人性显现出来，与永恒的精神实相融为一体，即可在生灭流转的世间轮回里得到解脱。

作为中国唯识学发展的最高形态，华严宗以《华严经》的"法界缘起"代替"阿赖耶缘起"，又以《大乘起信论》的"一心开二门"为支点（"一心"是法，"二门"指心真如门和心生灭门），开辟了真空观、理事无碍观和周偏含容观三观，由此建构以事法界、理法界、理事无碍法界和事事无碍法界为内容的广大悉备体系。由三观展开四法界的体大思精的华严教义，于生灭变化的宇宙人生与永恒真理的涅槃境界之间架起一道桥梁，沟通了心生灭门与心真如门，充分体现了"真空妙有"的大乘中道哲学，使"转识成智"成为向往光明的精神创进和生命行动。方东美说：

> 中道哲学，谈有而不执于有，谈空而不堕于空。然后即有以观空，使得我们精神上面能够超脱，达到空无的境界，然后再回顾万有再兼顾万有。②

---

① 方东美：《华严宗哲学》（上册），台北：黎明文化事业股份有限公司，1992 年，第 178 页。

② 方东美：《中国大乘佛学》，第 72 页。

在真空妙有的境界里，仅谈知识是不够的，要把知识化成智慧。同时，一定要把下层世界都摄取到上层的世界来考虑，让智慧之光照耀下层。《华严经》里有十种回向之说，方东美将其分为两层：一层是回向菩提，另一层是回向人间。他说：

> 一方面要上回向，要回向菩提，回向最高的光明，去获得最高的精神价值同理想。当自己已经到达很高的精神境界之后，再向下回向，回到地狱的深渊里面，回到痛苦的世界里面去，回到黑暗的世界里面去，以拯救一切其他的有情生命。①

佛的精神人格是在悲惨世界里面炼成的，一切智慧亦是烦恼所作，不把生命投到人生苦海里去历练，哪有智慧可言。要效法地藏菩萨"我不入地狱，谁入地狱，地狱不空，誓不成佛"的慈悲大愿，入世苦行，普度众生。成佛不是抽象的理想，而是现实的生命体验过程，要以切身体验来领会生命的一切情绪、一切过程，把经验培养成为知识，知识点化成为智慧，然后使智慧成为自觉的光明追求。

向往光明乃华严境界，亦可视为生命心灵的根本智慧。方东美说："在华严经里面讲'佛'，讲 Buddha——觉者——是什么呢？就是光明本身、菩提本身。而这个菩提本身又是什么呢？以梵文的 Vairocana 这一个字来代表，就是'光明遍照'，是永远不息的光。"② 华严宗信奉的毗卢遮那佛（即卢舍那佛），其梵文的意思是"光明遍照"，这种光是永恒的精神之光，是源自佛性的心灵智慧之光，可以从永恒的世界流露到生、灭变化的现象界而遍照一切。作为大乘圆教的华严哲学，乃是综合了空宗与有宗相关学说的中道哲学，既能以真空荡相去执，洞悉真谛，也可把妙有提升为真空，让光明普照。在华严宗这样的大乘"圆教"里，真如实相即般若智慧，它内在于我们

---

① 方东美：《华严宗哲学》（上册），第 45~46 页。
② 方东美：《华严宗哲学》（上册），第 174 页。

的心性里，是超越生灭的永恒的生命精神，"转识成智"即是转依真如，使人性变成圆满的佛性而散发神圣的心智光芒。在受西方文化影响而讲究科学、唯物的现代社会，面对霓虹闪烁的动感都市，这种东方的人生信仰和心灵智慧或许也是需要的。

第二节　中国人的生命情调与美感

采取生命哲学的进路，从中西文化比较的视角旷观中国文化精神，开启现代新儒学具时代特色的思想发展方向，这在梁漱溟的早期著作里已很明显，到了方东美含情契理的生命本体论哲学的建立，则有了更为全面和系统的体现。美是生命的感动，"生命"作为其美学的核心范畴，含有这样的三层意蕴：一是指主体的生命精神，表现为人类的生命现象和生命情调；二是指宇宙间流行的普遍生命本体，即生生之德，含大生和广生之义，所有一切现象都藏着生命；三是指生命创进过程中的精神人格提升，要以人类生命精神的超升凸现自然造化的伟大神奇、尽善尽美。诗哲的爱赞化育、妙悟自然和神思醉酡，可视为生命哲学的告白，也是生命美学的礼赞，以及生命悲剧奏鸣的崇高。

一、对照三种生命情调

受西方近代生命哲学的影响，方东美对"生命"的认识，在开始时偏重于情感方面，将其作为表现人之欲望与冲动的生命现象。在他看来，宇宙人生原为一体，所以要取消西方文化那种主、客二元对立的思想方法，以情理圆融的有机整体观为中国人的生命智慧，视世界万物流露生机、具有人格，尽显生命广大悉备的和谐之美。

早年在国内求学期间，方东美就曾发表过《柏格森生之哲学》

与《唯实主义生之哲学》两篇文章；后赴美留学，又分别以《柏格森生命哲学评述》和《英美新唯实论之比较》获硕士、博士学位。按照柏格森的说法，"生命欲"和"生命冲动"是人类生命活动的基础，永动不息的生命才是世界的本质，在人的生命绵延中含有一种向上的原动力，或曰宇宙生命的创造力。这一类有关生命本能的概念和命题也常见于方东美的论著中，并启发他用"情"来揭示生命现象的本质，以为不同时代和民族的生命情调，构成了生命的丰富性和美的多样性。他说："宇宙，心之鉴也，生命，情之府也，鉴能照映，府贵藏收，托心身于宇宙，寓美感于人生"①。美寄托于生命而形于创造，是生生不息、创进不已的生命活力的体现。生命的伟大在于它具有无限活力和创造力，若没有丰富多彩的生命现象，宇宙间将无美可言。

美在于生命，而文艺是生命创造力的表现，带有鲜活的生命情调。生命的创造冲动是由感情支配的，文艺通过美感直接表达生命的情感，较科学用抽象"名理"形式反映人类的征服欲望，显然更接近生命的本然状态。在《生命情调与美感》一文中，方东美以"乾坤一戏场"为喻，将全体人类在大千世界里的欢欣苦楚比作戏情，要人以此参悟生命的妙智，因为："一、吾人挟生命幽情，以观感生命诗戏，于其意义自能心融神会而欣赏之。二、吾人发挥生命毅力以描摹生命神韵，倍觉亲切而透澈。三、戏中情节，兀自蕴蓄灵奇婉约之机趣，……此种场合最能使人了悟生命情蕴之神奇，契会宇宙法象之奥妙。"② 他以希腊人、近代西洋人和中国人，分别代表人类不同文化的三种生命情调，并以戏场所见为喻而列表对照如下：

---

① 方东美：《生生之德》，台北：黎明文化事业股份有限公司，1982 年，第 114 页。
② 方东美：《生生之德》，第 111 页。

戏中人物：	希腊人	近代西洋人	中国人
背景：	有限乾坤	无穷宇宙	荒远云野，冲虚绵邈
场合：	雅典万神庙	葛特式教堂	深山古寺
缀景：	裸体雕刻	油画与乐器	山水画与香花
题材：	摹略自然	戡天役物	大化流衍，物我相忘
主角：	爱婆罗	浮士德	诗人词客
表演：	讴歌	舞蹈	吟咏
音乐：	七弦琴	提琴，钢琴	钟磬箫管
境况：	雨过天青	晴天霹雳	明月箫声
景象：	逼真	似真而幻	似幻而真
时令：	清秋	长夏与严冬	和春
情韵：	色在眉头，素雅朗丽	急雷过耳，震荡感激	花香入梦，纡余蕴藉①

什么是世界，何谓人生？为人类有史以来共同面临的根本问题。宇宙人生是不可分的，有什么样的宇宙观（世界观），就有相应的人生观。比如希腊人由神话时期进入科学时期后，对不可抗拒命运的膜拜让位于对物质的探究，把宇宙当作地、水、气、火等物质组成的东西看待，解释宇宙宛如解释具体的物象一般，遂形成物格化的宇宙观。"他们对于任何现象都要寻出一种合理的秩序，订定一种整齐的规律，求得一种精确的知识。"② 于是事物有形态可以识别，有量积可以测衡，有方位轻重可以确定，空间尽于有限事物，时间则滞于目前现在。方东美说："希腊宇宙之底蕴俱见于有限之形体，溯厥原由，盖因其构造单位为具体之物质，其纵横格局为有垠之空间，其历

432

---

① 方东美：《生生之德》，第115~116页。
② 方东美：《科学哲学与人生》，台北：黎明文化事业股份有限公司，1986年，第39页。

史途程为当前之时间，其组织原理为综合之数学。"① 希腊人笃信真即是美，真即是善，随处都要运用理性于世界万物以求真实，并以这种科学的真确性原则指导人生。所以在反映人生悲喜况味的希腊戏剧中，要求遵循动作一律、空间一律和时间一律的"三一律"原则，其结构之严谨犹如雅典万神庙之阶级森严。希腊的人体雕刻则讲究"中分律"，要求中分线必经过鼻尖、肚脐及两足中间三点，以左右对称、上下比例协调为美，又以裸体为自然真实。

在《哲学三慧》中，方东美指出：除了唯物的宇宙论，构成希腊人思想的还有价值化的唯神论，如柏拉图的"法相"观，其出发点为人本主义，却不免染有宗教的出世思想。希腊哲学讲的世界秩序，为具体而有限的一体三相的宇宙，一体指实质和谐，三相为法相（理念）、数理及物质。希腊人以实智照理，起如实慧，并演进为"契理文化，要在援理证真"，所以说：

> 希腊民族生命之特征，可以"大安理索斯""爱婆罗""奥林坪"（Dionysus，Apollo，Olympos）三种精神为代表。大安理索斯象征豪情，爱婆罗象征正理，奥林坪象征理微情亏，虽属生命晚节，犹不失为蔗境，三者之中，以爱婆罗精神为主脑。②

在希腊神话中，大安理索斯（通常译为"狄俄尼索斯"）是酒神，爱婆罗（通常译为"阿波罗"）是日神，二者又兼司艺术。酒神象征生命的沉醉和狂欢，醉是一种情绪激动亢奋而痛苦与狂喜交织的癫狂状态，故胜似豪情。日神是光明之神，其光辉使万物呈现美的外观，象征正理。但美的外观由炫目的光彩组合而成，本质上是人的幻觉，所以梦是日常生活中的日神状态。方东美说："大安理索斯胜于豪情，爱婆罗富于正理，希腊先民当纪元前六、五两世纪时代，独能

---

① 方东美：《生生之德》，第121页。
② 方东美：《生生之德》，第141页。

以豪情运正理，故长恢恢旷旷，表现瑰奇伟大智慧，如悲剧诗人之所为者。"① 又说："生命的醉意与艺术的梦境深相契合，产生一种博大精深的统一文化结构，在这里面，雄奇壮烈的诗情，（大安理索斯的精神，见之于悲剧合唱）与锦绚明媚的画意，（爱婆罗的精神，见之于雕塑）融会贯通，神化入妙。这便是希腊悲剧智慧的最上乘。"② 希腊悲剧时代的思想是悲观的，艺术上却是乐观的，如雨过天晴时，悲剧诗人弹七弦琴讴歌，用陶醉的心情体验自然的明媚生机，有意境欲开、心花竞吐之妙。这种生命情调源于价值化的唯神论（或曰万物有生论），使得希腊人的物本主义宇宙观合于人本主义的人生观，于是视世界万物流露生命、具有人格，人类的性命中亦含有自然生气。人格形成小天地，宇宙透露大生机，宇宙人生一体浃化，共显生命的活泼朗丽。

如果说希腊人的生命情调还不失健康，近代西洋人则不免有人格裂变之虞了，因其所托身之宇宙渺无涯际，为无穷之系统，所崇尚的科学以物质运动为唯一的真际，人性的尊严与价值不免受到忽视。如方东美所说："希腊人静观万物，探赜索隐，趋重冥想妙悟；近代人征服自然，钩深致远，趋重实验控制。一个要适应环境；一个要改造环境。这便是两种民族对于宇宙人生所持的态度绝对不同之处。"③ 近代西洋人的宇宙是无穷大的空间，像哥特式教堂的尖顶直指浩渺无涯的苍穹。他们用科学的数学名理剖析空间，小至于无内而大至无垠；又以数理的抽象秩序来分割时间，视时间为无数刹那或事变过程的悠远绵延，前无始而后无终。对无穷时空的迷恋，使西洋人的心智欲望膨胀，具有无法遏制的求知欲和无穷欲，要用科学唯物论和抽象

① 方东美：《生生之德》，第 148 页。
② 方东美：《科学哲学与人生》，第 222 页。
③ 方东美：《科学哲学与人生》，第 95 页。

的数学方法解构宇宙和征服自然。他们对于特殊的事实和普遍的原则之间的关系，充满一种热烈的兴趣，崇尚科学的目的，是要在别相中看出共相，纷变中寻出规律，并以数学证明为探究万物奥秘的钥匙。要以少总多，以简驭繁，虽宇宙之广大，万象之纷繁，只要深入了解把握空间、时间、变化和运动，便可一切尽在掌握中。这自然会引起思想的解放，加速人类文明的进程，由求生本能激发的争自由和求平等，成为热爱生命的精神力量，一切科学进步都是它的呼声。

科学可视为生命意欲的表现，因其发展动力是以物质文明满足人类的物质需求。在肯定科学的力量和知识的权利的同时，方东美指出西洋人以方便应机，生方便慧，其慧体犹如舞蹈的凌空系统。这系统以二元或多端敌对为基本模式展开，犹如交响乐中提琴、钢琴演绎的复调共鸣，无不是由矛盾对立的旋律展转幻化而成的协和系统。他以为：

> 欧洲民族生命之特征，可以"文艺复兴""巴镂刻""罗考课"（The Baroque，The Rococo）三种精神为代表，文艺复兴以艺术热情胜，巴镂刻以科学真理彰，罗考课则情理相违，鉴空蹈虚而幻惑。兼此三者为浮士德精神。[1]

近代欧洲民族具有科学的特性，一方面因宇宙的无穷激起伟大的理智，另一方面以进取的人生焕发艺术的浪漫，有担当启蒙重任的文艺复兴，也有满足其戡天役物、利用厚生欲望的科学方法。但无穷尽的追寻也易滋生虚无主义的思想毒药。方东美视欧洲文化"为尚能文化，要在驰情入幻"，先前欧洲文艺复兴的出现是艺术与理性的协调一致，但到了以恢宏理智为神髓的巴镂刻时代，人所认识的只是世界的表象，思想的矛盾使理智的抽象同于虚幻，遂坠入虚无主义的泥塘。他说："巴镂刻艺术之特点就是以奇谲秾艳的外貌掩饰其心情之

---

[1]　方东美：《生生之德》，第141页。

空虚。关于此层，巴镂刻的科学和巴镂刻的艺术竟殊途同归，表现一致的情调。近代欧洲人触发飞翔的理智，横空驰骤于广漠的宇宙，结果视自然界为一无穷的系统，不但人类寄生其间，未有着落，就是庞大的星辰也只像沧海游鱼，倚徙不定。"① 以人类纯正的理性解构理智，以至摧毁绝对真理，是一种最透辟的虚无主义，其结果不啻如晴天霹雳，让人震惊于似真而幻的感受中。为遮盖宇宙的空虚，欧洲人或以感觉麻醉理智，或以幻想包蒙理智，毕竟驰情入幻。一如巴镂刻绘画的透视与罗考课的装饰风格，以明暗判影、切线横斜，幻尺幅空间的视觉远近；又用细部的种种鲜艳藻色，装点出瑰丽美感的浮华，以眩惑观者的肉眼。但灯红酒绿，动感之都，皆如过眼云烟。

方东美以为："巴镂刻时代的欧洲人把宇宙人生之形形色色统看作从理智的幻灯里面映照出来的虚影。世界不必实有其境，所以他们可以怀疑一切，但是又不能断定绝无其境，所以他们不妨凭科学推论创制种种意想；人生不必真有其事，所以他们可以否认目的。但是又不能取消生命业力，所以他们不妨借装饰艺术炫耀种种才华。宇宙是一场幻景，人生是一出戏情。"② 宇宙空如梦境，生命恍若俳优，这种虚无主义的人生观，使近代西洋人身心乖舛，感觉与理智相违，形成分裂的双重人格，一半是天使，一半是魔鬼，有如浮士德博士之于魔鬼靡非斯特。方东美说："当近代之初期，欧洲人寄迹人间世，形同孤儿诞生，一无凭仗，倍觉落寞凄凉，怨愤惨怛。浮士德实为标准欧洲人，目击宇宙之空幻，知识之渺茫，不禁狂吼怒号，感叹身世。"③ 浮士德是德国文豪歌德在诗剧《浮士德》中创造的典型形象，为近代欧洲民族人格智慧之化身，但他却听受靡非斯特的诱惑，

① 方东美：《科学哲学与人生》，第 257~258 页。
② 方东美：《科学哲学与人生》，第 261 页。
③ 方东美：《生生之德》，第 149 页。

弄假作真而转真成假。其与魔鬼的唱和云："万物芸芸，其生也忽焉！万象历历，其亡也寂焉！"[1] 宇宙与生命彼此乖违，实情与真理不能兼容，其思想遂趋于空无，入于幻灭，于酷暑寒冬，愤怒狂吼，如急雷入耳，震荡感激不已。

开辟鸿蒙，谁为情种！相对于希腊人和西洋人，中国人的生命情调要柔和许多。盖中国人言上下四方曰宇，古往今来曰宙，于宇宙多舍其形迹而穷其妙用。故能以妙性知化，成平等慧，其慧体交响和谐，如在温和春日，花香入梦，一唱三叹而纤徐蕴藉。方东美说："前称中国慧体为交响和谐，盖寓言也，实则中国宇宙太和之意境，大方无隅，大公无私，尚同无别，质碍都消，形迹不滞，天地为官，万物成材，至人俦能，一体俱化，巧运不穷，推于天地，通于万物，施于人群，尽属精神之理序，顿显空灵之妙用矣。"[2] 与希腊人、近代西洋人之宇宙为科学的理境不同，中国人的宇宙乃艺术之意境，其情韵多冲虚绵邈，于是"演为妙性文化，要在絜幻归真"。讲究穷神知化，妙悟万物而为言，所以说：

> 中国人之空间，意绪之化境也，心情之灵府也，如空中音、相中色、水中月、镜中相，形有尽而意无穷，故论中国人之空间，须于诗意词心中求之，始极其妙。[3]

试想象在空旷荒野和深山古寺，在烟雨迷濛的水乡驿站，或鸟语花香的良辰美景，中国的诗人词客托身宇宙间，天与多情，以灵性玄览万象，于有限景象中寄寓无穷情思。其意境空灵，造妙入微，令人兴感而神思飞扬。这种与天地并立、与万物为一的宇宙观，以太和之气为性命之源，消除了物我之间的二元对立，其空间景象不论虚实如何，

---

① 方东美：《科学哲学与人生》，第 265 页。
② 方东美：《生生之德》，第 145 页。
③ 方东美：《生生之德》，第 131 页。

但觉生气浑浩流衍而充量和谐。方东美说："中国人顶天立地，受中以生，相应为和，必履中蹈和，正己成物，深契'非彼无我，非我无所取'之理，然后乃能尽生灵之本性，合内外之圣道，赞天地之化育，参天地之神工，完成其所以为人之至德。"[1] 此种同情交感之中道，乃中国文化之价值所在，以大化流衍、物我相忘为最高境界，故诗为中声所止，乐乃中和之纪，建筑园林美在和谐，绘画六法讲究气韵生动。

中国人最重性情之真，其性灵不体现为科学之理趣，而寄寓于神与物游的文艺想象中，宇宙的真相，万物的品性，往往借表现生命精神的艺术意境来展示，以天人合一为极致。方东美说："中国各体文学传心灵之香，写神明之媚，音韵必协，声调务谐，劲气内转，秀势外舒，旋律轻重孚万籁，脉络往复走元龙，文心开朗如满月，意趣飘扬若天风，——深迥宛转，潜通密贯，妙合中庸和谐之道本。"[2] 落木千山天远大，诗人词客的吟咏，配以钟磬箫管之音，如朗朗乾坤的明月箫声，一片神韵纤徐蕴藉的天籁，最能体现中国人特有的生命情调。

比照三种不同的生命情调，连类评骘宇宙观如何影响民族的文化创造及其人生情趣，可以从性情上说明中西思想文化的本质差异。在方东美看来："希腊文化之契理，欧洲文化之尚能，中国文化之妙性，揆厥缘由，都有的解，譬如观水，溯流可以逢源。"[3] 希腊人之探求真理，欧洲人的权力欲，与中国人的爱悟心，为各自哲学思想的源泉，决定着文化的不同发展方向。就实质而言，希腊人的契理与西洋人的尚能乃一脉相承，即以科学逻辑为宇宙真相，以知识为工具理

---

① 方东美：《生生之德》，第 145 页。
② 方东美：《生生之德》，第 146 页。
③ 方东美：《生生之德》，第 146 页。

性。这种文化失之于二元对立的矛盾，举一内心而有外物与之交迕，立一自我而有他人与之互争，彼此势不两立，没有永久的朋友，只有永恒的利益。人一生处于矛盾中，以至于最终违情悖理，产生幻灭感，甚者丧心病狂。而中国人以和为贵，性含仁爱，心多不忍，往往移同情于境相，召美感于俄顷，其思想向来寄于艺术想象，托于道德修养，能合宇宙人生为一体，尽显生命广大悉备的和谐之美。这正可救西方唯物论或唯心论的偏狭，要说明这一点，则须由生命情调的现象描述，深入到对生命本体的阐释，彰显中华民族生生之德的至善和纯美。

二、生生之德与艺术理想

与柏格森等西哲将生命归之于人的欲望和本能冲动不同，方东美认为生命不仅是蕴含创造冲动的本能现象，更是宇宙万物遍在本有的生生不息、绵延长存的属性，是贯通宇宙人生的大生广生的创造力，一种大化流行的普遍生命。他采用《周易·系辞》里的"生生"之说，将这种普遍生命称为"生生之德"，并认为这是原始儒家的核心思想和中国妙性文化的基础。他强调宇宙的普遍生命要通过其功用历程来体现，其向上的创进过程由人的生命精神的层层超升表现出来。并以此建立生命本体论的形上学，指明生生之理是宇宙万物的形上本体，宇宙不只是物质活动的场合，也是生命创化的世界。人类必须随着普遍生命的大化流行，将物质的生命提升为精神生命，在不断提升自己的生命精神的过程中实现人格的超升，以达"尽善尽美"的境界。

如果说"生命情调"之"生命"，只是指一种民族的或个人的生命经验，偏重于具体的情感表现。那么，所谓"普遍生命"则是贯穿人情与物理的宇宙本体。将宇宙人生视为有机整体，而以生命一以贯之，乃方东美生命本体论得以成立的前提。他认为："生命以情胜，宇宙以理彰。生命是有情之天下，其实质为不断的、创进的欲望与冲动；宇宙是有法之天下，其结构为整秩的、条贯的事理与色相。"① 将生命情趣与宇宙法象并举，以为人类含情而得生，契理乃得存，对生命情调的了悟与对宇宙奥秘的契合应是统一的，人天体合，正缘天与人都是普遍生命的流行。如古希腊的万物有生论，合万物之生机与人类之生命为一体，既视宇宙世界具有人格、流露生命，亦视人类的生性里涵摄自然。方东美借用这种"万物有生论"解释中国人的宇宙观，他说：

> 中国先哲所体认的宇宙，乃是普遍生命流行的境界。天大其生，万物资始，地广其生，万物咸亨，合天地生生之大德，遂成宇宙，其中生气盎然充满，旁通统贯，毫无窒碍。我们托足宇宙中，与天地和谐，与人人感应，与物物均调，无一处不随顺普遍生命，与之合体同流。我们的宇宙是生生不已，新新相续的创造领域，任何生命的冲动，都无灭绝的危险；任何生命的希望，都有满足的可能；任何生命的理想，都有实现的必要。②

一切现象都藏着生命，世界上没有一件东西真正是死的。中国人的宇宙是精神与物质浩然同流的世界，有一种盎然生气贯彻宇宙全境，天地间皆是普遍生命的大化流行。方东美说："中国先哲把宇宙看作普遍生命的表现，其中物质条件与精神现象融会贯通，至于浑然一体而毫无隔绝。一切至善尽美的价值理想，尽管可以随生命之流行而得着实现。我们的宇宙是道德的园地，亦即是艺术的意境。"③ 宇宙是一个包罗万象的大生机，生命除掉物质条件，更兼有精神上的意义和价

---

① 方东美：《科学哲学与人生》，第25页。
② 方东美：《中国人生哲学》，台北：黎明文化事业股份有限公司，1985年，第37~38页。
③ 方东美：《中国人生哲学》，第20~21页。

值，故《易传》的作者称颂天地之大德曰生，以乾代表大生，以坤代表广生，使有限的宇宙形体，表现无穷空灵的作用。中国人眼中的宇宙，不是死的物质世界，亦非单纯的空间与时间形式，而是含有人生意义和价值。其普遍生命统摄了生之理、爱之理、化育之理、中和之理与旁通之理，并具有育种成性义、开物成务义、创进不息义、变化通几义和绵延不朽义。如《中庸》讲"致中和，天地位焉，万物育焉"，以不偏为中，相应为和，将有限的宇宙形体化作无穷的微妙作用，所以人之生命能够使万物感应以相与，生出无穷的和悦之气来。

中国人的宇宙观多带有道德性和艺术性，对人生的看法也与西方人迥然不同。根据中国哲学"体用不二"的思想，普遍生命作为宇宙本体的意义和价值，最终要通过人的生命精神的功用来体现，所以方东美生命本体论的着眼点始终落在"人"身上，人文的诗意很重。他认为宇宙只是舞台和背景，人类才是这舞台上高贵的演员，其人性的流露即些可歌可泣的戏情。宇宙、社会和人生，构成了相互依存的三层连环套，人生宇宙天地间，生活的起点是体验普遍生命的存在，做人的目的是遵循生生之德，不断提升自己的生命精神，完成崇高人格的塑造，实现宝贵的生命价值。方东美以中国哲学的心性论阐释人的生命精神，以为"性"字在中国哲学上大都作"生"字解，人受命以生，或依天志，或本天命，或法自然，成就在人，形于一体，都可以叫作"性"。又说心有体有用，其体能容能藏，包管万虑，无物不贯；其用能任能行，或主于身，或主于道，为生之本。以心之全体大用概括人之生命精神，不难由天地生物之仁心推测人心之纯善，又由人心之本善论人性之完美。他说：

中国人做人，不仅仅从做人做起，而且要遵循道本，追原天命，尚同天志，仰观俯察，取象物宜，领略了宇宙间伟大的生物气象，得其大慈至仁兼爱之心，祛除偏私锢蔽别异之见，才能恢恢旷旷，显出博厚高明的真人来。中国的大人、圣人是与天地合德，与大道周行，与兼爱同施的理想人格。……所谓真人、圣人、完人的生活，就是要摄取宇宙的生命，来充实我们自己的生命，更须推广我们自己的生命，去增进宇宙的生命。宇宙与人生交相和谐，取同样的步骤，向前创造，向前展开，以求止于至善。①

在方东美设计的《人与世界在理想文化中的蓝图》里，生命精神境界的提升与人格的不断完善是同步的。就生命精神的功用历程而言，依次划分的层次为：物质世界、生命世界、心灵世界、艺术境界、道德境界、宗教境界；与此相应的人格类型是：行能的人、创造行能的人、知识合理的人、艺术的人、道德的人、宗教的人。② 在这六种人格中，他认为前三种结合起来就构成了身体健康、生命饱满、知识丰富的自然人，这种完满的自然人以科学家为典型人格的代表，开创出种种科学成就所建立起来的自然界。但自然科学的文化，于艺术和道德问题持价值中立的原则，还处于生命的"形而下"的层次；而人类还应当有更高的"形而上"的人文追求，使生命精神一层层向上提升。方东美的文化理想是："以物质世界为基础，以生命世界为上层，以心灵世界为较上层，以这三方面，把人类的躯壳、生命、心理同灵魂都做一个健康的安排。然后在这上面发挥艺术的理想，建筑艺术的境界，再培养道德的品格，建立道德的领域，透过艺术与道德，再把生命提高到神秘的境界——宗教的领域。"③ 这样层层超升，不仅在精神文化活动中体现了普遍生命生生不已的本性，也不断提高了

---

① 方东美：《中国人生哲学》，第38~39页。
② 方东美：《生生之德》，第341页。
③ 方东美：《方东美先生演讲集》，台北：黎明文化事业股份有限公司，1984年，第14~15页。

人的生命成就和优美品格。

生命其实只是一个过程，在贯注普遍生命原动力的人之生命的创进过程中，艺术起着十分重要的精神提升的作用。如方东美所说，艺术"可以把寻常的自然界，透过种种符号象征那里面美的境界、美的秘密。拿艺术家的才能做更高的创造，创造了艺术上面美的世界——所谓艺术世界。这个是形而上的人，这一种就是各种类的艺术家，就像诗人、画家、建筑家、雕刻家、文学家。他可以创造种种美的语言、美的符号，把一个寻常的世界美化了，使它变成艺术领域，这是形而上世界的开始"[1]。文化是一种符号，可象征形而上的生命精神，透过中国文化看世界，宇宙充满了生香活意，既是一个沛然的道德园地，也是一个盎然的艺术意境，一切至善至美的价值理想，尽可以随普遍生命的流行创化而实现。方东美说：

> 至于艺术价值在中国宇宙论中更是普遍，无人能否认。所谓"圣人者，原天地之美而达万物之理"，当庄子说这话时，可说充分展现了中国人的深邃灵性。中国人在成思想家之前必先是艺术家，我们对事情的观察，往往是先直透美的本质，这话并非我们自我夸张，一个民族的精神可能长于此而短于彼，我们特殊天赋就是长于艺术创造，而短于科学兴趣，当然这个短处日后必须要加以改善。[2]

在近代西洋文化中，哲学的发展是按照科学的逻辑方法认识客观世界和主观世界，重点在认识论上；而中国传统文化则是以艺术的情操发展哲学智慧，重在生命精神的提升和人格的完美。方东美以为：在中国古代，"哲学的高度发展总是与艺术上的高度精神配合，与审美的态度、求真的态度贯串成为一体不可分割，将哲学精神处处安排在艺

---

① 方东美：《方东美先生演讲集》，第20页。
② 方东美：《中国人生哲学》，第125页。

术境界中。所以儒家的主张是'志于道，据于德，依于仁，游于艺'。就是文化总体须有高度的形上学智慧，高度的道德精神之外，还应该有艺术能力贯穿其中，以成就整体文化。……中国人总以文学为媒介来表现哲学，以优美的诗歌或造形艺术或绘画，把真理世界用艺术手腕点化，所以思想体系的成立同时又是艺术精神的结晶"①。中国先哲所认识的宇宙是一种价值境界，其中包藏无限的善性和美景，儒、道两家都把宇宙人生看成蕴含纯美的精神境界，唯有游于艺而领悟其纯美者，才能体道修德而成为完人。

生命因艺术而精彩，艺术因生命而美丽。中国人在宇宙中追求完善和纯美，所以处处要实践道德人格，以求止于至善；又时时要培养艺术情操，借以实现美的理想。生生之德既是道德人格的生命来源，也是一种天人交感和谐的艺术意境。按照方东美的看法，艺术是从体贴生命之伟大处得来的，一切美的修养，一切美的成就，一切美的欣赏，都是人类的生命欲之表现。中国人观察宇宙，要达其美，体验生命，要正其性，故生命精神的提升，蔚为诗艺化境的表现。讨论中国人的艺术理想，有两点必须注意：一是"无言之美"乃最高之美；二是"美在生命"的普遍性。

关于"无言之美"，方东美赞同培根的说法，以为宇宙间真正美的东西，往往不能以言语形容。因为美的创造非常神奇，纵浪大化中的生命感发，其深微奥妙的精彩之处，常常是书不尽言、言不尽意的。如贝多芬完成《第九交响曲》后，有人问他乐曲的含义，他无言以对，只能再弹一遍。当问者还要追问美在哪里时，他只有落泪以对了。这令人想起唐代诗人钱起的《湘灵鼓瑟》："曲终人不见，江上数峰青。"无言胜有言，无声胜有声，无招胜有招。方东美说：

① 方东美：《原始儒家道家哲学》，台北：黎明文化事业股份有限公司，1985年，第10页。

中国的诗人最了解这一点，所以说"无言相对最魂销"，此时无声胜有声，中国哲学家之所以不常谈美，正是因为他们对美的这种性质了解最为透彻，所以反而默然不说。像孔子赞美宇宙创造不已的生命，便说"唯天之命，于穆不已"，"逝者如斯夫，不舍昼夜"。更说："天何言哉！四时行焉，百物生焉，天何言哉！"①

子曰："予欲无言"（《论语·阳货第十七》）。与孔子相似的言论，有老子的"知者不言，言者不知"（《道德经·五十六章》），以及庄子讲的"天地有大美而不言，四时有明法而不议，万物有成理而不说"（《庄子·知北游》）。为什么中国哲人对于"美"常常欲辨已忘言呢？方东美认为："很多中国哲学家都是伟大的天才，他们直透宇宙人生之美，要想说，却说不尽，要想不说，却又太重要了，不能不说，所以才用玄妙的寓言，对宇宙人生之美委婉曲折的巧为譬喻，其用意正在考验我们对美的了解程度。"② 但"欲无言"并不是不说，而是不直说，讲究寓意于物或巧为比喻，所以中国的文学艺术多具有象征性，其表达方式是言在此而意在彼。中国的哲人如同诗人，常以艺术寄托人生的理想，让生命精神插上想象的翅膀，神思勃发，才情丰富，直透宇宙天地之大美而不言，或是用象征手法加以隐喻。

天地之大美在于普遍生命之流行变化、创造不息，简言之就是"美在生命"，这关系到美的本质与中国艺术的特色。方东美说："天地之美寄于生命，在于盎然生意与灿然活力，而生命之美形于创造，在于浩然生气与酣然创意。"③ 他以为艺术和宇宙生命一样，要在生

---

① 方东美：《中国人生哲学》，第 210 页。
② 方东美：《中国人生哲学》，第 211~212 页。
③ 方东美：《中国人生哲学》，第 212 页。

生不息之中展现创造的机趣，不论一首诗词，一幅绘画，一座雕刻，或任何艺术品，它所表露的酣然生意与陶然机趣，都是对大化流行之劲气的表现和描绘。艺术审美创造活动的机趣，在于以活泼的生命气象表露内在生命精神，所以说：

> 促使一切个体生命深契大化生命而浩然同流，共体至美，这实为人愿哲学与诗境中最高的上胜义。著名的文评家钟嵘在《诗品》中曾经说道："气之动物，物之感人，故摇荡性情，行诸舞咏，照烛三才，晖丽万有；灵祇待之以致飨，幽微借之以昭告，动天地，感鬼神，莫近于诗。"另在钟嵘评阮籍诗中又说："可以陶性灵，发幽思，言在耳目之内，情寄八荒之表。"要之，在中国艺术品所表现的理想美，其内在深意，均在尽情宣畅生命劲气，不但真力贯注，而且弥漫天地。①

艺术性的直观是美的本质，积健为雄，气韵生动，表现自然的盎然生意，乃一切中国艺术的通性。方东美说："凡是中国的艺术品，不论他们是任何形式，都是充分的表现这种盎然生意（一切艺术都是从体贴生命之伟大处得来的），我认为这是所有中国艺术的基本原则，甚至在中国佛教的雕塑、壁画与绘画，也不例外。"② 中国文艺家关注的主要是生命之美，及其气韵生动的充沛活力，他们透过艺术品所要表现的，正是对宇宙之美的直观感受，在大化流衍之中，将一切都点化成活泼神秘的生香活意。中国的文学艺术，总有一股盎然活力跳跃其中，展示生命精神的自由创造和一切万有的生命气象。如上古仰韶文化的陶器，其白底上的血红线条夹于两行线中，象征生命的畅然流行与盎然创意。再如青铜器和雕刻常见的龙纹，系由云雷纹变化出来，飞动矫健，充分表现生命的节奏和韵律。以诗歌言，能动人者总

446

---

① 方东美：《中国人生哲学》，第224~225页。
② 方东美：《中国人生哲学》，第218页。

有一种生命的机趣贯注其中，点化万物而激励人心，在嗟叹、歌咏之中，充分表露对于生命的悲喜之情。

中国文学艺术的意境，既有哲学性的惊奇，也有诗一般的灵感。表现和写意是中国文艺的方法，无论雕刻、绘画和诗词，都具有情意化的理想成分和浓郁的人文色彩。所谓"表现"，指洞悉生命心灵的幽情壮采，捕捉自然天真的态度与浑然天成的机趣，表现出生动活跃的生命气象，故以传神为妙，而不以写实求工。方东美说："因为中国的艺术家，尤其是画家，最注重勾深致远，直透内在的生命精神，发为外在的生命气象。他们之所以能够如此，乃因他们能透过慧心，而将自己生命悠然契合大化生命，所以才能深悟大化生命的雄奇，经过内心深处的孕育与构思，而终能浩荡宣畅，了无遗蕴。"[1] 中国艺术的表现必须巧夺天工，以宣畅神力，又要触发心灵，以表露生机，妙契于人文主义精神。

这种人文主义以生命精神的活跃创造为特色，透过空灵的神思以有限表现无穷，超以象外而得其环中。所以"在中国艺术中，人文主义的精神，乃是真力弥漫的自然主义结合神采飞扬的理想主义，继而宣畅雄奇的创造生机"[2]。中国的艺术家和哲人，所看重的不是事物的表象，而是心灵的感悟和精神的创造，故能直透灵魂深处，以精神染色相，浃化生命才情，而将万物点化成盎然生机。他们内心深感与宇宙普遍生命脉动相连，以直觉捕捉美的本质，将理想和意趣融入作品，成为气韵生动的表现，显示"人"作为宇宙中最具生命活力的部分，参赞天地之化育而获得的美感与欢欣。其中既有诗人的抒情性灵，也包含了哲人的玄妙神思。

---

① 方东美：《中国人生哲学》，第 227 页。
② 方东美：《中国人生哲学》，第 230 页。

三、诗哲的美感

诗哲体现了艺术情操与哲学智慧的有机统一，是方东美所向往的表现伟大精神的综合人格，也是他个性人格的体现，在其生命本体论哲学中具有承上启下的关键作用。他综合柏格森生命之流永动不息与佛学"双回向"的说法，认为宇宙万物本体的普遍生命的流衍创进分为上、下两个流向，即"上回向"和"下回向"。"上回向"是生命精神层层向上的一直超越，指人类以自己伟大的创造力，层层塑造与天地大化流行相适应的文化人格，由诗人而成为圣贤或先知，综合则为诗哲。"下回向"是普遍生命将创化的动力分途流贯于世界与人性，指用生命精神点化自然与人生，给宇宙万物贯注生生不已的精神力量，使之挟情契理，此又非诗哲莫办。就方东美对中国先哲伟大人格精神的赞颂，以及他自己的人生感悟而言，诗哲的美感主要反映在两个方面：一是人与自然冥合的"广大和谐"之美，能赞天地之化育；二是人之生命与自然疏离后的"悲剧"情怀，亦即现代人的生存焦虑。

中国先哲能用艺术才情点化真理世界，通过诗化的人文途径，透过生命精神的创进而显示哲学智慧。方东美说："回顾中国哲学，在任何时代都要'原天地之美而达万物之理'，以艺术的情操发展哲学智慧，成就哲学思想体系。"① 他认为《周易》万有含生的宇宙观代表了儒家哲学的创造精神，其天地生生之理奠定了儒家乃至道家哲学思想体系中生命精神的基调。《周易》曰："君子黄中通理，正位居体，美在其中，而畅于四支，发于事业，美之至也。"假如天地没有人之生命精神充塞其间，宇宙即无美可言，由此我们便能知道：

> 为什么孔子和儒家对音乐和诗如此爱好。因为其审美的主要

---

① 方东美：《原始儒家道家哲学》，第14页。

意向都是要直透宇宙中创进的生命，而与之合流同化，据以饮其太和，寄其同情。再如庄子，可说是融贯老孔的哲学家，所以也很能深悟其中玄旨大义，把中国的艺术理想从广大和谐处发挥得淋漓尽致：所以他说"夫明白于天地之德（天地生生之大德）者，此之谓大本大宗，与天和者也，所以均调天下，与人和者也。与人和者谓之人乐，与天和者谓之天乐"①。

谓天人合一，宇宙自然充满了生机和美，饱含生命价值。尽管天地虽有大美而不言，然中国人心性上自有一种妙悟冥解，故"世间常有才德兼美之人，尽心知性，明理察物，动作威仪之则，一一符合于自然：不教而怡情适意，不言而节概充实；美感起则审美，慧心生则求知，爱情发则慕悦，仁欲作则兼爱；率真淳朴，不以机巧丧其本心，光明莹洁，不以尘浊荡其性灵"②。这种才德兼美之人即为诗哲，其眼里的宇宙人生乃是一种情理和谐圆融的意境，情指生命的欲望和冲动，理乃宇宙间条贯万象的境界。诗哲把情的蕴发与境的认识点化了，便形成富有生命情趣的哲学意境，一种在广大空间贯注绵延生命而蕴含美感的意境。中国人对美的观感，可在儒家和道家情理一贯的哲学思想系统里得到印证。

孔子和庄子是中国古代的诗哲，他们都具有诗人情怀，或赞天地之化育，或独与天地精神往来，对中国审美文化影响巨大。方东美说："道家和儒家的艺术思想，却是非常值得探讨，因为，它们已深入中国艺术的每一部门，其精神已是无所不在，换句话说，如果从艺术史来看，则整个中国艺术所表现的创造精神，正是这两家在哲学上所表现的思想。"③ 孔子说"吾道一以贯之"（《论语·里仁第四》），

---

① 方东美：《中国人生哲学》，第217页。
② 方东美：《科学哲学与人生》，第10页。
③ 方东美：《中国人生哲学》，第213页。

表明儒家思想是一贯的系统，要以生生之德贯通天道、地道和人道，而以人道为主。《中庸》云："唯天下至诚，为能尽其性，能尽其性则能尽人之性，能尽人之性则能尽物之性，能尽物之性则可以赞天地之化育，可以赞天地之化育则可以与天地参矣。"方东美认为这段话是根据《周易》讲的乾元与坤元而来，他说："乾元是大生之德，代表一种创造的生命精神贯注宇宙之一切；坤元是广生之德，代表地面上之生命冲动，孕育支持一切生命的活动；合而言之就是一种'广大悉备的生命精神'，这就是儒家之所本。"① 儒家的一贯之道是以人为本，人参赞天地之化育，与天地同为造物主宰，唯人具备能直透宇宙大化流行的创造力。所以：

> 行神如空，行气如虹。巫峡千寻，走云连风。饮真茹强，蓄素守中。喻彼行健，是谓存雄。天地与立，神化攸同。期之以实，御之以终。

这是相传司空图所作的《二十四诗品》中的一品，名曰"劲健"。方东美认为其意境和美感，把整个儒家《周易》的形上学创造体系的精神表现出来了，即把个人的生命当中心，再贯彻于宇宙的一切神奇奥妙中。道家哲学与儒家哲学的意境风格是有区别的，给人的美感也不一样。《二十四诗品》中还有"雄浑"一品，方东美认为表现了原始道家如老子、庄子的生命精神：

> 大用外腓，真体内充。返虚入浑，积健为雄。具备万物，横绝太空。荒荒油云，寥寥长风。超以象外，得其环中。持之非强，来之无穷。

人与自然冥合，人的生命精神与宇宙的普遍生命融贯成一体，所谓"天地与我并生，万物与我为一"，这是道家的一贯之道。方东美说："从道家看来，生命在宇宙间流行贯注着，是一切创造之源，而大道

---

① 方东美：《原始儒家道家哲学》，第28页。

弥漫其中，其意味是甜甜蜜蜜的，令人对之兴奋陶醉，如饮甘露，因此能在饱满的价值理想中奋然兴起，在灿溢的精神境界中毅然上进，除非我们先能了解道家这种深微奥妙的哲理，否则对很多中国艺术，像诗词、绘画等，将根本无从领略其中机趣。"① 道家的精神是乘虚凌空，如大鹏抟扶摇直上云霄而"横绝太空"；但同时也要"积健为雄"，因聚精神力量到一定程度才能飞起来。尽管"雄浑"与"劲健"的意境风格并不完全一样，但就"积健为雄"方面看，原始儒家与道家的生命精神是相通的。

中国人广大和谐的美感，缘于人与自然的和谐、人与人的和谐，根本在于宇宙生命与人之生命的一体具化。方东美反对"道统"之说，认为中国文化乃旁通纵贯的有机体，中国心灵博大精深，须会通儒、道以及佛，方能领悟到宇宙普遍生命的广大和谐之美，不能限于一家一派。他说："道与儒气象瑰伟，俱为中国人中之龙，至于杂家，则风度憍泄，卑之无甚高致也。道儒两家，妙能参透万象而得其势用，杂家转觉拘泥形迹，滞而不化者也，夫惟如是，故道儒两家之宇宙观，多系于艺术表情之神思，杂家之宇宙观，乃囿于阴阳五行之粗迹。"② 受儒道两家宇宙观的影响，中国人托身的宇宙，不是冥顽的物质系统，而是充满善美的价值领域，为一以贯之的生命之流所旁通统贯的有机体，仿佛是一充量和谐的交响乐，洋溢着欢愉丰润的生命乐章，其中心主题为：自然、人，以及人的文化成就。方东美说："在中国人看来，自然全体弥漫生命，这种盎然生意化为创造冲力向前推进，即能巧运不穷，一体俱化，恰如优雅的舞蹈，劲气内转而秀势外舒，此时一切窒碍都消，形迹不滞，原先的拘限扞格都化为同情交感，……在这一贯之道中内在的生命与外在的环境流衍互润，融镕

---

① 方东美：《中国人生哲学》，第214~215页。
② 方东美：《生生之德》，第127页。

淡化，原先看似格格不入的此时均能相互涵摄，共同唱出对生命的欣赏赞颂。"① 或者说，宇宙的至善纯美挟普遍生命以周行，旁通统贯于各个人，而个人的良心仁性又顺积极精神而创造，流溢扩充于宇宙。所以中国人的生命感应能与大化流行协合一致，精神气象能与天地上下同流，又有人文教化足以启发仁爱心性。如此则天与人和谐，人与人感应，人与物均调，自然生命与人文化成相映成趣，体现广大和谐之道，尽显生命的美感。

哲学的智慧是从伟大的精神人格中流露出来的，哲学家应是集先知、诗人、圣贤为一体的综合人格。先知着眼人类的未来，可说是诗哲的理想。诗人以高度的幻想才情将过去的经验投射到未来，在时间之流里安排生命；圣贤则是在现实中发挥生命精神，实践道德理想而成就伟大的人格，二者可集于一身。方东美认为，虽然儒、道两家的先哲都可以说是诗、圣合一的诗哲，但儒家追求至善，更多圣贤气象，道家将生命精神诗化，多艺术气质。他说："我这个人，就家庭教养言是儒家，就气质来看则是道家，宗教的启示来自佛教，又受过西方的知识训练。"② 由于性格气质方面的原因，方东美对于道家提神太虚的诗性智慧似有更多的感悟，倾向于把哲学看作可以令人了悟生命情绪、领受生命奇趣的艺术意境，他说：

> 廓落长空，浩荡云气，老鹫振翼乘风，回旋绝世，上凌缥渺烟雾，下掠碧海沧波，自在流眄，去来都无拘束，有时摩闪双眼，俯瞰荒峰隐隐，废港悠悠，嘹唳数声而已。此种"自提其神于太虚而俯之"的精神亦是学人不可或缺的要素。③

① 方东美：《中国人生哲学》，第95页。
② 方东美：《方东美先生演讲集》，第55页。原文为英文："I am a Confucian by family tradition, a Taoist by temperament, and a Buddhist by religious inspiration; Moreover I am a westerner by training."
③ 方东美：《科学哲学与人生》，第194页。

提神太虚，旨在综览宇宙理境、发抒人生情蕴，带有自喻味道的老鹫搏云的意象，从庄子大鹏扶摇上云天的寓言化出，完全是庄学的意境。方东美以为学哲学之人的第一课应该是乘飞机上天，由高空俯视人间，可看到所谓黑暗痛苦的现实世界却有许多光明面。如果人只能看到世界的丑恶、黑暗，就根本无智慧可言。他说："应该由高空以自由精神回光反照此世，把它美化；在高空以自由精神纵横驰骋，回顾世界人间，才能产生种种哲学和智慧。"① 关于这一点，他认为庄子早就表明了，其精神化为大鹏乘风而上九万里，视天之苍苍，光明灿烂；"其下视也，亦若是则而已矣"（《庄子·逍遥游》），人间世亦是美丽的了。艺术的意境，多少都有理想化的成分，所谓"能提神太虚，看万象有无明灭，隐隐迢迢，感人世酸酸楚楚，欢欢喜喜，而领悟庄严的理想，造成芳洁的意境"。但从观感生命活动的景象言，那"老鹫孤寄长空，但求载取断云，在辽阔的学海里留下几点轻痕而已"②。寄情于天地间的孤独的叫声，适以揭发游弋于悠悠宇宙、茫茫人海的苍凉，悲剧感遂油然而生。

方东美是现代新儒家里当之无愧的诗哲，他所揭橥的生命哲学的美感，除了中国传统文化里普遍生命流行的广大和谐的天籁，还有源自希腊文化和近代西方文化的生命悲剧的奏鸣。人与自然疏离的生存焦虑，作为他受西方哲学训练而带有的"现代"性标记，形成终其一生的悲剧感。现代化不可避免，有悲剧才有崇高，中华民族到了最危险的时刻。他在《生命悲剧之二重奏》中说：

> 乾坤一戏场，生命一悲剧！平生最服膺此两句名言，故立论持说时常以此为譬喻。……萧伯纳说得好："生命中有两种悲剧：一种是不能从心所欲，另一种是从心所欲。"后者是古典的

---

① 方东美：《原始儒家道家哲学》，第9页。
② 方东美：《科学哲学与人生》，第12页、第195页。

希腊悲剧，前者却是近代的欧洲悲剧。①

从心所欲当为生命的乐事，何以会构成希腊式的悲剧呢？方东美说："我所谓从心所欲的悲剧，便是指着希腊人波澜壮阔的生命情调。这种生命精神虽着重幸福的结局，愉快的后感，但并不儇薄佻巧，一味求乐，如喜剧中所奏演的故事那般浅薄，因为这人生幸福的结局是以深透回远的痛苦润饰而成之美型。"② 他认为希腊悲剧向人们昭示生命历程充满令人震惊的灾难和痛苦，但又希望以痛苦来支持生命，庶可取消痛苦，获得光荣的胜利。故剧中的"悲剧英雄常常忘掉自身的生命，抛弃小己的利害，自觉天地与我并生，万物与我为一；……漫把罪厉都化为德行，痛苦都饰作美感，所以人人欣赏之余，神思醉酡，仿佛超升入于幻美的世界，一切惨痛的经验竟已洗刷净尽"③。原本是表现人生痛苦的希腊悲剧，最后的结局却洋溢着生命沉醉的高亢和欢乐，竟得喜剧精神之敷彩，演为人生的正剧。

希腊悲剧的最后一幕，常是演员们"同声朗读生命胜利之歌"，对命运的抗争和对恐惧的克服，演绎出悲剧的崇高美感。方东美之所以欣赏希腊悲剧，即在于其展示人生现实的苦难时，决不是要人对于生命"断念"，而是要让"大安理索斯"的酒神精神充满人间，使人在艺术的酣醉中，忘却生命的苦难和恐怖，焕发雄伟壮烈的诗情，感受精神的崇高和欢欣。他认为希腊人狂欢烂醉时的生命灵感，令人佩服得五体投地。如真能这样以艰苦卓越的精神来操持生命，则人生的种种忧患恐惧都是美满生命的点缀。希腊悲剧积健为雄的艺术精神和人生智慧，应当易为中国人所接受，因为决定中国文化的优点也像希腊那样，不外乎哲学的高度智慧连同艺术精神所成就的完美和谐。

① 方东美：《科学哲学与人生》，第 196 页。
② 方东美：《科学哲学与人生》，第 196~197 页。
③ 方东美：《科学哲学与人生》，第 216 页。

与希腊悲剧最终给人以希望与光明不同，近代欧洲的悲剧几令人绝望，如坠入虚无主义的黑暗中，寻不着安身立命之所。方东美指出："关于此层，悲观论者叔本华可以说是近代欧洲人的表率。他说：'悲剧刻绘入微之处，不在戏中英雄之个人自取咎戾，企图悔改，却在那生存本身的罪根：人之有生，罪孽深重。'"① 按照叔本华的说法，生命欲为人生苦难的根源，悲剧的产生并非个人行为的不当或命运之不济，而在于生命本身。人一呱呱坠地，悲剧即已上演，但当悲剧的灾难忽复出现之际，才深悟生命恍如一场噩梦。描绘这种人生悲剧的目的，是要表显生命之可怕，如不可言喻的苦楚、人类的悲怆、罪恶的胜利等。近代欧洲人生命欲强烈，对宇宙人生深沉迷恋，同时却又感受成长的巨大烦恼，如莎士比亚《辛白林》（Cymbeline）的剧中人所说："我爱他却又恨他。"爱之弥深，恨之愈切，正是欧洲近代人宇宙人生学说的神髓。但迷恋不可少，痛苦不可免，无痛苦的人生非真实的人生，悲剧总比没戏好。所以"叔本华持论立说，直叩欧洲人的心弦，故一方面主张生命欲之确立可以统摄宇宙万象，他方面又断言生命欲之灭绝乃是人类脱离苦海的'禅门'。这是近代欧洲思想的岔道，左之右之，都是不能从心所欲，悲剧之效果，沉痛至于此极！"② 因生命欲望无法满足，梦梦忽忽，驰情入幻，颇觉世界颠倒离奇，备感人生无聊虚幻，这种运有入无而忧心如焚的悲剧，可称为虚无主义的悲剧。

站在中国文化美在生命和谐的立场，方东美不赞成叔本华的悲观论调，对欧洲近代驰情入幻的人生悲剧亦不以为然。他以为欧洲文艺复兴时代的人视宇宙为一种美妙的意境，故能创造懿美的艺术形式，发舒生命之胜情，但到了后来的巴镂刻时期则日趋堕落。他说："文

---

① 方东美：《科学哲学与人生》，第 203 页。
② 方东美：《科学哲学与人生》，第 204 页。

艺复兴时期之艺术形象，其妍妙之风趣虽可上接希腊，与之媲美，但希腊人之情蕴，沉雄壮阔，可以包举宇宙而产生伟大的和谐，其生命精神之播迁，纵演成悲剧而不沦于枯寂之境。近代欧洲人则心神脆弱，天赋才华吐泄出来，只能在空虚的宇宙里面引起轩然大波，仿佛有无穷的幽恨，不得满足，其意态是戏剧的幻象，其心情是戏剧的哀怨。"① 究其原因，在于欧洲人二元对立的世界观与方法论，他们把形而上的精神世界与形而下的物质世界割裂开来，使内在的心灵与外在的客观自然形成对立，致使宇宙人生彼此乖违。揭生命之情，不足以摄宇宙之理，举宇宙之理，不足以尽生命之情，于是情理异趣、物我对立，遂两相矛盾而销磨抵触，终究不免趋于空无，入于幻灭。这就是欧洲人在生命过程中常上演的悲剧。

为避免以科学戕役万物而忽视生命的价值和意义，消除虚无主义悲剧观的流行，方东美以弘扬中国文化的生生之德和人文理想为己任，提倡广大和谐的生命美学，要体天地之美以达万物之理，要提神太虚，要积健为雄，要自强不息。在受外族入侵而面临民族存亡考验的年代，他曾借电波在空中慷慨陈辞："诸位！我们中国的宇宙，不只是善的，而且又是十分美的，我们中国人的生命，也不仅仅富有道德价值，而且又含藏艺术纯美。这一块滋生高贵善性和发扬美感的中国领土，我们不但要从军事上、政治上、经济上、拿热血来保卫，就是从艺术的良心和审美的真情来说，也得要死生以之，不肯让人家侵略一丝一毫！"② 壮美哉！诗哲之言，扬浩然正气，昭示中国生命美学的崇高。

---

① 方东美：《科学哲学与人生》，第263页。
② 方东美：《中国人生哲学》，第56页。

第三节　生命存在与心灵境界

近代以来中华民族遭受的侵略和劫难，将民族的生存危机凸现在所有忧患深重的中国知识分子面前。在现代新儒家看来，这种生存危机的根本是文化危机，是民族精神及自信心的丧失，应当以文化反省的方式寻求克服危机的良方。除了以生命体验和感悟揭示中国人的艺术良心、抒发审美真情，也着重于从思考生命存在入手，试图用理性重建中华民族的道德自我和精神自我，标榜道德形上学的人文理想，这在唐君毅有关生命存在与心灵境界的本体论哲学中得到了全面的展开。他用逻辑重建的形式彰显儒家心性论以善为美的思想，并以观照凌虚境为说，对文艺世界的时空意识、艺术境相的类与不类，以及中国文艺的以虚无为用等，做了文艺美学方面的分析说明。

一、生命存在之真美善

与方东美从生命现象及其情调展开其艺术性的生命哲学不同，唐君毅以寻求生命存在的理性根据为学问方向，他以心体的存在作为思想的出发点，借鉴德国康德、黑格尔哲学的体系化方式，对生命存在之真美善，以及生命心灵在三个观照向度的九种境界，做了系统的理论阐释。

在念大学期间，唐君毅曾从老师方东美处得知西方的新实在论哲学，以为"方先生论哲学，又喜言生命。然吾当时于生命，又觉把握不住。于文学艺术性之生命哲学，只觉其可欣赏，不视为哲学之正宗"①。他坦言文艺是人生情趣的表现，科学为世界理性的象征，由科学的逻辑方法以通哲学才是哲学的正途。人们应透过现象看本质，

---

① 唐君毅：《生命存在与心灵境界》（下），台北：台湾学生书局，1986 年，第 470 页。

用理性追问：什么是世界？当前的现实世界是否真实？而问题的答案存在于人的生命心灵里。除可感觉的物质世界之外，人类心灵精神世界的真美善，是一种更富真实性的存在或实在。

如果说生命存在是一种肯定的话，唐君毅认为这种肯定是建立在对现实世界之否定基础上的。他说："这当前现实世界之不真实，其最显著的理由，便是它之呈现于时间。时间中之一切事物皆是流转，是无常，这可能就是否定当前现实世界的真实之最先一句与最后一句话。当前现实世界中无一事物是真实的，因为他们都要由现在的化为要过去的，生的必须灭，有的必成无。曾生即非真生，曾有即成非真有，曾实即非真实。"① 因有、生、实，乃与无、灭、虚相伴，同时为事物的形容辞，现实事物因兼具生与灭或有与无的二重属性，所以不可遂言真实。时间的流水将送走一切，如叔本华所言，一切的现在都要化为过去，人的最后命运是死亡。但是每个人都不愿相信现实世界是虚幻的，总要执此现实世界为真实，"这即证明我要求一真实的世界、善的世界、完满的世界。我之有此要求，是千真万确的事。此世界不能满足我的要求，所以使我痛苦。我痛苦，即证明此要求之确实存在。现实宇宙是虚幻的，但我这'要求一真实的、善的、完满的世界'之要求，是真实的"②。这种要求的本质是超越现实世界的生灭与虚幻，追求一种恒常的真实，而这种想法源自每个人的内心，此内部的自己即是心之本体，由此可体认到形上界之真实自我的存在。

理想源自痛苦，真实出于幻灭。作为超越现实世界的形上的心之本体，唐君毅认为是内在于自我的道德理想，如果我不被这恒常真实的根源所渗贯，便只是一无情的现实世界中的生灭者、虚幻者，不会

① 唐君毅：《道德自我之建立》，第94~95页。
② 唐君毅：《道德自我之建立》，第101页。

有不满和希望。可世界毕竟空虚，只有心体的纯粹能觉昭示恒常的真实。他说：

> 当我们相信一真实、恒长、无限，清明广大而自觉自照的心之本体时，我再来看现实世界之一切生灭变化，我觉得这一切生灭变化之万象，算得什么。它们生灭，我心之本体，总是恒常。它们虚幻，我心之本体，总是真实。我复相信我之心之本体是至善的、完满的。因为我明明不满于残忍不仁之现实世界。我善善恶恶，善善恶恶之念，所自发之根原的心之本体，决定是至善的。①

这种唯心主义的存在论，把人的思想和精神看作比客观物质世界更为真实的生命本体，认为此种心体虽不可见，但能于心之用的思想里体会到它的存在。由心之思想不受时间和空间的限制而趋于无限，便知我之心体乃超临于时空之上，其本身必不生灭。思想只有隐与显而无生灭，生灭只是指对象在思想之纯粹能觉中的迁易而已。唐君毅说："笛卡尔由我思以证'我'在、'心'在，我今则由我不忍见此世界之不仁与虚幻，以证有要求仁与真实之'我'在，'心'在，可谓是由'我感'以肯定'我在''心在'，由'我不忍'、'我要求'，以肯定'我在'、'心在'。由肯定心在，我遂进而说明心之本体为超时空者。"② 他以为人之生命存在，不同于人之外的任何物质存在和其他生命存在的地方，在于有超时空的思想存在或精神存在。因此，唯有人生可做两面观，"从外面看，人是时空中的物质存在，是有限，是不自由。从内面看，则人是超时空的精神存在，不是有限，是有自由"③。人的物质存在是身体，其精神存在属于心灵。心是身体的主

---

① 唐君毅：《道德自我之建立》，第109页。
② 唐君毅：《道德自我之建立》，第31页。
③ 唐君毅：《道德自我之建立》，第140页。

宰，身只是心的外壳，心能融合万物超越时空，而身则不能。心还可以自由往来，反省自我，所以更能代表人生命存在之真实恒常者，是心灵精神而非物质身体。

从根本上说，人之身体亦为生命精神所渗贯而成为主体之能觉，具有精神性，故人生之本在心，人生的活动本质上就是心的活动，是生命精神的表现。唐君毅言人生体验时说："人生之本在心，何谓心？今借朱子一诗答曰：'此身有物宰其中，虚澈灵台万境融；敛自至微充至大，寂然不动感而通。'"① 视心为真正的先天地而生的万象之主宰和人之灵根，绝对之绝对，永恒之永恒。于是"我赞叹，我崇拜，赞叹崇拜我的心。我的心，即我的上帝，我的神。你是真美善之自体，你是至善至美与至真"②。其《人生略赋》云："唯人生之本质兮，唯此内在之精神。唯人生之目的兮，唯在实现此精神。旷观人生一切活动，唯系于精神表现之充量与否兮，然后知内在精神之为至真。"③ 唐君毅说：

> 唯人生更高之活动曰求美。
>
> 求真乃舍彼具象以求其理兮，理智之活动，实冷酷而无情。
>
> 唯彼求美即具象以会心兮，情理乃浑融而不分。
>
> 观山情满于山，观海意溢于海兮，物我乃相忘以弥盈。
>
> 八音齐奏，天乐响云兮，意趣随音声以超腾。
>
> 欢愉之情，形诸舞蹈，则合律而纯化；愁苦之情，表诸剧曲，则雨过而天青。
>
> 唯此艺术之提升人之性灵兮，诚使人宛若登昊苍，而入玄冥。④

① 唐君毅：《人生之体验》，台北：台湾学生书局，1978年，第2页。
② 唐君毅：《人生之体验》，第216页。
③ 唐君毅：《道德自我之建立》，第178~179页。
④ 唐君毅：《道德自我之建立》，第182页。

绝对无限的真美善是吸引人生向上的动因，求美意识与求真意识皆为人之生命精神的表现，是要求生命精神贯通于客观的物质界。通常所谓求真，以认识物质界的真理为主，注目于感觉对象中的普遍之理，为纯粹理性的一往向外的认知活动。而"求美之活动则可说是一往一复的，求美一方是希望我之生命精神，贯通到物质界，而另一方则又要求这贯通在物质之生命精神，再回映于我之内。所以在求美之活动中不须忘感觉所对之物质界，而可于感觉所对之物质界中，寄托我之生命精神，反照出我之生命精神"①。求真活动表现于语言态度时，其最普遍的形式是直率坦白。而求美的欣赏表现形之于语言态度的生命精神，乃一面表现一面收回，形成含蓄不尽的温雅情致。

在唐君毅看来，人生的意义在其心灵与精神的活动，求真、求美是人之生命精神的表现或创造。生命存在于有形与无形之间，其本身是无形的，但又表现于有形的精神创造活动中，故生命的世界最初只可透过感觉来加以直觉，而心灵精神的世界则初不可感觉，只可自觉。人之所以能超越生物本能而有更高的、无私的精神追求，关键全在于人有自觉的回想反省能力。人心的自觉能以自由想象发现或创造自然以外的美的世界。如果说思想上的分析综合，主要归于抽象之理的认识，那么自由想象则可以把不同时空的感觉印象拆散组合，归于具体的意象之形成。唐君毅说：

> 人心之能自觉，一方使人能形成概念，建立知识，发现真理之世界。另一方即使人能审美，发现一美之世界。我们固可不否认自然界之有美与真理。美之本质在和谐、在差异复杂中之统一，在特殊中之普遍。凡一实在的自然事物，都不只表现抽象普遍之理，同时表现其理于特殊差异复杂之具体现象中。由是而一切自然事物，皆可说：能多多少少表现一些美。……此美恒在各

---

① 唐君毅：《道德自我之建立》，第147页。

自然物之关系间，而不在自然物之本身。如柳绿桃红之美，在二者对较关系中，而不必在柳与桃之本身。所以只有能自觉其所感觉之不同之物的相互关系之人心，乃能发现自然之美。若无人心，则"天地有大美而不言"，此美即如在混沌中。①

他以为自然之美亦如自然之真理，必待人之自觉的心灵光辉照耀，乃能昭然明白于天地间。更为重要的是，在自觉的想象中，可以把无情物视若有情，可以把生活中事物的时空关系完全分解后任意组合，可以补足人生的缺憾而归于和谐的境界，于是有表现我们的想象之美的文学艺术创作。唐君毅说："文学与艺术之直接目的，都在表现美。但是二者又不同。艺术的活动之目的，在表现美于自然界之物质或物质的形式，与我们自然的身体。文学之目的，则在表现美于人造的语言文字。每一个语言文字，都是直接传达一种意义。然而意义是看不见的，只有人心能了解。所以语言文字，亦最能直接沟通人的心。由语言文字，一个人亦最易进入到他人的内心之世界；亦把自己之内心之世界表现出来，为他人所可共喻。通过言语文字，而各人的心，互为客观之存在，乃有一客观存在之心灵世界可说。所以文学之表现美，亦重在表现人之心灵世界的美。"② 如此说，文学之高于艺术者，在于语言文字能表达众多的意义，可凭想象形成种种纯精神的美的景象或美的意境。

文学在本质上因人与人之间心灵的能相互交感、相互同情而成立，所以人在创作文学时，一方是要求得到人的同情，另一方亦是有同情于他人之心。此心在本原上是一有相当的对人持好意的心，亦即为一概求美和求善的心。文学之能感人，在于能表现人间关系中一切的美与善，故优秀的文学创作亦必兼求美且求善。这是因为由心之自

儒家文艺思想史

---

① 唐君毅：《心物与人生》，台北：台湾学生书局，1984 年，第 176 页。
② 唐君毅：《心物与人生》，第 197 页。

觉反省，除能使人了解真理和体验美外，更表现为求善的意志，希望人人能各得其所，万物并行而不悖，有民胞物与的公善之同情心、仁爱心，此乃人之为人的道德心性，属于人的善良本质。

科学思想求真，艺术想象求美，道德意志求善，而仁为善之本。唐君毅《人生略赋》云："唯人生更高之活动曰求善。善之源在无私之爱兮，无私之爱，乃人生之至珍。以情絜情而交流兮，以心度心而互映。爱之拓展其无穷兮，由亲亲而仁民。怜鸟兽之求生兮，哀草木之凋零。唯此大仁之赞天地化育兮，人乃为天地而立心。"[①] 仁人志士的道德活动，纯为反求诸己的自律、自强、自我、自信和自尽其心，自以其修养功夫求人格的美善。在《人生之智慧》中，他让席勒参照中国人的审美精神而说出这样的一番话来：

> 宇宙最大美，莫如人格美。文艺之创作，犹是身外物。唯彼人格美，君子美其身。可欲之谓善，有诸己之谓信。充实之谓美，美乃生光辉。故彼真有德，睟面盎背，形乎动静见乎行。谁知巍然七尺躯，气象威仪即道存。或如泰山乔岳何高卓！或如和风甘雨何温纯！或如霁月光风何洒落！或汪汪轨度，如万顷波。或委委佗佗，如山如河。人物气象之优美壮美类何限。皆彼践彼形色之人格精神，直呈于自然。[②]

从自然美、文艺美到人格美，乃生命精神的上升之路，其最后目标在于表现至善的心之本体的真实，具备所希之善德于人格自身而超凡入圣。唐君毅说："此善德是包括求真求美之精神的。因求真美之精神，本身即是好的善的。而且研究真理之学术中，即有关于善之真理。表现美之文学艺术中，即有合乎善的美。凡一善的人格，亦都有一段真诚——真诚即宇宙人生之最高真理之直接通过人格而实现，而

---

① 唐君毅：《道德自我之建立》，第182~183页。
② 唐君毅：《心物与人生》，第248~249页。

其气象态度与行为，亦必多少表现一人格美。故在最高之德性之善中，必包含真与美，将三者融化为一，此之谓圣贤之德。"① 真心实意的理想人格的培养是实现道德自我的途径，能使一切人之人格在本质上趋于同一。所谓"各人努力求其人格之上升至真实的态度，与不同人格间互相欣赏之审美态度，合以助各人之实现至善，使各种人的人格以其心量互相贯通涵摄，以化社会为真美善的社会，是即为统一的精神实在之至真至美至善之实现的路道。如此，自精神实在本身而言，是谓至真之实现；自其表现于现实世界而反照于其自己而言，是谓至美之实现；自其相续不断之表现于此真美之交彻之途中而言，是谓至善之实现"②。体现生命存在之真美善和谐贯通的人格精神之形成，道德自我之建立臻于完满的标志。

所谓"道德自我"，如指形上的心之本体，则叫作"形上自我"，属于一种自律性的道德理性，实即康德讲的实践理性。唐君毅说："吾人所谓理性，即能显理顺理之性，亦可说理即性。理性即中国儒家所谓性理，即吾人之道德自我、精神自我，或超越自我之所以为道德自我、精神自我，或超越自我之本质或自体。此性此理，指示吾人之活动之道路。吾人顺此性此理以活动，吾人即有得于心而有一内在之慊足，并觉实现一成就我之人格之道德价值，故谓之为道德的。"③ 此道德自我相当于儒家心性论所讲的心体或性体，内在于每一个人的心里，当下一念的自反自觉即可超凡入圣。唐君毅以为这与康德哲学以实践理性树立道德人格之尊严相类，有异曲同工之妙，他赞赏康德"人在本质上为一道德性的人格"的理念，以为能把人之个体性与普遍性融摄为一，"由是而有康德所论之自觉为普遍立法者之道德意

① 唐君毅：《心物与人生》，第 216~217 页。
② 唐君毅：《道德自我之建立》，第 170~171 页。
③ 唐君毅：《文化意识与道德理性》，台北：台湾学生书局，1986 年，第 19 页。

志。故吾人之道德理性，不仅表现为实践理想之自觉，或自觉之实践理性活动。理性之最早之表现，即表现于人之日常之情感意志行为中，亦表现于吾人自觉是求一非实践性理想，如求一真理或美之活动中"①。以这样的道德理性贯穿生命存在的一切精神活动，才可能实现人文世界的真美善理想，而成就神圣的主体人格。

二、心灵境界与文艺世界

生命存在和心灵境界是唐君毅哲学思想的基本范畴，其以心灵境界说建构的文化哲学体系，兼收并蓄了东西文化中不同思想家的几乎所有的理论学说。他认为生命即存在，存在即生命，如以生命或存在为主，则心灵为其用，但心灵亦可说是生命存在之主，文化是心一分殊的表现，一切人类文化皆是人心之求真美善的表现，为人的精神创造。人之生命存在要受道德理性的引导，以实现精神的提升，体现人格自身的价值；心灵境界则是生命精神的文化创造，包括文学艺术在内的一切文化形态都是人类精神活动的产物，是心与境感通的结果。

唐君毅认为"存在而有心灵的生命"，与"有心灵生命的存在"意义无别，生命心灵可以连用。精神与心灵二词也可交换互用，然而含义不完全相同，"我们可以说心灵是精神之体，精神是心灵之用。体用相依而涵义不同。心灵可以说纯为内在的，而精神则须是充于内而兼形于此心灵自身之外的。故一人格之精神，恒运于其有生命的身体之态度气象之中，表于动作，形于言语，以与其外之自然环境、社会环境，发生感应关系而显于事业"②。这种意义上的精神称人文精神。

生命、存在、心灵，构成了各种人生境界，作为主体的生命心

---

① 唐君毅：《文化意识与道德理性》，第21页。
② 唐君毅：《心物与人生》，第182页。

灵，为形上的、超越的、精神的理性，"由是而吾人所谓道德自我、超越自我、精神自我，创造文化具备文化意识之自我，只是一自我之异名"[①]。按唐君毅的说法，"道德自我"系针对生命存在而言，意谓宇宙间客观存在着一生命意志所主宰的生命世界，为主体人格自身价值的根据，这种生命心灵具有客观性。"精神自我"是超越了形体和自然本能欲望束缚的主体意识，系针对精神创造的文化活动而言，具有鲜明的主观性。"超越自我"乃超越于自我之上的忘我精神，指超越了主观与客观的绝对主体的自观活动。人可由感觉得知外面物质世界的存在，也可由心的自觉反省而知内心世界、精神世界的存在。

可用"自我"来指心的灵明之自身。唐君毅说："吾人之观客体、生命心灵之主体、与超主客体之目的理想之自体——此可称为超主客之相对之绝对体，咸对之有顺观、横观、纵观之三观，而皆可观之为体，或为相，或为用。此即无异开此三观、与所观三境之体、相、用，为九境。"[②] 其心的哲学以心境为基本范畴，依心与境相互为用和感通之说，把境分为客观、主观和超主客三类，每类有体、相、用之义；又谓心灵的感通活动有横观、顺观和纵观三个方向，为生命存在之三向。具体结构如下所示：

	体	相	用
观客体：	万物散殊境	依类成化境	功能序运境
观主体：	感觉互摄境	观照凌虚境	道德实践境
观自体：	归向一神境	我法二空境	天德流行境

简而言之，观客体是心灵相应于客观事物个体、物类和因果关系的觉他境；观主体为心灵反观主体自身的感觉、性相意义和道德良知的自觉境，涉及心身关系、时空关系、观照态度和道德理性等诸多问题；

---

① 唐君毅：《文化意识与道德理性》，第20页。
② 唐君毅：《生命存在与心灵境界》（上），第46页。

观自体乃心灵超越自我、法界和性命的超自觉境，终达立人极的天人合一境。九境按世间到出世间的逻辑形式排列，揭示生命心灵之精神境界的多层升进，其中任何一境都能涵摄前境之内容。此种体系设计借鉴了黑格尔和康德哲学的思辨形式，但归宗于儒家文化的一贯精神，以为一切文化皆本于人之心性，统于人心之仁，并为人之人格完善而有。黑格尔谓人类历史的发展是绝对精神的历程，自由与必然、历史与逻辑的统一，认为在客观精神之上，尚有绝对精神表现于哲学、宗教、艺术之文化活动中。唐君毅讲的精神自我，就儒家传统的心性之学立义，但又类同于黑格尔讲的绝对精神，其心通九境的次第升进，建立在黑格尔正反合三段式辩证法的基础上，成为一具广阔宇宙意识而无所不包的思想体系。

唐君毅说："康德论文化之最大功绩，在以其批导之方法，分清科学知识、道德、宗教、艺术、政治、法律之不同的领域，而一一于其中见人类之理性要求之一实现或满足。而黑格尔论文化之大慧，则在依其辩证法以指出不同之文化领域，乃同一之精神自我之客观的表现，其自身所递展出之精神形态。而人类之历史，亦即同一之绝对精神或宇宙精神表现其自身于地上之行程。"① 指出康德的思想功绩，除以时间和空间为心灵的先验形式，用三大批判来反思知识求真、艺术审美和道德志善外，更在于分辨纯粹理性与实践理性，由纯粹理性以认识必然，因实践理性而认识自由。关于自由，"康氏谓只有遵从有普遍性必然性之当然而定然的道德规律，乃有人内在之精神的自由。只有在无实际利害欲望夹杂之美的欣赏与创造中，乃有自由之表现于外之感觉界。前者为道德性的自由，后者为艺术性的自由"②。这种精神自由脱离了物质欲望的满足，而与实现超越自我的真美善等

---

① 唐君毅：《文化意识与道德理性》，第 12 页。
② 唐君毅：《人文精神之重建》，台北：台湾学生书局，1988 年，第 360 页。

文化价值相连，所以后来唐君毅论文化即改尊康德之说，肯定各种文化活动为同一精神自我的不同形式，由此形成各种心灵境界的分殊表现。

以"心的哲学"恢复人在宇宙中的主体地位和价值，弘扬具道德理想的人文精神，是唐君毅建构心灵九境的主旨。他企图用儒者的仁心去涵摄人类文化的一切认识成果，内容涉及科学、宗教、艺术、道德社会政治、史地知识等很多方面。但又可简约为一基本的心境关系问题，谓心感通于境，境亦感通于心，既涵客观景象，也涵主观意境。他以为西方文化受主客对峙的科学、宗教精神主宰，中国文化则为主客融和的道德、艺术精神所贯注。他将文学艺术归入由直观而成纯相、纯意义之知的理解之境，表明文艺世界乃一观照凌虚的意境。此心灵境界前承一般世俗生活之境，后启超世俗生活之境，可以用来说明文艺时空的意识形态、直观理解的类与不类，以及中国艺术以虚无为用的意义所在。

（一）关于文学艺术中的时空观念

在唐君毅所说的心灵九境中，观照凌虚境乃继感觉互摄境而起，故涵摄了前一境中观身心关系与时空界的感觉印象和经验，作为直观的内容。感觉互摄境包括"一切人缘其主观感觉而有之记忆、想象之所知，经验的心理学中对心身关系之知识，人对时空之秩序关系之一般知识，及人对其个体与所属类之外之物之纯感性的兴趣欲望"①等。这些均为主体内心自觉之纯相，一种出于主观感觉之外，又自其所附属的客观实体游离脱开来的事物性相，而心对境起，形成具审美性的观赏心灵。唐君毅说："观一境中红蓝之对照，如以红为始，则红首放射出其光辉，以往照及于蓝，而蓝亦还照于红，如成一光环。此观照之心灵，即如位于此环中，以形成此往照与还照之光环。此心

---

① 唐君毅：《生命存在与心灵境界》（上），第49页。

灵位于环中，如安居于环中，而为静；然静中自有一往还之照在，则亦为动。此即为一原始之审美性之欣赏或欣趣，或观赏的心灵。"①他认为主体心灵这种原始的观照境，当为直接自感觉互摄境升起的审美性、艺术性的所对之境，而形成此境之心灵即为审美心灵。

审美观照中的纯相源自感觉记忆，而时空是感觉的形式或形态，心灵必须通过时空的形式来知觉和想象。时间、空间不是概念，而是感性直观的形式。唐君毅在《文学的宇宙与艺术的宇宙》里说：

> 文学中的时间和空间有两个性质：即在时间方面言，文学所描写的事实的当时，要与前后时间隔断；在空间方面言，文学所描写之事的空间，要与其周围的空间隔断。我们可用两语概括之，即所谓"空前绝后"与"冥外弘内"；意即一篇文学著作，描写其当时当地的事实或虚构的幻想时，须将其四围的空间切断，又将其上下的时间切断，从而形成一单独的时空单位。②

所谓单独的时空单位，指文艺作品中独立自足的时间、空间观念。如果说现实中的具体事物必在一公共的时空秩序中有确定的位置，那么，一文艺作品（如小说、戏剧）所述之人物事迹，皆为安排于一小说戏剧之内部的时空中，断不能真视为曾在一公共时空中有定位的历史人物。唐君毅说："譬如中国小说之《红楼梦》，乃涉及清朝之事，而亦可能实以若干历史性之人物事迹为其背景，而或亦实影射若干历史性之人物之事迹者。然《红楼梦》之由太虚幻境开始，将主要故事，团聚于一大观园之空间中，又不指定其事为何一朝皇帝在位时之事，即将其所叙述之事，与历史世界之时空截断，而自形成一内在的时空。"③ 超越现实时空乃文学意识之本性。

---

① 唐君毅：《生命存在与心灵境界》（上），第449页。
② 唐君毅：《中华人文与当今世界》（下），台北：台湾学生书局，1975年，第318页。
③ 唐君毅：《中华人文与当今世界》（上），第235页。

至于在诗歌中，事物的时空定位尤为超拔灵活，与小说、戏剧作者假借具体人物事迹寄托情志不同，诗人以直接抒发自己的情志为能事，一切都具主观色彩。"由是而凡此为诗人之情志之所及者，亦无远无近，无古无今，皆在当下。陆机《文赋》所谓'观古今于须臾，抚四海于一瞬'也。又由此而一切历史性之人物事迹，一经诗人之歌咏，其原来在公共时空中之定位即皆活转，而远者如近，近者如远，古者如今，今者如古"①。所以边塞诗的边塞，不同于历史地理记载的方位；咏史诗词中的古人，存在于咏史诗词作者之怀抱中。如苏轼《念奴娇·赤壁怀古》之"遥想公瑾当年"，公瑾当年为古，遥想则在今，是以今摄古，让古人活于今人的直观想象中。

由于是想象之所知，文艺里的时空观念除具内在独立性外，还有贯通远近古今而由有限趋向无限的特性。如杜甫的《咏怀古迹五首》之二："怅望千秋一洒泪，萧条异代不同时。"由怀古而洒泪，直接以人同此心贯古今；异代不同时的今古人之萧条，同在一声慨叹中，将远近纳于当下之一念。以此为例，唐君毅说："诗歌之运用表示时空数量之观念之字，更有一趋向，则趋于运用表示无限之数量之时空，或周遍一切时空之名言，与不定时空地位之名言，以寄意。如中国言千古万古，即义同于无限之时间。言处处、天地，即义同于无限之空间。"② 意谓诗歌不仅不重具体事物在时空中的定位，亦不重一事物在时空所占之数量的正确叙述，以其不确定而通于无限。或者说，由其内在时空的独立，通达于外在悠远的时空中，使人觉得其具有虽小而大、虽暂而久的性质。

文学如此，艺术亦然，如"中国人造园林，最重视桥。园外之桥，一方面可作为园林与外界的间隔；一方面亦可作为与外界通达而

① 唐君毅：《中华人文与当今世界》（上），第236~237页。
② 唐君毅：《中华人文与当今世界》（上），第239页。

摄外于内，以开拓其'内'的凭借"。"而中国之人体之雕塑，则更重有衣服之皱褶。衣褶之曲线，即如可将其外之空间褶入其内，而使其所涵之空间量变大。又如雕刻能依附一山岩上，或加一龛，即除了有与外界空间起了隔开的作用，还可使雕刻本身如加放大"①。至于绘画的优劣，也可从其内部空间是否能与外通达而有一种开拓的视角评骘高低。唐君毅说："中国画用点线以绘有形体之物，物之形体便似松开了，变为宽疏了。而中国之山水画面，虽亦只用线条与点构成，但在重峦叠嶂，看来遂有咫尺千里之势，使观者见种种平远、高远、深远之境。"② 以为图画虽在一平面上，若能使人看来像立体，即是一种空间的开拓。中国画之重气韵，也可从空间的开拓和通达来看，气韵生动的画即是有逸趣的画，在观照欣赏时有一种流动感，而能流动则意味着时空的通达和开拓。

（二）审美观照中艺术形象的类与不类

在谈观照凌虚境时，唐君毅称观照为"直观的理解"，认为审美观照起于直觉，但又不能限于直觉，还应包括意义的理解，方能构成价值判断。直观即直觉，因所观为所觉，所觉皆所观，故二名可互用。他说："吾人唯直观普遍者在特殊中之一整全之境相，而欣赏之或表现之。唯于此直观中乃能欣赏美表现美。故美的对象中，虽有普遍者，然吾人恒难自觉之。如自觉之而提出之，则是吾人求真之判断或理智活动之表露，而不免破坏美的境相之美者。唯自觉之而有判断之后，而复融入之于美的直观中，而超化吾人之判断，则亦可加深美的直观之程度。此即文艺批评之所以能为效于文学欣赏。然此中之文艺批评，唯所以辅助直观，决不能代替直观。"③ 普遍者必须在特殊

① 唐君毅：《中华人文与当今世界》（上），第326~327页。
② 唐君毅：《中华人文与当今世界》（上），第328页。
③ 唐君毅：《文化意识与道德理性》，第421页。

中与特殊同时呈现，才能有所谓美的境相，美的对象中之普遍者的直观使特殊者成为必需。这就使具体艺术形象中的类与不类，成为构成文学境界（意境）的重要条件。唐君毅说：

> 吾人如知一文学境界之形成，乃由境界中之事物之能互为其呈现之条件，则吾人可改而说文学中之境界，决非一直觉的平铺之境界，实乃其中之境物，能各居其所，而又依其性质之类而不类，不类而类，以相依相涵而互相照明，所合成之一立体的境界。此中之各境物为一度向，各境物之相类为一度向，不相类而各与其自己一类之物为类，又为一度向。合此三度向，以成一立体之境界。而此境界则为吾人对此境界所生之情志所涵覆，以合为一整体。①

文艺中的"类而不类"，可举小说、戏剧里的人物形象为例。历史上的人物，如我们已定其属于某类，则不能更属于他类；而小说、戏剧的文学人物，多因其性格发展而由此类变为彼类。唐君毅说："最堪为小说、戏剧之题材之故事，亦正恒为关于一人物之性格，在种种情形之发展，可由此类以入彼类或相反之类，或由彼类与相反之类入此类之故事，所谓传奇是也。故人之生而圣者或念念皆君子者，可以入史传，而不可以入小说、戏剧。初为天真之孩子，经引诱而入邪恶，再返于善良之故事，则可入小说、戏剧。一人生而治生产，老而由积累以致富者，如《史记》之《货殖列传》中巴蜀寡妇清，非小说、戏剧中人物。而陶朱公之从政而兼业商，终泛舟五湖，类同隐逸，则可为小说、戏剧中人物。"② 他以为有传奇意味的人物故事，方可构成小说、戏剧。传奇之所以奇，由于其为一单独特殊之个体之事，这种个体的特殊性，多由其中之人初属于某一类之时，已经隐含他类之

---

① 唐君毅：《中华人文与当今世界》，第269～270页。
② 唐君毅：《中华人文与当今世界》，第244页。

事了，故虽常有出人意外之事发生，也终在情理之中。文学家当善于透视各类人物之内在本性，想象其在种种情形下可能有的当然或必然的表现，以满足人们欲使人和事物"类而不类"的变化要求和想象虚构。

再说文艺的"不类而类"。如属语言艺术之诗歌的"由兴而比，比以寄兴"，即由初视为不同类之境物，因情志贯穿而实又相类以构成意境。在文学的语言文字运用方面，人们多用表示具体境相的形容词、动词、名词，以形成一观景，如游绿飞红，虽不属于物而自相为类，诗人之心意可沿其不类而类的性相往来于其中，合以为一意境，亦一观照境。唐君毅说："故吾人欲由此情之相类，以见异类之物之性质之相类，即须于此异类之物中见此不异之性质，又必须以诸异类之物相比喻，然后能将此不异之性质，加以表现"①。如楚辞之反复以兰蕙、芳草、美人以比君子，白居易《长恨歌》之"在天愿作比翼鸟，在地愿为连理枝"，所咏本非同类事物，因诗人用来表达某种情志而有其共同的意义，所以亦可称同类，此乃情理相同而非形状相同。君子之可比美人、兰蕙、芳草，唯因此三者同为世所稀有，为人所珍爱之情相同；而比翼鸟之相依，连理枝之相连，正与夫妇间之情相同。

在以抒发情志为主的诗歌创作中，不类之境物只要有情相类者，即可说其意义和性质相同，并运用比喻形容之类的文学言语表而出之。唐君毅说："此种文学语言之必能形成一意境、观照境，观景或风景，而其中必有自相类之诸性相，使人之心意得往来于其中，可姑由中国文学中之比兴之义以说。文学之意境、观景或观照境之形成，初皆始自一人之心意，兴起于特定事物之上。此兴起，为一'人之情意之由特定事物，而升至一观景或意境之形成'之一活动。此观

---

① 唐君毅：《中华人文与当今世界》，第253页。

景或意境中，必有相类之事物之性相，互相照映，以支持此意境观景之存在。"① 不类与类是可以情意贯通的，以其不相类，使诸性相不相混融；而以其相类，使诸性相互相通达，二者互相支持贯通，亦彼此撑开，各居其位。此中即有种种不同性相互相照映的"意境"形成，以为文学心灵往来于其中之一观景或风景。一切美的境界中，一切艺术所创造的形象观景，皆有种种"不类而类"或"类而不类"之情形，成为观照心灵通行的观照之境，使吾人之心意不断兴起于此相类与不相类的更迭出现之中，产生美的欣赏或欣趣。

（三）凌虚观照与中国艺术的以虚无为用

审美观照既与作者的情志要求相关，则其价值判断当兼具真善的内容，但文艺的直接目的在求美，不同于道德修养的直接求善，反映心灵之直觉静观的纯艺术精神，使求美的观照必以凌虚高蹈之空灵为极致。唐君毅说："由吾人欣赏美或表现美时之必以'美'为用以判断一客观之境相之辞，便知在吾人欣赏美或表现美时，吾人必至少暂时有一主观之心身之活动之忘却或超越。而当吾人对于主观心身活动有一忘却或超越，凝神于美之欣赏与表现时，吾人乃忘却我之其他一切实用目的，而唯以欣赏美表现美为目的者。吾人此时之心灵境界，即为超主观而超实用的。"② 美的欣赏常表现出物我两忘的超现实、超功利的想象性质，此为正宗的美学家和文艺批评家所公认。所以：

> 在此原始之审美心之欣赏或欣趣之心灵中，其所欣赏欣趣之境，外与实物游离脱开，内与其初所自来之感觉，亦游离脱开，故外不在物，内不在己，内外皆不见其有所托；上又非抽象之类概念，下无其所统之个体物；无前因，无后果。此即内外、上下、前后，皆无依而邻虚。如说其有所依，亦与其所依者之间，

① 唐君毅：《生命存在与心灵境界》（上），第474页。
② 唐君毅：《文化意识与道德理性》，第394~395页。

如有一遥相距之虚的距离，以共浮现于此虚中。故此境即观照凌虚境。①

这种凌虚的观照，将人之感觉所摄之物相与其物之存在间隔开来，成为一种受感情激发的想象，即所谓感性的观照。此虽人人所能有，亦非人所常有，助成此种能化实为虚之审美观照活动者为文学艺术。凌虚的观照境与中国文艺的空灵境界相通。唐君毅说："凡一美的境界或对象，乃可远观而不可亵玩，可叹赏而不可利用，可崇敬而不足以皈依。然此间隔观之深义，则在人之能以虚无为用，外有所遗，斯神有所凝，而于其所审美之境界或对象，无论好山好水，名士美人，雕像一尊，清歌一曲，皆视如非世间所有，以凭虚而如是在，凌空而如是现，蓦然相遇而有会于心。"② 要以虚无为用，则有待于心之虚灵。

受庄子"心斋"和"坐忘"之说影响的中国文艺，多善于运虚以入实，运无以入有，使观赏对象空灵化，让虚无之用直呈于美的对象或美的意境内部。如中国古代的文人画，其笔不到而意到、意不到而神到者，常在画面的虚白处。此虚白即为意之行、神之运的往来处，亦即山川人物灵气之往来处。再如中国传统戏剧的舞台不重布景，其舞台初如虚堂和空庭，而唯闻锣鼓声，演员的动作与表情也具虚拟的成分，持鞭走马，鞭实而马虚，掩袖啼而无泪，以掩啼虚拟流泪，不必真流泪。中国诗有标举神韵者，唐君毅说："而神韵二字，殊难有确解。然声音往而复来，即成韵；妙万物而运行无滞，谓之神。此要为神韵二字中之义。声音往而复来者，声音之乍虚而乍实也。神之妙万物而运行不滞者，神之方即而旋离，若有接而又无接也。"③ 如王维《鹿柴》之"空山不见人，但闻人语响"。空山闻人

---

① 唐君毅：《生命存在与心灵境界》（上），第449~450页。
② 唐君毅：《中华人文与当今世界》，第335~336页。
③ 唐君毅：《中华人文与当今世界》，第341页。

语，如在如不在，若实亦若虚，若有又若无，可谓凌空而来、凭虚而去之观景，真能得神韵之三昧。

第四节　智的直觉与中国文艺精神

20世纪中叶，牟宗三、徐复观、唐君毅与张君劢四人在香港联合署名发表《为中国文化敬告世界人士宣言》，宣称决定中国文化之生命形态、生命方向的是中国人的生命智慧，而真正的智慧是生于忧患的。面对近代以来西方文化的严峻挑战，必须肯定中国思想文化的存在价值，以当下即是的精神和圆而神的智慧发扬光大中国的心性之学。他们认为："此心性之学中自包含一形上学。然此形上学乃近乎康德所谓道德的形上学，是为道德实践之基础，亦由道德实践而证实的形上学。而非一般先假定一究竟实在存于客观宇宙，而据经验理性去推证之形上学。"① 这种道德形上学以人的内在性命为本源，为超越知性的人格的直觉形态，是一种经由道德实践而达到本体的哲学。因此必须依觉悟而生实践，依实践而更增觉悟。这种"智的直觉"是内在于人之心性的，但又具有无限量的超越性，可以印证人与天地万物实为一体。由中国哲学的这种"内在超越"性质，可以说性理即天理，人的本心即宇宙心，吾良知的灵明即天地万物之灵明，此乃中国心文化之神髓所在。智的直觉不仅是生命创造的人性根源，也是通向万物存在本体的呈现原则，它既是人之自由意志或道德良知的呈现，亦可以是主体虚静明的审美判断所成就的纯艺术精神。

一、智的直觉与中国心文化

以内在超越的智慧说明中国传统的心性之学，为现代新儒家道德

---

① 张君劢：《中西印哲学文集》，第868~869页。

形上学得以成立的思想前提。"内在"是就心性本体而言，指心体或性体，表现为生命精神；"超越"因层次不同而意义有别，主要涉及到性与天道、精神的向上提升和形上的存有论等问题。方东美在《中国人的智慧》中说："根据中国哲学的传统，本体论也同时是价值论，一切万有存在都具有内在价值，在整个宇宙之中更没有一物缺乏意义。各物皆有其价值，是因为一切万物都参与在普遍生命之流中，与大化流衍一体并进。"① 这是就天命之谓性讲天道的超越性，谓人之心性蕴含天理而超越内外，具有普遍的生生之德。天理就在人心中，所以既超越又内在。倘若就生命存在的心灵主体而言，超越指精神境界的自我提升，或谓自我超越。唐君毅以为："此主体所具之超越意义，即显于其用之前后相继之中，因而亦具内在意义。""人之由经验认知世界，而有哲学反省，以至于知具超越统觉之心灵之存在，康德哲学，固宜为一必由之路。"② 他说读康德书而有契于心者，唯在其言超越的统觉与理性之能虚构超越的对象之能力方面。这种对主体心灵超越统觉的认识，已触及存有论的自由无限心问题。

以"圆而神"对"方以智"，是现代新儒家于思维层面区别中西文化的妙喻，能彰显中国人由有限通向无限的生命智慧。与偏重于知性分解和概念抽象的西方文化不同，中国文化是一种追求内在超越的心文化，富于道德理想和艺术精神，其以心性为核心的人格修养，建立生命在当下即是的直觉"圆智"之上。牟宗三以儒家心性之学会通康德哲学时，依道德的进路说明宇宙万物的本源，以无执的存有论和执的存有论区分本体界与现象界，并用"智的直觉"沟通伦理世界与超越世界，打通了道德通往形上学的道路。他说："我们只有两层存有论：对物自身而言本体界的存有论；对现象而言现象界的存有

---

① 方东美：《中国人生哲学》，第94页。
② 唐君毅：《生命存在与心灵境界》（下），第330页、第475页。

论。前者亦曰无执的存有论，'无执'是相应'自由的无限心'（依阳明曰知体明觉）而言。后者亦曰执的存有论，'执'是相应'识心之执'而言。"① 无执的存有论可证成"物自身"，属于本体论；而执的存有论所言为现象界之事，为精神现象学。牟宗三侧重于从心体"存有"谈内在超越问题，以儒家的心性本体论会通康德哲学的现象与物自身之说，建立起"一心开二门"的两层存有论的架构，使道德的形上学不仅上通本体界，亦下开现象界，成为完整贯通的全体大用之学。他认为康德把自由无限心归之于上帝，存而不论，只依识心之执建立现象界的存有论，不能证成物自身，这不能不说是一缺陷。而中国的心体性体说可证成无执的存有论，所以要按照中国的传统调整形上学。他说："我们依'人虽有限而可无限'底预设，承认两种知识：（1）智知，智的直觉所成者。（2）认知，感触直觉所成者。"② 二者的区别在于，感觉直觉只把现象呈现给我们，智的直觉则能创造东西，能创出超越现象的意境。

所谓"智的直觉"，即康德所说的"理智直觉"，是一种不依赖感觉和概念而直接把握事物内在本质的能力，是一种天才的智慧。按照康德的说法，智的直觉是无限心的作用，上帝是人格化了的无限存有，其心是无限心，故上帝才有智的直觉，上帝直觉一个东西就创造一个东西。而人类是绝对的有限存在，人的心灵是有限的，所以不可能有这种直觉。对此牟宗三表示不能苟同，他说：

> 康德言物自体是只取其消极的意义，因为他不承认我们人类能有"智的直觉"（intellectual intuition）。我以中国哲学为背景，认为对于这种直觉，我们不但可以理解其可能，而且承认我们人类这有限的存在实可有这种直觉。这是中西哲学之最大的差异

① 牟宗三：《现象与物自身》，台北：台湾学生书局，1975 年，第 39 页。
② 牟宗三：《现象与物自身》，第 38 页。

处。我们以"人类可有智的直觉"为背景，故对于"物自体"一概念可有亲切而清晰之理解，不似康德处之笼统与空洞。①

依牟宗三的看法，人的认知活动虽说是有限的，不能完全脱离感觉经验，但在道德实践方面则"人虽说有限而可无限"。这是因为"道德即依无条件的定然命令而行之谓。发此无条件的定然命令者，康德名曰自由意志，即自发自律的意志，而在中国的儒者则名曰本心、仁体，或良知，而此即吾人之性体，即发此无条件的定然命令的本心、仁体，或良知即吾人之性体，如此说性，是康德乃至整个西方哲学中所没有的。性是道德行为的超越根据，而其本身又是绝对而无限地普遍的，因此它不是个类名，所以名曰性体——性即是体"②。性体是涵盖乾坤的绝对而无限的普遍存在，是创生一切而为一切存在之源的创造原则，其内在于人之道德主体即为本心仁体。牟宗三强调："须知儒者所讲的本心或良知，都是根据孔子所指点以明之的'仁'而说的。仁心的感通原则上是不能有封限的，因此，其极必与天地万物为一体。仁心体物而不可遗，即客观地树立起来而为万物之体，无一物或能外，因此名曰仁体，仁即是体。"③ 仁心的明觉圆照和流行发用即是智的直觉之创造，一种圆而神的生命智慧。既是人类实践理性的根据，也是天地万物存有论的根据。如此说，智的直觉即是无限心之妙用，而无限心即本心、仁体，即人之性体，中国人在践仁尽性的德性之知中，可凭本心或良知自作主宰，超越自身的有限而极于无限，不必如耶教（即基督教）中人一切遵从上帝旨意而忏悔。

以智的直觉和感觉直觉分属智思界、感触界，可与康德哲学的"现象与物自身"的区分相对应。"物自身"又可译为"物之在其自

---

① 牟宗三：《智的直觉与中国哲学》，第118页。
② 牟宗三：《智的直觉与中国哲学》，第190页。
③ 牟宗三：《智的直觉与中国哲学》，第191页。

身"或"物自体"，指超验的万物本体而言，虽说可作为纯智所思的对象，其实是不可认知的，不在人的知识范围之内。康德是经验实在论者，他认为人的认识不可能完全脱离感觉经验，即离不开感触界的现象，所以"现象与物自身"的区别并非是两种不同的对象，而是同一对象呈现于主体心灵中的不同表象，两者的区别是主观的，其分别有待于主体的直觉。物体只有作为可感觉的表象而以现象的身份出现，才能成为主体的认识对象，我们无法说明物自身是什么，任何先验的或超越感觉的直觉都是不可思议的。"无执的存有论"很难言说，我们可以思议的是"执的存有论"，即由识心之执而呈现的现象界的存有论。言及认识现象时，康德把感性、想象和知性作为心灵的三种根源的能力或机能，牟宗三则直接将其说成是识心或认知心的三种认识能力，以为"基于这三种机能上，有三层综和出现"，此即：

（1）通过感觉（sense）而来的先验杂多之综摄（synopsis）；

（2）通过想象而来的此杂多之综摄（synthesis）；

（3）通过统觉（apperception）而来的此种综和之统一。①

他把这三层综合都称为"识心之执"，以为"不管是感性、想象，抑或知性，它们都有综和或总持的作用，此即佛教所谓的执。认知的基本作用是执，就是抓在一起"②。执是佛家语，谓执持、凝滞、着相，用来形容心之执着。牟宗三将康德有关认知心的三层综和译解为：直觉中摄取（领纳）之综和，想象中重现之综和，概念中重认之综和。他说："我们的识心（认知心）之综和，从直觉中摄起的综和起，经过想象中重现的综和，后返至概念之综括性的统一而止。"③ 意谓认知主体在直觉中，依靠时空的感性形式综摄感觉印象而成表象；其所

---

① 牟宗三：《现象与物自身》，第138页。

② 牟宗三著，罗义俊编：《中西哲学之会通十四讲》，第185页。

③ 牟宗三：《现象与物自身》，第151页。

感知的表象保存于记忆中，并通过想象再现出来，使感觉印象联结起来而前后统一，此即重现之综合；然后是知性的统觉通过概念明确认识对象。综合至此，现象才真正达到主客的统一而成为定相，成为可认识的对象。

物自身并不能单独成为认识对象，如纯由理性空想物自身如何如何，则只是无实在性的空观念。作为事物抽象本质的物自身普存于现象中，现象才有呈现原则，完整的形上学须贯通本体界与现象界。因此，牟宗三认为道德良知的"自我坎陷"很有必要，这样才能使知体明觉由无执下陷为执，由道德主体开出知性主体，合智思与感触为一。由良知的坎陷将"无执的存有论"与"执的存有论"连接起来，则道德界与自然界之悬隔不待通而自通。

在牟宗三看来，智的直觉应当是创生与圆照合一的自觉和觉他的活动，具有创生和圆照两种功能，创生是竖说，强调本心仁体的实体意义和本源意义；圆照是横说，突出心体的认知意义和直觉意义，二者是相互为用的。他说：

> 智的直觉之创造即是本心仁体之创造。顺说本心仁体之创造是纵贯地说，承体起用地说；就直觉而反说是横说，是就智的直觉之认知说。所以要有此横说，为的是要表明此本心仁体之创造不只是理论的、形式的意义，乃是可以直觉而认知之的，亦即是可以具体呈现的具体而真实的创造。①

必须把自由意志或良知看成是本心仁体的心能，才不仅是理论的设准，而且是实践上的呈现。所谓"智的直觉不过是本心仁体的诚明之自照照他（自觉觉他）之活动。自觉觉他之觉是直觉之觉。自觉是自知自证其自己，即如本心仁体之为一自体而觉之。觉他是觉之即

---

① 牟宗三：《智的直觉与中国哲学》，第198页。

生之，即如其系于其自己之实德或自在物而觉之"①。自觉是在心里反照自身、朗现自身，为人类实践德行的内在根据；觉他是心之知体明觉的感应必与天地万物为一体，为超越自我的天地万物之存有论的根据，二者不可或缺。在西方宗教传统里，自由无限心的智的直觉为上帝所有，而在中国儒家人文传统里，这种直觉乃是人心的良知良能，人尽心则知性，知性则知天。

中国人不把无限心人格化为上帝的无所不知，而是承认人有智的直觉，能通过道德的实践、修行的解脱，使本有的无限心呈现。人之所以有智的直觉，全在于"转识成智"的内心修养功夫。"转识成智"是将"识心之执"转为智的直觉。在中国文化里，智与识是不同的，智是德性之知，识是闻见之知；智是无差别境界，识为分别的知解；智是无执的般若圆智，识是执着心。若有致良知、心斋和消除执着之心的修养功夫，即可使本心呈现而"转识成智"。牟宗三说：

> 康德的感性、知性、思辨理性都是识而不是智，康德也认为人类心灵的活动不是智的直觉。智的直觉依佛教应是智，也即王阳明所谓的由良知而发的明觉，而道心发的玄智也是智的直觉。②

智的直觉是无限心，中国的儒、道、释三家讲的心都是无限心。比如道家讲"为学日益，为道日损，损之又损，以至于无为。无为而无不为"（《道德经》第四十八章）。"无为"指无知，因其"为道"的目的是反身自证自明以求自然，与"为学"的向外追求有所得是相反的，故知之愈少，愈能无知而无不知。牟宗三在解释这种"无"的智慧时说："因为不需要经验，故无知，因无特定对象故。无知自亦函无知相。无知而又无不知，此无知之知即智的直觉之知，即泯化

---

① 牟宗三：《智的直觉与中国哲学》，第200页。
② 牟宗三著，罗义俊编：《中西哲学之会通十四讲》，第82页。

一切而一无所有之道心之寂照，即寂即照，寂照为一。在道心的寂照下，一切皆在其自己，如其为一自在物而一起朗照而朗现之。"① 他指出智的直觉之寂照，即是庄子所谓"以无知知"，即以智的直觉玄照一切，玄成一切。为达此境，庄子有"心斋"和"坐忘"的功夫，心斋即心之寂与虚，坐忘则一止一切止。老庄讲的自然、无为，只是一个止、寂、虚、无，一切皆在一个虚、寂、止、照的心之虚涵下为自尔独化。其道心的虚寂圆照，本由学、知的灭于冥极而显示，它的自照就是智的直觉之反而直觉其自己，此乃道家独特的静态的智的直觉。

道家静态的智的直觉亦有一种创生性，其止、寂、虚、无之无为必然地蕴含着无不为，类于康德讲的"反身判断"或"品味判断"。牟宗三说："审美判断是反身判断，是无所事事、无所指向的品味判断（judgement of taste）。故决定判断（案：指认知判断、道德判断）亦可曰有指向的判断，反身判断亦可曰无指向的判断。故道家之主体可以开艺术性关键即在此。"② 点出道家的智的直觉属审美判断，含有艺术性。在谈及佛家之智的直觉时，他以为是诸行无常、诸法无我和缘起无性的般若智，谓佛家以起执为识，观空为智，要"转识成智"，须消灭识心之执的虚妄而觉悟实相，就缘起性空而起与识知相反的圆照。他说："此是灭度的智的直觉，而不是带有艺术性的智的直觉。道家可以直接开艺术境界，其故即在此。普通文士禅取禅趣以为诗境，那是以道家心态看禅趣，并非禅之本义。那是道家对于在其自己之自尔独化之观照，并非佛家之如相。"③ 佛家的般若智既是圆照，其本身也就含有无限心，能观空而不起执，其识心之执在无明

① 牟宗三：《智的直觉与中国哲学》，第204页。
② 牟宗三：《智的直觉与中国哲学》，第209页。
③ 牟宗三：《智的直觉与中国哲学》，第214页。

中，不觉悟就是识，可一旦明觉就"转识成智"了。只要达到真正的圆教，智的直觉就能充分朗现。

作为一种"圆而神"的生命智慧，智的直觉对中国文化的影响主要体现在道德和文艺领域。在道德的形上学方面，儒家本心仁体的智的直觉，具有精神超越的内在祈向和无限潜能，可向上提升生命的价值，形成决定中国人之生命方向的道德理想。牟宗三在这方面的解释较为详细，说人虽有限而可无限，人的内在心性里含有自我超越的神圣品质，中国思想文化的精华集中在性理、玄理和空理上；但关于道、释的智的直觉之虚寂圆照所朗现的艺术精神，他只是点到而已。在智的直觉与中国艺术精神的关系方面，徐复观的论说更为全面，亦更加透辟，他对儒、道两家艺术精神之性体与心体的敏锐洞察和诠释，足以说明智的直觉在文艺领域何以成为可能。

二、为人生而艺术的人文精神

在中国儒家文化传统中，智的直觉并不具有认识论方面的意义，它不是主体了解客体的认识方法，而是主体把握自家心性而向内沉潜反照的体认功夫。这种体认功夫是儒家本心仁体的实现方式，体认过程即是内在超越的道德实践过程，而道德实践的方向是人格的修养和精神境界的提升。徐复观说："儒家的智，是心的灵明向内在的道德主体的烛照。推而广之，亦止于人伦上之用心。其主要任务，不是向外去把握与实践无关的对象，分解与实践无关的对象。所以儒家的智，与西方之所谓智，有其基本性格上之区别。"[1] 也就是说，人本身就是目的，生命的价值内在于人的心性里，其本心仁体要靠智的直觉来体认。超越而内在的人本主义是儒家的思想性格，在其内在的方

① 徐复观：《儒家精神之基本性格及其限定与新生》，《徐复观文集》第二卷，武汉：湖北人民出版社，2002 年，第 57 页。

面肯定了个体本身的价值，在其超越的方面肯定了全体的圆满。这也决定了从乐教到文体，儒家都坚持为人生而艺术的人文精神。

由孔子的"成于乐"探索儒家的艺术精神，可知孔门的礼乐并重，除了有助于政治上的教化，是以为表情的音乐艺术有助于人格的修养、向上，可以作为达到仁的人格完成的一种功夫。中国文化是心文化，孔子就已体认到道德的根源乃在人的生命之中，孟子则明确陈述了"仁义礼智根于心"的内在经验。徐复观认为"这句话说出来以后，使夹杂、混沌的生命，顿然发生一种照明的作用，而使每一个人都有一个方向，有一个主宰，成为人生的基本立足点"①。人是道德、艺术的主体，由功夫所呈现出来的本心是人生价值的根源，也是艺术的根源。徐复观将由孔子所显示的仁与音乐的合一，视为道德与艺术在根源处的统一，以为可当作万世的典型。他说：

> 礼乐并重，并把乐安放在礼的上位，认定乐才是一个人格完成的境界，这是孔子立教的宗旨。所以他说出了"兴于诗，立于礼，成于乐"（《论语·泰伯第八》）的话。可以说，到了孔子，才有对于音乐的最高艺术价值的自觉；而在最高艺术价值的自觉中，建立了"为人生而艺术"的典型。②

情感的陶冶是人生修养不可或缺的，潜伏于生命深处的情虽不常为人所自觉，却对一个人的生活有决定性的影响力。徐复观说："儒家认定良心更是藏在生命的深处，成为对生命更有决定性的根源。随情之向内沉潜，情便与此更根源之处的良心，于不知不觉之中，融合在一起。此良心与'情'融合在一起，通过音乐的形式，随同由音乐而来的'气盛'而气盛。于是此时的人生，是由音乐而艺术化了，同

---

① 徐复观：《心的文化》，《中国思想史论集》，台北：台湾学生书局，1983年，第245页。

② 徐复观：《中国艺术精神》，上海：华东师范大学出版社，2001年，第3页。

时也由音乐而道德化了。这种道德化，是直接由生命深处所透出的
'艺术之情'，凑泊上良心而来，化得无形无迹，所以便可称之为
'化神'。"① 与生命血气相关的情感欲望，为现实人生所必有和应
有，而由心所发的音乐，在其所自发的根源之地已中和了情欲与道德
良心的冲突，使情欲因此而得到安顿，道德也因此获得支持。如
《礼记·乐记》所言："凡音之起，由人心生也。"又谓："夫民有血
气心知之性，而无哀乐喜怒之常，应感起物而动，然后心术形焉。"
如此，则人生中的"血气心知之性"，因音乐而得到了由良心和顺积
中而英华发外的圆融，这种圆融消解生理欲望与道德人格之间的矛盾
与不和谐。在孔门君子人格的培养方面，"成于乐"的艺术修养功夫
起了很大的作用，如此成就的人生即艺术的人生。

　　孔门之重视音乐艺术，在于乐统和的艺术境界与仁者浑然与物同
体的精神状态相同，有助于尽善尽美的内在人格世界的完成，在追求
生命精神的和谐方面，乐的本质与仁的本质有其自然相通之处。徐复
观不仅赞同孔学即仁学的说法，还进一步指出仁是孔子从自己具体生
命中所开辟出的内在人格世界的一种自觉的精神状态，这包括两个方
面：一方面是对自己人格的建立及知识的追求发出无限的要求；另一
方面是对他人毫无条件地感到有应尽的无限的责任，即是要求成己而
同时即是成物的精神状态。孔子认定仁乃内在于每个人的生命之内，
实际上是认为性是善的，善的究极便是仁，仁乃人性的最根本规定。
徐复观说：

　　　　子贡曾听到孔子"言性与天道"，是孔子在自己生命根源之
　　地——性，证验到性即是仁；而仁之先天性、无限地超越性，即
　　是天道；因而使他感到性与天道，是上下通贯的。……由于孔子
　　对仁的开辟，不仅奠定了尔后正统的人性论的方向，并且也由此

486

　　① 徐复观：《中国艺术精神》，第16页。

而奠定了中国正统文化的基本性格。[①]

仁的自觉必须落实于功夫上，所以成己的关键在"克己"，即战胜私欲，所谓"一日克己复礼，天下归仁焉"（《论语·颜渊第十二》）。天下归仁，指天下皆被涵融于自己的仁德之内，此即浑然与物同体，亦即仁之全体呈露的无限性超越。乐与仁的会通，即是艺术与道德于人性根源之地的融和。音乐的正常本质是声调的和谐统一，可以用"和"来概括；而仁者的精神状态是浑然与物同体的天人合一，与乐的统和自然而然的有会通之点。如《论语·先进第十一》中的"吾与点"，朱熹曾下过一番深切的体会功夫，以仁的精神状态解释曾点在当时所呈现的人生境界，"而由其体会所到的，乃是曾点由鼓瑟所呈现出的'大乐与天地同和'的艺术境界。孔子之所以深致喟然之叹，也正是感动于这种艺术境界。此种艺术境界，与道德境界，可以相融和"[②]。这种融和乃成己与成物的贯通，是由仁的自觉状态所呈现的祈求人性尽善尽美的精神境界。

善美合一是仁的自觉在文学艺术中的展开，孔门为人生而艺术的精神，不仅是仁者人格向艺术中的沉浸、融合，也是自己生命根源之地的性、情的艺术表现。仁的自觉即仁体的发用，属于儒家智的直觉的体认功夫，重在真实的人生体验和实践。因为"艺术是人生重要修养手段之一；而艺术最高境界的达到，却又有待于人格自身的不断完成。这对孔子而言，是由'下学而上达'的无限向上的人生修养，透入到无限的艺术修养中，才可以做得到"[③]。徐复观说：

> 孔门的为人生而艺术，极其究竟，亦可以融艺术于人生。"寻孔颜乐处"，此乐处是孔颜之仁，亦即是孔颜纯全的艺术精

① 徐复观：《中国人性论史　先秦篇》，上海：上海三联书店，2001年，第88~89页。

② 徐复观：《中国艺术精神》，第11页。

③ 徐复观：《中国艺术精神》，第18页。

神的呈现。①

儒家真正的艺术精神必须于人性的根源之地领会，乐的境界即仁的境界，若不能把握孔门音乐艺术精神的美中之善，亦难表现人性的善中之美。这不仅表现在音乐方面，对文学也有伟大的启示作用。徐复观说："人性论是以命（道）、性（德）、心、情、才（材）等名词所代表的观念、思想，为其内容的。人性论不仅是作为一种思想，而居于中国哲学思想史中的主干地位，并且也是中华民族精神形成的原理、动力。"又说："我在《〈文心雕龙〉的文体论》一文中，曾指出中国的文学理论，虽然出现得较西方为迟，但作为此一理论中心的'人与文体'的关系，却较西方提出得早一千多年之久。这种情形，也只有在中国文学的一般文化背景上，即是在人性论的文化背景上，才可加以解释。"② 人格是人的生命的整体呈现，人性论则是人之生命内涵的本质规定。注重人与文体之关系的实质，是要充分彰显儒家"为人生而艺术"的精神，要求文学以艺术的形相表现作者的人格及其性情的善与美。

关于中国文学的"文体"，一般是根据作品的题材性质和语言表现形式的不同加以辨别，如诗、赋、章表、奏议等。但徐复观指出这只是文类而非文体，文类与文体的混淆不利于了解中国文学的特性。他认为文体出自人的情性，是作者心灵、生命和人格的体现，无生命力贯注的作品，不能成为好的文体。所以"文体是与作者的生命力相连结的东西；作品中有人格的存在，有生命力的存在，才能成为一个文体。……从文体上去学文，便可通过技巧而接触到作者的生命，也即是接触到文学的生命，并且因此而可以知道文学是要从人生的本身去发掘的，所以彦和（刘勰）一定要扣紧情性来讲文学。这是中

---

① 徐复观：《中国艺术精神》，第21~22页。
② 徐复观：《中国人性论史　先秦篇·序》，第2~3页。

国的传统，也是人类整个文学的共同传统"①。徐复观强调刘勰的《文心雕龙》是以文体论为核心而展开的文学理论著作，它提示了人与文学之间的最基本关系，可以此入手把握中国文学的特性。他说：

> 有生命的形体，必定有各种各样的仪态，有各种各样的风神。文章也是一样。一篇完整而统一的文学作品，也必定有各种各样的仪态，有各种各样的风神；这是文学之美，文学之艺术性的流露表现，也即是文学之所以成其为文学的基本条件。文学的这种仪态、风神，彦和（刘勰）称为"体貌""声貌"，或简称为"体"，这是文体的本来意义，也可以说是体要与体裁所必须达到的成果，否则只是一篇普通的文字，而不能算是文章（当时使用的名词），不能算是文学作品（今日使用的名词）。②

按照徐复观的解释，刘勰所言的"文体"含有体裁、体要和体貌三方面的意义。这三方面的意义通过升华作用而互相因缘，形成互为表里的有机统一体。简言之，体裁之体主要由语言文字的形式所组成，常代表一种腔调，若顺情而发，则成为抒情的性格；若加以经营而使所写题材内容契合事理，即为体要之体。由体裁、体要升华到体貌上，才有艺术的意义。这种由体裁而体要、体貌的升华历程，是一种向人的性情、精神升进的历程。体裁之体，可以说还未含有作者的性情因素，而在体要中，始可以看出人的智性经营痕迹，但至体貌才体现出作者的性情和精神状貌，才具备文学的形象性特征。

中国古代文体的自觉是由体貌引起的，体貌又称声貌，为文体观念的骨干。"体貌"一词最先用在对人的品鉴方面，指人的形体风神，为活的形象之美，后来才转用到文学的鉴赏批评上，故文体之体

---

① 徐复观：《〈文心雕龙〉的文体论》，《中国文学论集》，台北：台湾学生书局，1985 年，第 61 页。

② 徐复观：《能否解开〈文心雕龙〉的死结》，《中国文学论集》，第 405 页。

实由人"体"而来。徐复观说:"这种由活的人体形相之美而引起文学形相之美的自觉,为了解我国文学批评的一大关键。也为了解中国艺术的一大关键。"① 所谓人的自觉或文学的自觉,都与文体的自觉相关连。"文体"指的是文学中的艺术的形象性,它与由文章题材不同而分别的文类,完全是两回事。因为"文学中的形相,在英国法国,一般称为 Style,而在中国,则称为文体。体即是形体、形相。文体虽与语言及思想感情,并列而为文学的三大要素之一,但语言和思想感情,必须表现而成为文体时,才能成为文学的作品。"② 文学的形象,是感情与感觉的结合,是感情的客观化、对象化,因感情在通常情况下是朦胧无法把捉的,需借外物之声貌为感情的声貌,这便容易引起文体的自觉。文学创作是主体与客体的融合,所以文体必有人的因素在里面,或者说文体乃出自人的情性,文体与人的关系,深入地说则是文体与情性的关系。

中国文学的特性须通过文体的观念始易表达出来。法国作家布封曾有"风格即人"(Le style, c'est l'homme)的名言,徐复观将其译解为"文体即是人",无疑是扩大了其意蕴。风格属主体个性化的表现,文体则是主体与客体相融合的生命创造,而沟通人与文体关系的是情气和想象。徐复观说:

> 气乃由内在之情性通到外在之文体的桥梁。中国文学理论中特强调气之观念,然后"文体即是人"的说法,才能在文体与人之间找出一个确实地连结的线索。③

气是贯注于文体中的生命活力,才是表现这种活力的能力,气一方面把情性乘载于文字,同时也把文字乘载于情性。文学的主体与客体的

---

① 徐复观:《〈文心雕龙〉的文体论》,《中国文学论集》,第 25 页。
② 徐复观:《〈文心雕龙〉的文体论》,《中国文学论集》,第 2 页。
③ 徐复观:《〈文心雕龙〉的文体论》,《中国文学论集》,第 48 页。

融合，靠的是情性中气的作用，以诗而言："真正好的诗，它所涉及的客观对象，必定是先摄取在诗人的灵魂之中，经过诗人感情的熔铸、酝酿，而构成他灵魂的一部分，然后再挟带着诗人的血肉（在过去，称之为"气"）以表达出来，于是诗的字句，都是诗人的生命；字句的节律，也是生命的节律。这才是真正的诗，亦即是所谓性情之诗，亦即是所谓有个性之诗。"① 由诗人直感而来的感情，是形成诗体的真正来源和真正血脉，但是：

> 情的本质，如烟如雾，是缥缈而朦胧的。它的本身无形象可见，因而不能在客观上加以捕捉的。诗人须通过语言和外在的事物，而赋予以音节与形象。并且由此而可把蕴蓄在主观里的东西倾吐出来，亦即是客观化了出来，……此时的语言，乃是情的语言；此时的事物，乃是情化了的事物。语言的感情化，事物的感情化，乃诗所得以成立的根本因素。感情化的程度，实际即决定了作品成功的程度。②

诗人感情的触发，来无端而去无迹，在若有若无之间，如不能形相化，就会消逝于渺冥茫漠之中，"此情可待成追忆，只是当时已惘然"。故诗人言情常与写景对举，靠想象使感情附丽于景物而有形象，把景物融入于感情中而具活力，情景交融，诗体才能成立，也才有诗的意味。诗之意味并非某种明确的理性意识，而只是流动着一片感情的朦胧缥缈的情调、气氛。一切文学艺术的最高境界，乃是在有限的具体事物之中展示无限，敞开一种若有若无、可意会而不可以言传的主客合一之境界。诗人感情附着于某一具体物象上时，乃震动于微茫渺忽之中，说是主观的情感，却又有客观的形象；说是客观景

---

① 徐复观：《传统文学思想中诗的个性与社会性问题》，《中国文学论集》，第84~85页。

② 徐复观：《释诗的比兴——重新奠定中国诗的欣赏基础》，《中国文学论集》，第96页。

物，其中却蕴藏主观情感，这是诗之所以为诗的更直接的表现。

在主客难分的情调、氛围中，有限的艺术形象，因主客的合一，能直接显出作者言有尽而意无穷之无限之情，这才是成功的诗的文体。推而广之，徐复观认为由主体贯通客体才有真正的文体可言，想象是联接情性与文体的方式。作者有了某种郁勃的感情，必要求用某种想象来抒发，具备丰富的想象力，才能使情感由漂荡归于凝定。他说：

> 感情发抒的艺术性，常常是感情的形象化。而感情的形象化，只有凭想象之力而不能凭概念之力。在凭想象之力而赋予某种感情以适当的形象时，此时的感情即随形象而明朗，而凝定，而得到发抒的效果。①

由感情逼出想象所构成的文学，常是第一等的文学。在想象活动中，心与物常处于主客交融而微茫不可分状态，富有无限暗示性的气氛、情调，于是形成包含深情远意、言尽意不尽的文体，此乃文学中的最高境界。一切文学作品的文体都是主体心灵的创造，体现着作者的人格修养和精神境界。所以说：

> 文体决定于心，决定于情性。心、情性，有先天的禀赋，有后天的塑造。禀赋不同，塑造不同，即成为创造主体的心的情性自身的多样性。由创造主体的多样性，便发而为多彩多姿的文体。②

在主张文体个性化之多样性的同时，徐复观亦强调要以"性情之正"为统一的根源，以为人性本善是中国文化的一个根本信念，因此由人之本性发出来的好恶应不失其正。他说："人的感情，是在修养的升华中而能得其正，在自身向下沉潜中而易得其真。得其正的感情，是

① 徐复观：《中国文学中的想象问题》，《中国文学论集》，第452页。
② 徐复观：《文体的构成与实现》，《中国文学论集》，第409页。

社会的哀乐向个人之心的集约化。得其真的感情，是个人在某一刹那间，因外部打击而向内沉潜的人生的真实化。在其真实化的一刹那间，性情之真，也即是性情之正，于是个性当下即与社会相通。所以道德与艺术，在其最根源之地，常融和而不可分。"① 如此说，作为一个伟大诗人的基本条件，在不失其赤子之心，不失去自己的人性，即要得性情之正，要正本清源。而要做到这一点，须有仁的自觉的修养功夫，故儒家智的直觉必不可少。

儒家"为人生而艺术"的文学，是由道德所要求、人格所要求的艺术，故其重点常落在"文以载道"的实践性文学方面。徐复观认为儒家"文以载道"的道，谓人生之道，实际是指作者个性中所涵融的社会性及对社会的责任感。文学创作的最高动机和最大感动力，应来自作者内心的崇高道德意识，文必载人生之道的创作要求，是要打通作者个性与社会性中间的隔障。这要通过"养气"来实现，即通过一种心性修养的功夫，突破气对于人之本性的局限，使其向精神境界上升华。如韩愈的"行之乎仁义之途，游之乎诗书之源"，由儒家的人格修养言养气，而求气盛言宜。徐复观说："仁义是儒家对人自身所发现的本质。若'文即是人'的这句话可以成立，则文向人的本质的迫进，也自然是向仁义的迫进。由人的本质所发出的文，也自然是仁义之文。人为了把握到自己的本质，以提高自己创作的根源力量，则以仁义为养气之功夫，亦系必然之事。"② 这种养气功夫是一种回归性善仁体的人格修养，养气效果的主要证验之一，在于作者个性中所涵摄的社会性，即"先天下之忧而忧，后天下之乐而乐"的胸襟和气度。但凡就作品的社会影响衡量作者的水准，当以其个性中的社会性为重要的尺度。配道与义的浩然之气，是以"载道"为

---

① 徐复观：《传统文学思想中诗的个性与社会性问题》，《中国文学论集》，第89页。
② 徐复观：《中国文学中的气的问题》，《中国文学论集》，第341页。

宗旨的文学创作的无穷动力，道德意识与艺术精神，同在一个具社会责任感的作家的情性深处。

在中国传统文化中，儒家的"文以载道"思想强调善美结合，偏重于文学的人生价值和社会价值，实际影响也大。徐复观说："为人生而艺术，才是中国艺术的正统。不过儒家所开出的艺术精神，常需要在仁义道德根源之地，有某种意味的转换。没有此种转换，便可以忽视艺术，不成就艺术。"① 相较而言，由道家所开出的艺术精神，直接从主体心灵中流出，或可称为纯艺术精神。

三、虚、静、明的纯艺术精神

从生命的心灵活动中发掘出艺术的根源，把握人格自由和精神解放的关键，让中国纯艺术精神的本体从道家的庄学中呈现出来，是徐复观中国文艺思想史研究的重要理论建树。他以为儒家的"仁义之心"和道家的"虚静之心"，皆为人生所固有的心体之两面，在根源之地可以相互转换，而且两家心性修养的功夫进路，都是由生理作用的消解而主体呈现，终达主客体融合的天人合一之境。儒道两家都注重人格修养，追求成己成物，都以内在超越的智的直觉去体道或悟道，但是儒家对本心仁体的体认属德性之知，成就的是道德主体，而道家虚静心体的直觉活动，使"美的观照"得以成立，乃艺术精神的主体。尽管庄子本无心于艺术，却每将艺术当作人生体验来论道，其技进于道的寓言实具有相当的艺术性，由庄学显出的典型，彻底是纯艺术精神的性格。

道家的智的直觉出自虚静心体，是以虚静为体的心的作用，包括以虚静为体的知觉，以虚静为体的人性自觉，以虚静为体的艺术心灵。其当下所成就的虚静人生，实际是艺术的人生，中国的纯艺术精

---

① 徐复观：《中国艺术精神》，第82页。

神即由此人生思想导出。所谓"纯艺术精神"，就庄学而言，指"心斋"之心的美的观照，"逍遥游"的艺术人格，和"技而进乎道"的艺术境界。这三方面构成了庄子艺术精神现象学的具体内容，而一以"虚静"为其功夫的总持，这也是道家思想的命脉所在。道家寂照玄冥的"无"的智慧，必由"心斋""坐忘"的虚静功夫始能呈现。徐复观说："庄子之所谓道，落实于人生之上，乃是崇高的艺术精神；而他由心斋的功夫所把握到的心，实际乃是艺术精神的主体。由老学、庄学所演变出来的魏晋玄学，它的真实内容与结果，乃是艺术性的生活和艺术上的成就。"[1] 中国历史上的大画家和大画论家所达到或把握的艺术境界，常不期然而然都是庄学和玄学的境界。

道家的"虚静"说，最早见于老子讲的"致虚极，守静笃，万物并作，吾以观复"（《道德经·第十六章》）。虚极即虚无，本是用来形容道的，老子从现象界的变化追索上去，发现宇宙万物根源的地方有不变的"常道"，此"常道"以虚无为体而创生万物，连人也是这"常道"的一部分。要安定人生，就要"为道日损，损之又损，以至于无为"（《道德经·第四十八章》）。这种功夫的结果是要人归于无知（致虚极）、无欲（守静笃），保持住与天地万物同体的虚无本性。庄子继承了老子以虚无言道和以虚静为宗旨的人性论思想，进而以精神言道，又以精神言心，精指其质，神为其用，超越的意味很重。如徐复观所说：

> 从没有受到外物牵累之心所发出的超分别相的直观、智慧，亦即是从精神所发出的作用，这即是神。这种直觉、智慧，是不受一切形体、价值、知识、好恶的限隔，而与无穷的宇宙，融和在一起，这是庄子在现实世界之上，所开辟出的精神生活的世界。庄子便是想在现实人生的悲苦中，把自己安放在这种精神生

---

[1] 徐复观：《中国艺术精神·自叙》，第 2 页。

活世界中去，这即是他自己所说的"独与天地精神往来"。①
庄子将老子讲的具客观意义的道，从宇宙落实到人生，内在为一种人
生的主观精神境界，而以人心作为人生的立足点。他称人心为"神
明""精神""灵台""灵府"，以为"水静犹明，而况精神！"（《庄
子·天道》）虚静之心，自然是明的，能洞照到宇宙万物的本质，
从而在精神上与道为一体。道家以虚无为体的性，其超越的理想的一
面也和儒家一样，是通过心性功夫开辟出超凡脱俗的精神生活境界。
如此成就的人生，是具有虚无理想的虚静人生。

从积极方面看，庄子所讲的心之"虚静"，乃是人从成见欲望中
的一种解放、解脱的功夫，也是解脱以后心所呈现的一种状态，亦即
人生修养所到达的一种精神境界。摆脱个人成见和欲望桎梏的虚静之
心，也就是超越一切差别对立而能涵融万有之心，这样道家讲的虚无
之道，才在人的现实生命中有了根据。徐复观说："中国文化，总是
走着由上向下落，由外向内收的一条路。庄子即把老子之形而上的
道，落实在人的心上，认为虚、静、明之心就是道。故庄子主张心
斋、坐忘，使心之虚静明的本性呈现出来，这即是道的呈现。人的精
神由此而得到大解放。我所写的《中国艺术精神》，一个基本的意
思，是说明庄子的虚静明的心，实际就是一个艺术心灵；艺术价值之
根源，即在虚静明的心。"② 他认为老庄之道固然有理论的、形上学
的意义，"但若通过功夫在现实人生中加以体认，则将发现他们之所
谓道，实际是一种最高的艺术精神，这一直要到庄子而始为显著"③。
中国的伟大画家都是在庄子讲的虚静明之心下从事创造的，张璪说的
"外师造化，中得心源"，可概括中国的一切画论。首先要有虚、静、

① 徐复观：《中国人性论史　先秦篇》，第 346 页。
② 徐复观：《中国思想史论集》，第 245 页。
③ 徐复观：《中国艺术精神》，第 29 页。

明的心源，艺术家才能够外师造化。

心源的虚静，是相对于人心常为各种欲望和知识所困扰而言，否则就没有澡雪精神的必要。"心斋"和"坐忘"是虚静功夫的两种方式，一则可消解由生理而来的欲望，使心从欲望的奴役下解放出来；二则是在与物相接时，中止由知识活动而来的是非判断，使心处于忘知的状态。徐复观认为在现实人生中，人的欲望常因知识而增长，而知识也多以欲望为动机，二者经常纠结在一起。庄子说"坐忘"，有离形去知、欲望和知识两忘的意思。而他讲"心斋"，主要是要去知，即去掉分解性的、概念性的知识活动，剩下的便是虚而待物的纯知觉活动，所谓"唯道集虚，虚者心斋也"（《庄子·人间世》）。去知后的心斋之心，产生以虚静为体的纯知觉活动，亦即美的观照，因为心斋的虚静明能使物色成为美的对象，心斋之心的本身即是艺术精神的主体。庄子有"至人之用心若镜"（《庄子·应帝王》）的说法，又以"明"和"光"形容心体的作用。徐复观认为：

> 把庄子所说的"明""光"，落实来说，乃是以虚静为体为根源的知觉。此知觉因为是以虚静为体，所以这是不同于一般所谓感性，而是根源的知觉，是有洞彻力的知觉。在老子，便谓之"玄览"。"知觉是洞察内部，通向自然之心，扩大自我以解放向无限的"，这正是从实用与知识解放出来以后的以虚静为体的知觉活动，正是美的观照。从实用与知识解放出来之心，正是虚静之心。西方的美学家，尚未能将虚静之体，作整全的把握。但"静观、深看、直观"，是美的观照的性质，这是一般所能承认的。①

以虚静为体的知觉，使心斋之心的虚静明成为美的观照，它是纯粹的感性直觉活动，同时也是超感性的，有透视对象本质的洞见力。徐复

---

① 徐复观：《中国艺术精神》，第50页。

观用西方胡塞尔的现象学"还原方法"与庄子的"心斋"做比较，指出透过事象究其本质的"现象学的洞见"，是由归入括弧与中止判断的方法，探出纯粹意识的固有存在。"心斋"要通过"坐忘"呈现，徐复观说：

> 庄子忘知后是纯知觉的活动，在现象学的还原中，也是纯知觉的活动。但此知觉的活动，乃是以纯粹意识为其活动之场，而此场之本身，即是物我两忘，主客体合一的，这才可以解答知觉何以能洞察物之内部，而直观其本质，并使其向无限中飞越的问题。庄子更在心斋之心的地方指出虚（静）的性格，指出由虚而'明'的性格，更指出虚静是万物共同的根源的性格，恐怕这更能给现象学所要求的以更具体的解答。因为是虚，所以意识自身的作用（noesis）和被意识到的对象（noema），才能直往直来地同时呈现。因为是虚，所以才是明，所以才可以言洞见。①

纯知觉活动不是经验的东西，而是超越的纯粹意识，其基本构造是"意识自身的作用（noesis）"与"被意识到的对象（noema）"的相关关系，所以是根源性的。徐复观认为现象学的归入括弧、中止判断，实近于庄子的忘知，他说："心斋之心，是由忘知而呈现，所以是虚，是静；现象学的纯粹意识，是由归入括弧、中止判断而呈现，所以也应当是虚，是静。"② 观照只有基于意识的基本构造和根源关系才是美的，或者说美的观照由经验的意识层与超越的意识层的关系而成立。美的意识在现象学的纯粹意识中只是倏然遇之，而于庄子以虚静为体的知觉则是彻底的全般呈露，所以庄子的"心斋"之"心"更可作为美的观照的根源。

现象学于胡塞尔而言只是一种方法，他要搁置康德哲学的现象

---

① 徐复观：《中国艺术精神》，第47页。
② 徐复观：《中国艺术精神》，第47页。

（phenomena）与物身（noumena）的划分，只把现象界作为研究对象，想用"还原"方法抽掉由感性而来的经验意识，使对象的内在本质呈现出来。这是一种很机智的思想，但所处理的问题还在康德提出的智的直觉范围内，只是辨说更为精巧了，但不见得就好。其实，徐复观在谈心斋的"以虚静为体，以知觉为用"时，已意识到中间若无感情与想象的活动，依然不能构成美的观照的充足条件。他说："康德以想象力是意识的综合能力，是艺术创造的能力。想象力可以区别为三种：一是创造之力；二是人格化之力；三是产生纯粹感觉形象之力。"① 如果将以虚静为体的美的观照，说成是产生纯粹感觉形象的想象力，或许更为恰当。刘勰《文心雕龙·神思》谓："是以陶钧文思，贵在虚静，疏瀹五藏，澡雪精神。"今人多以"想象"释"神思"，但徐复观却说"神思"不仅包含有"想象"，还有"主体的修养功夫"。他以为由虚静的心灵所发出的活动，自然即形成为美的观照，所以虚静之心乃是文学精神的主体。而"疏瀹""澡雪"是人格的修养，是能使文学精神主体得以呈现的功夫。他说："虚是无方隅之成见，静是无私欲的烦扰；疏瀹五藏，是不溺于肥甘，保持生理的均调；澡雪精神，是不染于流俗，保持精神的高洁。这两句都是达到虚静的方法。虚所以保持心灵的广大，静所以拔出于私欲污泥之中，以保持心灵的洁白。二者皆所以不断提高人生的境界，使人能以自己广大洁白的心灵，涵融万事万物的纯美洁白的本性，而将其加以表出。"② 这就把美的观照由对象转移到主体心灵的人格修养上来，涉及想象力的另一方面，即艺术的人格化之力。要使主体的精神对象化，保持内心人格的高洁极为重要。

老庄讲虚静主要是为了解决人生问题。老子说："大患若身，吾

---

① 徐复观：《中国艺术精神》，第56页。
② 徐复观：《〈文心雕龙〉的文体论》，《中国文学论集》，第62页。

所以有大患者，为吾有身。及吾无身，吾有何患？"（《道德经·第十三章》）欲壑是人生苦难的深渊，而身乃各种生理欲望的根源，要"无知无欲"，便要求"无身"。这在庄子则是"无己"或"丧我"，指心不为物欲烦扰而宁静吉祥，成为艺术人格的修养，使虚静的人生成为艺术的人生。徐复观认为庄子讲的"无己"，是要去掉为形器所拘限的"己"，而上升到与道相通的德性，使心不随物牵引而保持其灵府、灵台的本质，故庄子虽以虚无之道为归趋，向往的却是向上透出的纯白灵明的人生。他说：

> 在《庄子》一书中，随处所表现出的对象的意味，都是纯洁的人性的直接流露；都是道、德的具体化、具象化。用庄子自己的话来说，无一不是"备于天地之美，称神明之容"。这十足说明由庄子以虚静为体的人性的自觉，实将天地万物涵于自己生命之内，以与天地万物直接照面，这是超共感的共感，共感到已化为物的物化；是超想象的想象，想象到"物物者与物无际"（《知北游》）的无所用其想象的想象。①

除去了物欲的人性自觉，使庄子与物相接时，能像诗人一样，常赋予事物生命及人格的形态，使天地万物有情化。如其《逍遥游》篇中的鲲、鹏、蜩、学鸠、斥鷃，都有人格化的形态，都赋予以观照者的生命意识。其他各篇，也莫不如此。这种使观照对象人格化的共感，植根于庄子的整个人格之上。他观物时持无用之用的态度，让心从生理欲望的要挟中解放出来，不以实用为目的，追求逍遥自在的精神自由，具有丰富的想像力。徐复观说："此一精神之落实，当然是他自身人格的彻底艺术化。《庄子》书中所描写的神人、真人、至人、圣人，无不可从此一角度去加以理解。我们若将《老子》与《庄子》两书中所叙述的人生态度作一对比，即不难发现，老子的人生态度，

---

① 徐复观：《中国艺术精神》，第57页。

实在由其祸福计较而来的计议之心太多，故尔后的流弊，演变成为阴柔权变之术。而庄子则正是要超越这种计议、打算之心，以归于'游'的艺术性的生活。"① 后世受老子思想影响较深者，多为心机重、城府深的巧宦；而受庄子思想影响较深的，多内心人格艺术化了的山林隐逸之士，体现的是一种高洁的人格修养。

以虚静为体的人性自觉，落实在艺术人格上，可以用一个"游"字来概括。一部《庄子》，以"逍遥游"开宗明义。"游"代表的是独立的艺术人格和自由解放的精神状态，要消解实用的观念，自己决定自己，同时要自己不与外物对立，以达到彻底的和谐。徐复观认为，"游"作为精神状态得到自由解放的象征，"其起步的地方，也正和具体的游戏一样，是从现实的实用观念中得到解脱。康德在其大著《判断力批判》中认为美的判断，不是认识判断，而是趣味判断。趣味判断的特性，乃是'纯粹无关心的满足'。所谓无关心，主要是既不指向于实用，同时也无益于认识的意思。这正是庄子思想中消极一面的主要内容，也即是形成其'游'的精神状态的消极条件及其效用"②。人生中的实用观念，源于满足自己个人欲望的要求，若能以"坐忘"功夫达"无己"境界，个人欲望则自然解消，"用"的观念即无处安放，精神当下便得到自由。世人之所谓有用与无用，系由社会的价值观决定，若无用于社会，即超然于社会之上，逍遥于人群之中，这对追求精神自由而言，殆为大用。这种由无用之用所得到的精神满足，同于康德说的"无关心的满足"，或者说是出于"趣味判断"的艺术性的满足。

"无用"的态度为得到精神自由解放的条件，亦是在艺术欣赏时所必需的态度，但于人生和社会则是消极的。庄子所讲的"丧我"

---

① 徐复观：《中国艺术精神》，第60页。
② 徐复观：《中国艺术精神》，第38页。

的积极意义是以人合天，追求人与自然和谐的"天籁"之美，并以"天机"为贵。徐复观说："较无用更为积极的，是庄子所特提出的'和'的观念。'和'是'游'的积极的根据。老、庄的所谓'一'，若把它从形上的意义落实下来，则只是'和'的极致。和即是谐和、统一，这是艺术最基本的性格。"① 所以他要"游心于淡，合气于漠"（《庄子·应帝王》），全身心地融入自然而与道为一。也就是说："庄子是以和为天（道）的本质。和既是天的本质，所以由道分化而来之德也是和；德具体化于人的生命之中的心，当然也是和。这便规定了庄子所把握的天、人的本质，都是艺术的性格。和是化异为同，化矛盾为统一的力量。没有和，便没有艺术的统一，也便没有艺术，所以和是艺术的基本性格。正因为和是艺术的基本性格，所以和也同时成为'游'的积极条件。而在庄子，则无用与和，本为一个精神的两面。"② 从无用、和及精神的自由等观念来看，庄子逍遥游所象征的是"与天地并立、与万物为一"的艺术人格。

　　贯通人生宇宙而与天地万物冥合，此乃以虚静为体之心所必然达到光明的人生境界和艺术境界。从讲心源的虚静起，徐复观以"心斋"和"坐忘"分别虚与静的功夫。以"虚"而言是要忘知，去掉自以为是的成见和知识，以便凭直觉洞见对象本质，使美的观照能够成立；以"静"而论则要"无己""丧我"，排除物欲对内心的扰动，养成清高的艺术人格。但这些都是为言说方便而做的分解，在庄子思想里，"心斋"和"坐忘"是一贯的，虚静亦为一体，个人精神的自由解放，同时亦涵摄宇宙万物的自由解放，故"言以虚静推于天地，通于万物，此之谓天乐"（《庄子·天道》）。徐复观认为：

　　　　总体地说，这是他以虚静为体的艺术的心灵，一方面显为

儒家文艺思想史

---

① 徐复观：《中国艺术精神》，第40页。
② 徐复观：《中国艺术精神》，第41页。

"独与天地精神往来"的超越性；同时即显为"而不敖（傲）倪（睨）于万物"的"即自"性，所以对每一具体的事态，都在有限中看出其无限性，而于不知不觉中由艺术的人生观，形成了他的艺术的宇宙观。①

庄子的艺术精神不是隐之于形而上的内心冥想和思辨，而是见诸能闻能见的具体事物，其"以虚静为体的艺术心灵"，往往能从有限的事物上体会到通向无限的深远意味。比如庄子在《齐物论》中所讲的"天籁"，无疑是一种"听乎无声"的无限的玄远神韵，但它就存在于有限的"人籁"和"地籁"之中。庄子以虚静作为把握人生本质的功夫，同时也以此作为人生的本质属性，并且以为宇宙万物皆共此一本性，所以当一个人能明心见性时，也就把握到了宇宙万物的本质，他在精神上即与宇宙万物为一体了。以虚静为体的艺术心灵，由"无己""丧我"功夫而主客冥合，使心的虚、静本性得以呈现，从而打开了封闭的以自我为中心的个人生命，使其与天地万物的生命融为一体。以虚静为体之心是主客合一的，而艺术亦是美的观照对象与艺术人格的主客有机统一体。

由庄子所彰显的艺术人格，可知艺术虽是一种技艺，但若能以有限形象呈现艺术心灵的无限，即可达到"道也进乎技"的出神入化之境，不仅是心手相应，而且心与物冥。《庄子》里有不少堪称艺术启示录的小故事，反复说明着这个道理。如著名的"庖丁解牛"故事中的庖丁，自谓"臣之所好者道也，进乎技矣"，他动刀解牛时"以神遇而不以目视，官知止而神欲行"（《庄子·养生主》），表明了何以能超越技术的层面而得道过程。庖丁是庄子想象出来的艺术形象，其解牛的特色在于"莫不中音，合于桑林之舞，乃中经首之会"，这不是技术自身所需要的效用，而是神乎其技所成就的艺术性

---

① 徐复观：《中国艺术精神》，第65页。

的表演。可知庄子之所谓道，本质是艺术性的。还可以《庄子·达生》里的"佝偻者承蜩"的故事为例，佝偻丈人承蜩时屏息静气，"虽天地之大，万物之多，而唯蜩翼之知"。其全神贯注于对象上而"用志不分"，有如以虚静之心照物，心与物冥为一体，此即是美的观照。徐复观说：

> 但若仅止于此，而无技巧的修养，则只能对蜩翼作美的享受，并不能作"承蜩"的美的创造。若技巧的修养不是根据于这种美的观照的精神，则其技巧亦将被拘限于实用目的范围之内，而难由技以进乎道，即难进入于艺术的领域。"用志不分"，是以美的观照观物，以美的观照累丸（技巧之修养）。"乃凝于神"之神，是心与蜩的合一，手（技巧）与心的合一。三者合为一体，此之谓凝于神。①

这可以再度证明，庄子把由技巧而进于艺术的情形称之为"道"，所以"体道"的修养功夫与艺术修养功夫别无二致，即由忘知、忘己以呈现其虚静之心，将此虚静之心凝注于对象上而物我两亡，进入无差别的审美精神境界。但凡能技而进乎道的艺术创造，是巧而忘其巧，创造而忘其为创造，把有限的生命投入主客一体的无限的自然造化中去。

心与物冥，手与心应，是一种巧夺天工的艺术境界。如《庄子·田子方》中，有画史"解衣般礴"而被誉为"真画者"的故事。徐复观认为此"画史"之意境，与由"心斋"所达到的意境完全相合，故"及其解衣般礴，裸，这是他的'輠然忘吾有四枝形体'。他在这种虚静的精神状态之下，乃能'用志不分'，主客一体，这当然

---

① 徐复观：《中国艺术精神》，第74页。按：此处"技以进乎道"的讲法与《庄子》的原意似有不符，应当是"道也进（胜过、超越）乎技"。

是一个伟大画家的精神境界"①。这也再次表明，庄子对艺术实有最深刻的了解，而这种了解与其所谓"道"有不可分的关系，所以"由庄子所说的学道的功夫，与一个艺术家在创作中所用的功夫的相同，以证明学道的内容，与一个艺术家所达到的精神状态，全无二致"②。《庄子》里"道也进乎技"的寓言故事，内容有其一贯性，即要虚心静虑而"凝于神"，又非常重视技巧，须达到手与心应的程度。但这种手与心应之心，是物我相融之心，即主客一体之心。要达心与物冥之境，须有"心斋""坐忘"的静心功夫。这是艺术家人格修养的起点和终点，也是其以虚静为体的艺术心灵的全幅展开。

　　贯通宇宙人生而与天地万物冥合，乃以虚静为体之心所必然达到的人生境界和艺术境界。庄子以虚静作为与天地生命精神往来的功夫，同时也以此作为人生的本质属性，并且以为人与宇宙万物皆共此一本性。徐复观说："道家发展到庄子，指出虚静之心；而人的艺术精神的主体，亦昭澈于人类尽有生之际，无可得而磨灭。"③ 虚静之心，当庄子把它当作人生的体验而加以陈述时，我们所体会和领悟到的其实是彻头彻尾的纯艺术精神，所成就的人生亦是艺术的人生、向往光明的人生。道家的智的直觉因此而成立，中国纯艺术精神的主体也由此而呈现。如果返归儒家心性诚明的立场，这种虚、静、明的本心，就构成了中国文艺思想的源头活水。

---

① 徐复观：《中国艺术精神》，第77页。
② 徐复观：《中国艺术精神》，第33页。
③ 徐复观：《中国艺术精神》，第79页。

参考书目

〔汉〕毛公传，〔唐〕孔颖达正义：《毛诗正义》，《十三经注疏》，北京：中华书局，1980 年。

〔清〕王先谦：《诗三家义集疏》，北京：中华书局，1987 年。

〔汉〕韩婴著，许维遹校释：《韩诗外传集释》，北京：中华书局，1980 年。

〔汉〕孔安国传，〔唐〕孔颖达等正义：《尚书正义》，《十三经注疏》，北京：中华书局，1980 年。

〔汉〕郑玄注，〔唐〕贾公彦疏：《周礼注疏》，《十三经注疏》，北京：中华书局，1980 年。

〔汉〕郑玄注，〔唐〕贾公彦疏：《仪礼注疏》，《十三经注疏》，北京：中华书局，1980 年。

〔汉〕郑玄注，〔唐〕孔颖达疏：《礼记正义》，《十三经注疏》，北京：中华书局，1980 年。

〔魏晋〕王弼、韩康伯注，〔唐〕孔颖达疏：《周易正义》，《十三经注疏》，北京：中华书局，1980 年。

〔晋〕杜预注，〔唐〕孔颖达等正义：《春秋左传正义》，《十三经注疏》，北京：中华书局，1980 年。

〔汉〕何休注，〔唐〕徐彦疏：《春秋公羊传注疏》，《十三经注疏》，北京：中华书局，1980 年。

杨伯峻：《春秋左传注》，北京：中华书局，1990 年。

左丘明：《国语》，上海：上海古籍出版社，1978 年。

〔汉〕司马迁：《史记》，北京：中华书局，1959 年。

〔汉〕班固：《汉书》，北京：中华书局，1962 年。

〔南朝宋〕范晔撰，〔唐〕李贤等注：《后汉书》，北京：中华书局，1965 年。

〔唐〕令狐德棻等：《周书》，北京：中华书局，1971 年。

〔后晋〕刘昫等：《旧唐书》，北京：中华书局，1975 年。

〔清〕刘宝楠：《论语正义》，《诸子集成》本，北京：中华书局，1954 年。

〔清〕孙诒让撰，孙启治点校：《墨子间诂》，《诸子集成》本，北京：中华书局，1986 年。

〔清〕焦循：《孟子正义》，《诸子集成》本，北京：中华书局，1954 年。

〔清〕王先谦：《荀子集解》，《诸子集成》本，北京：中华书局，1954 年。

〔清〕戴望：《管子校正》，《诸子集成》本，北京：中华书局，1954 年。

〔清〕王先慎：《韩非子集解》，《诸子集成》本，北京：中华书局，1954 年。

〔三国〕王弼注：《老子道德经》，《诸子集成》本，北京：中华书局，1954 年。

〔清〕郭庆藩辑：《庄子集释》，北京：中华书局，1961 年。

〔汉〕高诱注：《吕氏春秋》，《诸子集成》本，北京：中华书局，1954 年。

〔汉〕高诱注：《淮南子》，《诸子集成》本，北京：中华书局，1954 年。

苏舆撰，钟哲点校：《春秋繁露义证》，北京：中华书局，1992 年。

〔汉〕桓谭：《新论》，上海：上海人民出版社，1977 年。

汪荣宝撰，陈仲夫点校：《法言义疏》，北京：中华书局，1987 年。

〔汉〕扬雄著，郑万耕校释：《太玄校释》，北京：北京师范大学出版社，1989 年。

〔汉〕许慎：《说文解字》，北京：中华书局，1963 年。

〔清〕钱绎撰集：《方言笺疏》，上海：上海古籍出版社，1984 年。

黄晖：《论衡校释》，北京：中华书局，1990 年。

〔隋〕智颉：《摩诃止观》，《大正新修大藏经》第四十六卷。

〔唐〕慧能著，郭朋校释：《坛经校释》，北京：中华书局，1983 年。

〔清〕马国翰辑佚：《玉函山房辑佚书》，上海：上海古籍出版社，1990 年。

北京图书馆古籍出版编辑组：《礼书·纬谶候图校辑》，北京：书目文献出版社，1988 年影印本。

孙毂编：《古微书》，丛书集成初编本，北京：中华书局，1985 年。

〔清〕唐晏著，吴东民点校：《两汉三国学案》，北京：中华书局，1986 年。

〔北周〕庾信著，〔清〕倪璠注，许逸民校点：《庾子山集注》，北京：中华书局，1980 年。

〔唐〕白居易撰，顾学颉校点：《白居易集》，北京：中华书局，

1974 年。

〔唐〕韩愈著，马其昶校注：《韩昌黎文集校注》，上海：上海古籍出版社，1987 年。

〔唐〕韩愈著，钱仲联集释：《韩昌黎诗系年集释》，上海：上海古籍出版社，1984 年。

〔唐〕柳宗元：《柳宗元集》，北京：中华书局，1979 年。

〔唐〕李德裕：《李文饶外集》，四部丛刊本。

〔宋〕欧阳修：《欧阳修全集》，北京：北京市中国书店，1986 年。

〔宋〕王安石：《临川文集》，四库全书本。

〔宋〕曾巩：《曾巩集》，北京：中华书局，1984 年。

〔宋〕司马光：《温国文正司马公文集》，四部丛刊本。

〔宋〕苏轼著，孔凡礼点校：《苏轼文集》，北京：中华书局，1986 年。

〔清〕王文诰辑注，孔凡礼点校：《苏轼诗集》，北京：中华书局，1982 年。

〔宋〕苏轼：《东坡易传》，四库全书本。

〔宋〕秦观：《淮海集》，四库全书本。

〔宋〕邵雍：《伊川击壤集》，四部丛刊本。

〔宋〕程颢、程颐：《二程集》，北京：中华书局，1981 年。

〔宋〕张载：《张载集》，北京：中华书局，1978 年。

〔宋〕陆九渊著，钟哲点校：《陆九渊集》，北京：中华书局，1980 年。

〔宋〕杨时：《龟山先生语录》，四部丛刊本。

江永注：《近思录集注》，上海：上海书店，1987 年。

〔宋〕朱熹：《四书章句集注》，北京：中华书局，1983 年。

〔宋〕黎靖德编：《朱子语类》，北京：中华书局，1986 年。

〔宋〕朱熹著，郭齐、尹波点校：《朱熹集》，成都：四川教育出版社，1996 年。

　　〔金〕元好问：《元好问全集》，太原：山西人民出版社，1990 年。

　　〔元〕虞集：《道园学古录》，四部丛刊本。

　　〔明〕宋濂：《宋学士文集》，四部丛刊本。

　　〔明〕陈献章：《陈献章集》，北京：中华书局，1987 年。

　　〔明〕王守仁：《王阳明全集》，上海：上海古籍出版社，1992 年。

　　〔明〕王畿：《王龙溪先生全集》，清光绪八年（1882）重刊本。

　　〔明〕李贽：《焚书·续焚书》，北京：中华书局，1975 年。

　　〔明〕李贽：《藏书》，北京：中华书局，1959 年。

　　〔明〕袁宗道：《白苏斋类集》，上海：上海古籍出版社，1989 年。

　　〔明〕袁宏道：《袁宏道集笺校》，上海：上海古籍出版社，1981 年。

　　〔明〕袁中道：《珂雪斋集》，上海：上海古籍出版社，1989 年。

　　〔清〕钱谦益：《牧斋初学集》，上海：上海古籍出版社，1985 年。

　　〔清〕钱谦益：《列朝诗集小传》，上海：上海古籍出版社，1959 年。

　　〔清〕姚鼐：《惜抱轩文集》，四部丛刊本。

　　〔清〕曾国藩：《曾文正公全集》，长春：吉林人民出版社，1995 年。

　　〔梁〕萧统编，〔唐〕李善注：《文选》，北京：中华书局，1977 年。

　　〔清〕严可均校辑：《全上古三代秦汉三国六朝文》，北京：中华书
局，1958 年。

　　费振刚、胡双宝、宗明华辑校：《全汉赋》，北京：北京大学出版
社，1993 年。

　　〔唐〕欧阳询编：《艺文类聚》，上海：上海古籍出版社，1982 年。

　　〔清〕彭定求等编：《全唐诗》，北京：中华书局，1960 年。

　　〔清〕董诰等编：《全唐文》，北京：中华书局，1983 年。

　　〔清〕沈德潜选注：《唐诗别裁》，上海：上海古籍出版社，1979 年。

　　〔梁〕刘勰著，范文澜注：《文心雕龙注》，北京：人民文学出版社，
1958 年。

〔梁〕钟嵘著，陈延杰注：《诗品注》，北京：人民文学出版社，1961 年。

〔北齐〕颜之推：《颜氏家训》，《诸子集成》本，北京：中华书局，1954 年。

〔宋〕罗大经：《鹤林玉露》，北京：中华书局，1983 年。

〔明〕何良俊：《四友斋丛说》，北京：中华书局，1959 年。

〔宋〕王应麟撰，孙通海校点：《困学纪闻》，沈阳：辽宁教育出版社，1998 年。

〔清〕王夫之等：《清诗话》，上海：上海古籍出版社，1978 年。

〔清〕何文焕辑：《历代诗话》，北京：中华书局，1981 年。

丁福保辑：《历代诗话续编》，北京：中华书局，1983 年。

郭绍虞等编：《中国历代文论选》，上海：上海古籍出版社，1979 年。

〔清〕黄宗羲原著，全祖望补修，陈金生、梁运华点校：《宋元学案》，北京：中华书局，1986 年。

〔清〕黄宗羲撰，沈芝盈点校：《明儒学案》，北京：中华书局，1985 年。

〔清〕章学诚著，叶瑛校注：《文史通义校注》，北京：中华书局，1985 年。

〔清〕阮元：《研经室集》，北京：中华书局，1993 年。

〔清〕张之洞：《劝学篇》，上海：上海书店出版社，2002 年。

严复：《严复集》，北京：中华书局，1986 年。

梁启超：《饮冰室合集》，北京：中华书局，1936 年。

梁启超：《梁启超全集》，北京：北京出版社，1999 年。

李大钊：《李大钊文集》，北京：人民出版社，1984 年。

陈独秀：《陈独秀著作选》，上海：上海人民出版社，1993 年。

胡适等：《中国新文学大系·建设理论集》，上海：上海良友图书印刷公司，1935年。

姜义华主编：《胡适学术文集·中国哲学史》，北京：中华书局，1991年。

胡适：《胡适文集》，北京：北京大学出版社，1998年。

梁漱溟：《梁漱溟全集》第一卷，济南：山东人民出版社，1989年。

梁漱溟：《梁漱溟全集》第二卷，济南：山东人民出版社，1990年。

梁漱溟：《东西文化及其哲学》，北京：商务印书馆，1999年。

张君劢：《中西印哲学文集》，台北：台湾学生书局，1981年。

张君劢、丁文江等：《科学与人生观》，济南：山东人民出版社，1997年。

冯友兰：《中国哲学史》，北京：中华书局，1961年。

冯友兰：《中国哲学简史》，北京：北京大学出版社，1985年。

冯友兰：《三松堂学术文集》，北京：北京大学出版社，1984年。

冯友兰：《贞元六书》，上海：华东师范大学出版社，1996年。

冯友兰：《三松堂全集》，郑州：河南人民出版社，2000年。

钱穆：《中国文学论丛》，台北：东大图书有限公司，1983年。

钱穆：《中国学术思想史论丛》（四），台北：东大图书股份有限公司，1983年。

钱穆：《历史与文化论丛》，台北：东大图书股份有限公司，1985年。

钱穆：《朱子新学案》，成都：巴蜀书社，1986年。

钱穆：《中国文化史导论》，北京：商务印书馆，1994年。

钱穆：《国史大纲》，北京：商务印书馆，1996年。

钱穆：《国学概论》，北京：商务印书馆，1997年。

钱穆：《八十忆双亲·师友杂忆》，北京：北京三联书店，1998年。

钱穆：《中国历史研究法》，北京：北京三联书店，2001年。

方东美：《生生之德》，台北：黎明文化事业股份有限公司，

1982 年。

方东美：《方东美先生演讲集》，台北：黎明文化事业股份有限公司，1984 年。

方东美：《原始儒家道家哲学》，台北：黎明文化事业股份有限公司，1985 年。

方东美：《中国人生哲学》，台北：黎明文化事业股份有限公司，1985 年。

方东美：《科学哲学与人生》，台北：黎明文化事业股份有限公司，1986 年。

唐君毅：《中华人文与当今世界》，台北：台湾学生书局，1975 年。

唐君毅：《人生之体验》，台北：台湾学生书局，1978 年。

唐君毅：《心物与人生》，台北：台湾学生书局，1984 年。

唐君毅：《道德自我之建立》，台北：台湾学生书局，1985 年。

唐君毅：《文化意识与道德理性》，台北：台湾学生书局，1986 年。

唐君毅：《生命存在与心灵境界》，台北：台湾学生书局，1986 年。

唐君毅：《人文精神之重建》，台北：台湾学生书局，1988 年。

牟宗三：《现象与物自身》，台北：台湾学生书局，1975 年。

牟宗三：《智的直觉与中国哲学》，台北：台湾商务印书馆，1980 年。

牟宗三著，罗义俊编：《中西哲学之会通十四讲》，上海：上海古籍出版社，1997 年。

牟宗三：《心体与性体》，上海：上海古籍出版社，1999 年。

徐复观：《中国思想史论集》，台北：台湾学生书局，1983 年。

徐复观：《两汉思想史》，台北：台湾学生书局，1985 年。

徐复观：《中国文学论集》，台北：台湾学生书局，1985 年。

徐复观：《中国艺术精神》，上海：华东师范大学出版社，2001 年。

徐复观：《中国人性论史　先秦篇》，上海：上海三联书店，2001 年。

徐复观：《徐复观文集》，武汉：湖北人民出版社，2002年。

［德］伊曼努尔·康德著，蓝公武译：《纯粹理性批判》，北京：商务印书馆，1960年。

［德］伊曼努尔·康德著，韩水法译：《实践理性批判》，北京：商务印书馆，1999年。

［德］伊曼努尔·康德著，邓晓芒译：《判断力批判》，北京：人民出版社，2002年。

［德］黑格尔著，朱光潜译：《美学》，北京：商务印书馆，1979年。

［德］黑格尔著，贺麟、王玖兴译：《精神现象学》，北京：商务印书馆，1979年。

［德］黑格尔著，贺麟译：《小逻辑》，北京：商务印书馆，1980年。

［德］叔本华著，石冲白译：《作为意志和表象的世界》，北京：商务印书馆，1982年。

［德］尼采著，周国平译：《悲剧的诞生》，北京：生活·读书·新知三联书店，1986年。

［德］尼采著，张念东、凌素心译：《权力意志——重估一切价值的尝试》，北京：商务印书馆，1991年。

［法］柏格森著，吴士栋译：《时间与自由意志》，北京：商务印书馆，1958年。

［法］柏格森著，刘放桐译：《形而上学导言》，北京：商务印书馆，1963年。

［美］詹姆士著，陈羽纶、孙瑞禾译：《实用主义》，北京：商务印书馆，1979年。

［英］罗素著，何兆武、李约瑟译：《西方哲学史》，北京：商务印书馆，1963年。

［德］胡塞尔著，倪梁康译：《现象学的观念》，上海：上海译文出版社，1986年。

［德］海德格尔著，陈嘉映、王庆节译：《存在与时间》，北京：生活·读书·新知三联书店，1999年。

王国维：《王国维文集》，北京：中国文史出版社，1997年。

王国维：《观堂集林》，石家庄：河北教育出版社，2002年。

陈梦家：《殷墟卜辞综述》，北京：科学出版社，1956年。

常玉芝：《商代周祭制度》，北京：中国社会科学出版社，1987年。

孙作云：《诗经与周代社会》，北京：中华书局，1979年。

杨向奎：《宗周社会与礼乐文明》，北京：人民出版社，1992年。

杨华：《先秦礼乐文化》，武汉：湖北教育出版社，1997年。

顾颉刚编著：《古史辨》，上海：上海古籍出版社，1982年。

刘起釪：《古史续辨》，北京：中国社会科学出版社，1991年。

朱自清：《诗言志辨》，上海：华东师范大学出版社，1996年。

黄侃：《文心雕龙札记》，上海：华东师范大学出版社，1996年。

张光直：《中国青铜时代》，北京：生活·读书·新知三联书店，1999年。

许倬云：《西周史》，北京：生活·读书·新知三联书店，2001年。

金春峰：《汉代思想史》，北京：中国社会科学出版社，1997年。

范寿康：《朱子及其哲学》，北京：中华书局，1983年。

陈来：《朱熹哲学研究》，北京：中国社会科学出版社，1988年。

［日］冈田武彦著，吴光、钱明、屠承先译：《王阳明与明末儒学》，上海：上海古籍出版社，2000年。

杨国荣：《心学之思——王阳明哲学的阐释》，北京：生活·读书·新知三联书店，1997年。

方克立、李锦全主编：《现代新儒家学案》，北京：中国社会科学出版社，1995年。

郑昕：《康德学述》，北京：商务印书馆，1984年。

［美］成中英：《论中西哲学精神》，上海：东方出版中心，1991年。

［美］周策纵著，陈永明等译：《五四运动史》，长沙：岳麓书社，1999 年。

［美］余英时：《现代儒学论》，上海：上海人民出版社，1998 年。

刘泽华：《中国的王权主义》，上海：上海人民出版社，2000 年。

［美］列文森著，郑大华、任菁译：《儒教中国及其现代命运》，北京：中国社会科学出版社，2000 年。

郑家栋：《断裂中的传统》，北京：中国社会科学出版社，2001 年。

陈炎：《反理性思潮的反思》，济南：山东大学出版社，2002 年。

殷海光：《中国文化的展望》，上海：上海三联书店，2002 年。

后
记

该书由 15 年前写的一本小册子补充修订而成，那时我还年轻，曾以"儒家文艺思想研究"为课题，申报国家哲学社会科学基金青年项目获得批准；书稿完成后，以"儒家文艺美学——从原始儒家到现代新儒家"为名，由南开大学出版社出版，并被海峡两岸的一些高校选为教材。这让我心里颇为忐忑，因原稿系必须按时完成的国家哲学社会科学基金项目，多以述为作，成书较为匆忙，缺乏深入体会和认真细致的打磨。因此，尽管有出版社曾提出重印或再版的建议，我还是一再拖延，想等有时间加以修正后再说。

去年暑假前后，我摆脱一切俗事杂务，用三个多月时间对该书做了许多修正。除去掉一些缺乏根据的臆说，对文字表述做字斟句酌的修改，以求简明畅达外，还增添了一些新的章节、新的内容。笔者力图在以下几个方面有所突破：

一是把以儒家为主导的中华思想文化当作生生不息、与时俱进、不断创新的活的传统，对从原始儒家到现代新儒家的文艺思想做全面的梳理，揭示面对异质文化的挑战时，儒家文艺思想不断自我调整、自我更新的创造性转化过程。

二是以中国思想文化的三次大融合为背景，对儒家文艺思想的主要命题、重要范畴和文艺批评术语作深入的理论阐释。在具体论述过程中贯彻理论联系实际的原则，争取做到整体把握与个案研究相结合，文艺思想研究与文艺创作实际相结合。

三是以现代人的眼光激活传统，侧重叙述由心性文化和生命精神揭示儒家文艺思想特质的创新型发展，以彰显中国人特有的生命情调、美感和心灵智慧。商量旧学而培养新知，不仅是源远流长的中华文化之生机所在，也是实现文艺思想研究由西方话语中心到东西方平等对话转变的关键。

书稿完成后，为求名实相符，不忘初心，将书名定为"儒家文艺思想史"。经学友介绍，认识了来南开大学组稿的张前进先生。他是大象出版社的副总编辑，相视而笑，莫逆于心。该书能由一贯致力于弘扬中国优秀传统文化的大象出版社出版，我想应该是一件很有意义的事。在此感谢关心此书出版的友人，感谢大象出版社，感谢张前进先生和李爽女士！

致敬经典，面向未来；年华逝去，岁月如歌！

张毅

2020 年 8 月初于天津南开大学学者公寓